基礎から学ぶ経営科学

文系の論理的な問題解決法

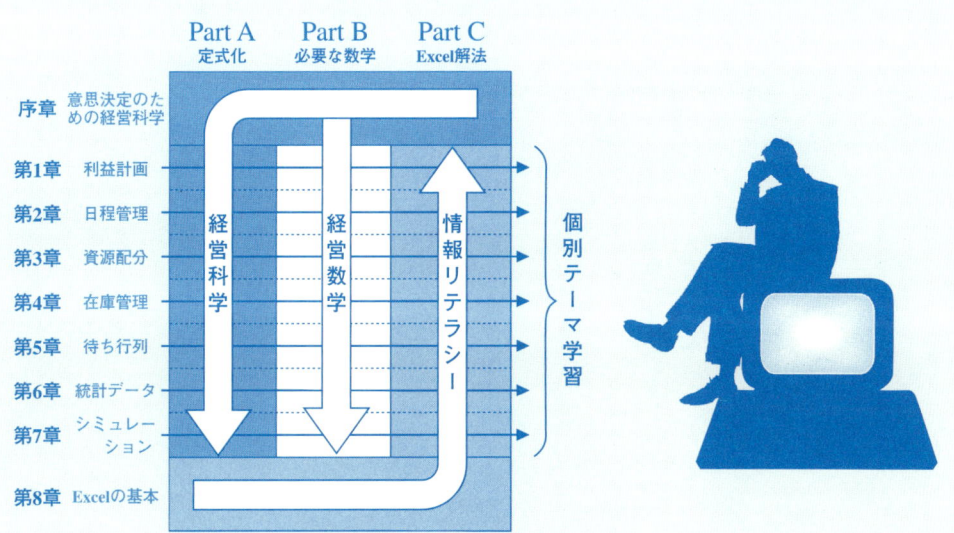

高井 徹雄 編著

青木 武典／小沢 利久
飯田 哲夫／渋谷 綾子 共著

税務経理協会

はしがき

　コンピュータは，約半世紀前，J. フォン・ノイマン氏らの手によりこの世に誕生し，以来目覚ましい進化を遂げて，今日では小型で高性能しかも多様な用途に対応する道具として，オフィスや工場，研究教育機関はもちろん，家庭，社会の隅々にまで普及するようになりました．特に近年は，急速に拡充するインターネットとの連携により，人々の仕事や暮らしのなかで，その利用の幅をさらに大きく広げつつあります．このような環境の下，企業や社会のあらゆる組織体では，経営活動の成否を分けるファクターとして「情報を利用する技術」の重要性が，改めて強く認識されるようになりました．こうした社会的な学習の成果として，また，21世紀初頭のこの時代を象徴するキーワードとして，IT(情報技術) に注目が集まっているのだと思います．

　もちろん，企業などの経営管理，経営の場で行われる意思決定に，「情報を利用する技術」を役立てることの重要性が意識されたのは，今に始まったことではありません．コンピュータがビジネスの場に登場して以来，経営管理技術の進歩は，常に，情報利用技術の進歩とともにあったとも言えます．この本で紹介するOR(オペレーションズ・リサーチ)/MS(経営科学) は，コンピュータの誕生とほぼ同じ時代に始まり，経営活動を支援する情報利用技術の開拓に真正面から取り組んできた科学的研究分野です．このように説明してくると，何か偉く難しい研究のように聞こえますが，簡単に言ってしまえば，意思決定を行う際，経験や直感だけに頼るのではなく，「論理的に，きちんと計算してから判断しましょう」という，ごく自然な考え方に外なりません．そして，その「論理的に計算する仕方」を示すのがOR/MSの手法という訳です．

　これまでに開拓されたOR/MS手法は膨大な数に登り，それは「経営の定石集」だと主張する専門家もいます．特に今日，ITの発展とも密接に関わるOR/MSの考え方は，経営における意思決定を支援する立場にある経営スタッフの方々には，是非とも身に着けていただきたい素養です．実際，日本の国家資格である情報処理技術者試験では，OR/MSの基礎知識を含む「情報化と経営」という分野から出題がなされています．特に，企業内にあって「業務の情報化を利用者の立場から推進する」，さらには「情報化リーダとして業務改革・改善を推進する」といった役割を担う「システム・アドミニストレータ」の資格試験では，この「情報化と経営」が最重点分野とされています．しかし，序章でも述べるように，残念ながら世の中ではこのような理解はまだ一部に限定されており，特に，利用者側の意識という点で，OR/MSが社会に十分浸透しているとは言えないのが実情です．そこで，本書は，OR/MSユーザーの裾野を広げることを目標に掲げ，はじめてこの分野を学ぶ文科系大学生や，今の自分の仕事にOR/MSの考え方や手法を生かしてみたいと考えるビジネスマン向けの入門教科書として企画されました．

　そもそも「OR/MSって何？」や「この本全体の構成は？」という話は，序章に詳しく書いておきましたので，ここでは，本書の特色の1つ「定式化に必要な数学の解説」について説明しておきます．普通，理系向けOR/MSの教科書では，読者は既に理系大学1年程度の数学知識は持っているという前提で書かれており，問題の定式化(問題の明確な表現のこと)に必要な基礎数学の部分は説明しません．一方，文系向けのものは，なるべく数学的な表現を避けようとするため，か

えって定式化の本質的な意味の理解を難しくしてしまう傾向があります．そこで本書では，数式による定式化が最も適している問題については，問題の表現に必要な基礎数学について十分な解説をすることにしました．十分な解説とは，中学程度の数学，端的には「直線の式」の意味が分かっていれば，それを足場にして学べるように解説する，ということです．文系大学学生のなかには，高校で数学の勉強をしなかったから，自分には数学的素養がまったくない，と思い込んでいる人が少なからずいます．しかし，数学の素養とは，「ある」・「ない」の二分法で語るべきものではなく，「この程度までは大丈夫」というように「程度」として捉えるべきものです．実際，中学程度の数学まで分かっていれば十分理解できる OR/MS の手法も沢山あります．もし理解力不足を感じたら，その時点で必要な数学知識を補って行けば良いのです．このように配慮して，本書は一切「数学から逃げない」ことにしました．また，定式化の意味が「よく分かった！」ことを実感し，また，その手法を実際に「使ってみよう！」という自信をつけていただくため，テーマごとに表計算ソフト Microsoft Excel© を用いた解法までを解説に加えることにしました．

　本書の執筆に当った 5 名は，いずれも，経営・経済・商学といった文科系大学の学部で「経営科学」，「オペレーションズ・リサーチ」，および「経営数学」，「情報リテラシー」などの授業科目を実際に担当してきた教員達であり，その授業経験を活かした教科書作りを心がけました．同様の教育現場で教育に当っておられる諸先生方には，本書の趣旨をご理解のうえ，使いやすい教科書・参考書としてご活用いただければ幸いです．

　最後に，出版の機会を与えていただきました，(株)税務経理協会関係者各位に，心から感謝の意を表します．また，本書の企画・監修の労をとっていただきながら，昨年急逝された元専修大学ネットワーク情報学部長・故高津信三先生のご冥福を祈り，本書を先生の御霊に捧げます．

2005 年 4 月

著者一同

教材データのダウンロード・サービスについて

本書の各章で「Excel による解法」として扱った教材データおよび計算処理の内容は，各章別にまとめられ，Excel Book 形式として収録されています．

株式会社税務経理協会 公式サイト：http://www.zeikei.co.jp/

から，資料・データの「ダウンロード・サービス」のページを参照のうえ，

＜「基礎から学ぶ 経営科学」Excel データ Windows 版＞

のデータ・ファイルをダウンロードの後，圧縮解凍してご利用ください．

目　次

はしがき

序　章　　意思決定のための経営科学

0.1　ＯＲの誕生と発展 …………………………………………………………… 1
0.2　ＯＲの特徴—モデル化 ……………………………………………………… 3
0.3　モデル化のタイプ …………………………………………………………… 8
0.4　代表的なＯＲモデル ………………………………………………………… 9
0.5　本書の構成 …………………………………………………………………… 11

第1章　　利益の計画

【Part A　問題の捉え方と定式化】
A.1　損益分岐点分析 …………………………………………………………… 17
A.2　プロジェクト計画のための経済計算 …………………………………… 29

【Part B　定式化に必要な数学】
B.1　数と関数 …………………………………………………………………… 39
B.2　数列と級数 ………………………………………………………………… 48

【Part C　Excelによる解法】
C.1　損益分岐点分析 …………………………………………………………… 53
C.2　プロジェクト計画のための経済計算 …………………………………… 56

第2章　　日程の計画（スケジューリング）

【Part A　問題の捉え方と定式化】
A.1　伝統的表現図法：ガントチャート ……………………………………… 61
A.2　ＰＥＲＴ …………………………………………………………………… 61
A.3　ＣＰＭによる日程の短縮 ………………………………………………… 74

【Part C　Excelによる解法】
　C.1　ＰＥＲＴのExcel上での処理　　　　　　　　　　　　　　　　　　81
　C.2　ＣＰＭのExcel上での処理　　　　　　　　　　　　　　　　　　86

第3章　資源の配分

【Part A　問題の捉え方と定式化】
　A.1　線形計画問題とその定式化　　　　　　　　　　　　　　　　　　90
　A.2　図 的 解 法　　　　　　　　　　　　　　　　　　　　　　　　　93
　A.3　感 度 分 析　　　　　　　　　　　　　　　　　　　　　　　　　98
　A.4　いろいろな線形計画問題　　　　　　　　　　　　　　　　　　　103
　A.5　Ｍ　Ｒ　Ｐ　　　　　　　　　　　　　　　　　　　　　　　　　106

【Part B　定式化に必要な数学】
　B.1　ベクトルと行列　　　　　　　　　　　　　　　　　　　　　　　108
　B.2　逆行列と連立1次方程式　　　　　　　　　　　　　　　　　　　112
　B.3　連立1次不等式　　　　　　　　　　　　　　　　　　　　　　　114

【Part C　Excelによる解法】
　C.1　ソルバーによる線形計画問題の解き方　　　　　　　　　　　　　117
　C.2　ワークシート関数を用いたＭＲＰの計算　　　　　　　　　　　　122

第4章　在 庫 管 理

【Part A　問題の捉え方と定式化】
　A.1　在 庫 問 題　　　　　　　　　　　　　　　　　　　　　　　　127
　A.2　経済的発注量（Economic Order Quantity, EQC）　　　　　　　　130
　A.3　需要が不確実な場合　　　　　　　　　　　　　　　　　　　　　132

【Part B　定式化に必要な数学】
　B.1　微 分 法　　　　　　　　　　　　　　　　　　　　　　　　　　136
　B.2　微分法の応用　　　　　　　　　　　　　　　　　　　　　　　　143

【Part C　Excelによる解法】
　C.1　経済的発注量　　　　　　　　　　　　　　　　　　　　　　　　148
　C.2　発注点の計算　　　　　　　　　　　　　　　　　　　　　　　　149

第5章　待ち行列の現象

【Part A　問題の捉え方と定式化】
- A.1　サービスと待ち時間 …………………………………………………………152
- A.2　待ち行列モデルの解析法 ……………………………………………………160

【Part B　定式化に必要な数学】
- B.1　順列と組合せ …………………………………………………………………167
- B.2　事象と確率 ……………………………………………………………………168
- B.3　確率変数と分布 ………………………………………………………………169
- B.4　いろいろな分布（その1）……………………………………………………173
- B.5　連続的な値を取る確率変数 …………………………………………………177
- B.6　いろいろな分布（その2）……………………………………………………178

【Part C　Excelによる解法】
- C.1　ワークシートを用いたM／M／1モデルの評価 …………………………184
- C.2　Excel ＶＢＡを用いたM／M／cモデルの評価 …………………………185
- C.3　ユーザー関数 …………………………………………………………………187

第6章　統計データの読み方

【Part A　問題の捉え方と定式化】
- A.1　統計データの整理―記述統計によるデータの全体的特徴の把握― ……………193
- A.2　2変数間の関係を捉える視点―相関と単回帰分析― ……………………………205
- A.3　時系列データの取り扱い―時系列回帰と指数平滑法― …………………………213

【Part C　Excelによる解法】
- C.1　統計データの一次的処理―データ整理と基本的統計量の計算― ………………221
- C.2　相関と単回帰分析―変数間の関係の表現― ……………………………………226

第7章　シミュレーションによる現象の表現

【Part A　問題の捉え方と定式化】
- A.1　モンテカルロ・シミュレーション …………………………………………235
- A.2　離散事象系シミュレーション ………………………………………………241

【Part C　Excel による解法】
　　C.1　ＶＢＡによる在庫問題の離散系シミュレーション ……………………………245

第8章　Excel の基礎

　8.1　Excel の起動と終了……………………………………………………………255
　8.2　Excel の画面に関する用語を覚えましょう…………………………………256
　8.3　データの入力……………………………………………………………………258
　8.4　データの複写と移動……………………………………………………………260
　8.5　表 の 作 成………………………………………………………………………262
　8.6　ファイルの保存と印刷…………………………………………………………266
　8.7　少し複雑な数式の表計算………………………………………………………269
　8.8　グラフの作成……………………………………………………………………270
　8.10　Excel 関数　使い方の基本 …………………………………………………274
　8.11　データベース関数 ……………………………………………………………280
　8.12　データベース機能 ……………………………………………………………283
　8.13　Excel ＶＢＡマクロの使い方 ………………………………………………286

索　　引……………………………………………………………………………………303

序章
意思決定のための経営科学

「ORは，科学的な方法 (methods)，技法 (techniques)，および用具 (tools) をシステムの運用に関する問題に適用して，運用方策の決定者に，その問題に対する解を提供する技術である.」

(C.W. チャーチマン，R.L. エイコフ)

ORは，第二次世界大戦中，英国における対ドイツ軍事作戦研究として始まりました．米国では対日本軍作戦に用いられ，連合軍の勝利に多大な貢献があったとされています．大戦後は，平和な社会においても有用な研究分野として，「経営 (Management)」という，より難しい問題に応用する努力がなされました．現在では，経営科学 (Management Science) と一体の概念 (OR/MS) のもと，システムの運用に科学的な基礎を与えるものとして，人間社会のほとんどすべての領域に関わる問題の解決に用いられています．序章では，ORの成り立ちから，また，ORを内包する形で発展してきた経営科学における問題へのアプローチ方法の特徴を見ておくことにします．

0.1 ORの誕生と発展

戦争が科学技術の発展を促す，とはよく言われる言葉ですが，事の善し悪しはともかく，ORの誕生も戦争と深い関係があります．1930年代，ナチス・ドイツの台頭によってヨーロッパに暗雲が垂れ込めると，ドイツとの戦争は避けられないと見た英国は，1935年，英国航空省内に「ナチス・ドイツの航空機に対する防衛手段を強化するのに，最新の科学技術 (その後のレーダー技術のこと) の進歩がどのように役立つか」を検討するための防空委員会を発足させました．

この委員会の構成や活動には2つの特徴がありました．ひとつは，委員会のメンバーが軍人だけでなく，物理学，医学，生理学，数学など幅広い領域の研究者からなる「学際的 (Interdisciplinary) チーム」だったことです．それまで職業軍人の聖域であった軍隊のなかで，文官である科学者や技術者が軍人と一緒に仕事をすることは，当初は奇異の目で見られたようです．しかし，これが予想以上の成果を挙げたことで，その後のORの発展の基礎を作ることになりました．特に委員会メンバーのブラケット (P.M.S. Blackett：物理学者，後にノーベル物理学賞を受賞) が率いる学際研究者チームは，陸・海・空三軍の現場を回りながら，丹念に問題を調査・究明し，解決法を編み出していくという「フィールド・ワーク」に徹した活動を行い，「ブラケット・サーカス (Blackett Circus)」と呼ばれて高く評価されるようになりました．

もうひとつの特徴は，この委員会の提言で開発が進められたレーダーは，最終的にはレーダーという最新兵器と，高射砲，迎撃戦闘機とを効果的に組み合わせた防空システムを作り上げ，対

独戦で大きな成果を挙げるのですが，その開発過程で直面した様々な問題のなかで，レーダーなどハードウェアそのものの技術的 (technical) な問題の解決以上に，レーダーを含むシステム全体の運用 (operation) に関わる問題を解決することの重要性が認識されました．運用の重要性とは，今日風に表現すれば，「ソフトウェア」の重要性とも，「技術を生かすための技術」の重要性を指摘したとも言えましょう．このような研究領域は，従来からの「技術的な研究」に対して「運用的な研究 (Operational Research)」と呼ばれるようになりました．このように英国で誕生した OR 的な考え方は，戦時のなか直ちに連合国米国に伝播されました．米国では，これを「オペレーションズ・リサーチ (Operations Research)」と呼んで，日本軍の神風特攻機の体当たり攻撃を避けるための艦船の回避運動と命中率との関係の研究などに適用され，実際の作戦に役立てられました．

戦後，OR 的な考え方は，主に米国を舞台にして発展してきました．テイラー (F.W. Taylor) の科学的管理法やフォード・システムを基礎とする IE (Industrial Engineering：経営工学) や統計的品質管理 (Statistical Quality Control：SQC) の発祥地でもある米国では，いくつかの経緯を経ながら，OR 的な考え方が企業経営に関わる様々な問題解決に役立つことが認識されるようになりました．これには，大戦終了前後において，戦争の効果的な遂行のための「運用研究」とは直接関係のない分野からも数多くの専門家が参入して，OR 的な考え方を推進する理論研究と方法論の開発に携わったことが深く関わっています．

表1　第二次大戦終了前後に開発された OR に関連する理論・手法

- 1941年　輸送問題 (ヒッチコック)
- 1944年　ゲームの理論 (J. フォン・ノイマン，O. モルゲンシュテルン)
- 1945年　モンテカルロ法 (J. フォン・ノイマン)
- 1946年　ENIAC(世界最初のデジタル・コンピュータ：エッカート，モークリー)
- 1946年　ノイマン型コンピュータ (J. フォン・ノイマン) → 1949年　EDSAC(英国で開発)
- 1946年　探索理論 (B.O. クープマン，P.M. モース)
- 1948年　線形計画法 (G.B. ダンツィク)
- 1949年　情報理論 (C.E. シャノン)
- 1951年　待ち行列理論 (D.G. ケンドール)
- 1951年　PERT(ブース・アレン&ハミルトン社)
- 1952年　動的計画法 (R. ベルマン)

なかでも，サイモン (H.A. Simon) が，意思決定という概念を中心にすえて，経営管理活動を経営者・管理者が直面する問題解決過程としてとらえる理論的枠組みを提示したことや，研究の対象をシステムとしてとらえるシステム論の概念が社会科学の領域にも浸透してきたこと，データの分析さらには問題解決の道具としてのコンピュータが急速に発達したことなどが，OR の発展に大きく寄与していると言えるでしょう．

これらの発展過程の中で，OR の考え方も，当初の「運用研究」を中心とした考え方から「問題解決のための方法論」あるいは「意思決定の科学」，「経営の科学」，「システム運用の科学」へとその範囲を拡大してきました．現在では，これらの研究領域を包括する名前として「オペレー

ションズ・リサーチ (Operations Research)」略して「OR(オーアール)」, あるいは経営管理上の問題解決 (意思決定) を強調する場合には「経営科学 (Management Science)」, さらに両者を合わせた「OR/MS(Operations Research/Management Science)」という用語が一般的に使われます.

※ OR 誕生の地, 英国では, 現在でも"Operational Research"が使われます. また, 米国流"Operations Research"の"Operations"は, 常に複数形であることに注意してください. なお, 一般の辞書による訳では, 軍事的色合いを感じさせる「作戦研究」や「運用研究」より,「企業 (経営) の科学的調査」とするようです.

0.2 OR の特徴—モデル化

OR の誕生とその後の発展過程を知り, OR 的な考え方の根底にあるものを理解したところで, その特徴を整理しておきましょう. OR は, 次のような特徴をもった研究分野です.

1) **問題解決の方法・技術**などを対象とする学問分野である.
2) 問題解決を行う**意思決定者の合理的な判断を支援**するための科学的方法である.
3) 自然科学, 社会科学, 人文科学, 工学, 医学などの広い分野にまたがる**学際的科学**である.
4) 技術を生かすための技術である.

さらに OR 的な考え方の重要な特徴として, 次の 2 つをあげておきましょう.

5) OR は, 問題の本質を理解するために**モデルを構築する技術**である.
6) OR は, モデルの上で思考実験を行い, **最適な解決策を求める技術**である.

以下では, 最後に挙げた 2 つの特徴が何を意味しているのかを考えてみましょう. ここでは「問題解決」,「モデル化」,「最適化」という概念がキーワードになります.

0.2.1 問題解決

問題解決 (problem solving) は, 一般に, 意思決定 (decision making) と同じ意味で使われることが多いのですが, サイモンは「合理的」意思決定を

I. 問題の認識 → II. 代替案の探索・設計 → III. 代替案の選択

の 3 つの段階からなるプロセスとしてとらえました.

意思決定は, 意思決定者が問題を認識することから始まります. 問題は, 意思決定者が望ましいと考えている状態と, 彼 (あるいは彼女) が認知した現状との間に何らかの好ましくない差 (ズレ) があると認識したときに発生します. このズレを解消しようとする行動が意思決定です.

問題を認識した意思決定者は, 彼が行わなければならない意思決定の目的を識別し, それを目標・制約・評価基準に分解して問題を明確にします. ここで評価基準とは, 意思決定者が次の段階で取るはずの代替案が, 目標と制約にどう関連しているかを表現する尺度や関係のことです. これが問題の認識の段階です. 問題が明確になったら, 次に意思決定者は, 問題の解決に役立つ手段を探したり, 作り出したりします. これを代替案 (alternatives) の探索・設計の段階と呼びます. 最後に意思決定者は, 見つけ出した代替案を評価基準に照らして, この代替案が制約を満たし, かつ目標を達成するかどうかをチェックし, この条件を満たす代替案を選択します.

◇ 意思決定者に対する仮定

この「合理的」意思決定の枠組みに対し，意思決定者の持つ能力や情報について，暗黙のうちに次のような仮定がおかれている，とサイモンは指摘しています．

完全合理性をもつ意思決定者

> 意思決定者は，
> - 問題と目的を正しく認識し，矛盾のない目標・制約・評価基準に分解できる．
> - すべての代替案をリストアップできる．
> - すべての代替案のもたらす結果を正しく評価できる．

しかし，サイモンは，また，このような条件を満たす完全な合理性を持った意思決定者は現実には存在せず，実際の状況では，意思決定者は「**限定された合理性** (bounded rationality)」しか持ち得ない，とも指摘しています．つまり，意思決定者も，意思決定者を支援するスタッフも，合理的でいられる能力には限界があるということです．

また，本当に完全な合理性を追求するとすれば，すべての代替案を考慮しなければならず，そのためのコストがかかって，かえって非合理的になってしまいます．解の「最適化」ではなく，解の「満足化」を求めるのであれば，コストが発生しない分，より合理的と考えられるのではないかという訳です．つまり，意思決定者とそのスタッフに期待されるのは，無制限の完全合理性ではなく，時間的な制約と，代替案探索・評価能力の範囲内で，「ある設定された水準以上の合理性を発揮すること」と捉えておけばよいでしょう．

0.2.2 モデル化

ORでは，「限定された合理性」しか持たない現実の意思決定者が行う意思決定を，一定水準以上の合理性へと引き上げる方法として，モデル化という手段を使います．これは，現実の現象に対するモデルを作って，そのモデルの上で現象の性質を調べてみることです．現実の現象は，多くの場合とても複雑ですから，そのすべての特徴を表現するモデルは，ほとんどの場合，実現不可能です．仮に，そのようなモデルができたとしても，「限定された合理性」しか持たない意思決定者にとっては，複雑な現実の現象そのものを見ているのと同じことになって，かえって使いにくいものになるかもしれません．

モデル化とはつまり，問題を認識し表現するための表現形態，あるいは複雑な現実の本質を見逃さずに近似的に表現する手段を提供するということです．ここで，現象の本質的な性質と，そうでない性質を見極めることが大切です．この判断には，モデルをどのような目的で使うのかということも，重要な前提になります．利用目的に照らして，本質的でない性質は，むしろ積極的に捨て去ることで，モデルの単純化を図ることができます．

◇ モデル化の目的

ORでモデル化を行う目的は，一般的には，次のように捉えられています．

序章　意思決定のための経営科学

1) 問題を構成している様々な要因間の相互関係を明確に捉え，適切な形で表現できる．
2) その表現のもとで，目標・制約・評価基準が定量的に表現できる．
3) 様々な代替案を作り出せるように，操作することができる．
4) 代替案とその結果が，明確に表現できる．
5) 代替案同士が比較でき，どの代替案が最も望ましい結果をもたらすかを判断できる．

このような目的で様々なモデル化が試みられ，その結果，数多くの有用な OR モデルが開発されてきました．しかし，そのどれもが上記の項目すべてを達成できるモデルかというと，必ずしもそうとは限りません．それは，OR 的考え方の特徴に挙げた「問題の本質を理解するためのモデル」が，もう 1 つの特徴「思考実験を行い，最適な解決策を求めるためのモデル」になり得るとは限らないからです．モデルにも向き不向きがあり，何にでも効く万能モデルというようなものは期待できません．この点から，OR には大きく分けて，問題を発見し明確にすることを主眼としたモデル化と，問題の解答を見いだすことに主眼を置いたモデル化があると捉えておきましょう．前者を問題発見的アプローチ，後者を問題解決的アプローチによるモデル化と呼びます．

◇ 問題発見的アプローチと問題解決アプローチ

問題発見的アプローチは，意思決定者が直面している問題を明確にし，それをモデル化することで，その解決への方向性を示すことが重要であり，必ずしも具体的な解法は示される必要のない問題領域に適したモデル化です．一方，問題解決的モデルは，問題に解答が存在することが前提としてあり，具体的に最適な解答を求めることが重要な問題領域に適したモデル化です．

これはちょうど，経営組織でトップマネジメントが責任を負う意思決定領域と，下位のミドルマネジメントやローワマネジメントが責任を負うべき意思決定領域とに対応していると見ることもできます．本書で具体的に取り上げる OR のモデル化は，ほとんどが問題解決型ですが，むしろより高いレベルで，問題発見型のモデル化が必要とされることは，注意しておきましょう．

◇ 現実の世界とモデルの世界

現実の問題をモデル化して考えるということは，OR が扱う世界には「現実の世界」と「モデルの世界」とがある，ということです．

サイモンの合理的意思決定の 3 段階との対応で言えば，I) 問題の認識の段階は，現実の世界での行動です．意思決定者は，現実の世界で問題を認識して，問題を明確化します．次に II) 代替案の探索・設計の段階では，現実の世界で問題に関連するデータを収集して，代替案を列挙します．

ここで問題解決のプロセスは，モデルの世界に入ります．I) で問題を明確化した結果，得られた目標・制約・評価基準の関係をうまく表現するモデルを作成し，あるいは既に開発された OR モデルに適切なものがあれば，それを利用します．このプロセスを問題の定式化 (formulation) と呼びます．次にこのモデルを操作して，II) で得られたデータや代替案をモデルに適用し，モデルによる代替案の評価を行います．これがモデルによって問題を「解く」プロセスです．

この結果をもって，再び現実の世界に戻り，III) 代替案の選択段階に入ります．ここでは，モデルから得られた代替案の評価結果が，現実世界の元の問題に対しても妥当な結果であるかどうかを検討します．この段階で注意すべきは，モデルの解が，必ずしもそのまま現実世界の元の問題の解になるとは限らないということです．それは，現実世界での I) 問題の明確化，II) 代替案の探索・設計からモデルの世界に入る段階で，重要な要因や要因間の関係を見落としていたり，データに不備があったり，代替案が不適当だった可能性もあるからです．もし，代替案の評価結果が元の問題の解として適当でないと判断された場合には，モデルに与えるデータや代替案を再検討して，新しい条件のもとで再び「解く」か，あるいは，I), II) のプロセスに戻ります．

このように現実世界とモデルの世界の間を何度も行き来しながら，最終的にモデルの解が現実の元の問題の解として妥当と考えられるようになるまで，このプロセスを繰り返す必要があります．本書も含め，多くの OR の教科書では，モデルの世界の話を中心に解説しますが，実際の問題解決プロセスでは，現実世界における検討を特に重要視すべきだと思います．このような繰り返しプロセスを OR のサイクルと呼びます．

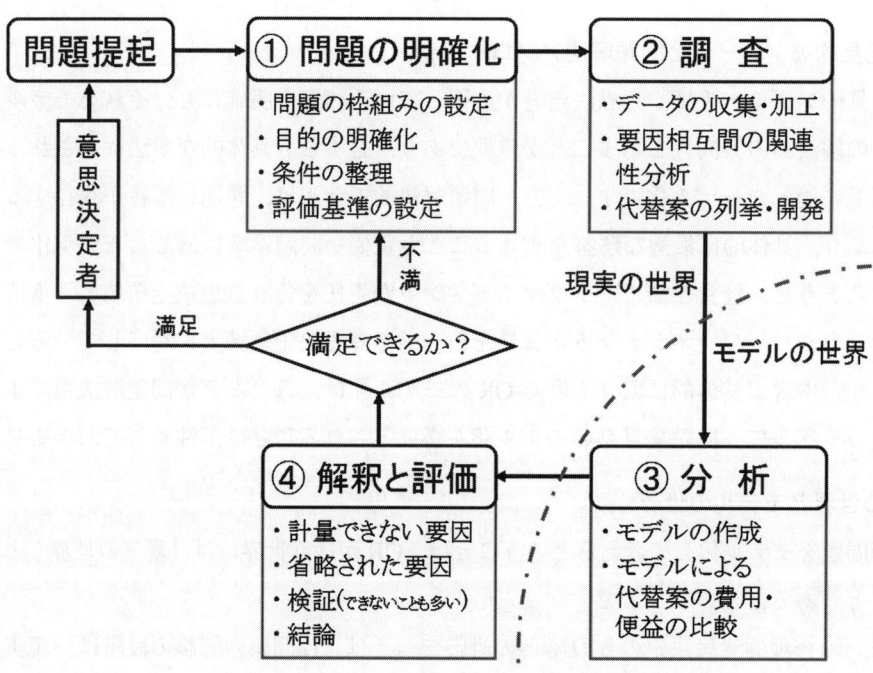

図 1　OR のサイクル：現実の世界とモデルの世界

0.2.3　最適化

モデルが様々な代替案を作り出しても，その結果が相互に比較できなければ，意思決定者は，どの代替案を選択すればよいのか判断できません．意思決定者がモデルから出てきた解を選択できるためには，モデルに何らかの評価尺度に基づいた最適化のメカニズムが組み込まれていなければなりません．これが OR のモデルの持つ大きな特徴のひとつです．もちろん，主として問題発

見的アプローチに使われるモデルには，最適化の概念をもたないものもあります．

最適化の考え方にも様々なものがありますが，一般に配分問題といわれる，一定の制約のなかで全体的な効率を最大あるいは最小となるような代替案の組合せを求めるような問題が代表的なものです．一定の経営資源(ヒト，モノ，カネ，時間など)の制約の下で最適な製品の組合せ(プロダクト・ミックス)を求める問題などがこれに当たります．

例えば，ある工場では，製品 A，B のみを生産できるとします．製品 A，B，それぞれの生産量を P, Q とすれば，プロダクト・ミックスは，右図のような座標平面上の点として表すことができます．この工場で，生産活動を行う人員や機械設備の稼働時間，使用可能な原材料やエネルギー，その他，生産活動に投入される諸要素それぞれの量的な範囲などを考慮して，可能なプロダクト・ミックスの範囲を想定します．これを実施可能解 (feasible solution) といい，右図のような領域として捉えることができます．そして，この領域のなかから，何らかの基準に照らして，最も望ましいと判断できるプロダクト・ミックスを探します．

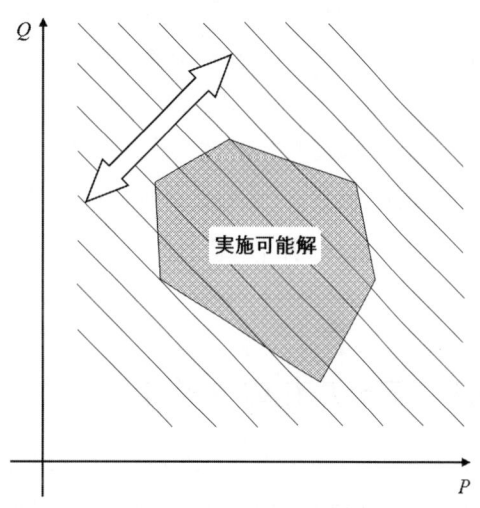

図 2 　配分問題での最適化概念

ここで，評価の基準が，利益など生産量に関係する式 $v = aP + bQ$ $(a, b > 0)$ で表されるとします．これは，v の値によって 1 本の直線 $Q = -\frac{a}{b}P + v$ が定まり，この直線上の点として表されるプロダクト・ミックスは，無差別に (同等と) 評価されることを意味します．また，最も望ましいのが，v を最大化することであれば，上式で表される直線のなかで，実施可能解領域と交わって，かつ Q 軸切片 v の値を最大にするものを探します．この直線と実施可能解領域との交点として表されるプロダクト・ミックスが，最適解ということになります．

◇ トレード・オフの関係

これに対し，在庫問題や探索問題と呼ばれるモデルは，互いに相反する目的を調整しながら，全体として満足できる目的を達成しようとする問題です．

在庫問題では，在庫管理にかかる費用は，大きく「在庫費用」と「発注費用」に分けたうえで，この総和と捉えることができます．在庫費用は，倉庫など在庫スペースを確保したり，在庫品の品質を維持管理するための費用で，概ね平均的な在庫の量に比例すると捉えることができます．発注費用は，在庫を切らさないよう適切なタイミングで入庫させるためにかかる，注文書の作成費や輸送費などで，1 回発注する度に発生すると捉えられる費用です．ここで，年間かかる在庫費用 P と発注費用 Q は，トレード・オフの関係にあると言えます．詳しくは，第 4 章で解説しますが，

在庫システムのその他の条件を固定すれば，P と Q は，概ね反比例することが分かっています．

したがって右図のように，1 つの在庫システムの条件が決まれば，P と Q の反比例関係を表す曲線が 1 つ描けます．結局，在庫管理にかかる総費用 $c = P + Q$ を最小にする問題は，直線 $Q = -P + c$ の縦軸切片を最小にする問題に帰着します．

また，探索問題では，探索に利用できる費用と時間が限られているために，「探索の範囲」を広げようと思えば「探索の精度」を下げざるをえず，逆に「探索の精度」を上げようと思えば「探索の範囲」を狭くせざるをえなくなります．このように，探索問題の「探索の範囲」と「探索の精度」もトレード・オフの関係にあると言えます．

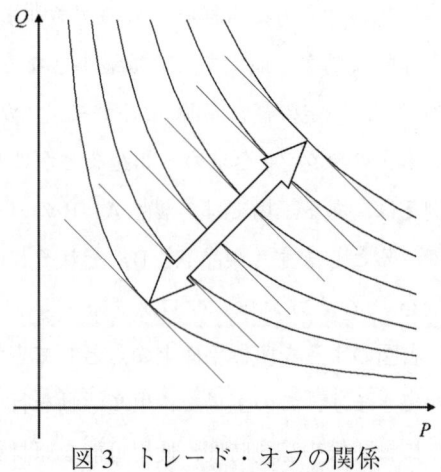

図 3　トレード・オフの関係

※ 探索問題は，配分問題や在庫問題と並んで OR の典型的問題ですが，後述の理由により以下の章では触れません．

0.3　モデル化のタイプ

前節で，モデル化とは問題を認識し表現するための表現形態であると言いましたが，ここでは具体的に，OR/MS で用いるモデルの表現形態としてどのようなものがあるのかを見てみましょう．

"モデル (model)" は，元々「模型」とか「ひな型」を意味する言葉ですから，飛行機の形状を模擬するプラモデルや，美しい女性 (男性) のひな形としてのファッションモデルなどが，本来的な意味に近い使い方と言えましょう．このような，実物と同じ形象をした模型モデルのことをアイコニック・モデルと呼びます．

自然科学や工学の分野では，自動車や建造物のデザイン模型のようなアイコニック・モデルも多く見られますが，より精緻でかつ操作性のあるモデルとして，数学モデルを用いることが特徴的と言えます．数学モデルは，例えば，

- オームの法則：$V = iR$　　V：電圧, i：電流, R：抵抗

のように，現象のもつ性質を法則性という形で，数学の言葉を使って最もシンプルに表現するモデルです．また，コンピュータ技術の発展を背景に，数値シミュレーションと呼ばれる技法も，この分野での重要なモデル化の方法論になっています．

OR の対象は，「システムの運用」というソフトに関わる問題です．OR のモデルを，広い意味で，この種の問題を認識し表現するための形態として捉えるならば，それは OR そのものとも言えるでしょうが，狭義の OR モデルは，先に述べた OR サイクルの「③分析」のフェーズで用いられるモデルを指します．ここでは，OR の対象から考えて，物理的な形状を模倣するアイコニック・モデルはあまり登場しませんが，数学モデルを中心とするフォーマルなモデル化であること，また，コンピュータ上に仮想現実を表現するシミュレーションモデルが重要視されることは，自

然科学や工学の分野と同様です．

さらに，これらモデルを補足する表現方法として，処理手順(アルゴリズム)を表すフローチャートや，矢線図のようなダイアグラム，その他，データの状態を表す各種グラフ，あるいはデータを分類する表による表現方法なども様々な場面で使われます．また，数式では表現し難い，または表現しても意味のない性質については，言葉による記述も大切な表現方法として残されます．

ORの数学モデルのうち，「③ 分析」のフェーズで問題を解くためのモデルには，次のような構造上共通する特徴があります．まず，**決定変数**，**目的変数**，**環境変数**という概念が使われます．決定変数は，意思決定者が自分の意思で決めることのできる要因．目的変数は，意思決定を行った結果がこう評価されるという要因．環境変数は，意思決定の結果に影響を及ぼすことはわかっているが，意思決定者の意思でその状態を変えることができない要因のことです．これら要因間の関係として，数学モデルが構築されます．そして，「モデルを解く」とは，与えられた環境変数のもとで，目的変数の値を最適にするよう，決定変数を決定することになります．図2で説明した，プロダクト・ミックスの例で言えば，決定変数は製品A,Bの生産量P, Q，目的変数は利益$v = aP + bQ$，環境変数は，使用可能な原材料や労働力，エネルギーなどがこれにあたります．

ここで「良いモデル」とは，一般に，次のようなモデルと言われています．

- 単純さ： 仮定，パラメータ，関係式が少ないこと
- 操作可能性： どうやれば，望ましいアウトプットが得られるか分かりやすいこと
- 実行可能性： 解析が容易であり，入手可能なデータを用い，実際的なこと
- 頑健性： 仮定が少し変わっても使え，(解が大きくブレず)信頼感があること
- 経済性： データ集めやモデル作り，計算にあまりお金をかけないですむこと
- 手軽さ： 特別なケースや感度分析が容易にできること．もしこうだったらという質問(what-if分析)に，手軽に答えられること
- 透明さ： 使っている仮定や論理，モデルの構造が見通せること

0.4 代表的なORモデル

既に述べたように，現在のORは，経営という現象に科学的にアプローチして問題解決を図ろうとする試みです．その姿勢は，ある意味で自然科学のアプローチと同様である反面，アプローチ方法の同一性というより，扱う対象自体をメルクマールとして形成されることの多い社会科学の諸分野にあって，やや特異な存在と言えるかもしれません．

自然科学の分野，例えば，物理学では，まず扱うべき物理現象を，力，波，光，熱，電気，磁気などの対象領域に区分します．そして，それぞれの領域で典型的な要素と思われる現象に注目します．例えば，力学の領域なら，物体の落下，衝突，摩擦といった典型的現象を取り上げ，実験によってその特徴を表す法則性を見出し，なるべく単純で客観的な言葉，多くの場合，数学モデルを使って表現します．物理学がとったアプローチ「全体を部分に分解して，すべての部分が

単純な言葉で説明できれば全体が説明できたことになる」という考え方を還元主義といいます．

ORもスタート当初から，多くの科学者や技術者が加わっていたこともあって，扱う対象こそ違え，問題にアプローチする姿勢は還元主義に近いものでした(同時に，システム的観点の必要性も意識されます)．次表に示すように，経営の場における重要な活動として，資源配分，生産計画，在庫管理，日程管理，設備計画，待ち行列，ネットワーク・フローなどに注目して，ORの対象領域が区分されました．そして，それぞれの領域において典型的と観られる問題が認識され，定式化され，解くための方法論が開拓されてきました．典型問題の定式化と解決の方法論は，多くの場合，数理モデルないしはシミュレーションモデルによるフォーマルな表現がなされています．

表2 ORの典型問題と解法

典型問題	適用対象例	代表的な方法論とその分類		
		数理計画法	応用確率論	アルゴリズム
1) 配分問題	生産計画，資材計画	線形計画法 MRP		
2) 日程計画問題	工程管理，プロジェクト管理	分岐限定法	作業時間推定	PERT/CPM
3) 在庫問題	在庫管理	動的計画法	確率的在庫モデル	離散系シミュレーション
4) 待ち行列	在庫システム設計 ネットワーク設計		待ち合せ理論	離散系シミュレーション
5) ライン・バランシング問題	作業工程設計，生産作業計画	線形計画法 動的計画法		組み合わせ最適化理論
6) 取り替え問題	設備投資計画	費用-収益分析	取替えの理論	
7) 探索問題	情報探索，商品配列		探知論	探索アルゴリズム
8) ネットワーク・フロー問題	道路網・通信網設計	ダイクストラ法		グラフ理論 ラベリング法
9) 輸送問題	配送システム設計 配送計画	整数計画法 線形計画法		ネットワーク・フローの解法
10) 評価と決定	代替案評価，意思決定，政策決定	決定理論	統計的決定理論	ゲームの理論 AHP
11) 信頼性	信頼性設計，保全		システム信頼性解析	故障の木解析
12) ポートフォリオ問題	ポートフォリオの決定	2次計画法	エントロピーモデル	

※ 上表には，ORの代表的な対象と方法論の一部を示しました．方法論的には，ゲーム理論，応用統計学，シミュレーション工学などの分野と，また，対象としては金融工学などを含むより広い分野とORは密接な関わりをもちます．

このように紹介してくると，ORは，我々が経営の場で直面するいかなる問題に対しても，解決の道を開いてくれる魔法の道具箱のように映るかもしれません．しかし残念ながら，現在のOR

でも，そこまでの期待はできません．既に述べたように，ORは半世紀以上に渡って，経営の典型問題の定式化とその解決方法を開拓してきました．提案されたOR技法は，膨大な数に登り，それは「経営の定石集」だと主張する人もいます．しかしそれは，決して経営の万能ツールを意味する訳ではありません．

日本でも，1960年代，まだまだコンピュータが未発達であったこの時代，ORは，脚光を浴びながら，今にしてみればやや過大ともいえる期待を背負って登場しました．その反動からか，70年代，80年代には，「役に立たない」，「数学をいじる遊び」といった批判を受けたこともありました．しかし，そのような状況下でも，ORは着々と対象領域を広げ，かつ理論を深めてきました．90年代に入ってからは，IT技術の発展と連動した形で，ORは再び進化の速度を上げたと目されています．しかし，現実の経営現象は，それを超えてなお多様でかつ奥深いものです．ORが未だ認知すらしたことのない問題や，まだ解決方法を見出せない問題が存在することも事実です．

また，ORユーザーに要求される能力の問題もあります．基本モデルが確立していると考えられる問題領域で，「定石」とされるOR手法を使っても，現実の問題にうまく適用できないことがあります．OR手法の多くは，その領域の典型問題に対する解法です．したがって，現実の問題の多様性に沿うためには，手法自体を多少モディファイしなければ使えないことも多いのです．つまり，ORユーザーには，現実の問題に適する手法を選ぶ能力と，場合によっては，手法自体を修正して自ら抱える現実の問題に適合させる能力が要求されます．この辺が，決った手法をそのまま利用できる，品質管理の管理図法などと違う，難しいところです．

今後ORが，真の意味で「経営の定石集」に近づくためには，ORの専門家の力だけでは難しいかもしれません．経営科学という枠組みのなかで，隣接する社会科学の分野，経営学や経済学，会計・金融関連の分野などとのコラボレーションを強化することも必要でしょう．それ以前に，大学や企業内におけるOR教育によって，ORユーザーの裾野を広げ，ユーザーの能力を高め，また，ユーザーサイドからの要望に応えられる研究体制をつくることが肝要だと思います．

0.5 本書の構成

執筆陣は本書を著すにあたり，「OR/MSユーザーの裾野を広げる」ことを趣旨としました．そこで，ターゲットとなるユーザーは，経営・経済など社会科学系の大学に在学中または出身の方で，これまで学習の機会はなかったけれど，ご自身の(将来の)仕事に「経営科学」を活かしてみたいと考える方々としました．また，執筆陣も全員そうであるように，文科系大学や専門学校で，経営科学教育に携わる先生方に，利用しやすい教科書を提供することを目指しました．

このように，初めて「経営科学」に触れる文系学生のための教科書として，また，「経営科学」を実践したいビジネスマン向けの入門書として位置づけたうえで，取り扱う題材を限定することにしました．想定したユーザーにとって，経営科学の多くのテーマを網羅するより，基礎的でかつ利用の幅が広いと考えられるテーマだけに絞り込む方が，望ましいと考えたからです．この結

果，例えば，前節で紹介したORの典型問題のうち，探索問題やネットワーク・フロー，またゲーム理論に関連するテーマは，敢えて省いてあります．これらOR固有のテーマは工学系専門書に譲って，代わりに第1章では，経営科学の広い対象のなかから，管理会計分野における問題「利益計画」を取り上げました．また，経営科学を実践するための基礎的な道具立てとして，第6章では「統計データ解析」，第7章では，「シミュレーション」を取り上げました．

　専門書としての範囲を限定した分，取り上げたテーマについては，各章3つのPart，

Part A：問題の定式化 → **Part B**：定式化に必要な数学的基礎 → **Part C**：Excelを使った解法

を用意して，できる限り詳しく分かりやすい解説をすることができます．工学系の書では，**Part B, C**の部分は既知の知識として，むしろ解説しないのが普通です．特に，**Part B**の数学的基礎の部分は，文系・ビジネスマン向けの本では，読者の負担を配慮して一切触れないか，極めて簡略な説明に留めることが多いようです．しかし，これではかえって読者に数学というハードルの存在を意識させ，基礎的なテーマであっても，難解な印象を与えてしまうようです．本書では，問題定式化の意味を理解するのに必要最小限の数学知識については，中学程度から出発しても理解できるよう，十分な解説を行いました．また，机上の理論は，実際に使ってみることで，初めて自家薬籠中のものとなります．そこで，**Part C**では，**Part A, B**で学んだ理論を現実の問題に適用するため，Excelを使った具体的な計算処理方法を実習形式で学んでいただきます．

　方法論の開拓はORの重要な課題ですが，一般のOR/MSユーザーには，これまでに開拓された知見を活かし，直面する現実の問題にそれを応用できるようになることの方が大切です．またそれが，ユーザーサイドからOR/MSの発展に寄与する道でもあります．本書は，エンドユーザーOR/MSを支援する書を目指し，次の特色ある編成方針に基づいて著されました．

◇ クロス・マトリックス型の編成

日本の大学では，工学系だけでなく，広く文系と称される，経営・経済・商学・社会学系の学部の多くでも，OR/MS教育の重要性が認知され，「経営科学」，「オペレーションズ・リサーチ」などの授業が行われています．

しかし，文系学部にあって，この科目単独では十分な教育効果を上げるのは難しいのではないかと

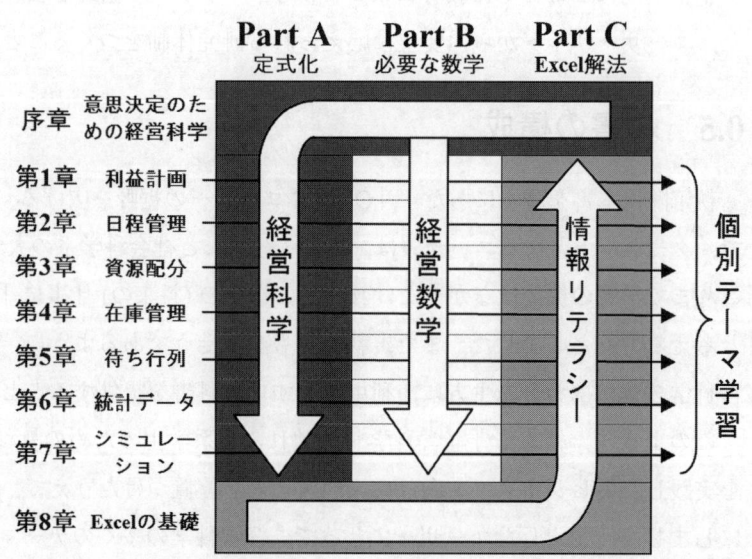

図4　本書のクロス・マトリックス型編成

思われます．何故なら，この科目を学ぶ基盤として，数学と情報処理に関する基礎教育との連携が不可欠だからです．この点を配慮して，本書の編成に当っては，図4に示すようなクロス・マトリックス型の編集方式を採用しました．この1冊で，「経営科学/OR」，「経営数学」，「情報リテラシー」の3つの科目をクロス・オーバーしながら学べる教科書となっています．

表3 本書の構成

章立て	Part A：問題の捉え方と定式化	Part B：定式化に必要な数学	Part C：Excelによる解法
序章 意思決定のための経営科学	1) OR の誕生と発展 2) OR の特徴 3) OR のモデル化	4) 意思決定の科学としての経営科学 5) 経営科学の活用法	6) 本書の狙いと範囲 7) 教科書としての構成 －Matrix 型編集の特色－
第1章 利益の計画	1) 損益分岐点分析 2) 投資利益率法	1) 数と関数 2) 数列と級数	1) 1次関数のグラフ 2) 種々の関数とグラフ
第2章 日程の管理	1) ガントチャート 2) PERT 3) CPM	―	1) PERT の計算処理 2) CPM の計算処理
第3章 資源の配分	1) 線形計画問題 2) 図的解法 3) 感度分析 4) 線形計画法の応用 5) MRP	1) ベクトルと行列 2) 行列演算と連立1次方程式 3) 連立1次不等式	1) ソルバーによるLP の解法 2) Excel 関数によるMRP の計算
第4章 在庫管理	1) 在庫問題 2) 経済的発注量 3) 需要が不確実な場合	1) 微分法 2) 微分法の応用	1) 経済的発注量 2) 発注点の計算
第5章 待ち行列の現象	1) 待ち行列の現象 2) 待ち行列モデルの解析法	1) 順列と組合わせ 2) 事象と確率 3) 確率変数と分布 5) 連続確率変数 4) 6) 種々の確率分布	1) 表計算によるM/M/1 モデルの評価 2) Excel VBA によるM/M/c モデルの評価 3) ユーザー定義関数
第6章 統計データの読み方	1) 統計データの整理 2) 変数間の関係 3) 時系列データ	第5章 Part B ↑利用	1) 統計データの一次的処理 2) 相関と単回帰分析
第7章 シミュレーション	1) モンテカルロ法 2) 離散事象系シミュレーション	第5章 Part B ↑利用	1) VBA による在庫シミュレーション
第8章 Excel の基礎	1) Excel の起動と終了 2) Excel 画面の名称 3) データ入力 4) 複写と移動	5) 表の作成 6) 保存と印刷 7) 複雑な式の表計算 8) グラフの作成	9) Excel 関数使い方 10) データベース関数 11) データベース機能 12) VBA マクロ

参考文献

1. OR 事典編集委員会編,「OR 事典」, 日科技連, 1988
2. 真壁肇 編,「オペレーションズ・リサーチ」, 日本規格協会, 1986
3. 福田治郎・児玉正憲. 中道博,「OR 入門 はじめて学ぶ人のために」, 多賀出版, 1992

第1章
利益の計画

　経済社会の一員として企業が継続的に活動を続けていくためには，自社の提供する製品やサービスが顧客に受け入れられなければなりません．これは，企業が提供する付加価値を顧客が認め，その代価として企業は利益を得るということです．この利益の一部は，経営者や従業員の賃金，企業に出資している株主への配当，資金を融資している金融機関や投資家への利息，あるいは政府や地方公共団体への税金などの形で企業内外の利害関係者に還元されます．また他の一部は，設備投資など付加価値の再生産のための原資として企業内部に留保されます．

　このような利益を継続的に確保していくためには，しっかりした計画を立てることが必要です．これが経営計画を立案して実行することの大きな目的のひとつです．経営計画は，大別して，

1) **期間計画**：企業全体あるいは機能別部門の活動について，将来の一定期間 (長期・中期・短期) の活動を体系的に行うための計画

2) **プロジェクト計画** (あるいは**個別計画**)：ある特定の問題に対して将来の活動の方向を決定するために，それぞれの代替案を評価するための計画

に分けられます．これら2種類の計画は，本来ばらばらに存在するのではなく，お互いに関連しながら進められていくものです．たとえば，新工場建設のための設備投資や新製品開発のための研究開発投資はプロジェクト計画としてとらえられますが，この意思決定の結果は長期間にわたって企業の行動を拘束することになるので，期間計画にとっては前提条件として位置づけられるものですし，個々の製品価格やプロダクトミックス (製品の組合せ) の決定，部品の内外区分 (内作か外注かの決定) などは，これ自体はプロジェクト計画の性格を持ちながらも，総合的な期間計画のなかでのサブプロセスとしても位置づけられるものです．

　これらの経営活動領域は，主として経営計画管理，財務管理などの研究領域で取り扱われる主題です．それぞれの領域で詳細な理論化と検討が行われますが，この章では，これら領域の専門的知識は必要最小限にとどめ，OR 的な観点からこの問題にアプローチする方法に焦点をあてることにします．つまり，OR では，この問題をどのような形式でモデル化するのか，すなわち数式や図表で表現されるのか，また，そのモデルをどのように動かし，利用するのかを見ていきます．これによって，モデル化とはどのようなものなのかを理解してもらいたいと思います．具体的には「期間計画」に関連する領域から損益分岐点分析手法を，「プロジェクト計画」に関連する領域から経済計算手法を取り上げて，これらのモデルについて説明します．

本章の構成と読み方は次に示す通りです．

Part A　ここでは，1期間の利益計画を作成・評価するための損益分岐点分析と，複数期間にまたがる計画の採算性を評価するための経済計算手法のモデルを取り上げます．手法そのものの詳細な説明よりも，この手法に組み込まれているモデルの構造とその表現方法を中心にして，どのようにモデルを作って，それを動かすのかを学びます．

　　A.1 では，「利益公式」を構成している売上高と費用という要因に「生産量あるいは営業量」という新しい要因を導入して，2つの1次関数の相互関係から損益分岐点分析モデルを作る過程に重点を置き，数式モデルとグラフによる図式モデルとを対比しながら説明します．次に，数式モデルを構成している変数や定数とグラフ表現との対応を見ながら，要因が変化したときモデルがどのように動くのかを What-If 分析を行って調べます．最後にこのモデルを組み立てるときに導入した「営業量」という要因の意味と構成を生産量から売上高に置き換えて，モデルを拡張してみます．それが数式モデルや図式モデルでの表現や動きにどのような変化をあたえるのかを考えます．

　　A.2 では，まず資金の時間的な価値をさまざまな時点に換算するための金利計算の6つの公式を導きます．この公式は指数関数の形をしているので，それぞれの式の意味はとらえにくいですが，時点間の換算の実体的な意味と公式間の式の変換との間にきれいな対応が取れていることを理解してください．次に，この公式を使って投資計画案の採算性を比較・評価する問題を考えます．代替案の評価をするときに使う評価尺度が持つべき条件を考え，代替案を比較・評価する方法として逐次的に代替案を探索，既存の案と比較する方法を紹介します．

Part B　ここでは，**Part A** で使用したモデルの記述・操作に関連する数学として，関数と数列の基礎を説明します．

　　B.1 では，2つの変数の間の関係を関数として表現するための数学的基礎を復習し，代表的な関数について，その特徴，座標平面による図式表現との関係を説明します．

　　B.2 では，等差数列と等比数列の基本的な性質，数列の和の求め方を説明します．また，それを無限数列に拡張して，数列の極限値，級数の基礎を学びます．

Part C　ここでは，**Part A** で学んだ内容を Excel で処理する方法を学びます．

　　C.1 では，損益分岐点分析モデルを構成する売上高直線と総費用直線の関係をグラフに表現すること，ゴールシーク機能を使って2直線の交点（損益分岐点）や目標利益を与える生産量などを求める方法を学びます．

　　C.2 では，現価係数などの価値の時間換算に関する係数を Excel で求めることから始めて，ゴールシーク機能を使って収益率や回収期間を求める方法を学びます．

第1章 利益の計画

Part A 問題の捉え方と定式化

A.1 損益分岐点分析

　経営計画は大きく分けて，期間計画とプロジェクト計画に分けられることはすでに述べましたが，このうち期間計画は，その計画が適用される期間の長さから長期計画と短期計画に，適用される経営活動の領域の違いから販売計画，生産計画，資金計画などに分けられます．そして期間計画で最も重要なのは，企業の全体的な活動を財務的な観点から統合する利益計画と，経営活動の原資を確保するための資金計画です．これは経営活動を「おかね」という共通尺度を用いて統合しようというものです．利益計画は，この計画の期間中に達成すべき目標利益を決定することから始まり，それを実現するための売上高と，その売上を達成するのに要する費用と必要な資本の量とを決めることです．※注) ここでは，売上高と費用との関係に注目して，これらがどのような関係にあり，その関係がどのように表現されるのかを見ていくことにします．

A.1.1 基本モデル

　いま，1種類の製品だけを製造・販売している企業を想定して，その製品を製造・販売すると利益はどうなるのかを考えます．利益は「**利益＝売上高－費用**」という「利益公式」で定義されますが，それでは，売上高と費用の間にはどのような関係があるのでしょうか．製品の生産量(=販売量) を x(個)，製品価格を p(円／個)，売上高を S(円) とおいて，**売上高＝製品価格×生産量** が成り立つとすれば，原点を通る傾き p の直線の式，

$$S(x) = px \tag{1.1}$$

で表せます．生産量を x 軸，売上高を y 軸にとって，両者の関係は図1.1のように表せます

※ この段階で，既にいくつか前提が置かれていることには，注意してください．例えば，「販売量＝生産量」は，作った製品はすべて売れるという仮定ですし，「製品価格が一定」は，大口一括注文による値引きなども考えないということです．

◇ 素朴すぎるモデル

次に，費用と生産量の関係について考えてみます．売上高と同様に，製品1個あたりの費用 c(円／個)(つまり平均費用です) を考えて「費用＝平均費用×生産量」，すなわち

$$y = C(x) = cx \tag{1.2}$$

でいいでしょうか．これは，費用は生産量に比例する，すなわち製品1個あたりの費用は生産量

※注) そもそも目標利益はどのようにして決める／決まるのか，という点も興味ある問題ですが，ここでは触れません．ひとつだけ例を挙げておくと，サイアート＝マーチ (R.M.Cyert & J.G.March) は行動科学的な観点から，特定期間の組織目標，例えば自社の今期の売上高目標 G_t は，(1) 自社の前期の目標水準 G_{t-1}，(2) 自社の前期の実績 E_{t-1}，(3) 競合他社の前期の実績 C_{t-1} の3つの要因の間で，$G_t = aG_{t-1} + bE_{t-1} + cC_{t-1}$ (ただし，$a+b+c=1$) という形の関数で表され，環境の変化が大きくない状況では，a,b,c は安定した値を取っていると述べています．

にかかわらず一定 ($=c$) であることを前提にしています．この様子も図 1.1 に書き込んでみました．もしこの前提が正しければ，生産量 x_1 のときの売上高は px_1，費用は cx_1 ですから，利益はその差 $px_1 - cx_1$ になるはずです．これはグラフ上では縦の矢線で表された部分に対応します．

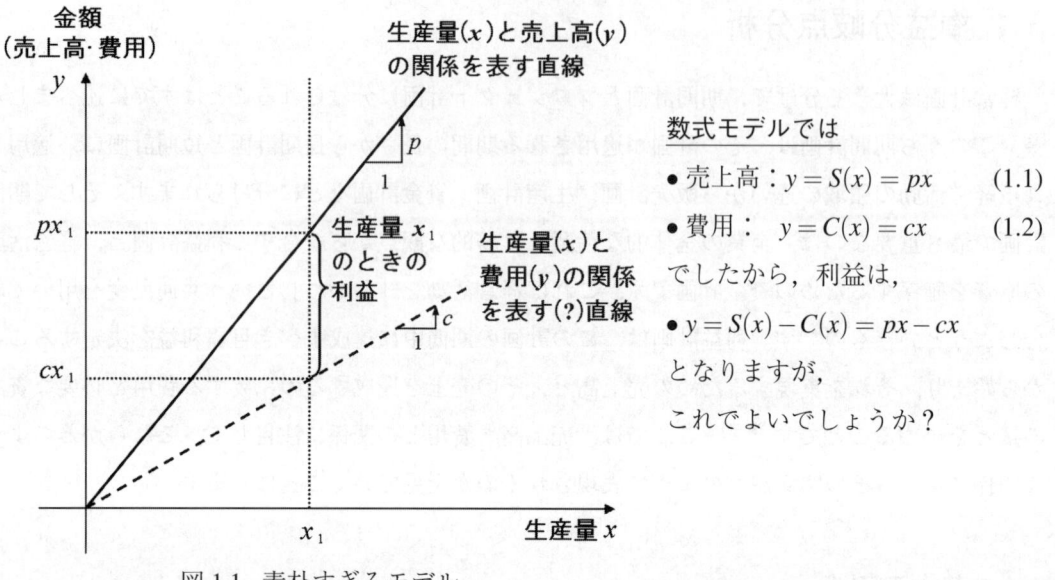

図 1.1 素朴すぎるモデル

しかし，実際にはこうはなりません．このグラフで「まったく生産しない」とき，すなわち $x=0$ ときは，売上高も費用もゼロになるので，その差で表される利益もゼロになりますが，これは明らかにおかしいでしょう．

◇ 基本モデルと損益分岐点

前述の「素朴すぎるモデル」の難点は，現実には機械設備の維持費用や人件費のように，たとえ生産活動をしていなくても発生する費用を考えていないことです．もちろん，その一方では，原材料の消費量や動力・燃料費のように，明らかに生産量の大小にともなって変化する費用があることも忘れてはいけません．

そこで，費用の方は，生産量の大小にかかわらず「固定的に」発生する費用，**固定費** (fixed cost) と，生産量に応じて「変動的」に発生する費用，**変動費** (variable cost) に分けて考えることが必要です．すなわち，固定費の方は生産量にかかわらず一定の値 F(円) であり，

$$y = F \tag{1.3}$$

変動費の方は生産量の増加・減少に比例的に変化すると考え，製品 1 個あたりの変動費は一定で c_v(円／個) として，

$$y = c_v x \tag{1.4}$$

と表します．この c_v を，ここでは単位変動費と呼ぶことにします．このとき，生産量と固定費，生産量と変動費との関係は図 1.2 のようになります．全体の費用 (**総費用**) は，固定費と変動費の和としてとらえ，

$$y = F + c_v x \tag{1.5}$$

と表します．例えば，生産量 x_1 のときの総費用は，固定費 F と変動費 $c_v x_1$ の和 $F + c_v x_1$ になり，総費用を表すグラフは，図 1.2 のようになります．「固定費のグラフに変動費のグラフを乗せた」と見ても，「変動費のグラフを固定費分だけ上方向に平行移動した」と見ても，同じことです．

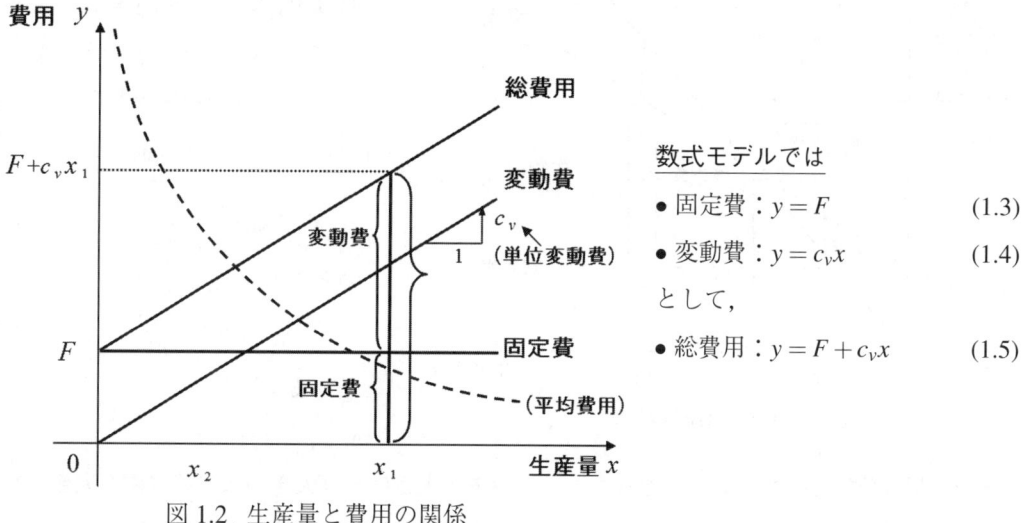

図 1.2 生産量と費用の関係

数式モデルでは
- 固定費：$y = F$ (1.3)
- 変動費：$y = c_v x$ (1.4)

として，
- 総費用：$y = F + c_v x$ (1.5)

※ 上の変動費の説明では「製品1個あたりの変動費，すなわち単位変動費が一定」と述べましたが，これを別の表現で，「生産量を1単位だけ増加させたときの変動費の増加量が一定」と言うこともできます．一般に，一方の変数の値を1単位だけ変化させたときの，もう一方の変数の変化量を「限界○○」と呼びます．この用語を使うと，このモデルは，「限界固定費はゼロ (で一定)，限界変動費は一定，限界総費用も一定」です．また，「単位変動費 (c_v) = 限界変動費 = 限界総費用」です．これらは，グラフ上ではそれぞれの費用を表す直線の傾きとして表されます．

※ 総費用を固定費と変動費に分けたモデルでは，平均費用すなわち製品1個あたりの総費用 $\dfrac{F + c_v x}{x} = \dfrac{F}{x} + c_v$ は一定ではなく，図 1.2 の破線で表されるように，生産量が増加するほど「逓減」していきます．経済学では，生産規模が大きくなるほど平均費用が逓減するとき，「規模の経済が成り立つ」と言います．

では，「利益＝売上高 - 費用」の関係をグラフで表現するとどのようになるのでしょうか．生産量−売上高のグラフ (図 1.1) と生産量−費用のグラフ (図 1.2) を重ねて見るとわかりやすく，図 1.3 にその様子を表しました．ある生産量 x_1 のときの利益は，そのときの売上高 $p x_1$ と総費用 $F + c_v x_1$ の差として表されます．図 1.3 のように，売上高直線の傾き p の方が総費用直線の傾き c_v よりも大きければ (すなわち $p > c_v$)，総費用直線と売上高直線は $x > 0$ の範囲のどこかで交わります．この交点より左側の部分では総費用直線の方が売上高直線より上にあるので，総費用 > 売上高となって，利益の値はマイナス (すなわち利益は出ずに損失が発生する) であり，この交点より右側の部分では売上高直線の方が総費用直線より上にあるので，売上高 > 総費用となって，その差額が利益となります．このようこの交点を境にこれよりも生産量が小さければ利益はマイナス，これよりも生産量が大きければ利益はプラスとなるので，この交点 (およびこの交点の x 座標が示す生産量) を**損益分岐点** (Break-Even Point) と呼びます．図 1.3 の説明にあるように，損益分岐点の

座標は $(\frac{F}{p-c_v}, \frac{pF}{p-c_v})$ となります．すなわち，生産量 $x_0 = \frac{F}{p-c_v}$ のとき利益がゼロになり，そのときの売上高は $y_0 = \frac{pF}{p-c_v}$ となります．

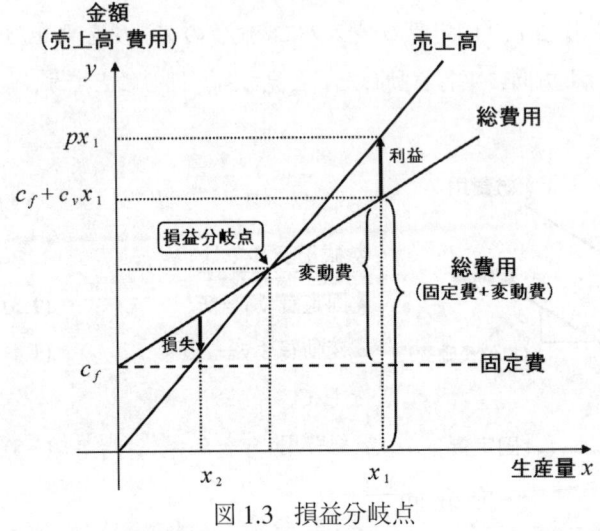

図1.3 損益分岐点

数式モデルでは

(1.1) より，●売上高：$y = px$

(1.5) より，●総費用：$y = F + c_v x$

よって，売上高＝総費用となる生産量 x_0 は， $px_0 = F + c_v x_0$ より，

$$\therefore \quad x_0 = \frac{F}{p - c_v} \quad (1.6)$$

このときの売上高 y_0 は，

$$y_0 = px_0 = \frac{pF}{p - c_v} \quad (1.7)$$

となります．

また，損益分岐点を境にして，それよりも生産量が大きければ大きいほど利益額も大きくなり，逆に損益分岐点より生産量が小さければ小さいほど損失が大きくなり，生産量がゼロのときは固定費分がまるごと損失になることもこのグラフからわかります．生産量と利益の関係をグラフに表すと図1.4のようになります．

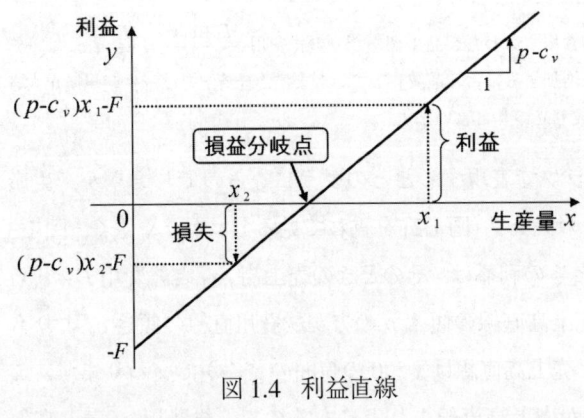

図1.4 利益直線

数式モデルでは

(1.1) より，●売上高：$y = px$

(1.5) より，●総費用：$y = F + c_v x$

ゆえ，利益を表す式は，

$$y = px - (F + c_v x)$$
$$= (p - c_v)x - F \quad (1.8)$$

よって，$P_1 = (p - c_v)x_1 - F$ となる生産量 x_1 は，

$$x_1 = \frac{P_1 + F}{p - c_v} \quad (1.9)$$

このときの売上高 y_1 は，

$$y_1 = px_1 = \frac{p(P_1 + F)}{p - c_v} \quad (1.10)$$

この利益直線 (1.8) 式の傾き $p - c_v$ を「(生産量に対する)**限界利益率**」と呼びます．限界利益率を $M(= p - c_v)$ で表すと，損益分岐点の座標は $(\frac{F}{M}, \frac{pF}{M})$ と表されます．

◇ **損益分岐点分析**

このように，利益を売上高と費用という要因に分け，さらに費用を固定費と変動費に分けること

第1章 利益の計画

によって，製品の生産量と売上高の関係，生産量と費用との関係を導き出し，生産量と利益との関係を簡単なモデルとして定式化して，利益計画に役立てる手法を損益分岐点分析と呼びます．

この基本モデルを構成している価格，固定費，変動費という要因は，この製品を製造・販売している企業の意思決定者にとっては，自社内の情報として比較的簡単に手に入るデータですから，これらのデータが入手できれば，どのくらいの生産量でどのくらいの利益が期待できるのかは簡単に分析できます．

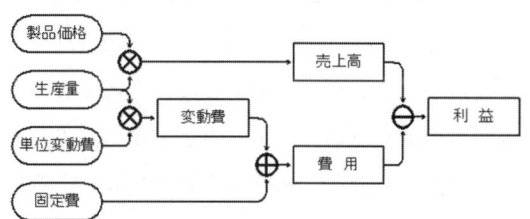

図1.5 損益分岐点分析モデルの構成要素

例題1.1：製品Xの損益分岐点

> A社は製品Xを生産・販売しています．製品Xの価格は2万円，固定費は1,000万円とし，単位変動費は4,000円とします．このとき
>
> 1) 損益分岐点となる販売量と，そのときの売上高を求めなさい．
> 2) 2,000万円の利益を得るには製品Xを何単位生産すればよいでしょうか．

生産量 x(個)，売上高 y(万円) とすると，

- 売上高直線：$y = 2x$ (1.1′)
- 総費用直線：$y = 1000 + 0.4x$ (1.5′)

となり，x-y 座標平面上にグラフを描くと右のようになります．また，利益直線は

- $y = 2x - (1000 + 0.4x) = 1.6x - 1000$ (1.8′)

となります．以上より，

1) 損益分岐点

損益分岐点は利益がゼロとなる点ですから，式 (1.8′) で $y = 0$ とおいて，

$$0 = 1.6x - 1000, \quad 1.6x = 1000$$

よって，$x = 1000/1.6 = 625$ となって，生産量625個が損益分岐点です．また，このとき

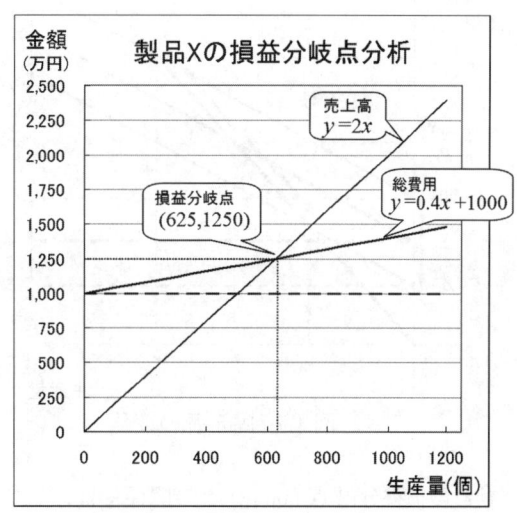

図1.6 例題1.1の損益分岐点

の売上高 (=総費用) は式 (1.1′) に $x = 625$ を代入して $y = 2 \times 625 = 1250$ 万円となります．

2) 利益額が2000万円になる生産量

同様に，式(1.8') で $y = 2000$ とおいて，$2000 = 1.6x - 1000$ より $1.6x = 3000$，ゆえに $x = 1875$．よって，生産量が1875個のとき，利益額が2000万円になります．また，このときの売上高は3750万円になります．

◇ 要因が変化すると －What-If 分析－

損益分岐点分析は，固定費 (F)，単位変動費 (c_v)，製品価格 (p) の値は一定で変化しないものとして，生産量 (x) と利益 (y) の関係を見るものですが，対象とする期間にもよりますが，これらの値も変化すると考えるのが，むしろ現実的です．ここでは，それぞれの要因が変化したとき損益分岐点がどのように変化するのかを考えてみましょう．これはモデルの条件を変えたときにモデルがどのような動きをするのかを調べ，モデルがどのような特性をもっているのかを理解することです．このような分析方法を What-If 分析といいます．

(1) 固定費の変化

固定費 F は総費用を表す直線 (1.5) 式の y 切片ですから，この値が大きくなると総費用直線は上方向に平行移動します．このとき損益分岐点，つまり売上高直線との交点は右上方に移動します．損益分岐点の生産量は大きくなり，そのときの売上高，総費用も大きくなるということです．このことは，何らかの原因で固定費が上昇すると，現在の生産量のままだと利益は減少してしまうこと，期待する利益を確保するには現在よりも生産量を増やして売上高を増加させなければならないこと，などを意味します．逆に固定費が小さくなると，総費用の直線は下に平行移動するので，損益分岐点は左下に下がり，そのときの生産量，売上高，総費用も小さくなります．

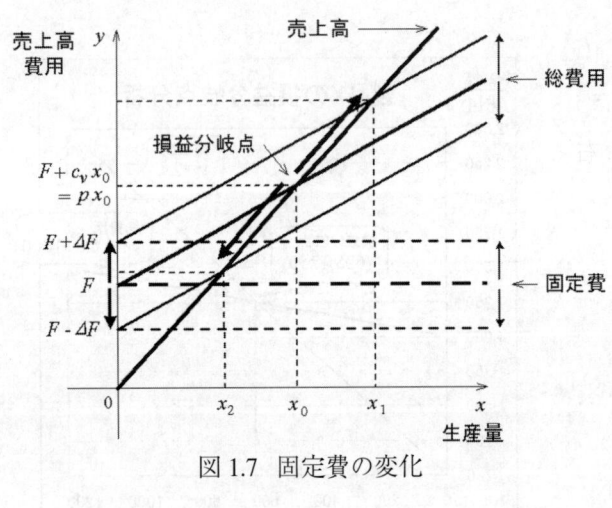

図 1.7 固定費の変化

数式モデルでは

固定費 F が，ΔF 増えて $F+\Delta F$ に変化すると，総費用 (1.5) 式は，
$$y = (F+\Delta F) + c_v x$$ となり，
新しい損益分岐点 (x_1, y_1) では，
$px_1 = (F+\Delta F) + c_v x_1$ となります．
よって，$(p-c_v)x_1 = F+\Delta F$ より，
$$x_1 = \frac{F+\Delta F}{p-c_v} = \frac{F+\Delta F}{M},$$
$$y_1 = px_1 = \frac{p(F+\Delta F)}{p-c_v}$$
$$= \frac{p(F+\Delta F)}{M} \quad (1.11)$$

もとの損益分岐点 (x_0, y_0) との関係では，

$$x_1 = \frac{F+\Delta F}{p-c_v} = \frac{F}{p-c_v} + \frac{\Delta F}{p-c_v} = x_0 + \frac{\Delta F}{p-c_v} = x_0 + \frac{\Delta F}{M}$$

$$y_1 = px_1 = \frac{p(F+\Delta F)}{p-c_v} = \frac{pF}{p-c_v} + \frac{p\Delta F}{p-c_v} = y_0 + \frac{p\Delta F}{p-c_v} = y_0 + \frac{p\Delta F}{M} \quad (1.12)$$

(2) 単位変動費の変化

単位変動費 c_v は総費用直線 (1.5) 式の傾きを表しますから，この値が大きくなると総費用直線は (y 切片は変わらずに) 傾きが大きく (すなわち急に) なります．総費用直線の傾きが急になると，損

第1章 利益の計画　　　　　　　　　　　　　　　　　　　　　　　　　　　23

益分岐点は右上の方向に移動します．すなわち損益分岐点の生産量もそのときの売上高，総費用も大きくなります．逆に単位変動費が小さくなると損益分岐点は左下に移動し，損益分岐点の生産量，売上高，総費用も小さくなります．

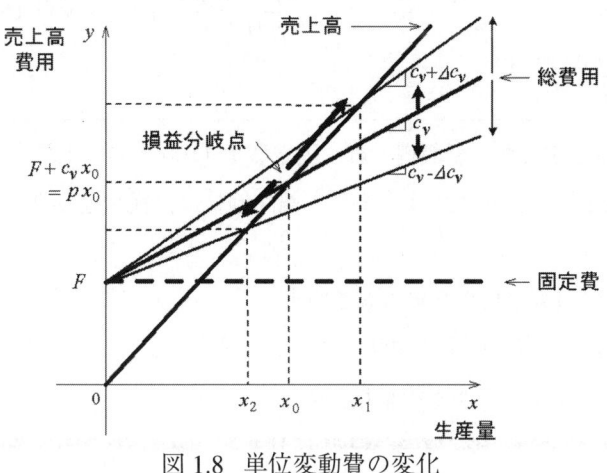

図 1.8　単位変動費の変化

数式モデルでは

単位変動費が，Δc_v 増えて $c_v + \Delta c_v$ に変化すると，総費用は，

$$y = F + (c_v + \Delta c_v)x \quad \text{となり},$$

新しい損益分岐点 (x_1, y_1) では，

$$px_1 = F + (c_v + \Delta c_v)x_1 \quad \text{となります．}$$

よって，$(p - c_v - \Delta c_v)x_1 = F$ より，

$$x_1 = \frac{F}{p - c_v - \Delta c_v} = \frac{F}{M - \Delta c_v}$$

$$y_1 = px_1 = \frac{pF}{p - c_v - \Delta c_v}$$

$$= \frac{pF}{M - \Delta c_v} \tag{1.13}$$

もとの損益分岐点 (x_0, y_0) との関係では，

$$x_1 = \frac{F}{p - c_v - \Delta c_v} = \frac{p - c_v}{p - c_v - \Delta c_v} \times \frac{F}{p - c_v} = \frac{p - c_v}{p - c_v - \Delta c_v}x_0 = \frac{M}{M - \Delta c_v}x_0$$

$$y_1 = \frac{pF}{p - c_v - \Delta c_v} = \frac{p - c_v}{p - c_v - \Delta c_v} \times \frac{pF}{p - c_v} = \frac{p - c_v}{p - c_v - \Delta c_v}y_0 = \frac{M}{M - \Delta c_v}y_0 \tag{1.14}$$

(3) 製品価格の変化

製品価格 p は売上高直線 (1.1) 式の傾きを表しますから，製品価格が上がると売上高直線の傾きは急になり，総費用直線との交点すなわち損益分岐点は左に下がってきます．これは損益分岐点の生産量もそのときの売上高，総費用も小さくなることを意味しています．逆に製品価格が下がると損益分岐点は右上に移動し，損益分岐点の生産量，売上高，総費用も大きくなります．

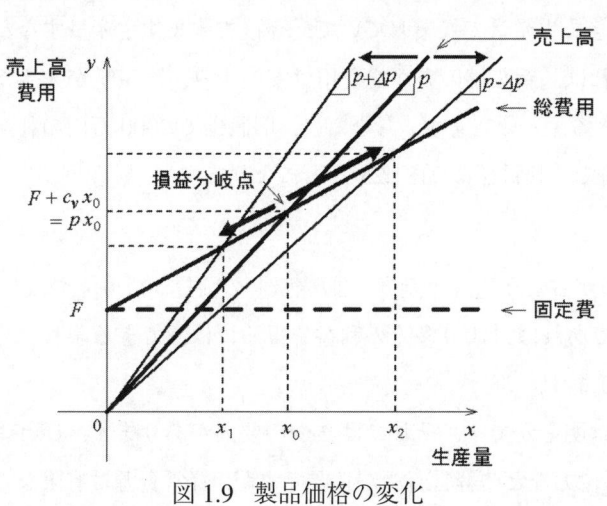

図 1.9　製品価格の変化

数式モデルでは

製品価格が Δp 増えて $p + \Delta p$ になると，売上高は $y = (p + \Delta p)x$ になり，新しい損益分岐点 (x_1, y_1) では，

$$(p + \Delta p)x_1 = F + c_v x_1 \quad \text{となります．}$$

よって，$(p + \Delta p - c_v)x_1 = F$ より，

$$x_1 = \frac{F}{p + \Delta p - c_v} = \frac{F}{M + \Delta p}$$

$$y_1 = (p + \Delta p)x_1 = \frac{(p + \Delta p)F}{p + \Delta p - c_v}$$

$$= \frac{F}{1 - \dfrac{c_v}{p + \Delta p}} \tag{1.15}$$

もとの損益分岐点 (x_0, y_0) との関係では，次のように表せます．

$$x_1 = \frac{F}{p+\Delta p - c_v} = \frac{p-c_v}{p+\Delta p - c_v} \times \frac{F}{p-c_v} = \frac{p-c_v}{p+\Delta p - c_v} x_0 = \frac{M}{M+\Delta p} x_0$$

$$y_1 = \frac{y_1}{y_0} y_0 = \frac{(p+\Delta p)x_1}{px_0} y_0 = \frac{(p+\Delta p)\frac{M}{M+\Delta p}x_0}{px_0} y_0 = \frac{(p+\Delta p)M}{p(M+\Delta p)} y_0 \quad (1.16)$$

例題 1.2：製品 X の損益分岐点分析

> A 社は製品 X の生産設備を更新する予定です．新設備では，固定費は 1100 万円に上昇しますが，単位変動費は 2,500 円に低下する見込みです．また，製品価格は，従来通り 2 万円で販売していく予定です．このとき
> 1) 生産設備更新を行った後の製品 X の損益分岐点を求めなさい．
> 2) 2,000 万円の利益を得るには，製品 X を何単位生産すればよいか検討しなさい．
> 3) 生産量と利益の関係の観点から，旧設備と新設備の得失を検討しなさい．

例題 1.1 の式 (1.1′)，(1.5′) の定数が変わっただけで，考え方は例題 1.1 とまったく同じです．

1) 損益分岐点は，$2x = 1100 + 0.25x$ を解いて $x = 1100/1.75 = 628.57$．すなわち損益分岐点の生産量は 629 個になります．またこのときの売上高 (=総費用) は 1258 万円になります．

2) 利益が 2000 万円になる生産量は，$2x - (1100 + 0.25x) = 2000$ より，$1.75x = 3100$ ゆえに $x = 1771.4$．すなわち生産量 1772 個で利益額が 2 千万円になります．

3) 旧設備と新設備を比較すると，新設備では固定費は 1000 万円から 1100 万円に上昇しますが，単位変動費は 4000 円から 2500 円に下がるので，生産量が小さいうちは新設備の方が総費用は高くなります．新・旧の総費用直線は，x 座標は 666.7 で交わり，生産量がこの交点より大きくなると，新設備の方が総費用は安くなります．また，生産量が大きくなるほど，この差は大きくなります．今回の例では，損益分岐点はどちらの設備でもほとんど同じですが (旧設備 625 個，新設備 629 個)，現在すでに損益分岐点よりも大きな生産量で操業していて，今後ますます生産量すなわち販売量が増加すると期待されるのであれば，新設備の方が総費用は安くすみ，生産量が大きくなるほど旧設備より大きな利益が期待できる，といえます．ちなみに，旧設備で 2000 万円の利益が上げられた生産量 1875 個では，新設備での利益額は 2181.25 万円になります．

† ちょっと脱線して

図 1.3 の損益分岐点のグラフをみるとわかるように，「生産量＝販売量」の前提が成り立つ限り，つまり「作ったものはすべて売れる」のであれば，「より多くの利益を得るには，できる限りたくさん生産すればよい」，ということになります．

しかし，現実にはこうはいかないことは明らかです．それには 2 つの要因があります．ひとつは，生産を行うには原材料，機械設備，労働力などの経営資源が必要ですが，経営資源は有限なので，製品を無限に作るわけにはいかず，かならず上限があるという点です．経営資源を費消した

結果が費用ですから，無限に費用を掛けるわけにはいかないということです．もうひとつは，製品の市場は無限に大きいわけではなく，その製品が市場で顧客に受け入れられる量には限界がある，ということです．これが需要量です．

いま需要量を x_D と仮定すると，需要量という新たな要因を加味した損益分岐点のグラフは図1.10のようになります．すなわち，生産量が x_D 以下のときは売上高と総費用の関係は図1.3と同じで，生産量が損益分岐点以上であれば生産量を増やすほど利益は増加していきますが，生産量が需要量を超えると，総費用はあいかわらず総費用直線上を増加していきますが，売上高のほうは需要量を超えるとそれ以上増加することはなく，頭打ちの状態になります．つまり生産量が需要量以下

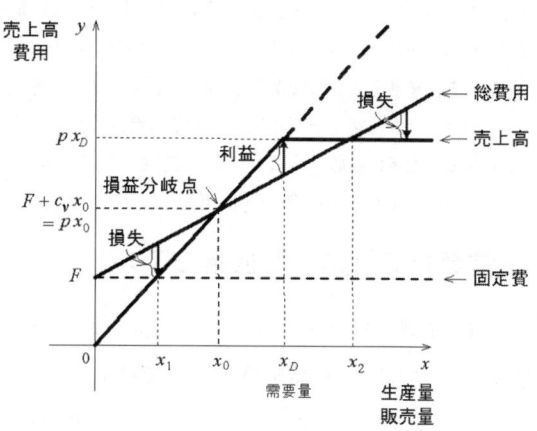

図 1.10 需要量を考慮したモデル

であれば，生産量＝販売量 が成り立ちますが，生産量が需要量以上になると 販売量＝需要量 となり，販売量を超えた分は売れ残りとなってしまい，生産量＝販売量 は成り立たない，ということです．そして生産量がさらに増加するほど利益は減少し，売上高＝総費用 となった時点でゼロとなり，さらに生産量を増やすと利益はマイナス，すなわち損失が生じるようになります．このような状況のもとでは，作れば作るほど利益は増加するとはいかず，図から明らかなように，利益は「生産量＝需要量」のときに最大になります．

経営科学では，このような状況を説明する枠組みとして，**決定変数**，**目的変数**(あるいは結果変数)，**環境変数**という概念を使います．決定変数とは，意思決定者が自分の意思で決めることができる要因のことで，いまの例では生産量がこれにあたります．目的変数とは，意思決定を行った結果がこうなる，あるいはこうしたいという要因のことで，例では利益がこれにあたります．環境変数は，意思決定者が行う決定の結果に影響を及ぼすことはわかっているが，意思決定者の意思でその状態を変えることができない要因のことで，例では需要量がこれにあたります．

いまの例で，意思決定者は，できるだけ大きな利益 (目的変数) が得られるような生産量 (決定変数) を決定しようと思えば，何らかの方法で需要量 (環境変数) を予測して，生産量を需要量と同じにする必要があります．OR/MS が目指してきたものは，このような状況下で行われる意思決定を，より良いものにするための道具や合理的・論理的な考え方を提供しようとするものです．

A.1.2 多種製品に対応したモデル

前節では，1つの製品に対する損益分岐点分析の考え方を説明してきましたが，このモデルを複数の製品を同時に扱えるように拡張できれば，企業全体や部門レベルでの利益計画の立案・分

析にも使えるモデルになります．拡張の要点は次の2点です．ひとつは，前節のモデルで基本的な役割を果たしていた「生産量」というそれぞれの製品に固有な尺度を，複数の製品でも扱える「売上高」というより一般的な尺度に置き換えることです．ふたつめは，このような工夫をした結果，モデルの見え方(表現方法)が少しだけ基本モデルとは違う，ということです．

※ 注1) 概念的には，企業が持っている能力(経営能力)がどのくらい実現されているのか，すなわち経営能力の利用度のことを**営業量**あるいは**操業度**といいます．生産量も売上高も経営能力が一定の水準で発揮された結果を表すものですから，どちらも営業量を測る尺度として利用されます．営業量を測る尺度を，個々の製品の生産量からより一般的な尺度である売上高に拡張することによって，損益分岐点分析はより広い意味で，費用・営業量・利益の関係(これをCVP関係：Cost-Volume-Profit Relationshipと呼びます)を分析するための手法として位置づけられます．

◇ 営業量に対応した拡張モデル

まず，1製品だけを扱うという前提を残したまま，基本モデルを拡張してみます．基本モデルを構成する要素は，製品価格 p，生産量 x，単位変動費 c_v，固定費 F で，これらの関係は，下の左のように表されました．また，この関係を生産量 x を x 軸，売上高・費用 y を y 軸として，グラフで表現したのが図1.3でした．ここで，「生産量」を「売上高」とし，グラフの軸として「売上高」を X 軸，「売上高・費用」を Y 軸にとると，

	生産量 x によるモデル		売上高 X によるモデル
売上高：	$y = px$ (1.1)	→	$Y = px = X$
固定費：	$y = F$ (1.3)	→	$Y = F$
変動費：	$y = c_v x$ (1.4)	→	$Y = c_v x = \dfrac{c_v}{p} px = \dfrac{c_v}{p} X$
総費用：	$y = F + c_v x$ (1.5)	→	$Y = F + \dfrac{c_v}{p} X$

となります．さらに，変動費部分に現れる $\dfrac{c_v}{p}$ は，分子分母に x を掛けると $\dfrac{c_v x}{px}$ となり，$\dfrac{変動費}{売上高}$ を表すので，これを「**変動費率**」と呼び，v で表すことにします．

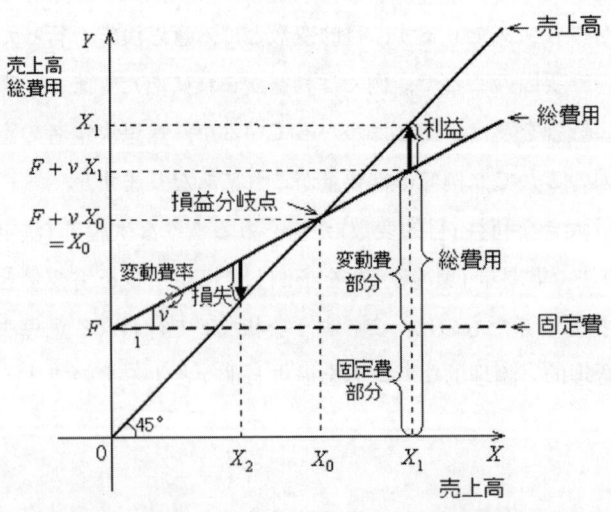

図 1.11 売上高を横軸にとった損益分岐点モデル

以上をまとめると新しいモデルでは，

- 売上高： $Y = X$ (1.17)
- 固定費： $Y = F$ (1.18)
- 変動費： $Y = vX$ (1.19)
- 総費用： $Y = F + vX$ (1.20)

となります．これらの関係を売上高 (X) を横軸，売上高・費用 (Y) を縦軸とした X-Y 平面上に表すと図1.11のようになります．この図は基本モデルの図1.3と同じように見えますが，売上高直線の傾きが1，すなわち X 軸と Y 軸の対角線になっていること，変動費直線の傾きが変動費率 v になっていること，に注意してください．

第1章 利益の計画

損益分岐点は売上高直線 (1.17) 式と総費用直線 (1.20) 式の交点なので，これを X_0 とすると，

$$X_0 = F + vX_0 \text{ より}, \qquad X_0 = \frac{F}{1-v} = \frac{F}{m} \tag{1.21}$$

また，利益直線の式は，

$$Y = X - (F + vX) = (1-v)X - F = mX - F \tag{1.22}$$

となり，利益が P となる売上高 X は，

$$P = X - (F + vX) \text{ より}, \qquad X = \frac{F+P}{1-v} = \frac{F+P}{m} \tag{1.23}$$

となります．この利益直線 (1.22) 式の傾き $1-v$ を「(売上高に対する) **限界利益率**」と呼びます．これを $m\,(=1-v)$ で表すと，損益分岐点は $\dfrac{F}{m}$，利益直線の式は $Y = mX - F$，利益が P になる売上高 $\dfrac{F+P}{m}$ と表されます．また，限界利益率と変動費率は補数の関係 $m+v=1$ になっています．

◇ 多種製品への対応

つぎに，この拡張モデルを複数の製品に対応させることを考えてみましょう．ここでは説明を簡単にするために 2 製品の場合を考えますが，3 製品以上の場合でも考え方は同じです．

2 つの製品の生産量をそれぞれ x_1, x_2，製品価格を p_1, p_2，固定費を F_1, F_2，単位変動費を c_{v1}, c_{v2} とします．このとき，拡張モデルの売上高 X，固定費 F との関係は

- 売上高： $\qquad Y = X = p_1 x_1 + p_2 x_2 = X_1 + X_2 \tag{1.24}$
- 固定費： $\qquad Y = F = F_1 + F_2 \tag{1.25}$

となり，それぞれの製品の売上高 (X_1, X_2)，固定費 (F_1, F_2) の和として表されます．変動費については少し複雑ですが，2 製品の変動費率をそれぞれ v_1, v_2 とすれば，変動費率は「売上高に対する変動費の比率」で定義されましたから，c_{v1}, c_{v2}, p_1, p_2 が一定なら v_1, v_2 も一定で，2 製品の変動費の総額 V は

$$Y = V = c_{v1} x_1 + c_{v2} x_2 = \frac{c_{v1}}{p_1} p_1 x_1 + \frac{c_{v2}}{p_2} p_2 x_2 = v_1 X_1 + v_2 X_2$$

$$= \frac{v_1 X_1 + v_2 X_2}{X_1 + X_2}(X_1 + X_2) = \left(v_1 \frac{X_1}{X} + v_2 \frac{X_2}{X}\right) X$$

となります．したがって

- 変動費： $\quad Y = V = vX \qquad$ ただし $\quad v = v_1 \dfrac{X_1}{X} + v_2 \dfrac{X_2}{X} \tag{1.26}$

と表せば，拡張モデルの変動費の式 (1.19) が得られます．ここで，$\dfrac{X_1}{X}, \dfrac{X_2}{X}$ は売上高全体に占める 2 製品それぞれの売上高構成比率を表しますから，各製品の売上高構成比率，すなわちセールス・ミックスが一定ならば，v の値も一定で，各製品の変動費率を売上高構成比率で加重平均した値になります．このように，「セールス・ミックスが一定」という前提を追加すれば，この拡張モデルは多種製品を同時に扱う場合にも適用できることになります．

◇ 拡張モデルによる What-If 分析

基本モデルに対して行ったのと同じ What-If 分析を拡張モデルにも行ってみます．基本モデルとの違いは，基本モデルでは重要な構成要素であった生産量と価格が拡張モデルでは表に現れて

いないことと，拡張モデルは複数の製品を同時に扱えることです．

図1.3（基本モデルの損益分岐点図表）と図1.11（拡張モデルの損益分岐点図表）とを比べると，どちらのモデルでも，固定費の変化は総費用直線のy切片の値に，変動費率の変化は総費用直線の傾きの変化として現れますから，固定費や変動費率が変化したときの定性的な変化は，基本モデルの場合と同じです．

- 固定費の変化

固定費の値が大きくなると総費用直線は上方向に平行移動し，損益分岐点は右上方向に移動します．定量的には，固定費FがΔF増えて，$F+\Delta F$に変化すると，基本モデルのときと同じ計算手順で，新しい損益分岐点X_1は$\frac{F+\Delta F}{m}$になり，もとの損益分岐点X_0との関係では$X_0+\frac{\Delta F}{m}$になります．

- 変動費率の変化

変動費率vの値が大きくなると総費用直線の傾きは急になり，損益分岐点は右上方向に移動します．定量的には，変動費率vがΔv増えて，$v+\Delta v$に変化すると，基本モデルのときと同じ計算手順で，新しい損益分岐点X_1は$\frac{F}{m-\Delta v}$になり，もとの損益分岐点X_0との関係では$\frac{m}{m-\Delta v}X_0$になります．複数製品を対象にしている場合は，すべての製品の変動費率が同時に同じ割合Δvだけ変化することを前提にしています．

- 製品価格の変化

拡張モデルを基本モデルと比べたときの大きな特徴は，製品価格が変化しても売上高直線の傾きはつねに1で変化しないことです．製品価格の変化は総費用直線の傾きの変化に現れます．拡張モデルでは「セールス・ミックスが一定」という前提がありますので，売上高構成比率が変化しないように，たとえば2製品の価格p_1, p_2が$100\Delta p\%$だけ増加してそれぞれ$p_1(1+\Delta p), p_2(1+\Delta p)$に変化したと仮定すると，各製品の変動費率は$v_1, v_2$からそれぞれ，

$$\frac{c_{v1}}{p_1(1+\Delta p)} = \frac{v_1}{1+\Delta p},$$

$$\frac{c_{v2}}{p_2(1+\Delta p)} = \frac{v_2}{1+\Delta p}$$

に変化するので，全体の変動費率vも$\frac{v}{1+\Delta p}$に変化します．すなわち，全製品の価格が一律$100\Delta p\%$増加すると，総費用直線の傾きはvから$\frac{v}{1+\Delta p}$に減少します．

新しい損益分岐点X_1は，
$X_1 = F + \frac{v}{1+\Delta p}X_1$より，

$$X_1 = \frac{F}{1-\frac{v}{1+\Delta p}} = \frac{F(1+\Delta p)}{1+\Delta p-v}$$

$$= \frac{F(1+\Delta p)}{m+\Delta p} \tag{1.27}$$

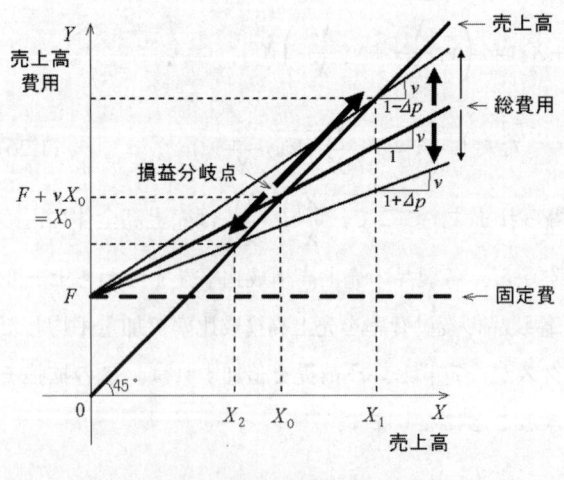

図1.12 製品価格の変化

第1章　利益の計画

となります．もとの損益分岐点 X_0 との関係で表すと，次のようになります．

$$X_1 = \frac{F(1+\Delta p)}{1+\Delta p - v} = \frac{(1+\Delta p)(1-v)}{1+\Delta p - v} \times \frac{F}{1-v} = \frac{(1+\Delta p)(1-v)}{1+\Delta p - v} X_0 = \frac{(1+\Delta p)m}{m+\Delta p} X_0 \quad (1.28)$$

● 基本モデルの定数との関係

　製品価格が変化したとき，グラフで表現したモデルでは売上高直線と総費用直線の動きが逆になるように見えましたが，数式モデルの形はどちらのモデルでも基本的には同じです．具体的には，基本モデルの売上高直線の傾き p（価格），総費用直線の傾き c_v（単位変動費），利益直線の傾き M（生産量に対する限界利益率）$= p - c_v$ をそれぞれ p で割ると，p は $\frac{p}{p} = 1$ に，c_v は $\frac{c_v}{p} = v$（変動費率）に，M は $\frac{M}{p} = \frac{p - c_v}{p} = 1 - v = m$（売上高に対する限界利益率）に変換されますが，これは拡張モデルのそれぞれの直線の傾きになっています．また，基本モデルの数式モデルで p, c_v, M をそれぞれ 1, v, m に置き換えると拡張モデルの数式モデルがただちに導き出されます．

◇ より良いセールスミックスを求めて

　比較的短期間の期間利益計画の立案・評価を目的とする損益分岐点分析は，製品を生産・販売するための経営構造，すなわち生産設備やセールスミックスは一定で変わらないという前提で，費用・営業量・利益の関係を分析する手法ですが，問題の視点を変えると，はたして現在のセールスミックスが最良のものなのか，あるいは現在の収益構造を変えてもよいからもっと大きな利益が期待できるセールスミックスはないのか，という問題が認識されることもあるでしょう．このように認識された問題は，すでに損益分岐点分析の枠を越えたものですが，OR/MS ではこのような問題を資源の配分問題といい，線形計画法をはじめさまざまな手法が開発されています．資源配分問題に対するモデルは第3章で取り上げます．

A.2　プロジェクト計画のための経済計算

　損益分岐点分析モデルでは，対象とする期間が比較的短期間で，その期間内ではセールス・ミックスや固定費，変動費率は一定，すなわち企業の収益構造は変わらないという前提が置かれていました．一方，より長期的な視点に立ったときには，新製品を開発し，生産設備の効率化・自動化を図り，事務のＯＡ化を進めるなど，企業はその収益構造を積極的に変革していく必要があります．このような企業活動の領域として，研究開発（R&D），新製品開発，設備投資計画などがあげられます．これらのプロジェクト計画に共通する特徴として，特定の目的のために長期間にわたって経営資源を投入・固定しなければならないのと同時に，投入した資金を回収して企業の収益に貢献するにも長期間を要するという点があげられます．

　このように長期間にわたる計画の採算性を正しく評価するためには，これらの投資計画に投入・回収される資金の時間的価値を適切に扱えるモデルが必要になります．この節では，資金の時間的価値に焦点をあて，価値の時間換算の手法を紹介して，いくつかの投資代替案の中からどの代替案が資金の運用という面から有利な案なのかを判断するためのモデルを紹介します．

A.2.1 資金の時間的価値と時間換算

いくつかの投資案の経済的な優劣を比較する場合には，それぞれの代替案に関連する資金の流れが比較的長期間にわたることが多いので，異なる時点の収益を単純に比較することは合理的とはいえません．このようなときには，これらの代替案を時間を越えて比較できるように，それぞれの代替案の時間的な基準を揃えて比較することが重要になります．

◇ 3種類の基準点と価値の換算

長期間にわたる資金の価値を相互に比較するには，一般的には次の3つの時点をとらえて，相互に価値を換算できると便利です．

1) **現価**：現在の価値に換算したらいくらかという評価額のことで，**現在価値**あるいは**現価**と呼び，記号 P (Present value) で表します．
2) **終価**：投資の効果が終了する時点の価値に換算した評価額のことで，**最終価値**あるいは**終価**と呼び，記号 S (Sum of capital and interest) で表します．
3) **年価**：毎期末（通常は年単位）に同額の金額を投資したり収益を受け取るように換算した場合の毎期末の評価額で，**調整平均値**あるいは**年価**と呼び，記号 M (Mean) で表します．

これら3つの時点の間で価値を換算するには，つぎの6通りの場合が考えられます．

(1) 現価 P から終価 S への換算 $[P \to S]$： 100万円 (P) を年利率1%で銀行に預金したとき，10年後の元利合計 (S) はいくらになるか，というような場合です．

(2) 終価 S から現価 P への換算 $[S \to P]$： 年利率1%の銀行預金で10年後の元利合計が100万円 (S) になるには，いまいくら (P) 預金すればよいか，というような場合です．

(3) 年価 M から終価 S への換算 $[M \to S]$： 毎年末に20万円 (M) ずつ年利率2%で銀行に預金したとき，20年後の元利合計 (S) はいくらになるか，というような場合です．

(4) 終価 S から年価 M への換算 $[S \to M]$： 年利率2%の銀行預金で20年後の元利合計が2000万円 (S) になるには，毎年末にいくら (M) 預金すればよいか，というような場合です．

(5) 年価 M から現価 P への換算 $[M \to P]$： 今後20年間毎年末に100万円 (M) ずつ年金を受け取るためには，年利率3%として，いまいくら (P) 銀行に預ければよいか，というような場合です．

(6) 現価 P から年価 M への換算 $[P \to M]$： 銀行から1000万円 (P) を年利率3%で借りたとき，これを毎年末の均等払いで20年で返済するには毎年いくら (M) ずつ払えばよいか，というような場合です．

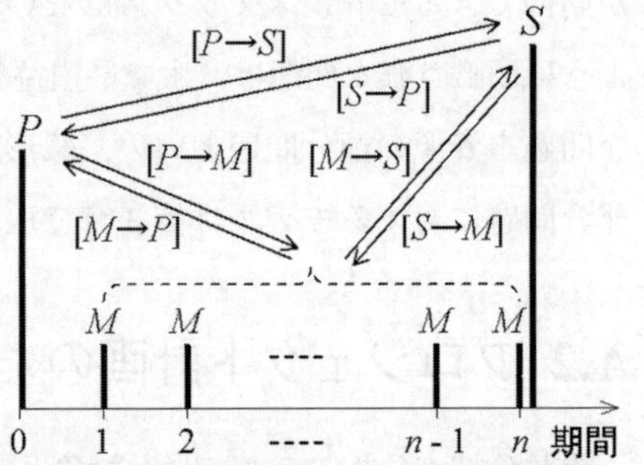

図 1.13 3つの時点と時間換算

この6通りの場合に共通する要因として，対象とする期間と利率という2つの要因があります．ここではどちらも年を単位にするものとし，対象とする期間を n 年，年利率を i（または $100\,i\%$）と表すことにします．また利率計算は複利すなわち利息はただちに元金に組み入れられて再運用されるものとします．上の6通りの時間換算の関係を図示すると図1.13のようになります．

第1章　利益の計画

(1) 現価から終価への換算 $[P \to S]$ と終価係数

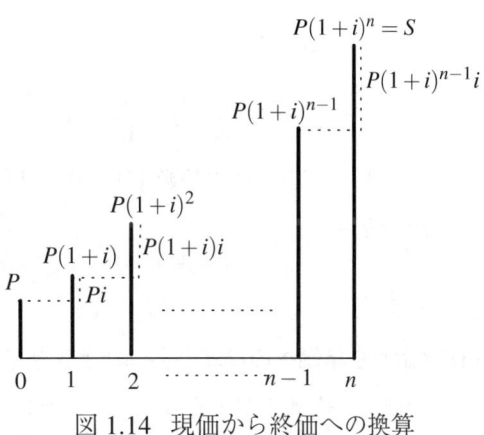

資金 P を年利率 $100\,i\,\%$ の複利で銀行に預金したとき，n 年後の元利合計 S は，

・1年後には元金 P に利息 Pi が付くので，元利合計は $\quad a_1 = P + Pi = P(1+i)$

・2年後には1年目の元利合計 $P(1+i)$ を元金にして利息 $P(1+i)i$ が付くので，元利合計は
$$a_2 = P(1+i) + P(1+i)i$$
$$= P(1+i)(1+i) = P(1+i)^2$$

以下同様にして，n 年後の元利合計 S は
$$S = a_n = P(1+i)^n$$

図1.14　現価から終価への換算

になります．これは初項 $a_1 = P(1+i)$，公比 $1+i$ の等比数列になります．右辺の P の係数 $(1+i)^n$ を**終価係数**と呼び，記号 $[P \to S]_n^i$ で表します．この記号を使うと
$$S = P \times [P \to S]_n^i \quad \text{ただし} \quad [P \to S]_n^i = (1+i)^n \tag{1.29}$$
になります．

(2) 終価から現価への換算 $[S \to P]$ と現価係数

上とは逆に終価 S が決まっていて，その現価 P を求めたいときには，(1.29)式から
$$P = \frac{S}{(1+i)^n}$$

になります．右辺の S の係数 $1/(1+i)^n$ を**現価係数**と呼び，記号 $[S \to P]_n^i$ で表します．この記号を使うと
$$P = S \times [S \to P]_n^i \quad \text{ただし} \quad [S \to P]_n^i = \frac{1}{(1+i)^n} = \frac{1}{[P \to S]_n^i} \tag{1.30}$$
になります．

(3) 年価から終価への換算 $[M \to S]$ と年金終価係数

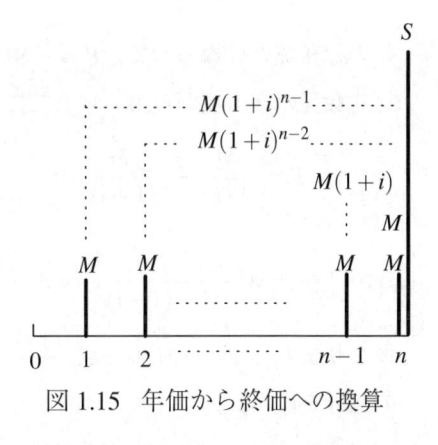

毎年末に資金 M を n 年間，年利率 $100\,i\,\%$ の複利で積み立てたとき，n 年後の元利合計 S は，

・初年度末（1年目）に積み立てた分の n 年目（積立期間は $n-1$ 年）の元利合計は (1.29) 式より
$$a_n = M(1+i)^{n-1}$$
（$(1+i)$ の指数が n ではなく $n-1$ になることに注意）

・2年目に積み立てた分の n 年目の元利合計は
$$a_{n-1} = M(1+i)^{n-2}$$

図1.15　年価から終価への換算

以下同様に

・$n-1$ 年目に積み立てた分の n 年目の元利合計は $\quad a_2 = M(1+i)$

・n 年目に積み立てた分には利息は付かないので元利合計は $\quad a_1 = M$

この総和が S になるので，S は初項 $a_1 = M$，公比 $1+i$ の等比数列の第1項から第 n 項までの和

$$S = M + M(1+i) + M(1+i)^2 + \cdots + M(1+i)^{n-1} = \sum_{k=1}^{n} M(1+i)^{k-1}$$
$$= M\frac{(1+i)^n - 1}{(1+i) - 1} = M\frac{(1+i)^n - 1}{i}$$

になります．右辺の M の係数 $\{(1+i)^n - 1\}/i$ を**年金終価係数**と呼び，記号 $[M \to S]_n^i$ で表します．この記号を使うと

$$S = M \times [M \to S]_n^i \quad \text{ただし} \; [M \to S]_n^i = \frac{(1+i)^n - 1}{i} \tag{1.31}$$

になります．

(4) 終価から年価への換算 $[S \to M]$ と減債基金係数

上とは逆に終価 S が決まっていて，その年価 M を求めたいときには，(1.31) 式から

$$M = S\frac{i}{(1+i)^n - 1}$$

になります．右辺の S の係数 $i/\{(1+i)^n - 1\}$ を**減債基金係数**と呼び，記号 $[S \to M]_n^i$ で表します．この記号を使うと

$$M = S \times [S \to M]_n^i \quad \text{ただし} \; [S \to M]_n^i = \frac{i}{(1+i)^n - 1} = \frac{1}{[M \to S]_n^i} \tag{1.32}$$

になります．

(5) 年価から現価への換算 $[M \to P]$ と年金現価係数

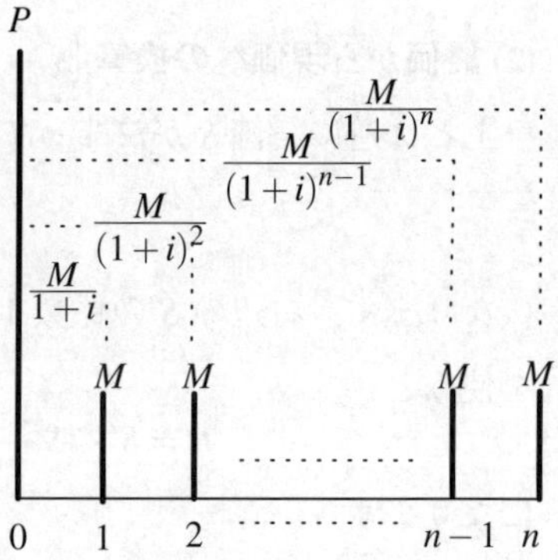

年金 M を毎年末に n 年間受け取るための現価 P を求めるには，

・1 年目に受け取る年金 M の現価は $\quad a_1 = \dfrac{M}{1+i}$

・2 年目に受け取る年金 M の現価は $\quad a_2 = \dfrac{M}{(1+i)^2}$

以下同様に

・$n-1$ 年目に受け取る年金 M の現価は $\quad a_{n-1} = \dfrac{M}{(1+i)^{n-1}}$

・n 年目に受け取る年金 M の現価は $\quad a_n = \dfrac{M}{(1+i)^n}$

この総和が P になるので，P は初項 $a_1 = \dfrac{M}{1+i}$，公比 $\dfrac{1}{1+i}$ の等比数列の第 1 項から第 n 項までの和

図 1.16: 年価から現価への換算

$$P = \frac{M}{1+i} + \frac{M}{(1+i)^2} + \cdots + \frac{M}{(1+i)^n} = \sum_{k=1}^{n}\frac{M}{(1+i)^k} = \frac{M}{1+i} \times \frac{(\frac{1}{1+i})^n - 1}{\frac{1}{1+i} - 1}$$
$$= M\frac{(\frac{1}{1+i})^n - 1}{1 - (1+i)} = M\frac{(\frac{1}{1+i})^n - 1}{-i} = M\frac{1 - (1+i)^n}{-i(1+i)^n} = M\frac{(1+i)^n - 1}{i(1+i)^n}$$

になります．右辺の M の係数 $\dfrac{(1+i)^n - 1}{i(1+i)^n}$ を**年金現価係数**と呼び，記号 $[M \to P]_n^i$ で表します．この記号を使うと

$$P = M \times [M \to P]_n^i \quad \text{ただし} \; [M \to P]_n^i = \frac{(1+i)^n - 1}{i(1+i)^n} \tag{1.33}$$

になります．また，この換算は，(1.31) 式を使って年価を終価に換算 $[M \to S]$ したあと，その終価を (1.30) 式を使って現価に換算 $[S \to P]$ しても同じ結果を得ることができます．すなわち

$$P = M \times [M \to P]_n^i = M \times [M \to S]_n^i \times [S \to P]_n^i$$

という関係が成り立ちます.

(6) 現価から年価への換算 $[P \to M]$ と資本回収係数

上とは逆に現価 P が決まっていて，その年価 M を求めたいときには，(1.33) 式から
$$M = P \frac{i(1+i)^n}{(1+i)^n - 1}$$
になります．右辺の P の係数 $i(1+i)^n/\{(1+i)^n - 1\}$ を**資本回収係数**と呼び，記号 $[P \to M]_n^i$ で表します．この記号を使うと
$$M = P \times [P \to M]_n^i \quad \text{ただし} \quad [P \to M]_n^i = \frac{i(1+i)^n}{(1+i)^n - 1} = \frac{1}{[M \to P]_n^i} \tag{1.34}$$
になります．

以上の 3 つの時点の間の換算と関連する係数をまとめると下の表のようになります．

	現価 P	年価 M	終価 S
現価 P	1	$[P \to M]_n^i = \dfrac{i(1+i)^n}{(1+i)^n - 1}$ 資本回収係数	$[P \to S]_n^i = (1+i)^n$ 終価係数
年価 M	$[M \to P]_n^i = \dfrac{(1+i)^n - 1}{i(1+i)^n}$ 年金現価係数	1	$[M \to S]_n^i = \dfrac{(1+i)^n - 1}{i}$ 年金終価係数
終価 S	$[S \to P]_n^i = \dfrac{1}{(1+i)^n}$ 現価係数	$[S \to M]_n^i = \dfrac{i}{(1+i)^n - 1}$ 減債基金係数	1

※ 注 1) これらの係数の間には
$$[P \to M]_n^i = \frac{1}{[M \to P]_n^i}, \qquad [P \to S]_n^i = \frac{1}{[S \to P]_n^i}, \qquad [M \to S]_n^i = \frac{1}{[S \to M]_n^i}$$
という関係が成り立つだけでなく，任意の時点から他の時点に換算するとき，途中どこを経由しても結果は同じになります．たとえば
$$[P \to S]_n^i = [P \to M]_n^i \times [M \to S]_n^i$$
が成り立ちます．これは，これら 6 つの係数がもともと同じ価値のものを「換算」するだけなので，ちょうど「円」と「ドル」と「ユーロ」との間で換算するのと同じように，(両替の手数料を考えなければ) どこから始めてどこに行っても結局，価値は変わらないということと同じです．

金利計算の公式を用いて，6 通りの場合の説明に用いた数値例を計算してみましょう．

1) 100 万円を年利率 1% で銀行に預金したとき，10 年後の元利合計はいくらか．
2) 年利率 1% の預金で 10 年後の元利合計が 100 万円になるには，今いくら預金すればよいか．
3) 毎年末に 20 万円ずつ年利率 2% で銀行に預金したとき，20 年後の元利合計はいくらになるか．
4) 年利率 2% の銀行預金で 20 年後の元利合計が 2000 万円になるには，毎年末にいくら預金すればよいか．
5) 今後 20 年間毎年末に 100 万円ずつ年金を受け取るためには，年利率 3% として，今いくら銀行に預ければよいか．
6) 銀行から 1000 万円を年利率 3% で借りたとき，これを毎年末の均等払いで 20 年で返済するには毎年いくらずつ払えばよいか．

金利計算には指数計算が必要なので，手計算や簡単な電卓では公式に出てくる係数を計算することは困難です（以前の教科書には巻末に何ページにもわたって係数表が掲載されていました）．係数の計算は **Part C** で Excel を用いて行いますので，ここでは必要な係数は与えられているものとします．計算結果を下に示します．

番号	与えられた条件	年利率	期間	求めるもの	使用する公式	計算結果
1)	$P = 100$ 万円	0.01	10	S	$S = P \times [P \to S]_{10}^{0.01}$	$S = 100 \times 1.10462 = 110.46$ 万円
2)	$S = 100$ 万円	0.01	10	P	$P = S \times [S \to P]_{10}^{0.01}$	$P = 100 \times 0.90529 = 90.529$ 万円
3)	$M = 20$ 万円	0.02	20	S	$S = M \times [M \to S]_{20}^{0.02}$	$P = 20 \times 24.2974 = 485.95$ 万円
4)	$S = 2000$ 万円	0.02	20	M	$M = S \times [S \to M]_{20}^{0.02}$	$M = 2000 \times 0.04116 = 82.32$ 万円
5)	$M = 100$ 万円	0.03	20	P	$P = M \times [M \to P]_{20}^{0.03}$	$P = 100 \times 14.8775 = 1487.75$ 万円
6)	$P = 1000$ 万円	0.03	20	M	$M = P \times [P \to M]_{20}^{0.03}$	$M = 1000 \times 0.06722 = 67.22$ 万円

A.2.2 投資計画案の評価

前節で紹介した金利計算の公式は，資金の年利率 i と期間 n が与えられたとき，基準とする時点を変えると価値がどのように変わるのかを示すものでしたが，この年利率と期間という考え方は投資計画案の採算性を考えるときにも使うことができます．すなわち資金に対する年利率と期間に対応するものとして，投資の収益率と回収期間という考え方を対応させると，それぞれの投資案の採算性を評価したり，複数の投資案の優劣を比較することができるようになります．

◇ 投資の収益率と回収期間

ここに新しい設備の導入を検討している投資計画案があるものとします．この設備の導入に P 円の初期投資をすると，今後 n 年間に毎年 M 円の収益をあげることが期待できるとすると，これは銀行に P 円を預け入れて今後 n 年間毎年末に M 円の年金を受け取るのとちょうど同じ状況といえます．この年金の年利率に相当する率を r とすると

$$M = P \times [P \to M]_n^r \tag{1.35}$$

の関係がありますから，この r（資本回収係数）を投資の**収益率**または**報収率**と呼びます．また，この式はこの投資があげる毎年の収益 M が n 年間でちょうど初期投資額 P に等しくなる，すなわち投資資金を回収することを表しているので，この期間 n を投資の**回収期間**と呼びます．

投資の収益率の考え方を使うと投資の収益性を評価することができます．たとえばこの投資計画で初期投資の資金 P を外部から調達し，それを年利率 i，返済期間 n 年で返済する場合，この投資の収益率 r が返済の年利率 i（これを投資の収益率に対して資本利率と呼びます）よりも大きければ，この投資は「引き合う」ことになります．

第1章　利益の計画

例題 1.3：投資の収益率と回収期間

> A社では10億円の投資をして工場設備を自動化する設備投資を計画している．この投資の資本利率を5%とするとき，以下の値を求めなさい．
>
> 1) 設備の寿命を8年とし，この設備投資で採算が取れるために必要な毎年の収益
> 2) この設備による収益が8年間毎年2億円と見積もると，この投資の収益率
> 3) 上で見積もられた収益率に対する回収期間の年数

1) $P=10$ 億円，$i=5\%$，$n=8$ 年 とすれば，$M=10\times[P\to M]_8^{0.05}$ となり，資本回収係数 $[P\to M]_8^{0.05}=0.15472$ ですから，この設備投資のための資金の8年間の年価は $M=1.5472$ 億円 となります．すなわちこの設備から得られる収益は毎年 1.55 億円 以上なければなりません．

2) $P=10$ 億円，$M=2$ 億円，$n=8$ 年 で，この投資の収益率を r とすると
$$2=10\times[P\to M]_8^r \quad \text{より} \quad [P\to M]_8^r=0.2$$
となる r を求めることになります．この r の値は $r=0.118109$ となるので，この投資の収益率は 11.8% となります．

3) 収益の年価2億円の現価が初期投資の現価10億円以上になる期間を求めればよいので，$P=10$ 億円，$M=2$ 億円，$i=0.05$（資本利率を使うことに注意）で，回収期間を n とすると
$$10\leq 2\times[M\to P]_n^{0.05} \quad \text{より} \quad [M\to P]_n^{0.05}\geq 5$$
となる n を求めることになります．この n の値は $n\geq 5.89$ となるので，この投資の回収期間は6年となります．

※ 注1) 資本回収係数の定義式 (1.34) 式を見ればわかるとおり，$n=8$ のとき (1.34) 式の値が 0.2 になるような i の値を手計算で求めることは，与えられた年利率 i と期間 n から資本回収係数を求める場合よりもさらに困難です．従来はさまざまな i と n に対する資本回収係数の一覧表がすでに作られていて，この係数表の $n=8$ の行から資本回収係数が 0.2 に一番近くなる i の値を探す，という方法が一般的でしたが，パソコンと表計算ソフトの普及した現在ではこの値を簡単に求めることができます．本章の **Part C** で Excel の「ゴールシーク」機能を使う方法を紹介します．

◇ 複数の投資案の比較

金利計算の公式を使って時間の基準点を揃えたり，投資の収益率を求めて比較することで，複数の投資案の比較を行うことができるようになります．ここでは次の例題で説明します．

例題 1.4：複数の投資案の比較

> B社では3つの工場 X, Y, Z でそれぞれ次のような投資計画案が作られています．これらの投資計画案の優劣を比較しなさい．ただし，投資の効果はともに 10 年で，必要な資金は銀行から年利率 5% で借り入れるものとします．
>
> | 投資案 | 投資額
（百万円） | 収益
（百万円/年） |
> |---|---|---|
> | X | 100 | 16 |
> | Y | 80 | 10 |
> | Z | 50 | 9 |

収益率による比較

X, Y, Z案の収益率をそれぞれ r_X, r_Y, r_Z とすると

$$100 = 16 \times [M \to P]_{10}^{r_X} \quad \therefore [M \to P]_{10}^{r_X} = 100/16 = 6.25 \text{ より} \quad r_X = 0.09606$$

$$80 = 10 \times [M \to P]_{10}^{r_Y} \quad \therefore [M \to P]_{10}^{r_Y} = 80/10 = 8 \text{ より} \quad r_Y = 0.04278$$

$$50 = 9 \times [M \to P]_{10}^{r_Z} \quad \therefore [M \to P]_{10}^{r_Z} = 50/9 = 5.556 \text{ より} \quad r_Z = 0.1241$$

これより，各投資案の収益率は

$$r_X = 9.6\%, \quad r_Y = 4.3\%, \quad r_Z = 12.4\%$$

となり，投資案Xと投資案Zは資本利率5%を上回っているので採算の取れる投資案ですが，投資案Yは採算が取れないことがわかります．

投資の収益率による比較は投資の効率から見た比較ですが，次に各投資案の収益の絶対額を求めてみましょう．これは初期投資と全期間の収益を同じ時点に揃えて，収益から初期投資分を引いた正味の価値を求めて投資案の優劣を比較するものです．揃える時点によって，それぞれ現価法，終価法，年価法と呼びます．

現価法による比較

各投資案の正味現価をそれぞれ P_X, P_Y, P_Z とすると

$$P_X = 16 \times [M \to P]_{10}^{0.05} - 100 \quad = 16 \times 7.7217 - 100 \quad = 23.548 \text{ 百万円}$$

$$P_Y = 10 \times [M \to P]_{10}^{0.05} - 80 \quad = 10 \times 7.7217 - 80 \quad = -2.783 \text{ 百万円}$$

$$P_Z = 9 \times [M \to P]_{10}^{0.05} - 50 \quad = 9 \times 7.7217 - 50 \quad = 19.496 \text{ 百万円}$$

これより，各投資案の正味現価は

$$P_X = 23.5 \text{ 百万円}, \quad P_Y = -2.78 \text{ 百万円}, \quad P_Z = 19.5 \text{ 百万円}$$

となり，投資案Xと投資案Zは正味現価が正なので採算の取れる投資案ですが，投資案Yは正味現価が負なので採算の取れない投資案であることがわかります．

終価法による比較

各投資案の正味終価をそれぞれ S_X, S_Y, S_Z とすると

$$S_X = 16 \times [M \to S]_{10}^{0.05} - 100 \times [P \to S]_{10}^{0.05} \quad = 16 \times 12.578 - 100 \times 1.6289 \quad = 38.357 \text{ 百万円}$$

$$S_Y = 10 \times [M \to S]_{10}^{0.05} - 80 \times [P \to S]_{10}^{0.05} \quad = 10 \times 12.578 - 80 \times 1.6289 \quad = -4.533 \text{ 百万円}$$

$$S_Z = 9 \times [M \to S]_{10}^{0.05} - 50 \times [P \to S]_{10}^{0.05} \quad = 9 \times 12.578 - 50 \times 1.6289 \quad = 31.756 \text{ 百万円}$$

これより，各投資案の正味終価は

$$S_X = 38.4 \text{ 百万円}, \quad S_Y = -4.53 \text{ 百万円}, \quad S_Z = 31.8 \text{ 百万円}$$

となり，原価法で判定したのと同じ結果，すなわち投資案Xと投資案Zは正味終価が正なので採算の取れる投資案ですが，投資案Yは正味終価が負なので採算の取れない投資案であることがわかります．

年価法による比較

各投資案の正味年価をそれぞれ M_X, M_Y, M_Z とすると

第1章 利益の計画

$$M_X = 16 - 100 \times [P \to M]_{10}^{0.05} = 16 - 100 \times 0.12950 = 3.050 \text{ 百万円}$$

$$M_Y = 10 - 80 \times [P \to M]_{10}^{0.05} = 10 - 80 \times 0.12950 = -0.360 \text{ 百万円}$$

$$M_Z = 9 - 50 \times [P \to M]_{10}^{0.05} = 9 - 50 \times 0.12950 = 2.525 \text{ 百万円}$$

これより，各投資案の正味年価は

$$M_X = 3.05 \text{ 百万円}, \quad M_Y = -0.360 \text{ 百万円}, \quad M_Z = 2.53 \text{ 百万円}$$

となり，年価法でも現価法，終価法の判定結果と同じ結果がでます．

現価法，終価法，年価法は基準とする時点が違うだけでどの方法を取っても結果は同じ意味になるので，分析の目的や状況に応じて適した時点を選ぶことができます．またたとえば現価法で求めた正味現価に終価係数を掛ければ，終価法で直接求めた正味終価と一致するので，一度どれかの時点で求めた値を他の時点に換算することもできます．投資案の比較評価という点からは時点を揃えて正味価値を比較するということが重要です．

この例のように，それぞれの投資案の採算性を判定するには，各投資案の収益率を求めてこれと資本利率とを比較する方法でも，各投資案の正味利益を求めてその値の正負で判定する方法でも結果は同じになります．したがってこの例のように採算の取れる案ならばいくつでも選択できる場合であれば，投資案XとZを選択すればよいことになります．

● 排他的選択の場合

上の例では，採算の取れる投資案をいくつでも選択できるという前提で話を進めてきましたが（これを独立案からの選択といいます），問題の前提を変えて，この例がある特定の工場で既存の設備を新しい設備に更新する問題だとしたらどうでしょうか．この場合は，投資案X，Y，Zの中から最も良い案を1つだけ選択する問題になります（これを排他的選択といいます）．上の数値例では，投資案Yは今回の状況でも採算の取れない案ですからこれを除外すると，投資案XとZのどちらが良い投資案かという問題になります．

一般的にはより大きな利益を得ることが投資の最も重要な目的ですから，この例では最も大きな正味利益が得られる投資案Xが最も良い案ということになります．投資案Zは収益率では投資案Xより優れていますが，正味の利益額ではXに及ばないので最適な案とはいえません．このように投資の規模すなわち初期投資の額が違う代替案を比較する場合には，現価法・終価法・年価法は正味利益の絶対額を算出する方法ですから投資の規模の効果が直接反映されますが，収益率は規模の違いを捨象して投資の効率を見る尺度ですから，利益の絶対額を見るには適した尺度ではないのです．一見したところ投資案Zは収益率が最も高く初期投資も少ないので魅力的な代替案に見えますが，独立案からの選択の場合とは使える評価基準が違いますので，この条件の違いを明確に認識する必要があります．

● 差分による逐次判定と追加収益率

上の例では，独立案からの選択の場合も排他的選択の場合も，すべての代替案とそれに関する情報が揃っていて，すべての代替案の中から評価基準を満たす代替案を選択するということを前提

にしていました．しかし現実の意思決定状況では，時間的・費用的な制約や，意思決定者の能力の制約などから，同時にすべての代替案を検討することは不可能な場合が多いでしょう．また，それぞれの代替案について必要な情報がすべて揃っているとも限りません．特に投資規模が大きく，効果が長期間に及ぶものであれば，投資額や期待される収益の絶対額を事前に正確に知ることは困難な場合が多いと思われます．これに対して，現状や他の代替案との違いがわかればよいのであれば，情報収集の手間や精度はかなり改善される場合が多いと期待されます．投資案の比較についても，初期投資や収益の絶対額がわからなくても，それぞれの要因の相違分（差分）がわかれば比較・評価できる場合があります．先ほどの数値例を使ってその方法を説明します．

いま初期投資額が少なくて済む投資案Zを出発点とします．Z案自体が採算性の面から問題のないことはすでに検討したとおりです．Z案に必要な初期投資額にさらに資金を追加してZ案からX案に「乗り換える」ことを考えたとき，この「乗り換え」が有利かどうかを判断するというのが追加投資の考え方です．具体的にはZ案とX案との差は，初期投資額 $(100-50=)50$ 百万円と収益の年価 $(16-9=)7$ 百万円で，他の要因（期間と資本利率）は同じです．そこでこの差の部分をZ案からX案に乗り換えるための投資案とみなすと，これは資本利率5%の初期投資額50百万円で，今後10年間毎年7百万円の収益が期待できる投資案となります．この投資案の採算性を判断することでに乗り換えが有利なのか不利なのかを判断しようというのです．

この投資案の正味現価を計算すると

$$P = 7 \times [M \to P]_{10}^{0.05} - 50 = 7 \times 7.7217 - 50 = 4.05$$

となり，正味現価が正ですからこの投資案は有利，すなわちZ案からX案への乗り換えは有利だということになります．またこの正味現価 (4.05百万円) はもとのX案とZ案の正味現価の差 $(23.55-19.50=4.05$ 百万円$)$ に等しくなります．

さらにこの投資案の収益率を r とすると

$$50 = 7 \times [M \to P]_{10}^{r} \quad \therefore [M \to P]_{10}^{r} = \frac{50}{7} = 7.14 \quad \text{より} \quad r = 0.066$$

となり，この収益率 (6.6%) は資本利率 (5%) より大きいので，収益率で見てもこの投資案は採算が取れることを示しています．この追加投資に対する収益率を**追加収益率**と呼びます．排他的選択の状況で投資案の優劣を比較する場合，それぞれの投資案自体の収益率は評価尺度として適切ではないが，投資案の差を追加投資案とみなせば，その追加収益率は比較の評価尺度として利用できることになります．

参考文献

1. 岡本清著,「原価計算 六訂版」, 国元書房, 2000
2. 西沢脩著,「経営管理会計」, 中央経済社, 1996
3. 伏見多美雄, 柴田典男, 福川忠昭著,「経営管理会計 計画と管理のための会計情報」, 経営工学シリーズ 7, 日本規格協会, 1988

Part B 定式化に必要な数学

B.1 数と関数

B.1.1 数

ものを数えるときに用いられる，$1, 2, 3, \ldots,$ という数のことを**自然数**といい，それらに，$0, -1, -2, -3, \ldots,$ という数を合わせたものを**整数**といいます．そして，2つの整数 m と n によって，m/n という分数の形で表される数のことを**有理数**といいます．整数 m は，$m/1$ という形で考えれば有理数であるので，有理数は整数を含みます．そして，有理数は小数としても表すことができます．例えば，

$$\frac{3}{2} = 1.5$$

$$\frac{1}{3} = 0.3333\cdots$$

$$\frac{1}{11} = 0.09090909\cdots$$

有理数を小数で表すと，小数点以下が有限個の小数（有限小数という）か，$1/11$ のようにある有限個の数字列を無限に繰り返す小数（循環小数という）で表されます．

小数には有理数である有限小数や循環小数以外に，例えば π のように，周期的でない無限個の数字列からなる小数もあります．このような有理数でない小数のことを**無理数**といいます．π は代表的な例ですが，その他の例として，2乗すると2になる数である2の平方根，$\sqrt{2}$，は，

$$\sqrt{2} = 1.41421356\cdots$$

というように周期的でない無限個の数字列からなる小数です．

無理数は有理数ではない小数であるといいましたが，無理数のどんな近くにも有理数があります．$\sqrt{2}$ の $1/1000$ の範囲内には少なくとも 1.414 という有理数があり，また，$1/100000000$ の範囲内には少なくとも 1.41421356 という有理数があります．どんなに範囲を小さくしていったとしてもその範囲内に必ず有理数があります．

数として，自然数，整数，有理数，無理数と述べてきました．これらの数をまとめて**実数**といいます．実数全体を図的に表す方法として，しばしば**数直線**を用います．数直線とは目盛の付いた直線のことで，直線上の各点を実数に対応させたものです．数直線上に原点 O をとり，O を 0 に対応させ，O の右側の点を正の実数に，左側の点を負の実数に対応させます．今，数直線上の点 A が実数 a に対応しているとき，a を A の座標といいます．

数直線上のある値からある値までの間のすべての実数の集まりを区間といいます．例えば，−2 以上で 5 以下の実数すべては区間であり，[−2,5] と表します．また，−2 より大きく 5 より小さい実数すべても区間であり，(−2,5) と表します．区間の表し方として，左端の数を含む場合はかぎ括弧 [を用い，含まない場合は丸括弧 (を用います．右端の場合も同様です．したがって，−2 より大きくて 5 以下の実数すべては，(−2,5] と表します．区間が両端の数を含むとき閉区間といい，両端の数を両方とも含まないとき開区間といいます．代表的な区間の例としては，

- 数直線全体 : $(-\infty, +\infty)$
- 正の数全体 : $(0, +\infty)$

などがあります．

平面についても数直線と同様に座標を考えることができます．平面上に，垂直に交わる横と縦の 2 本の数直線を考え，それらの交点を原点 O とし，この点を各数直線の零の場所とします．そして，横の直線を x 軸，縦の直線を y 軸といいます．x 軸と y 軸のことを座標軸といいます．座標軸をおくことで平面上の点の座標を決めることができ，このような座標軸のある平面のことを座標平面といいます．

B.1.2 簡単な関数

2 つの数量（例えば，生産量と費用，価格と需要，売り場面積と売上高など）の間の関係を表したいことがしばしばあります．それは，生産量を決定したときに一体どれくらいの費用がかかるのかとか，商品の価格をいくらに設定すればどれくらいの需要を期待できるのか，などの問いかけにしばしば答える必要があるからです．これらは，2 つの数量のうち片方の値が変化するにつれて，もう片方の値も変化する状況を表しています．

変化する数量を表すのに，しばしば x, y という文字を用います．この取りうる値が変化する文字のことを**変数**といいます．2 つの変数 x と y があって，x の値それぞれに対して，y の値が 1 つずつ対応付けられているとき，この x と y の対応関係のことを**関数**といいます．対応関係のもとになる変数 x のことを**独立変数**，対応付けられる相手の変数 y のことを**従属変数**といいます．独立変数 x のとりうる値の範囲のことを**定義域**といい，x が定義域全体を動くときに従属変数 y がとりうる値の範囲のことを**値域**といいます．例えば，生産量（販売量）と費用との関係を表す数式を考えます．固定費用が 2500（万円）で，1 単位生産するのに変動費用 0.08（万円）がかかるとします．そのとき，生産量を x，生産費用を y とすると，x と y の関係を表す

$$y = 0.08x + 2500$$

が関数です．ここでは，x が独立変数で，y が従属変数です．そして生産は少なくともいくらかは行うとすると，考える生産量は正の値すべてということになり，定義域は $(0, +\infty)$ です．そのとき費用は 2500 より大きな値をすべてとりうるので，値域は $(2500, +\infty)$ です．

今，単位当たり変動費用 0.08（万円）と固定費用 2500（万円）を文字 a, b に置き換えた式

$$y = ax + b$$

第1章 利益の計画

を考えると，これもまた関数です．このときの文字 a, b のように値が一定で変化しない数値を表す文字を**定数**といいます．

関数は，しばしばアルファベットの f を用いて，

$$y = f(x)$$

と表します．$f(x)$ の他にも $g(x), h(x)$ を用いることもあります．$f(x)$ の具体的な数式の形により関数に名称が付けられています．また，座標平面上で，関数 $y = f(x)$ を満たす (x, y) の組全体のことを $y = f(x)$ のグラフといいます．

(1) 1 次関数

変数 x が数直線上を自由に動くとき，

$$y = ax + b \tag{1.36}$$

として表される変数 x と変数 y との対応関係のことを **1 次関数**といいます．ただし，a, b は定数であり，a を傾き，b を切片といいます．1 次関数 (1.36) のグラフは直線となります (図 1.17 を参照)．

(2) 2 次関数

変数 x が数直線上を自由に動くとき，

$$y = ax^2 + bx + c \qquad (a \neq 0) \tag{1.37}$$

として表される変数 x と変数 y との対応関係のことを **2 次関数**といいます．ただし，a, b, c はそれぞれ定数です．2 次関数のグラフは**放物線**と呼ばれる曲線です．いくつかの a の値について

$$y = ax^2$$

のグラフを描いたものが図 1.18 です．

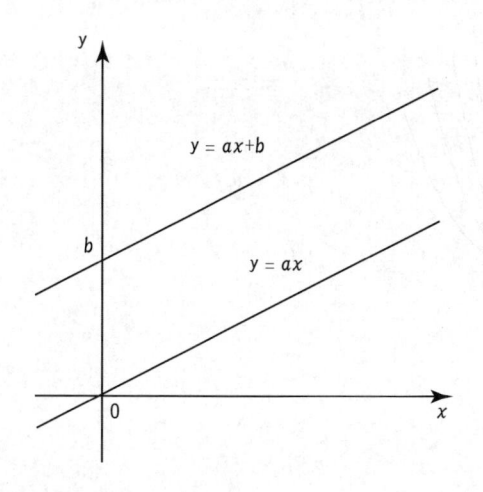

図 1.17 $y = ax$ と $y = ax + b$ のグラフ

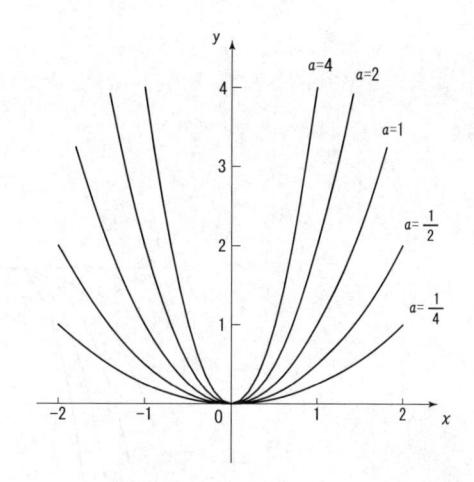

図 1.18 $y = ax^2$ のグラフ

一般の $y=ax^2+bx+c$ のグラフについて考えると，

$$y = ax^2+bx+c = a\left(x^2+\frac{b}{a}x\right)+c = a\left(x+\frac{b}{2a}\right)^2 - \frac{b^2}{4a}+c = a\left(x+\frac{b}{2a}\right)^2 - \frac{b^2-4ac}{4a}$$

となり，

$$y + \frac{b^2-4ac}{4a} = a\left(x+\frac{b}{2a}\right)^2$$

となります．そこで，

$$X = x+\frac{b}{2a}, \qquad Y = y+\frac{b^2-4ac}{4a}$$

とおくと，$Y=aX^2$ となります．これは，xy 座標軸を x 方向に $-\frac{b}{2a}$，y 方向に $-\frac{b^2-4ac}{4a}$ だけ平行移動したときの，$y=ax^2$ のグラフとなっています．そして，点 $\left(-\frac{b}{2a}, -\frac{b^2-4ac}{4a}\right)$ を放物線 $y=ax^2+bx+c$ の**頂点**といい，そして，$x=-\frac{b}{2a}$ のことを放物線の**軸**といいます．

問1 次の2次関数のグラフの頂点の座標を求めなさい．

(1) $y = x^2+x+1$ 　　　　(2) $y = 3x^2+6x+9$ 　　　　(3) $y = -x^2-2x+4$

(3) 3次関数

変数 x が数直線上を自由に動くとき，式

$$y = ax^3+bx^2+cx+d \qquad (a \neq 0) \tag{1.38}$$

で表される変数 x と変数 y との対応関係のことを**3次関数**といいます．ただし，a, b, c, d はそれぞれ定数です．3次関数 $y=ax^3$ のグラフを，いくつかの a の値について描いたものが図1.19です．

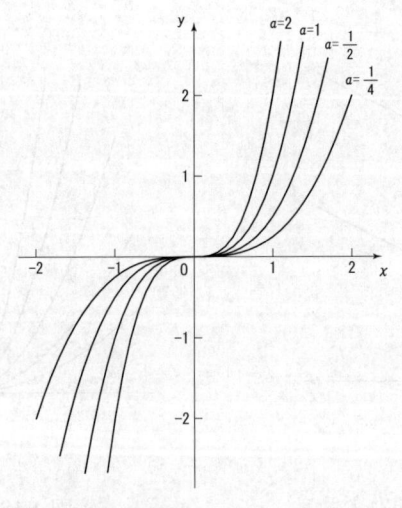

図 1.19 　$y=ax^3$ のグラフ

2次関数の場合と異なり，一般に，3次関数 $y=ax^3+bx^2+cx+d$ のグラフは，$y=ax^3$ のグラフ

を平行移動したものとはなりません．そのため，3次関数のグラフを描くことは，2次関数のグラフを描くより複雑になります．3次関数のグラフの概形を得るために，（後述する）微分係数などを利用することになります．

(4) n 次の多項式関数

1次関数，2次関数，3次関数と変数 x の次数を増加した関数を紹介してきました．同様にして，次数を $4, 5, 6, \ldots,$ と増やした関数を考えることができます．一般に，

$$y = a_n x^n + a_{n-1} x^{n-1} + a_{n-2} x^{n-2} + \cdots + a_1 x + a_0 \qquad (a_n \neq 0)$$

として表される変数 x と変数 y との対応関係のことを n 次の**多項式関数**といいます．ただし，$a_0, a_1, a_2, \ldots, a_n$ はそれぞれ定数です．多項式関数のグラフを描くことは，一般には次数が大きくなると難しくなります．

(5) 分数関数

変数 x が数直線上を自由に動くとき，

$$y = \frac{a}{x} \qquad (a \neq 0) \tag{1.39}$$

として表される変数 x と変数 y との対応関係のことを**分数関数**といいます．ただし，a は定数です．分数関数 $y = \dfrac{a}{x}$ のグラフを，いくつかの a の値について描いたものが図 1.20 です．

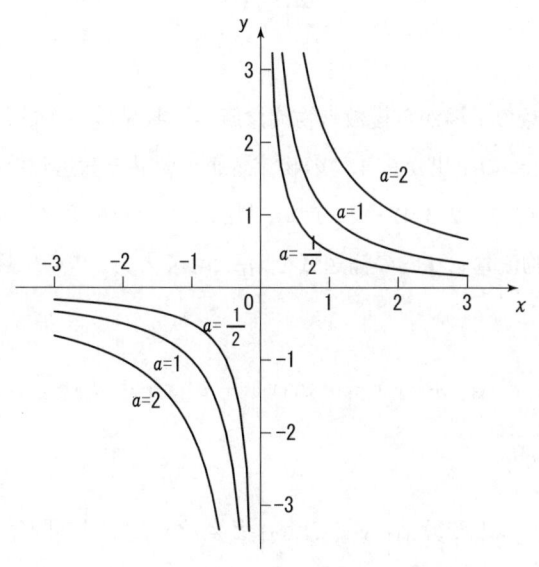

図 1.20　$y = \dfrac{a}{x}$ のグラフ

B.1.3 簡単な多変数の関数 − 1 次式 −

上で紹介した関数は，独立変数が1つの場合の対応関係を表現していて，それらの関数のことを **1変数関数** といいます．それに対して，独立変数が2つ以上の場合の対応関係を表す関数のことを **多変数関数** といいます．

例えば，ある1つの生産設備で製品1と製品2の2つの製品を生産しているとします．その設備で生産を行う際の生産固定費が3,000万円で，製品1と製品2の1個当たり生産変動費がそれぞれ0.05万円，0.08万円とします．そこで，製品1を x_1 個，製品2を x_2 個生産するときの総生産費用 y は，

$$y = 3000 + 0.05x_1 + 0.08x_2$$

と表されます．これは2変数の1次関数です．

多変数関数の中でしばしば使われるものが1次関数です．1次関数は，関数を表す数式が1次式の関数のことです．一般的に，m 個の変数 $x_1, x_2, \ldots, x_m$ の1次式とは，

$$a_1 x_1 + a_2 x_2 + \cdots + a_m x_m$$

のことです．ここで $a_1, a_2, \ldots, a_m$ は定数であり，各変数の **係数** と呼ばれます．複数の項の和を表すのに，$\sum$ という記号を用います．上の1次式は $\sum$ を用いて

$$\sum_{i=1}^{m} a_i x_i$$

と表されます．

1次式の例として，複数の工場から複数の物流倉庫への製品の輸送量と輸送費用の関係を表す1次式を考えます．今，2つの工場から4つの物流倉庫へ製品を輸送したいと考えていて，工場 i ($i=1,2$) から物流倉庫 j ($j=1,2,3,4$) それぞれに製品1単位を輸送するのに c_{ij} 円かかるとします．そこで，工場 i から物流倉庫 j への輸送量を x_{ij} とおくと，2つの工場から4つの物流倉庫への総輸送費用 y は，

$$\begin{aligned} y &= c_{11}x_{11} + c_{12}x_{12} + c_{13}x_{13} + c_{14}x_{14} + c_{21}x_{21} + c_{22}x_{22} + c_{23}x_{23} + c_{24}x_{24} \\ &= \sum_{i=1}^{2} \sum_{j=1}^{4} c_{ij} x_{ij} \end{aligned}$$

と表されます．これは，8つの変数 $x_{11}, x_{12}, \ldots, x_{24}$ と変数 y との対応関係を表す1次関数です．

B.1.4 逆関数と平方根の関数

関数とは，2つの変数 x と y との間の対応関係を表し，それは，x を含む式で y を表す $y = f(x)$ という形で表されるといいました．これは x の値から y の値を求めるのに適した形です．

そこで，変数 x の値と変数 y の値が1対1に対応しているとき，y の値から x の値を逆に求め

る対応関係を考えることができます．つまり，

$$x = g(y)$$

となる関数 $g(y)$ を考えることができます．この関数のことを $f(x)$ の**逆関数**といいます．独立変数を x，従属変数を y で表して $y = g(x)$ と表すこともあります．また，$f(x)$ の逆関数であることを表すために，$f^{-1}(x)$ と表すこともあります．図 1.21 は，$f(x)$ のグラフと $f^{-1}(x)$ のグラフとの位置関係を表しています．

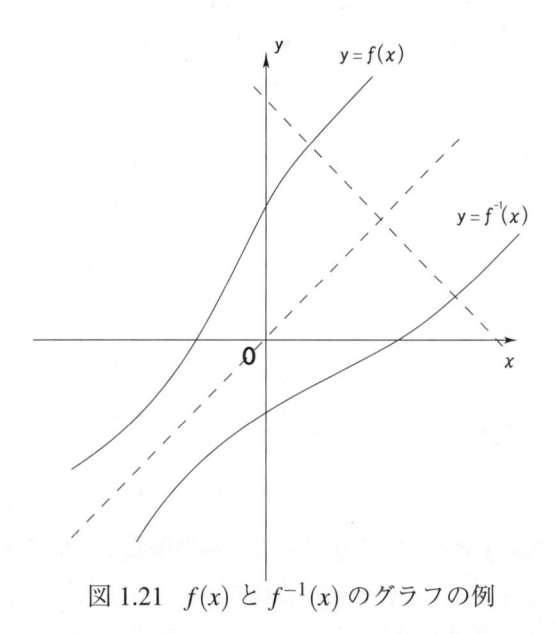

図 1.21　$f(x)$ と $f^{-1}(x)$ のグラフの例

ある正の数 a の**平方根**というのは，2 乗すると a になる値のことで $\sqrt{a}$ と表しますが，これは $x > 0$ の範囲における 2 次関数 $y = x^2$ で表される対応関係の逆方向の対応を見ていることになります．$x > 0$ の範囲では，$y = x^2$ は増加関数であり，x と y は 1 対 1 に対応しています．そのため，$x > 0$ の範囲で $y = x^2$ の逆関数を考えることができ，それが平方根の関数 $y = \sqrt{x}$ です．同様に，ある正の数 a の n **乗根**というのは，n 乗すると a になる値のことで $\sqrt[n]{a}$ と表しますが，これは $x > 0$ の範囲における n 次関数 $y = x^n$ で表される対応関係の逆方向の対応となっています．

B.1.5 累乗の一般化と指数法則

一般に，x^{α} という形をした数または式のことを x の**累乗**といい，α をその**指数**といいます．これまでは，指数 α が $1, 2, 3, \ldots$ という自然数の場合を考えていましたが，ここでは α の値として考える数の範囲を自然数だけではなく，整数，有理数，そして実数へと拡げたものを考えます．

- 自然数 n に対して，$x^{-n} \equiv \dfrac{1}{x^n}$ とする．

- 自然数 n に対して，$y = x^{\frac{1}{n}}$ を $y = x^n$ の逆関数として定義する．

- 有理数 $\frac{m}{n}$ に対して, $x^{\frac{m}{n}} \equiv \left(x^{\frac{1}{n}}\right)^m$ とする.

- 無理数 α に対して, α に収束する有理数の数列の累乗の収束値として定義する(収束については B.2 参照).

累乗に関して, 次のことが成り立ちます.

指数法則 $a > 0, b > 0$ のとき, 任意の実数 r と s に対して,
- $a^r a^s = a^{r+s}$
- $\left(a^r\right)^s = a^{rs}$
- $(ab)^r = a^r b^r$

問 2 次の計算を行いなさい.

(1) $a^2 \times a^{-1} \times a^4$ 　　(2) $a^{\frac{2}{3}} \times a^{-\frac{1}{6}}$ 　　(3) $(a^2)^{-3}$

(4) $(a^{\frac{1}{4}})^{\frac{8}{3}}$ 　　(5) $(a^3 b^{-1})^2$ 　　(6) $(a^{\frac{1}{2}} b^{\frac{3}{4}})^{-\frac{4}{5}}$

B.1.6 指数関数

変数 x が数直線上を自由に動くとき,

$$y = a^x \qquad (a > 0, a \neq 1) \tag{1.40}$$

として表される変数 x と変数 y との対応関係のことを**指数関数**といいます. ただし, a は定数です. この関数は, $0 < a < 1$ と $a > 1$ で値の変化の特徴が異なります. いくつかの a の値について指数関数のグラフを描いたものが図 1.22 と図 1.23 です.

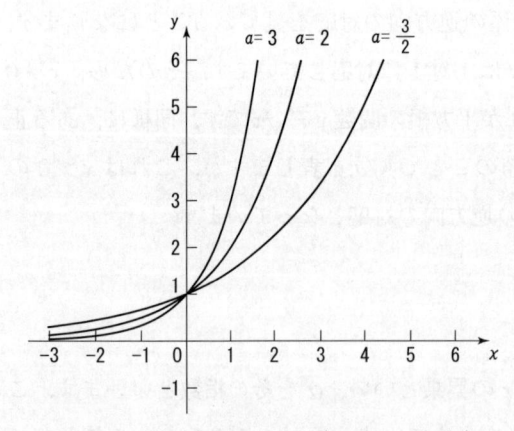

図 1.22 $y = a^x$ のグラフ($a > 1$ のとき)　　図 1.23 $y = a^x$ のグラフ($0 < a < 1$ のとき)

定数 a が $a > 1$ のときは指数関数は増加関数であり, 独立変数 x が負の無限大方向に限りなく減少していくと従属変数 y は限りなく 0 の値に近づいていき, x が正の無限大方向に限りなく増加していくと y は限りなく正の無限大方向に増加していきます. また, $0 < a < 1$ のときは指数関数は減少関数であり, x が負の無限大方向に限りなく減少していくと y は限りなく正の無限大方向に

増加していき，x が正の無限大方向に限りなく増加していくと y は限りなく 0 の値に近づいていきます．

B.1.7 対数関数

指数関数 $y = a^x$ においては，定数 a が $a > 1$ のときと $0 < a < 1$ のときのどちらの場合も実数 x と正の数 y は 1 対 1 に対応しています．従って，正の数 y に対して指数関数 $y = a^x$ の指数 x を対応させる関数（指数関数の逆関数）を考えることができ，それを

$$x = \log_a y$$

と表します．x と y を入れ替えて，

$$y = \log_a x \qquad (a > 0, a \neq 1)$$

と表される正の変数 x と変数 y との対応関係のことを a を**底**とする**対数関数**といいます．

いろいろな a の値について対数関数のグラフを描いたものがそれぞれ図 1.24 と図 1.25 です．実線が各 a の値に対する対数関数のグラフであり，点線は対応する指数関数のグラフです．

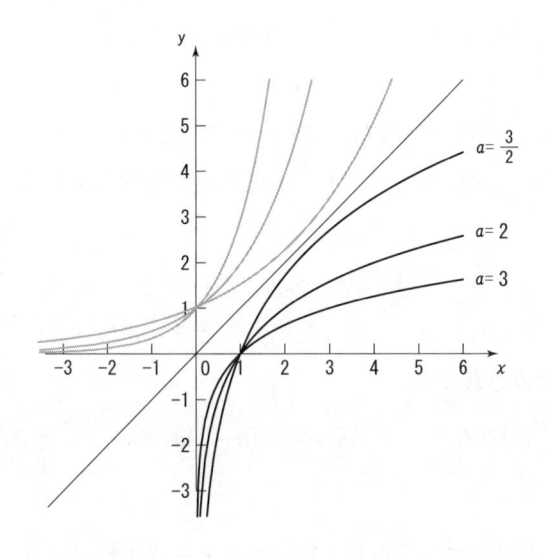

図 1.24　$y = \log_a x$ のグラフ（$a > 1$ のとき） 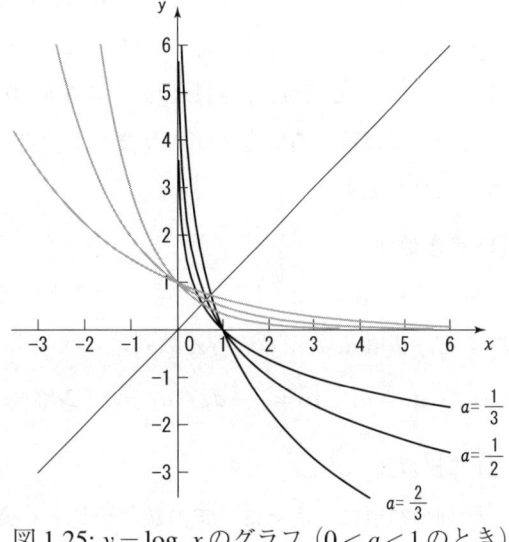　　　図 1.25: $y = \log_a x$ のグラフ（$0 < a < 1$ のとき）

対数関数が指数関数の逆関数であることから，次のことが成り立ちます．

任意の $r > 0$ と $s > 0$ に対して，
- $\log_a r + \log_a s = \log_a rs$
- $s \log_a r = \log_a r^s$

また，a を底とする対数 $\log_a r$ の b を底とする対数への書き換えに関して，以下のことが成り立ちます．

> 底の変換公式　$\log_a r = \dfrac{\log_b r}{\log_b a}$

問3 次の計算を行いなさい．

(1) $\log_2 8$　　　(2) $\log_{10} 10000$　　　(3) $\log_3 \dfrac{1}{54}$

(4) $3\log_2 \sqrt[3]{32}$　　　(5) $\log_3 8 \cdot \log_2 3$　　　(6) $\log_3 25 \cdot \log_2 3 \cdot \log_5 2$

B.2 数列と級数

B.2.1 数列

順序を付けて並べた数の列ことを**数列**といいます．一般に，数列を文字を使って

$$a_1,\ a_2,\ a_3,\ \ldots,\ a_n,\ \ldots$$

などと表します．数列の項が有限個のときを有限数列といい，限りなくつづくとき無限数列といいます．最初の項 a_1 を初項といい，n 番目の項 a_n を第 n 項といいます．第 n 項 a_n が n を用いた数式で表されているとき，a_n を一般項といいます．例えば，奇数の列 $1,3,5,7,9,11,\ldots$ の第 n 項は $a_n = 2n-1$ と表され，偶数の列 $2,4,6,8,10,12,\ldots$ の第 n 項は $b_n = 2n$ と表されます．

数列にはいろいろなものがありますが，ここでは代表的なものとして等差数列と等比数列の2つを紹介します．

(1) 等差数列

数列の初項に，次々に一定の数（公差という）を足してつくられる数列のことを等差数列といいます．初項 a，公差 d の等差数列は，次のように表されます．

$$a_1 = a,\quad a_2 = a+d,\quad a_3 = a+2d,\quad a_4 = a+3d,\quad \ldots,\quad a_n = a+(n-1)d,\quad \ldots$$

(2) 等比数列

数列の初項に，次々に一定の数（公比という）を掛けてつくられる数列のことを等比数列（または，幾何数列）といいます．初項 a，公比 r の等比数列は，

$$a_1 = a,\quad a_2 = ar,\quad a_3 = ar^2,\quad a_4 = ar^3,\quad \ldots,\quad a_n = ar^{n-1},\quad \ldots$$

です．等比数列の値の変化は，公比 r の値によって以下の7つに分けられます．ただし，初項 a は正の値とします．

- $r > 1$ のとき：n が増加するにつれて a_n もまた増加していきます．

- $r = 1$ のとき：n の値にかかわらず，a_n は常に a（初項の値）のままです．

第 1 章 利益の計画

- $0 < r < 1$ のとき： n が増加するにつれて a_n は減少していきます．ただし，a_n は常に正の値を取ります．

- $r = 0$ のとき： n の値にかかわらず，第 2 項以降常にゼロとなります．

- $-1 < r < 0$ のとき： n が奇数のときは正の値，n が偶数のときは負の値を取りながら，n が増加するにつれて絶対値が減少していきます．

- $r = -1$ のとき： n が奇数のときは初項 a の値を取り，n が偶数のときは $-a$ の値を取ります．

- $r < -1$ のとき： n が奇数のときは正の値，n が偶数のときは負の値を取りながら，n が増加するにつれて絶対値が増加していきます．

問 4 次の問いに答えなさい．
(1) 初項が 2, 公差が 3 である等差数列の一般項を求めなさい．
(2) 初項が 1, 公比が 2 の等比数列の一般項を求めなさい．
(3) 初項が 2, 公比が $\frac{1}{2}$ の等比数列の一般項を求めなさい．

B.2.2 数列の和

与えられた数列の和に興味があることがしばしばあります．そこで，初項 a, 公差 d の等差数列の第 1 項から第 n 項までの和 S_n は

$$S_n = a + (a+d) + (a+2d) + \cdots + (a+(n-2)d) + (a+(n-1)d) \tag{1.41}$$

です．足す順序を逆にして表すと，

$$S_n = (a+(n-1)d) + (a+(n-2)d) + (a+(n-3)d) + \cdots + (a+d) + a \tag{1.42}$$

となります．(1.41) と (1.42) を足すと，

$$\begin{aligned} 2S_n &= (2a+(n-1)d) + (2a+(n-1)d) + (2a+(n-1)d) + \cdots \\ &\quad + (2a+(n-1)d) + (2a+(n-1)d) = n(2a+(n-1)d) \end{aligned}$$

となり，

$$S_n = \frac{n(2a+(n-1)d)}{2}$$

となります．
また，初項 a, 公比 r の等比数列の第 1 項から第 n 項までの和 S_n は

$$S_n = a + ar + ar^2 + \cdots + ar^{n-1}$$

です．そこで，
$$r^n - 1 = (r-1)(1 + r + r^2 + \cdots + r^{n-1})$$
という関係を用いると，$r \neq 1$ のとき，
$$S_n = a(1 + r + r^2 + \cdots + r^{n-1}) = \frac{a(r^n - 1)}{r - 1}$$
となります．$r = 1$ のときは，数列は常に初項 a と同じ値をとるため，
$$S_n = na$$
です．

問5 次の問いに答えなさい．
(1) 初項が 2，公差が 3 である等差数列の第 10 項までの和を求めなさい．
(2) 初項が 1，公比が 2 の等比数列の第 6 項までの和を求めなさい．
(3) 初項が 2，公比が $\dfrac{1}{2}$ の等比数列の第 7 項までの和を求めなさい．

B.2.3 数列の極限

無限数列が，n の値を限りなく大きくしていくにつれて，どのように変化するのかに興味がある場合があります．

数列 $\{a_n\}$ において，n の値が限りなく大きくなるにつれて，a_n がある定数 α に限りなく近づいていくとき，$\{a_n\}$ は α に**収束する**といい，
$$\lim_{n \to \infty} a_n = \alpha, \quad \text{または，} \quad a_n \to \alpha \ (n \to \infty)$$
と表します．そして，α を数列の**極限**または**極限値**といいます．

また，数列 $\{a_n\}$ が収束しないとき，$\{a_n\}$ は**発散する**といいます．そして，n の値が限りなく大きくなるにつれて，a_n の値も限りなく大きくなるとき，$\{a_n\}$ は正の無限大に発散するといい，
$$\lim_{n \to \infty} a_n = +\infty, \quad \text{または，} \quad a_n \to +\infty \ (n \to \infty)$$
と表します．また，a_n の値が負であり，その絶対値が限りなく大きくなるとき，$\{a_n\}$ は**負の無限大に発散する**といい，
$$\lim_{n \to \infty} a_n = -\infty, \quad \text{または，} \quad a_n \to -\infty \ (n \to \infty)$$
と表します．

収束する 2 つの数列 $\{a_n\}$ と $\{b_n\}$ に関して，以下のことが成り立ちます．

第1章 利益の計画

$\lim_{n\to\infty} a_n = \alpha$, $\lim_{n\to\infty} b_n = \beta$ であるとき，

- $\lim_{n\to\infty}(a_n + b_n) = \alpha + \beta$ ● $\lim_{n\to\infty} a_n b_n = \alpha\beta$ ● $\alpha \neq 0$ のとき，$\lim_{n\to\infty}\dfrac{b_n}{a_n} = \dfrac{\beta}{\alpha}$

- すべての n について $a_n \leq b_n$ のとき，$\alpha \leq \beta$.

無限数列の中で重要なものとして，無限等比数列が挙げられます．初項が a で公比が r の無限等比数列 $\{ar^{n-1}\}$ の極限ついて見てみると，以下の 4 つに分けられます．

初項 a，公比 r の無限等比数列（ただし，$a \neq 0$ とする）は，

- $|r| > 1$ のとき： 発散します．
- $|r| < 1$ のとき： 0 に収束します．
- $r = 1$ のとき： 初項 a の値に収束します．
- $r = -1$ のとき： n が奇数のときは初項 a の値を，n が偶数のときは $-a$ の値を取り，収束しません．

問 6 次の数列の収束・発散を調べなさい．

(1) $\{n - n^2\}$ (2) $\left\{\dfrac{n+1}{n^2}\right\}$ (3) $\left\{\left(\dfrac{2}{3}\right)^{n-1}\right\}$

(4) $\left\{\left(-\dfrac{7}{3}\right)^n\right\}$ (5) $\left\{\dfrac{2^n + 1}{5^n}\right\}$ (6) $\left\{\dfrac{2^n}{5^n + 2}\right\}$

B.2.4 級数

無限数列 $\{a_n\}$ に関して，

$$a_1 + a_2 + a_3 + \cdots + a_n + \cdots$$

のことを**級数**といい，$\sum_{n=1}^{\infty} a_n$ とも表します．そして，第 1 項から第 n 項までの和

$$S_n = a_1 + a_2 + a_3 + \cdots + a_n = \sum_{k=1}^{n} a_k$$

のことを第 n 項までの部分和といいます．部分和の数列 $\{S_n\}$ が収束して極限 S をもつとき，級数 $\sum_{n=1}^{\infty} a_n$ は収束して和 S をもつといいます．

代表的な級数に，等比級数が挙げられます．初項 a，公比 r の等比級数は

$$a + ar + ar^2 + \cdots + ar^{n-1} + \cdots = \sum_{n=0}^{\infty} ar^n$$

であり，等比級数の第 n 項までの部分和 S_n は，等比数列の和の結果より，

$$S_n = \begin{cases} \dfrac{a(r^n-1)}{r-1}, & r \neq 1 \text{ のとき}, \\ na, & r = 1 \text{ のとき} \end{cases}$$

です．従って，

> 初項 a，公比 r の等比級数（ただし，$a \neq 0$ とする）は，
>
> - $|r| \geq 1$ のとき発散します．
> - $|r| < 1$ のとき収束し，その和は $\dfrac{a}{1-r}$ です．

等比級数は公比 r が $|r| < 1$ のとき収束することが分かりました．次に，$|r| < 1$ のときの以下の級数，

$$r + 2r^2 + 3r^3 + \cdots + nr^n + \cdots$$

について見てみます．第 n 項までの部分和 S_n は，

$$S_n = r + 2r^2 + 3r^3 + \cdots + nr^n$$

であり，S_n に公比 r を掛けた rS_n は，

$$rS_n = r^2 + 2r^3 + 3r^4 + \cdots + nr^{n+1}$$

です．そこで，$S_n - rS_n$ を求めると，

$$S_n - rS_n = r + r^2 + r^3 + \cdots + r^n - nr^{n+1} = \frac{r(1-r^n)}{1-r} - nr^{n+1}$$

となり，したがって，

$$S_n = \frac{r(1-r^n)}{(1-r)^2} - \frac{nr^{n+1}}{1-r}$$

です．そこで，$\lim_{n \to \infty} nr^n = 0$ であることから，

$$\lim_{n \to \infty} S_n = \frac{r}{(1-r)^2}$$

となります．したがって，求める級数の和は $\dfrac{r}{(1-r)^2}$ です．

問 7 次の級数の収束・発散を調べ，収束する場合は和を求めなさい．

(1) $\displaystyle\sum_{n=1}^{\infty} \left(\frac{1}{3}\right)^{n-1}$ (2) $\displaystyle\sum_{n=1}^{\infty} \left(-\frac{2}{5}\right)^{n-1}$ (3) $\displaystyle\sum_{n=1}^{\infty} \frac{2^{n-1}+3^n}{4^{n-1}}$

Part C　Excel による解法

C.1　損益分岐点分析

Part A の例題 1.1 を題材に，Excel を使って損益分岐点図表を作る方法と Excel のゴールシーク機能を使って損益分岐点を求める方法を紹介します．また，製品価格や固定費，単位変動費などの値が変わったとき損益分岐点がどのように変化するのかを調べる What-If 分析の例を紹介します．

C.1.1 基本モデルによる損益分岐点分析

Step1. 基本ワークシートの作成

新しいワークシートを開いて，図 1.26 のレイアウトに従って，例題 1.1 のデータを【基本データ】の部分に入力します．生産量は最初は 0 を入力しておくのが無難でしょう．【損益分岐点】の部分は損益分岐点での関連数値を計算，表示する部分です．【グラフ用データ】の部分は損益分岐点図表（グラフ）を作成するためのデータを生成する部分です．生産量の列 (B5:B15) がグラフの x 軸になるので，グラフに表示したい生産量の範囲を適当なきざみ幅で指定します．

製品×の損益分岐点分析

【グラフ用データ】

生産量	固定費	変動費	総費用	売上高	利益
0	1000	0	1000	0	-1000
100	1000	40	1040	200	-840
200	1000	80	1080	400	-680
300	1000	120	1120	600	-520
400	1000	160	1160	800	-360
500	1000	200	1200	1000	-200
600	1000	240	1240	1200	-40
700	1000	280	1280	1400	120
800	1000	320	1320	1600	280
900	1000	360	1360	1800	440
1000	1000	400	1400	2000	600

【基本データ】

製品単価	2	万円
生産量	0	個
固定費	1000	万円
単位変動費	0.4	万円

【損益分岐点】

生産量	0	個
固定費	1000	万円
変動費	0	万円
総費用	1000	万円
売上高	0	万円
利益	-1000	万円

図 1.26　損益分岐点分析 –基本ワークシート–

Step2. 損益分岐点図表（グラフ）の作成

「固定費」「総費用」「売上高」の範囲 (C5:C15,E5:F15) を Ctrl キーを押しながら選択して，[グラフウィザード] を起動します．グラフの種類は「折れ線グラフ」を指定します．

製品×の損益分岐点分析

【グラフ用データ】

生産量	固定費	変動費	総費用	売上高	利益
0	1000	0	1000	0	-1000
100	1000	40	1040	200	-840
200	1000	80	1080	400	-680
300	1000	120	1120	600	-520
400	1000	160	1160	800	-360
500	1000	200	1200	1000	-200
600	1000	240	1240	1200	-40
700	1000	280	1280	1400	120
800	1000	320	1320	1600	280
900	1000	360	1360	1800	440
1000	1000	400	1400	2000	600

Excel 処理手順

(1)【基本データ】部の入力

セル範囲 J4:J7：基本データを入力
(生産量は 0 を入力しておく)

(2)【損益分岐点】部の入力

J10 セル：=J5
J11 セル：=J6
J12 セル：=J5*J7
J13 セル：=J6+J12
J14 セル：=J4*J5
J15 セル：=J14-J13

(3)【グラフ用データ】部の入力

セル範囲 B5:B15：数値を直接入力
C5 セル：=$J$6
D5 セル：=$J$7*B5
E5 セル：=C5+D5
F5 セル：=$J$4*B5
G5 セル：=F5-E5
セル範囲 C5:G5 を選択，[コピー]
→ C6:G15 に [形式を選択 (数式) して貼り付け]

損益分岐点図表の作成 (続き)

[元のデータ] 画面で, [系列] タブ→ [項目軸ラベルに使用 (T)] のボックスに生産量 (B5:B15) を指定します. その他の細かい指定は後で調整可能です.

ウィザード終了後, グラフの横軸を選択して右クリック, [軸の書式設定 (O)...] を選択して [目盛り] タブを開き, [項目境界で交差する (B)] のチェックマークをはずします.

その他, [グラフエリアの書式設定] や [プロットエリアの書式設定] などの機能を使ってグラフの表示形式を整え, 図 1.27 のようなグラフを完成させます.

売上高直線が原点を通っていることを確認してください. また,【基本データ】部の製品単価, 固定費, 単位変動費の値を変えると, それに応じてグラフが変化することを確認してください.

Step3. ゴールシークで損益分岐点を求める

Excel のゴールシーク機能を使って損益分岐点を求めます.

損益分岐点は「利益が 0 になる生産量」ですから, 生産量をいろいろ変化させたとき (**変化させるセル (C)** で指定します), それに対応して変化する利益を表す式 (**数式入力セル (E)** で指定) の値が, 0(**目標値 (V)** で指定) になるように, 生産量を求めさせます. 具体的な処理手順は以下のとおりです.

● 項目軸ラベルに生産量を指定

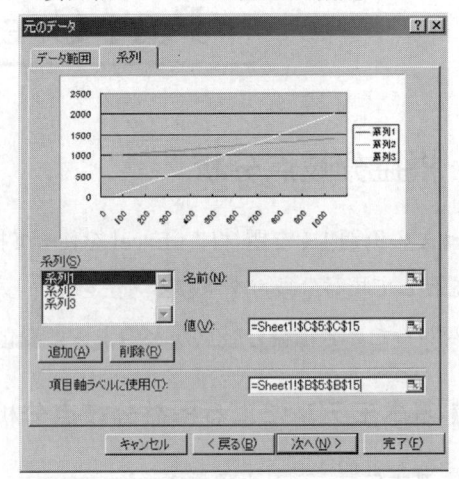

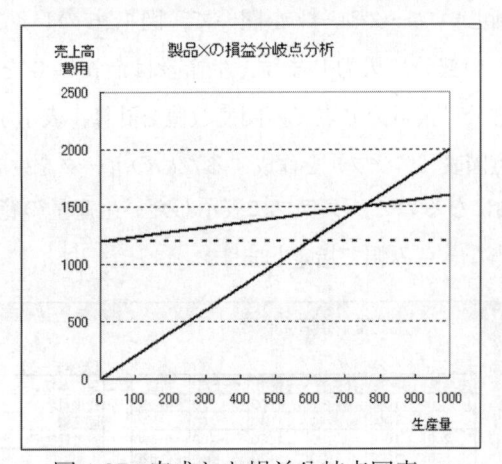

● 図 1.27 完成した損益分岐点図表

● ゴールシークによる計算

Excel 処理手順

(1) [ゴールシーク] ダイアログボックス: [標準] メニューバー → [ツール] → [ゴールシーク]

第 1 章　利益の計画

(2) [ゴールシーク] ダイアログボックスでの指定
- 数値入力セル (E)： $J$15 (利益を計算する式)
- 目標値 (V)： 0 (求めたい利益額) を指定
- 変化させるセル (C)： $J$5 (生産量) を指定
  → →[OK] をクリック

[ゴールシーク] ダイアログボックスに「解答がみつかりました」と表示されれば，計算終了です．ワークシートのセル J15(利益) が 0 に，セル J5(生産量) が 625 になっていることを確認してください (他のセルも再計算されています)．結果がこれでよければ，[OK] ボタンクリックで，ワークシートは新しい値に書き換えられます．

[OK] ボタンをクリックして，ダイアログボックスが消えたら，【損益分岐点】部の各項目が損益分岐点のときの値になっていることを確認してください．

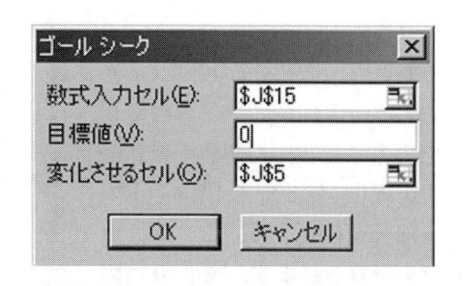

図 1.28　ゴールシークの計算結果

ゴールシーク機能を使うと，損益分岐点 (利益額 0) だけでなく，任意の利益額に対する生産量を求めることができます．例えば，上と同じ手順で**目標値**の値のみを 2000 に変更するだけで，目標利益 2000 万円を達成するための生産量が計算できます．

Step4. What-If 分析

固定費や単位変動費，製品単価が変動したときに，総費用や利益がどのように変化するのかを調べるため，ワークシートに機能を追加します．図 1.29 の M 列から O 列が追加部分です．

図 1.29　What-If 分析のための機能拡張

Excel 処理手順

(1) M 列（初期値）の入力

セル範囲 J4:J15 を M4:M15 に値のみ複写

(2) N 列 (変化分)，O 列 (%) の入力

O4 セル： =N4/M4*100

O4 セルを O5:O7 に複写

N10 セル： =J10-M10

O10 セル： =N10/M10*100

セル範囲 N10:O10 を N11:O15 に複写

O15 は #DIV/0! (ゼロで除算) とエラー表示される

(3) 【基本データ】部の変更

J4 セル： =M4+N4

J4 セルを J5:J7 に複写

変化分の入力

この変更で，[変化分] のセル O4 から O7 のいずれかにデータの変化分を入力すると，初期値＋変化分の値が新しい値として【基本部】の該当部分に代入され，この新しい値で再計算されます．図 1.30 は固定費が 200 万円増加した場合を示したものです．

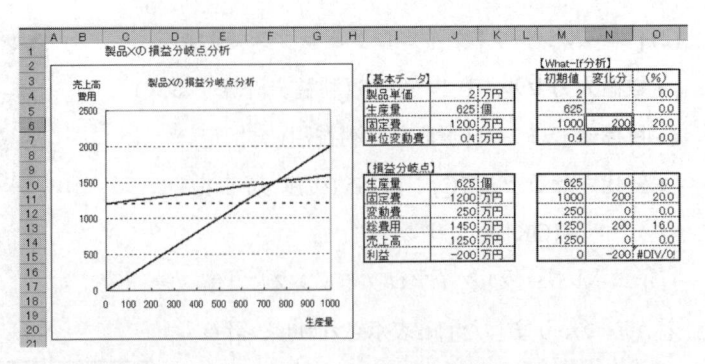

図 1.30 What-If 分析 (固定費が変化した場合)

新しい損益分岐点

次に，この状態での損益分岐点を計算します．これは Step3 でゴールシーク機能を使って損益分岐点を求めたときとまったく同じ手順です．実際に損益分岐点を求めてみると，損益分岐点の生産量は 750 になります．また，このときの状態は図 1.31 のようになります．

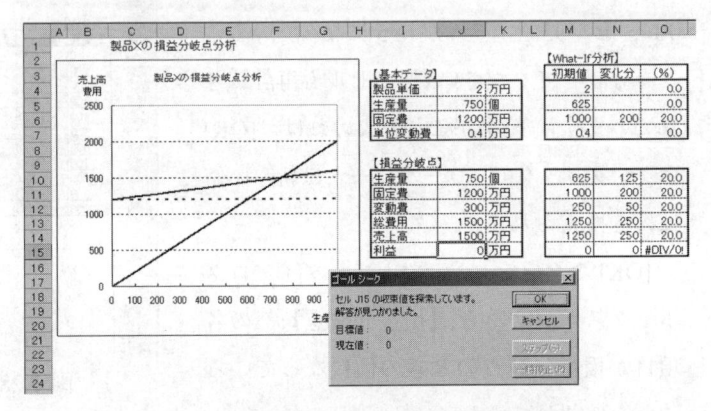

図 1.31 What-If 分析 (新しい損益分岐点)

C.2 プロジェクト計画のための経済計算

Part A でも述べたように，終価係数をはじめとする金利計算のための各種係数はすべて指数関数なので，手計算や簡単な電卓で計算するのは非常に困難です．ここではまず，これらの係数を求めるワークシートを Excel で作成し，それを使って投資の採算性計算の例を示します．

C.2.1 金利計算の公式

Step1. 基本ワークシートの作成

新しいワークシートを開き，図 1.32 のレイアウトに従ってワークシートを作成します．

図 1.32 金利計算の公式

Excel 処理手順

(1)【係数】部の入力

G4 セル：=(1+C4)^C5
G5 セル：=1/G4
G7 セル：=(G4-1)/C4
G8 セル：=1/G7
G10 セル：=G8*G4
G11 セル：=G7/G4

セル C4, C5 にはそれぞれ 0.1, 10 くらいの値を入力しておいてください．
(空白のままだとワークシート作成中にエラー #DIV/0! が表示されます).

第1章　利益の計画

これで、【パラメータ】部の利率 (C4 セル) と期間 (C5 セル) に入力すると、6種類の係数が計算できます。**Part A** の例題の値で試してください。

C.2.2 投資の収益性

Step1. ゴールシークで収益率、回収期間を求める

このワークシートでゴールシーク機能を使うと、投資の収益率や回収期間を求めることができます。たとえば、資本回収係数が

$$[P \to M]_8^r = 0.2$$

となる r を求めるには、

1) 期間 (C5 セル) に 8 を入力しておき、
　（利率 (C4 セル) の値は適当でよい）
2) ゴールシークを起動して、
3) ［ゴールシーク］ダイアログボックスで
　・数式入力セル：G10 (資本回収係数を計算するセル)
　・目標値： 0.2 (資本回収係数の目標値)
　・変化させるセル：C4 (利率)

と指定し、[Ok] ボタンをクリックすれば、図 1.34 のような結果を得ることができます。

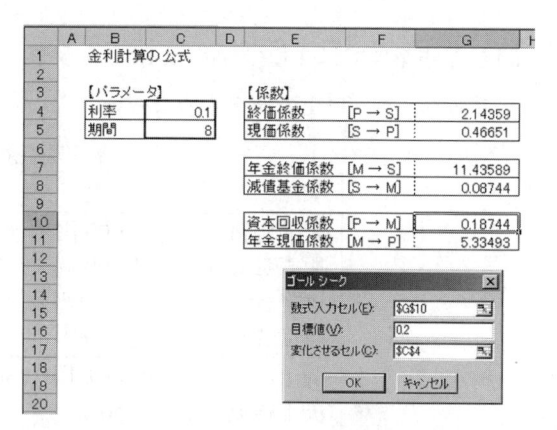

図 1.33　ゴールシークで収益率を求める

この結果から、求める資本回収係数の値は

$$r = 0.118238$$

となります。

まったく同様に、他の係数や期間を求めることもできます。

※ 注) ゴールシークは収束演算によって解を求めるので、同じ値を求める場合でも、収束演算の初期値が異なると結果が異なる場合があります。この例の場合では、利率の初期値を 0.01 にしておくと、結果は $r = 0.118036$ になりました。

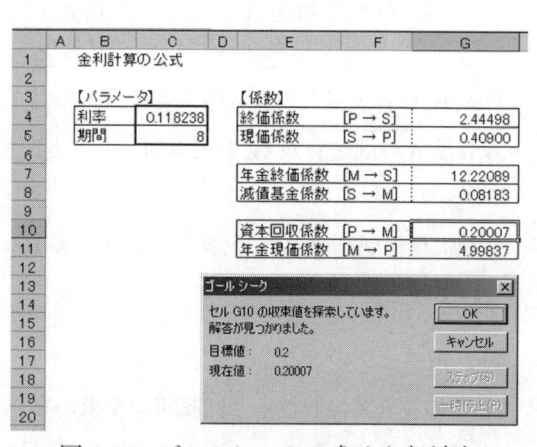

図 1.34　ゴールシークで求めた収益率

Step2. 投資の採算性

ここでは現価法、終価法、年価法を比較する表を作成してみます。（金利計算の公式と同じワークシートの右側に作成します）。

Excel 処理手順

(1) 【正味利益】部の入力
　L5 セル：=J5*G11-J4
　M5 セル：=J5*G7-J4*G4
　G7 セル：=J5-J4*G10

(2) ［資本回収係数］
　J8 セル：=J5/J4

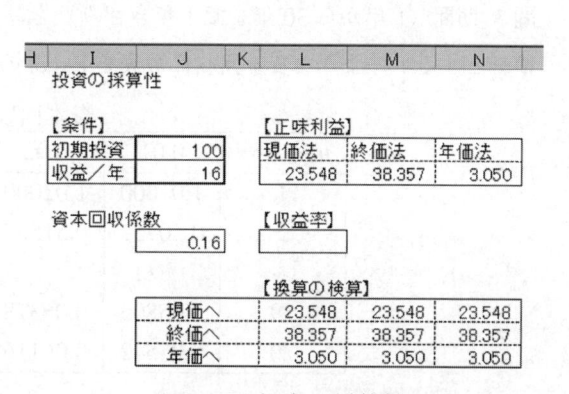

図 1.35　投資の採算性

【パラメータ】部に利率と期間を入力しておき、【条件】部に初期投資額と収益の年価を入力す

ると，正味利益が計算されます．【収益率】は Step1 と同じ手順で，ゴールシーク機能を用いて計算してください．【換算の検算】部は求めた収益を他の基準時点に換算して検算をするための「おまけ」です．式は自分で考えて入れてみてください．

演習問題

問1 Y事業部では3種の製品 A, B, C を製造・販売している．関連する財務データが下の表のようであるとき，以下の値を求めなさい．

Y事業部の財務データ

製品	A	B	C	合計
製品価格	5,000 円	6,000 円	10,000 円	-
販売量	1,000 個	500 個	200 個	-
固定費	120 万円	60 万円	60 万円	240 万円
単位変動費	3,000 円	4,000 円	5,000 円	-
売上高	500 万円	300 万円	200 万円	1000 万円
売上構成比率	50 %	30 %	20 %	100 %
変動費	3 百万円	2 百万円	1 百万円	6 百万円
変動費率	0.6	0.667	0.5	0.6
限界利益率	0.4	0.333	0.5	0.4

1) A, B, C 各製品の損益分岐点と事業部全体の損益分岐点はいくらか．

2) 製品 A の固定費が 12 万円増加したとき，製品 A と事業部全体の損益分岐点はどのように変わるか．

3) 製品価格が一律 10 %上昇したとき，A, B, C 各製品の損益分岐点と事業部全体の損益分岐点はどのように変わるか．

問2 前ページの Step2 の例題について，

1) この投資案の収益率と回収期間を求めなさい．

2) 【換算の検算】部の式を完成させなさい．

問3 期間（1年から30年まで1年きざみ）を縦軸，年利率（1 %から20 %まで1 %きざみ）を横軸とする下のような資本回収係数表を Excel のワークシート上に作成しなさい．

資本回収係数表

$n\downarrow$ $i\rightarrow$	0.01	0.02	…	0.19	0.20
1	1.01000	1.02000	…	1.19000	1.20000
2	0.50751	0.51505		0.64662	0.65455
…	…				…
19	0.05805	0.06378		0.19724	0.20646
20	0.05542	0.06116	…	0.19605	0.20536

次に，このデータを用いて，期間を横軸，資本回収係数を縦軸にとるグラフを作成して，期間が長くなると年利率によって係数がどのように変わっていくのかを考察しなさい．

第2章
日程の計画(スケジューリング)

　目的を共有する複数の人間が，協力して問題解決など目的の達成に取り組む活動を**協働**といいます．1人の人間には，様々な能力的・時間的制約があって，できることに大きな限界があります．協働は，個人では達成し得ないことを可能にします．経営の場における活動には，個人が専従で担当する役割(課業)という形態もありますが，個人の能力を超える大きな規模の仕事については，必然的に協働の形態をとってこれにあたることになります．

　ビルや橋など大きな建造物を建てる，新工場建設や新生産方式の開発，新製品開発や新規事業分野への進出，新しい流通チャネルの開拓といった，個人ではなし得ない大規模な仕事で，しかも完了時期(納期)が明確に決まっているものについては，プロジェクト(事業)を計画し，複数の専門的なスタッフによる協働の形態，すなわちプロジェクトチームを結成してこれにあたるのが普通です．そして，このプロジェクトの計画とその進捗を管理する問題を扱うのが，この章で紹介するスケジューリング(日程計画)の手法です．

　スケジューリングには，まずPERT(パート)と呼ばれる技法があります．1950年代後半にアメリカのポラリス型原子力潜水艦の開発プロジェクトを計画する際に，米海軍とブーツ・アレン・アンド・ハミルトン社が共同で開発したものです．PERTは，"Program Evaluation and Review Technique"の頭文字をとった略語で，計画(Program)の評価(Evaluation)と再調査(Review)，すなわち，一度立てた計画を評価し，さらに良い計画になるよう再調査する技法(Technique)という意味です．

　CPM(Critical Path Method)は，やはり1950年代後半に，アメリカのデュポン社において，新製品の開発から市場へ投入するまでの期間と費用の計画を立てるために開発された方法です．PERTが，プロジェクトの時間的な進捗状況を管理するための技法であるのに対し，時間的要素にコスト(費用)の概念を考慮に加えて，プロジェクトの期間短縮などを図るための技法です．CPMは，PERTとは独立に開発された技法ですが，PERTで言うところのプロジェクト完了時刻を経済的に短縮することを目的としており，2つの技法は一体のものとして，PERT/CPM手法と捉えることができます．本章では，これら協働に基づくプロジェクトを管理するための手法について学ぶことにします．

本章の構成と読み方は次に示す通りです．

Part A 最初に **A.1** で，日程計画の伝統的図法であるガントチャートに触れ，日程計画問題の意味を理解します．**A.2** では，日程計画をモデル化する手法として，PERT/CPM 手法の考え方，また，この手法を用いた日程計画・管理の具体的な進め方を説明していきます．まず，プロジェクトを構成している活動(作業)間の先行関係という「接続関係の情報」だけを用いて，PERT 図と呼ばれる矢線図として表現する手順について説明します．

次に，できあがった PERT 図にそれぞれの作業の所要時間という「時間の情報」を加えることで，プロジェクト全体の所要時間や，それぞれの作業がいつから始められるのかなどの情報が得られます．各作業のもつ時間的余裕を調べることにより，プロジェクト全体の中で日程管理の面から，どの作業経路が特に重要なのかを示すクリティカル・パスを見出します．

A.3 では，「時間と費用のトレードオフ」の関係を扱う CPM の考え方を紹介し，追加の費用を投入してプロジェクト全体の所要時間を短縮したいときに，どの作業にどのくらいの追加費用を投入して所要時間の短縮を図るのが効果的なのかを考えていきます．

Part B この章には，**Part B** はありません．

Part C **C.1** では，**Part A** で用いた例題をもとに，PERT 図から得られる情報を Excel のワークシートに展開する方法を紹介します．ワークシート上でクリティカル・パスを求めるとともに，それぞれの作業の所要時間が変ったときに，全体の所要時間やクリティカル・パスがどのように変わるのかなど，さまざまな"what-if"分析を行うことも可能な計算シートを設計します．なお，簡潔な計算シートとするため，補助的に VBA によるユーザー関数を利用します．

C.2 では，PERT 図に短縮できる時間と費用に関する情報を追加して，CPM 手法のやや煩雑な計算処理を間違いなく行うための計算シートについて紹介します．

Part A 問題の捉え方と定式化

A.1 伝統的表現図法：ガントチャート

日程を管理する手法としては，古くからガントチャート (Gantt Chart；バーチャートあるいは線表ともいう) がよく利用されています．これは普通，表側項目 (縦軸) に作業項目を羅列し，表頭項目 (横軸) に時間目盛り (月単位，週単位，日単位，時単位等) を取って，それぞれの作業項目の実施時期を時間軸に沿って棒線で表すものです．次にガントチャートの例を示します．

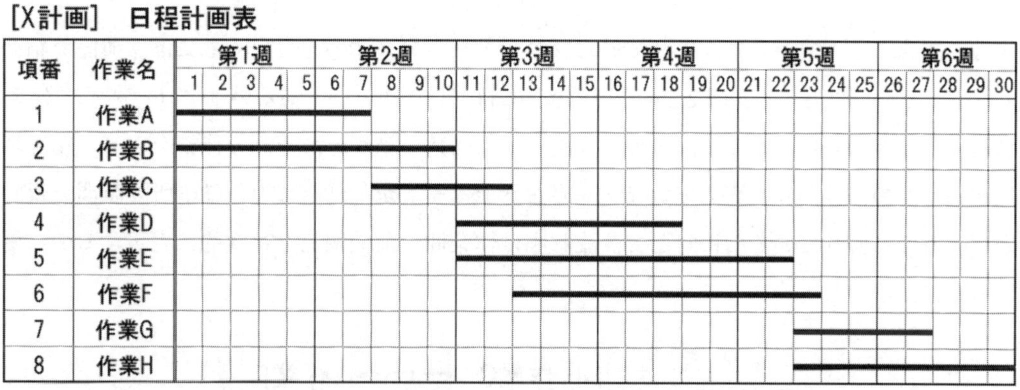

図 2.1　ガントチャート

この表現方法の特徴は，それぞれの作業をいつ始めていつまでかかるのか，他の作業との前後関係はどうなっているのか，計画全体でどのくらいの時間がかかるのか，などの情報を視覚的に表現できることです．ガントチャートは，作業項目があまり多くなく，関連する部門や人も多くない場合には，手軽で非常にすぐれた表現方法と言えます．しかし，次のような欠点もあります．

- ある作業が当初の予定より余計に時間が掛かって「遅れ」が生じたとき，計画全体の日程にどの程度の影響を及ぼすのかわからない．
- 計画全体の日程を短縮したいとき，どの作業をどの程度短縮するのが効果的なのかわからない．
- 重点的に管理すべき作業はどれなのかわからない．

これらガントチャートの欠点を克服し，特に大きな (つまり，非常に多くの作業項目がある) プロジェクトを計画し，日程を管理するために開発された手法が，次に紹介する PERT/CPM です．

A.2 PERT

この章のはじめに説明したように，PERT(Program Evaluation and Review Technique) は，1950年代原子力潜水艦の開発を計画するために開発された手法です．直訳すれば「計画の評価と見直しのための手法」となりますが，普通は略称 PERT をそのまま使い「パート」と読みます．

PERTでは，この手法が開発される発端となった新しい艦船の建造や，大きなビルの建設，新製品開発などのように，一定の期間・予算で完成しなければならないひとつのまとまった大規模な仕事をプロジェクトとして捉えます．そして，そのプロジェクトを，一定の時間を要する活動(作業)の組合せと考えて，同時に並行して進められる作業は関係者間で分担し，前の作業が完了しないと始められない作業はそれらの前後関係を明確にしながら，プロジェクト全体が時間的にも費用面でもできるだけ効率的に達成できるように計画の日程を管理するための手法です．PERTは後で説明するCPM(クリティカル・パス・メソッド)と組み合わせて利用することが多いので，両方の手法を一組にしてPERT/CPMと呼ぶのが普通です．

A.2.1 PERT図の作成

複数の関連する作業から構成されているプロジェクトの全体像を表現するには，前節で紹介したガントチャート以外にも，図2.2のような流れ図(フローチャートあるいはフローダイアグラム)を利用することが多いようです．この流れ図では，四角い箱がそれぞれの作業を表し，箱を結ぶ矢線が作業間の前後関係を表しています．ガントチャートがそれぞれの作業の所要時間を視覚的に表現するのに優れているのに対して，流れ図は作業間の前後関係を視覚的に表現するのに優れていると言えるでしょう．

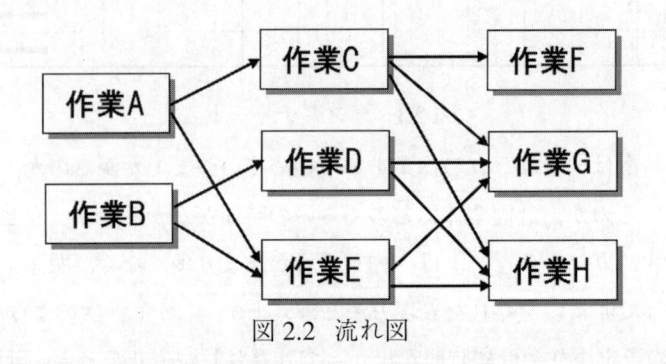

図2.2 流れ図

以下で説明するように，PERTでは普通この流れ図とは違う図式を使用しますが，この流れ図はPERTでも重要な「先行作業」の考え方を明確にするのに役立ちます．例えば，作業Gに注目すると，この流れ図は「作業Gを始めるには，作業C，作業E，作業Dのすべてが完了していなければならない」ことを示しています．このように，ある作業に注目したとき，その作業を始めるために既に完了していなければならない(直近の)作業のことを，その作業の「先行作業」と呼びます．ここで(直近の)というのは，作業Gの先行作業(のひとつ)は作業C，作業Cの先行作業は作業A，したがって作業Aも作業Gの先行作業だ，とは言わないということです．

PERTでは，プロジェクトを構成する作業の一覧表をもとに，これに各作業の所要時間と先行作業とを付加した活動リストを作成し，この活動リストからPERTのネットワーク図を作成するのが一般的です．次の例題を通じて，PERT図の作成方法を学びましょう．

第2章　日程の計画

例題2.1： あるプロジェクト [X計画] を構成する活動リスト

ガントチャートでは図2.1，流れ図では図2.2のように表されたあるプロジェクトX計画が，活動リストでは右のように表せたとします．

先行作業とは，例えば表中で，作業Eは，先に作業AとBが終わっていないと開始できないことを表しています．これを，PERT図で表現しなさい．

作業	所要時間	先行作業
A	7日	—
B	10日	—
C	5日	A
D	8日	B
E	12日	A, B
F	11日	C
G	5日	C, D, E
H	8日	C, D, E

PERT図を描くには，いくつかの決まりごと，PERT図の規則を知っておく必要があります．

◇ **PERT図を描くための規則**

(1) それぞれの活動 (activity) を**作業**と呼び，**矢線** (arrow) で表します．矢線の両側には必ず**結合点**(node)を置きます．結合点は○印に番号を振って表します．矢線の長さはその作業の所要時間とは関係ありません．

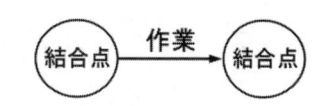

※ 矢線の両側には必ず結合点がある
図2.3　結合点と矢線

(2) 1つの結合点には1つ以上の作業が到着でき，この結合点に入る矢線で表します．また，この結合点から1つ以上の作業が出発でき，この結合点から出て行く矢線で表します．結合点に入る矢線が，この結合点から出ていく矢線の**先行作業**を表します．先行作業に対して，結合点から出て行く矢線を**後続作業**と呼びます．

(3) ひとつのプロジェクトは，有限個の結合点と矢線によって右図のように表し，プロジェクトの開始を表す結合点**始点結合点**と，プロジェクトの終了を表す結合点 (**終点結合点**) を，それぞれ1つだけ必ず置きます．

※ 1点で始まり1点で終わる
図2.4　PERT図の例 (例題2.1とは違います)

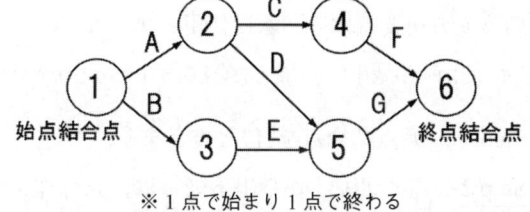

(4) 始点結合点に先行作業はありませんから，始点結合点に入る矢線もありません．同様に，終点結合点に後続作業はないので，終点結合点から出て行く矢線もありません．始点結合点，終点結合点以外の結合点には，必ず1つ以上の先行作業と1つ以上の後続作業があります．

(5) どの作業も，その先行作業がすべて終わらないと，作業を始めることはできません．

(6) ある結合点から出て行く2つ以上の矢線が同じ結合点に入ることはできません．このように並行する作業を表す場合には，右図のような作業時間ゼロの**ダミー作業** (架空の作業) を設けて表します．

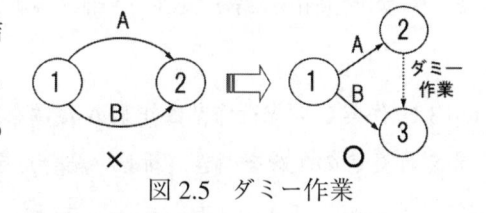

図2.5　ダミー作業

(7) ある結合点から出て，再びその結合点に入ってくるような作業の経路があってはなりません．すなわち，PERT図にループは存在しません．

(8) 無駄な結合点やダミー作業があってはいけません．これらは，必要最小限にとどめます．
(9) 結合点には適宜番号を振って，結合点を識別するために使用します．結合点の番号は矢線の向きに従って，順次大きくなるように振るのが普通です．

◇ ダミー作業の利用方法

ダミー作業は，上の規則 (6) を満たすために必要に応じて使うのが基本ですが，それ以外にも，図 2.6 の (a), (b), (c) のような違いを表すときにも使用します．(a) では，作業 A と作業 B の両方が終わらないと作業 C も作業 D も始められませんが，(b) では，作業 D は作業 A と作業 B の両方が終わらないと始められないのは (a) と同じですが，作業 C は作業 A が終われば始めることができます．逆に (c) では，作業 D は作業 B が終われば始められます．

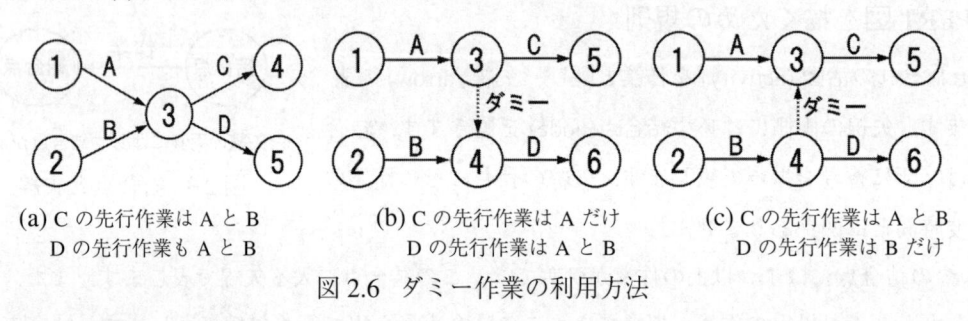

(a) C の先行作業は A と B
　　D の先行作業も A と B

(b) C の先行作業は A だけ
　　D の先行作業は A と B

(c) C の先行作業は A と B
　　D の先行作業は B だけ

図 2.6　ダミー作業の利用方法

◇ PERT 図作成の手順

それでは，規則に従って X 計画の PERT 図を描いて行きましょう．この段階では，活動リストのうちの所要時間の情報は使用しません．

※ PERT 図作成中は，何度も書いたり消したりしますので，鉛筆と消しゴムを使いましょう．

Step 1：始点結合点を①と書きます．

Step 2：結合点①から出る矢線は，先行作業がない，活動リストの右列に「−」と記された作業です．ここでは作業 A と B が該当するので，①から出ていく矢線を 2 本引き，それぞれの矢線の真ん中近くに作業名を記入します．矢線の先に結合点を書き，それぞれ結合点②，③とします．

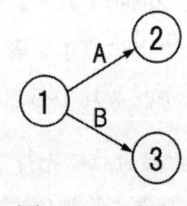

図 2.7　Step1-2

※ 矢線を引いたらすぐに作業名を記入し，矢線の先に結合点を書きます．結合点番号は最後にまとめて振ってもよいのですが，説明の便宜上，結合点を書くつど仮の番号を振ることにして，後で必要に応じて番号を振り直します．

Step 3：作業 C の先行作業は作業 A だけなので，結合点②から作業 C の矢線を引き，新しい結合点を④とします．

Step 4：作業 D の先行作業は作業 B だけなので，結合点③から作業 D の矢線を引き，新しい結合点を⑤とします．

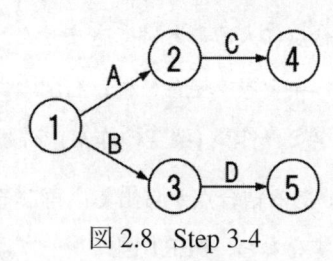

図 2.8　Step 3-4

第2章　日程の計画

Step 5：作業Eの先行作業は，2つの作業AとBです．既にある結合点を見ますと，②は作業Aだけの結合点，③は作業Bだけの結合点なので，作業Aと作業Bの両方が終わったことを示す結合点を新たに作る必要があります．それには，結合点②と③から，それぞれダミーd_1とd_2を引き出して，その両方の行き先の結合点を作ります．

　この結合点は，既につくった結合点④と⑤よりも手前に置く方が自然なので，新たな結合点を④として，以前の④，⑤は，それぞれ⑤，⑥に番号を振り直します．④から作業Eの矢線を引き，その先を結合点⑦とします．

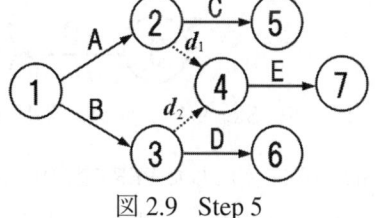

図2.9　Step 5

※ ダミー作業は架空の作業なので，本来名前は必要ありませんが，ここでは説明の便のためにd_1, d_2とします．

Step 6：作業Fの先行作業は作業Cだけなので，結合点⑤から作業Fの矢線を引き，新しい結合点を⑧とします．

Step 7：作業Gの先行作業は作業C,D,Eの3つあるので，これらすべてが終わったことを示す結合点を作る必要があります．PERT図に記載していない残りの作業は，Hだけ，また作業Dだけの結合点や作業Eだけの結合点は必要ないので，⑥と⑦をひとつにまとめて結合点⑥とします．作業Eの矢線の行き先を結合点⑥に変え，⑦を消します．そこに結合点⑤からダミー作業d_3を引くと，この結合点⑥は作業C,D,Eの3つすべてが終わったことを示す結合点になります．結合点⑥から作業Gの矢線を引き，行き先の新しい結合点に，改めて番号⑦を振ります．

図2.10　Step 6

図2.11　Step 7

Step 8：作業Hの先行作業はGと同じなので，結合点⑥から作業H用の矢線を引き，新しい結合点を⑨とします．

Step 9：これですべての作業がPERT図に記載されたので，終了結合点を作ってPERT図を完成させます．結合点⑦，⑧，⑨が後続作業のない結合点なので，これらをまとめて終了結合点を作ることにします．

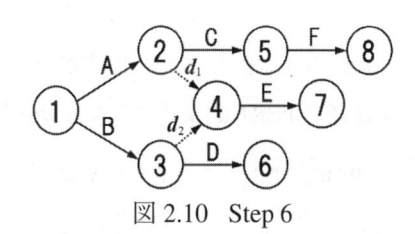

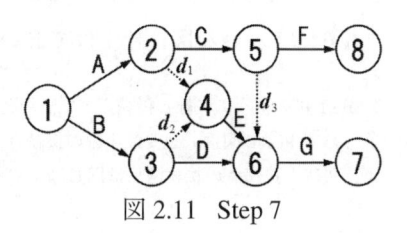

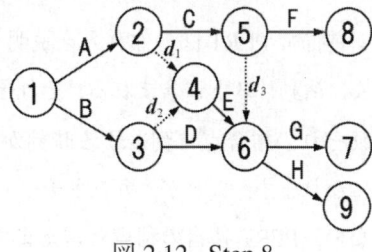

図2.12　Step 8

　図2.13で，結合点⑦と⑧はひとつにまとめられますが，結合点⑦と⑨は，作業GとHが同じ結合点⑥から出ているので，ひとつにできません (規則(6)に反するので)．そこで，まずは結合点⑦と⑧をまとめて，結合点⑧とします．作業Gの行き先は結合点⑧になります．次に，結合点⑨からはダミーd_4を介して終了結合点⑧につなぎます．余分になった⑦を消し，結合点番号⑨を⑦に振り直すと，次のようなPERT図が完成します．

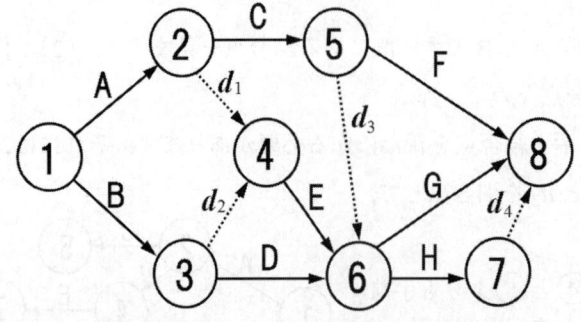

図 2.13 Step 9：プロジェクト X 計画の完成 PERT 図

作業	先行作業
A	—
B	—
C	A
D	B
E	A, B
F	C
G	C, D, E
H	C, D, E

Step 10： 完成した PERT 図の確認を行います．PERT 図と右の活動リストとを見比べながら，

- すべての作業が，漏れなく重複もなく PERT 図に記載されていることを確認します．
- ひとつひとつの矢線ごとに，先行作業が正しいことを確認します．

  入ってくる矢線がダミー作業の場合は，さらにもう一段階さかのぼって，ダミー作業の前の結合点に入ってくる矢線を先行作業と見ます．

- 余分な結合点やダミー作業がないことを確認します．もしあれば，まとめてすっきりさせます．
- 最後に PERT 図全体として左から右に向かって流れているように見えることを確認します．

　PERT 図は，このあと所要時間の計算をするための基礎になるものです．間違いがないか，十分に確認を行ってください．また，作成の途中で何回も書き換えましたので，図として正しくても，全体のバランスはくずれたものになりがちです．必要ならば，最後にもう一度，清書をするつもりできれいな図に仕上げておいてください．

※ PERT 図のように矢線と接続点とで表現された図のことを数学的には「有向グラフ」と呼びます．同じ活動リストから作られる PERT 図は，必要最小限の接続点とダミー作業しか使わなければ，たとえ見た目の印象が異なるように見えても，矢線と接続点の接続関係は同じはずです．これを数学的には「幾何位相的に同値である」と呼びます．

A.2.2 所要時間の計算

　前節で PERT 図の作り方を説明しましたが，これだけでは流れ図の形を変えただけに過ぎません．活動リストに含まれる，それぞれの作業の所要時間の情報を PERT 図に書き加えることで，それぞれの結合点に到着する時刻が計算できるようになります．これが，ガントチャートや流れ図にはない，PERT 独自の利点と言えます．

　所要時間の計算を行うための準備として，右のように，PERT 図の各矢線の下が右に対応する作業の作業時間，それぞれの結合点の近くに上下 2 段の箱を書いてください．箱の上下段は，次に学ぶ最早結合点時刻と最遅結合点時刻をそれぞれ記入するための場所です．

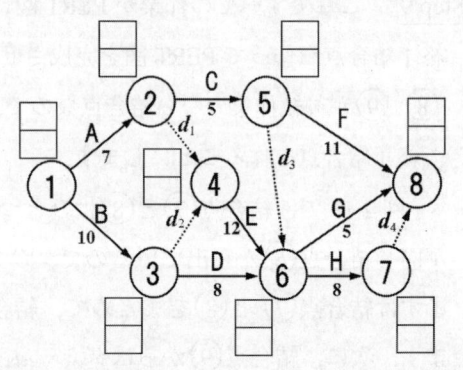

図 2.14 所要時間計算のための PERT 図

◇ 最早結合点時刻の計算

所要時間の計算において最も基礎となる概念として，各結合点に対する「**最早結合点時刻**」という言葉を定義しておきます．最初に，始点結合点の最早結合点時刻を 0 と決めます．このもとで，各結合点の最早結合点時刻は，「その結合点に到着するすべての作業が終了しうる最も早い時刻」を表します．意味としてはこのように捉えておけば十分ですが，実際に計算して求めるためには，より厳密な定義が必要になります．

「最早結合点時刻」の厳密な定義には，定義の中に定義すべき語そのものを使う，「再帰的な定義」の方法を用います．そのためにまず，厳密にはまだ未定義な「最早結合点時刻」という語を使って，次の 2 つの 各作業に対する 時刻の概念を規定したうえで，これを定義します．

- **最早開始時刻**：その作業が出発する結合点の最早結合点時刻 … 作業開始できる最も早い時刻
- **最早終了時刻**：その作業の最早開始時刻+作業時間 … 作業終了できる最も早い時刻とします．

定義 2.1：最早結合点時刻

> 1) 始点結合点の最早結合点時刻は 0 とします．
> 2) 始点結合点以外の結合点の最早結合点時刻は，その結合点に到着するすべての作業の最早終了時刻のなかで，最も遅い時刻とします．

上の定義では，2) のなかで作業の「最早終了時刻」を使っています．これは，ここで定義すべき「最早結合点時刻」を使って規定された言葉ですから，再帰的な定義になっています．一般的には，再帰的な定義をするときは，良く定義されている (well defined) ことを確認する必要があります．ここでは，定義の意味も明確ですし，多くの OR の教科書でもそうしているように，well defined の証明は省略します．ただ，PERT 図の規則 (矢線も結合点も有限個，矢線の両端に結合点を置く，始点結合点は 1 つ，ループがない等) が，この定義の well defined を保証していて，逆に言えば，PERT 図はそうなるよう上手く設計されている，ということは理解しておきましょう．それでは，次の例題で，最早結合点時刻を求める手順について見て行きましょう．

例題 2.2：図 2.14 の PERT 図で，各結合点の最早結合点時刻を求めなさい．

最早結合点時刻の計算手順は，定義にしたがって，次のようにします．

作業の最早開始時刻・最早終了時刻／結合点の最早結合点時刻の計算手順

> i) 始点結合点の最早結合点時刻=0 とします．
> ii) 既に最早結合点時刻 t が計算できた結合点から出発する各作業について，
>   ●最早開始時刻=t，●最早終了時刻=$t+$作業時間　とし，
> iii) 到着するすべての作業の最早終了時刻が計算できた結合点について，
>   ●最早結合点時刻=その結合点に到着する作業の最早終了時刻のうち 最も遅い時刻 とし，
> iv) 終了結合点の最早結合点時刻の計算が終わるまで，ii) iii) を繰り返します．

このように，始点結合点からスタートして，PERT 図の前方から終了結合点へ向かう「順方向」

に計算を進めていきます．例題については，以下のとおりです．

Step 1： i) 始点結合点①の最早結合点時刻を 0 として，①の箱上段に 0 を記入します．

※ 以下の各 Step では，前の Step までの結果を使って，ii) 最早終了時刻と iii) 最早結合点時刻の計算を，iv) 終了結合点の最早結合点時刻の計算が終わるまで繰り返して行きます．計算が進むつど，最早終了時刻は該当する矢線の矢印近くに (小さく) 記入し，また，最早結合点時刻は該当する箱の上段に記入して行きます．

Step 2： A, B の最早終了時刻／②, ③ の最早結合点時刻

　ii) 結合点①から出発する作業 A と B の最早終了時刻を計算します．
- 作業 A の最早終了時刻 = ①の最早結合点時刻 +A の作業時間 = 0 + 7 = 7
- 作業 B の最早終了時刻 = ①の最早結合点時刻 +B の作業時間 = 0 + 10 = 10

　iii) 到着するすべての作業の最早終了時刻が得られた結合点②，③について，最早結合点時刻を計算します．②は到着する作業が A だけ，③も，到着する作業が B だけなので，
- ②の最早結合点時刻 = 作業 A の最早終了時刻 (の最大値)=7
- ③の最早結合点時刻 = 作業 B の最早終了時刻 (の最大値)=10

Step 3: C, d_1, d_2, D の最早終了時刻／④, ⑤ の最早結合点時刻

　ii) 結合点②，③から出発する各作業 C, d_1, d_2, D の最早終了時刻を計算します．
- C の最早終了時刻 = ②の最早結合点時刻 + C の作業時間 = 7 + 5 = 12
- d_1 の最早終了時刻 = ②の最早結合点時刻 + d_1 の作業時間 = 7 + 0 = 7
- d_2 の最早終了時刻 = ③の最早結合点時刻 + d_2 の作業時間 = 10 + 0 =10
- D の最早終了時刻 = ③の最早結合点時刻 + D の作業時間 = 10 + 8 = 18

　iii) 到着するすべての作業の最早終了時刻が得られた結合点④，⑤について，
- ④の最早結合点時刻 = 作業 (d_1, d_2) の最早終了時刻 (7, 10) の最大値=10
- ⑤の最早結合点時刻 = 作業 C の最早終了時刻 (12) の最大値=12

Step 4： E, d_3, F の最早終了時刻／⑥ の最早結合点時刻

　ii) 結合点④，⑤から出発する各作業 E, d_3, F の最早終了時刻を計算します．
- E の最早終了時刻 = ④の最早結合点時刻 +E の作業時間 = 10 + 12 = 22
- d_3 の最早終了時刻 = ⑤の最早結合点時刻 + d_3 の作業時間 = 12 + 0 = 12
- F の最早終了時刻 = ⑤の最早結合点時刻 + F の作業時間 = 12 + 11 = 23

　iii) 到着するすべての作業の最早終了時刻が得られた結合点⑥について，
- ⑥の最早結合点時刻 = 作業 (D, E, d_3) の最早終了時刻 (18, 22, 12) の最大値=22

Step 5： G, H の最早終了時刻／⑦ の最早結合点時刻

　ii) 結合点⑥から出発する作業 G, H の最早終了時刻を計算します．
- G の最早終了時刻 = ⑥の最早結合点時刻 +G の作業時間 = 22 + 5 = 27
- H の最早終了時刻 = ⑥の最早結合点時刻 +H の作業時間 = 22 + 8 = 30

　iii) 到着するすべての作業の最早終了時刻が得られた結合点⑦について，
- ⑦の最早結合点時刻 = 作業 H の最早終了時刻 (30) の最大値=30

Step 6： d_4 の最早終了時刻／⑧ の最早結合点時刻

　ii) 結合点⑦から出発する作業 d_4 の最早終了時刻を計算します．
- d_4 の最早終了時刻 = ⑦の最早結合点時刻 + d_4 の作業時間 = 30 + 0 = 30

第 2 章　日程の計画　　　　　　　　　　　　　　　　　　　　　　　　　　　　　　　　　　69

　iii) 到着するすべての作業の最早終了時刻が得られた結合点⑧について，
　　・⑧の最早結合点時刻 = 作業 (F, G, d_4) の最早終了時刻 (23, 27, 30) の最大値=30
　iv) 終了結合点の最早結合点時刻の計算が終わったので，繰り返しを完了します．

　すべての作業の最早終了時刻とすべての結合点の最早結合点時刻を求めると図 2.7 のようになります．終点結合点の最早結合点時刻を**プロジェクト完了時刻**と呼びます．この例では，プロジェクト完了時刻=終点結合点⑧の最早結合点時刻=30 となります．

　最早結合点時刻 t の計算手順の要点をまとめると，最初に Step1 で，始点結合点について，$t=0$ と決めてから，以下の Step では，その段階で計算できる範囲で，次の計算を繰り返します．

1) 作業の最早終了時刻の計算をしてから，
2) 結合点の最早結合点時刻の計算をします．

　各段階で計算できる範囲は，作業の最早終了時刻は，その作業が出発する結合点の最早結合点時刻 t が得られれば計算できて，

・最早終了時刻 $= t +$ 作業時間　とします．

最早結合点時刻は，その結合点に到着する作業の最早終了時刻が，すべて得られれば計算でき，

・最早結合点時刻=それらのなかで最大値，

つまり，最も遅い時刻とします．「最早」なの

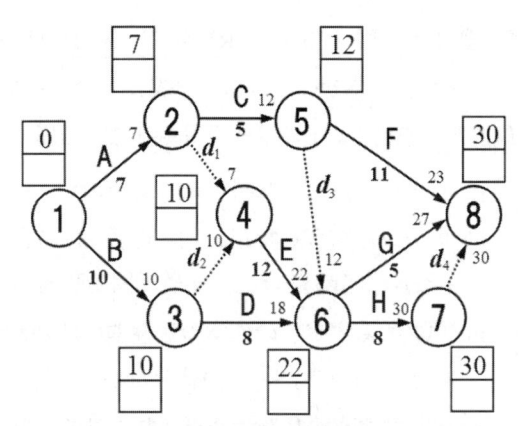

図 2.15　最早結合点時刻の計算

に，「最も遅い時刻」を選ぶことに違和感を持つかもしれませんが，これはその結合点に到着するすべての作業が終わっていないといけないことから，最後に到着する作業の終了時刻という意味です．もし到着する作業が 1 つなら，その作業の最早終了時刻が最早結合点時刻になります．

◇ 最遅結合点時刻の計算

　次に，最早結合点時刻に双対な概念として，各結合点に対する「**最遅結合点時刻**」という言葉を定義します．最初に，終了結合点の最遅結合点時刻=プロジェクト完了時刻と決めます．このもとで，各結合点の最遅結合点時刻は，プロジェクト完了時刻を遅らせないために，「その結合点に到着するすべての作業を終了しておかなければならない最も遅い時刻」または，「その結合点から出発する作業のうち，少なくとも 1 つは開始しなければならない時刻」を表します．最早結合点時刻の場合と同様，意味としてはこのように捉えておけば十分ですが，実際に計算して求めるためには，再帰的な厳密な定義が必要になります．まず，まだ未定義な「最遅結合点時刻」という語を使って，次の 2 つの 各作業に対する 時刻の概念を定めたうえで，これを定義します．

・**最遅終了時刻**=その作業が到着する結合点の最遅結合点時刻
　　…プロジェクト完了時刻を遅らせないために，作業を終えなければならない最も遅い時刻

・**最遅開始時刻**=その作業の最遅終了時刻-作業時間
　　…プロジェクト完了時刻を遅らせないために，作業を始めなければならない最も遅い時刻

定義 2.2：最遅結合点時刻

1) 終点結合点の最遅結合点時刻は，プロジェクト完了時刻とします．
2) 終点結合点以外の結合点の最遅結合点時刻は，その結合点から出発するすべての作業の最遅開始時刻のなかで，最も早い時刻とします．

この定義でも，2) のなかで作業の「最遅開始時刻」を使っています．これは，ここで定義すべき「最遅結合点時刻」を使って定義された言葉ですから，やはり再帰的な定義になっています．ここでも証明は省略しますが，PERT 図の規則が，この定義の well defined を保証しています．

それでは，次の例題で，最早結合点時刻を求める手順について見て行きましょう．

例題 2.3：図 2.15 の PERT 図で，各結合点の最遅結合点時刻を求めなさい．

最遅結合点時刻の計算は，定義にしたがって，次のようにします．

最遅結合点時刻と作業の最遅開始時刻・最遅終了時刻の計算手順

i) 終点結合点の最遅結合点時刻=プロジェクト完了時刻とします．
ii) 既に最遅結合点時刻 t が計算できた結合点に到着する各作業について，
- 最遅終了時刻=t，   ● 最遅開始時刻 = t − 作業時間 とし，

iii) 出発するすべての作業の最遅開始時刻が計算できた結合点について，
- 最遅結合点時刻=その結合点から出発する作業の最遅開始時刻のなかで <u>最も早い時刻</u>

iv) 始点結合点の最遅結合点時刻の計算が終わるまで，ii) iii) を繰り返します．

最早結合点時刻の計算方法とちょうど対称な形で，PERT 図の後方から始点結合点へ向かって計算を進めていきます．それでは，例題について，結合点の最遅結合点時刻を求めてみましょう．

Step 1： i) 終点結合点 ⑧ の最遅結合点時刻をプロジェクト完了時刻 30 とし，箱の下段に記入

※ 以下の各 Step では，前の Step までの結果を使って，ii) 最遅開始時刻と iii) 最遅結合点時刻の計算を，iv) 始点結合点の最遅結合点時刻の計算が終わるまで繰り返して行きます．計算が進むつど，最遅開始時刻は該当する矢線の根元近くに (小さく) 記入し，また，最遅結合点時刻は該当する箱の下段に記入して行きます．

Step 2： d_4, G, F の最遅開始時刻／⑦ の最遅結合点時刻

ii) 結合点 ⑧ に到着する作業 d_4, G, F の最遅開始時刻を計算します．
- d_4 の最遅開始時刻= ⑧ の最遅結合点時刻 $-d_4$ の作業時間 = 30 -0 = 30
- G の最遅開始時刻= ⑧ の最遅結合点時刻 -G の作業時間 = 30 - 5 = 25
- F の最遅開始時刻= ⑧ の最遅結合点時刻 -F の作業時間 = 30 - 11 = 19

iii) 到着するすべての作業の最遅開始時刻が得られた結合点 ⑦ について，最遅結合点時刻を計算します．⑦ は出発する作業が d_4 だけなので，
- ⑦ の最遅結合点時刻= 作業 d_4 の最遅開始時刻 (の最小値)=30

Step 3： H の最遅開始時刻／⑥ の最遅結合点時刻

ii) 結合点 ⑦ に到着する作業 H の最遅開始時刻を計算します．
- H の最遅開始時刻= ⑦ の最遅結合点時刻 -H の作業時間 = 30 -8 = 22

iii) 到着するすべての作業の最遅開始時刻が得られた結合点 ⑥ について，最遅結合点時刻を計

第 2 章　日程の計画

算します．⑥は出発する作業が G と H なので，
- ⑥の最遅結合点時刻= 作業 (G, H) の最遅開始時刻 (25, 22) の最小値=22

Step 4：d_3, E, D の最遅開始時刻／⑤④の最遅結合点時刻

ii) 結合点⑥に到着する作業 d_3, E, D の最遅開始時刻を計算します．
- d_3 の最遅開始時刻= ⑥の最遅結合点時刻 -d_3 の作業時間 = 22 -0 = 22
- E の最遅開始時刻= ⑥の最遅結合点時刻 -E の作業時間 = 22 -12 = 10
- D の最遅開始時刻= ⑥の最遅結合点時刻 -D の作業時間 = 22 -8 = 14

iii) 到着するすべての作業の最遅開始時刻が得られた結合点⑤と④について，最遅結合点時刻を計算します．⑤は出発する作業が F と d_3 なので，
- ⑤の最遅結合点時刻= 作業 (F, d_3) の最遅開始時刻 (19, 22) の最小値=19

④は出発する作業が E だけなので，
- ④の最遅結合点時刻= 作業 E の最遅開始時刻 10(の最小値)=10

Step 5：C, d_1, d_2 の最遅開始時刻／②③の最遅結合点時刻

ii) 結合点⑤と④に到着する作業 C, d_1, d_2 の最遅開始時刻を計算します．
- C の最遅開始時刻= ⑤の最遅結合点時刻 -C の作業時間 = 19 -5 = 14
- d_1 の最遅開始時刻= ④の最遅結合点時刻 -d_1 の作業時間 = 10 -0 = 10
- d_2 の最遅開始時刻= ④の最遅結合点時刻 -d_2 の作業時間 = 10 -0 = 10

iii) 到着するすべての作業の最遅開始時刻が得られた結合点②と③について，最遅結合点時刻を計算します．②は出発する作業が C と d_1 なので，
- ②の最遅結合点時刻= 作業 (C, d_1) の最遅開始時刻 (14, 10) の最小値=10

③は出発する作業が d_2 と D なので，
- ③の最遅結合点時刻= 作業 (d_2, D) の最遅開始時刻 (10, 14) の最小値=10

Step 6：A, B の最遅開始時刻／①の最遅結合点時刻

ii) 結合点②と③に到着する作業 A, B の最遅開始時刻を計算します．
- A の最遅開始時刻= ②の最遅結合点時刻 -A の作業時間 = 10 -7 = 3
- B の最遅開始時刻= ③の最遅結合点時刻 -B の作業時間 = 10 -10 = 0

iii) 到着するすべての作業の最遅開始時刻が得られた結合点①について，最遅結合点時刻を計算します．①は出発する作業が A と B なので，
- ①の最遅結合点時刻= 作業 (A, B) の最遅開始時刻 (3, 0) の最小値=0

iv) 始点結合点の最遅結合点時刻の計算が終わったので，繰り返しを完了します．

すべての作業の開始時刻とすべての結合点の最遅結合点時刻を求めると図 2.16 のようになります．始点結合点 (結合点 1) の最遅結合点時刻は必ず 0(ゼロ) になるはずです．

最遅結合点時刻 t の計算手順の要点をまとめると，最初に Step1 で，終点結合点の最遅結合点時刻 t ＝プロジェクト完了時刻と決めてから，以下の各 Step では，それまでに得られたデータに基づいて，それぞれ計算可能な範囲で，1) 作業の最遅開始時刻 → 2) 結合点の最遅結合点時刻 の順で計算を行います．これを開始結合点に達するまで繰り返す，ということです．

各段階で計算できる範囲は，作業の最遅開始時刻は，その作業が到着する結合点の最遅結合点

時刻 t が求まっていれば計算できて，

- 最遅開始時刻 ＝ t − 作業時間　で得られます．

最遅結合点時刻は，その結合点から出発する作業の最遅開始時刻がすべて求まっていれば，

- 最遅結合点時刻＝それらのなかで最小値

つまり，最も早い時刻とします．ここでも，「最遅」なのに「最も早い時刻」を選ぶことに違和感を持つかもしれません．これは，プロジェクト完了時刻を遅らせないためには，その結合点から出発する各作業は，遅くともいつまでに開始しないといけない時刻を調べて，そのなかで，最初にくるのはどれかという意味です．もし出発する作業が1つだけなら，その作業の最遅開始時刻が，最遅結合点時刻になります．

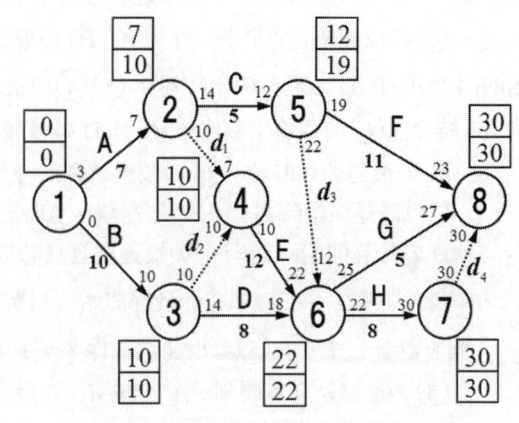

図 2.16　最遅結合点時刻の計算

A.2.3 作業の余裕とクリティカル・パス

ここでは，PERT における「作業の余裕」という概念に基づいて，**クリティカル・パス**とは何かについて解説します．まずは，大づかみに次のように理解し捉えておきましょう．

- 作業の余裕＝「プロジェクトの進行に支障をきたさない範囲で，その作業の終了時刻をどれだけ遅らせることが可能か」を表す時間の概念

この「作業の余裕」を PERT での分析に関連付けるためには，もう少し細かい特徴づけが必要になります．そのため，先に，分かりやすい「**結合点の余裕**」という概念から説明してみます．図 2.16 の PERT 図で，それぞれの結合点の最早結合点時刻と最遅結合点時刻の値を比べると，

$$\text{最早結合点時刻} \leq \text{最遅結合点時刻} \tag{2.1}$$

となっています．最早結合点時刻は「早くてもこの時刻にならないと後の作業が始められない時刻」のことで，最遅結合点時刻は「プロジェクト完了時刻に遅れが生じないため，遅くともこの時刻には始めなければならない後続の作業が1つはある」ということでした．たとえば，結合点②の最早結合点時刻が 7，最遅結合点時刻が 10 とは，結合点⑤から出発する作業 C とダミー作業 d_1 は，共通して早くても開始 7 日後にならないと始められないし，d_1 は遅くとも 10 日後には始めなければならないということを表しています．つまり，結合点⑤から出発する作業が，最小限持っている余裕時間は，10-7=3 日と捉えることができます．それぞれの結合点の最遅結合点時刻から最早結合点時刻を引いた値を**結合点の余裕**と呼びます．

- 結合点の余裕 ＝ 最遅結合点時刻 − 最早結合点時刻 　　　　(2.2)

例の PERT 図を見てみると，結合点②は，箱の上段「最早結合点時刻」が 7 で，上段「最遅結合点時刻」が 10 ですから，結合点の余裕は 10-7=3 です．同様に，結合点⑤の，結合点の余裕

は 19-12=7 となっております．一方，箱の上段・下段の値が同じで，「最早結合点時刻＝最遅結合点時刻」となった，結合点は，①，③，④，⑥，⑦と⑧で，結合点の余裕=0 です．なお，一般に，始点結合点と終点結合点の余裕時間は必ずゼロになります．

ところで，結合点の余裕 3 をもつ②からは，作業 C とダミー作業 d_1 の 2 つが出発しています．いずれも，最早結合点時刻の 7 日後からしか作業を始めることができないのは共通ですが，始めなければならない時刻は異なります．d_1 は結合点の余裕 3 日を過ぎた 10 日後には始めなければなりませんが，C は 14 日後までに始めれば，プロジェクト完了時刻を遅らせることにはなりません．このように，同じ結合点から出発する作業でも，それぞれが持つ余裕が同じとは限りません．ここで，それぞれの作業が最大限持つ余裕を**全余裕**と呼んで，次のように定義します．

$$\begin{aligned}
\bullet \text{全余裕} &= \text{最遅終了時刻} - \text{最早終了時刻} \\
&= \text{最遅開始時刻} - \text{最早開始時刻 (出発結合点の最早結合点時刻)} \\
&= (\text{到着結合点の最遅結合点時刻} - \text{作業時間}) - \text{出発結合点の最早結合点時刻}
\end{aligned} \quad (2.3)$$

例の作業 C は，最遅開始時刻 14−最早開始時刻 7=7 が全余裕です．一方，ダミー作業 d_1 は，最遅開始時刻 10−最早開始時刻 7=3 が全余裕となります．「プロジェクト完了を遅らせない」という条件で，各作業を遅らせられる時間の限界値です．しかし，ある作業が全余裕を使い切るほど遅らせてしまうと，後続の作業が持っていた余裕を奪ってしまう場合があります．そこで，次のように定義します．

$$\begin{aligned}
\bullet \text{自由余裕} &= \text{到着結合点の最早結合点時刻} - \text{最早終了時刻} \\
\bullet \text{干渉余裕} &= \text{全余裕} - \text{自由余裕}
\end{aligned} \quad (2.4)$$

ある作業が遅れて自由余裕を使い切ったとしても，到着結合点の最早結合点時刻には間に合いますので，後続の他の作業に影響を与えません．つまり，他の作業に迷惑をかけない範囲で，勝手に遅らせることのできる時間が自由余裕です．一方，干渉余裕は，全余裕のうち自由余裕を使い切った後に残る作業の余裕で，これに食い込んで遅れを出すと，少なくとも 1 つの後続作業が持っていた余裕を奪うことになります．つまり，自由余裕を超えて干渉余裕の範囲で遅れを出すと，プロジェクト完了時刻にまでは直接影響しませんが，他の作業の余裕を奪うという意味で，他に迷惑をかけることになります．各作業の余裕は，右表のように計算されます．

表 2.1 作業の余裕

作業	全余裕	自由余裕	干渉余裕
A	3	0	3
B	0	0	0
d_1	3	3	0
d_2	0	0	0
C	7	0	7
D	4	4	0
d_3	10	10	0
E	0	0	0
F	7	7	0
G	3	3	0
H	0	0	0
d_4	0	0	0

最初に述べたように，**PERT** によるプロジェクト管理の目標は，プロジェクトと呼ばれる協働作業の進捗を管理することにあります．そして，**PERT** を用いる大前提として，プロジェクトに参画する一人一人が，設定された作業時間と (自由余裕の範囲内で) 作業の開始・終了時刻を守って，他の協働者に迷惑をかけないよう行動するということがあります．当たり前のようですが，現実には意外と難しいことです．

作業の余裕の概念に基づいて，遅れが許されない作業経路の概念を定義します．

定義 2.3：クリティカル・パス

> PERT 図の始点結合点から終点結合点までを矢線で結ぶ作業経路 (パス) のうち，全余裕 0 の作業だけで結ばれる作業経路を**クリティカル・パス**(critical path) と呼びます．

証明は省略しますが，「どの PERT 図にも，クリティカル・パスが，少なくとも 1 つは存在する」という定理が成り立ちます．PERT 図によっては，複数のクリティカル・パスをもつこともあります．例の場合は，図 2.16 に太い二重の矢線で表した，＜作業 B → d_2 → E → H → d_4 ＞が唯一のクリティカル・パスで，これ以外にはありません．

クリティカル・パスは，必ず余裕 0 の結合点のみを繋いだ作業経路になります．しかし，逆は必ずしも成り立ちません．つまり，余裕 0 の結合点のみを通るからといって，クリティカル・パスとは限りません．例えば，作業 D は余裕=0 の結合点③と⑥の間にありますが，クリティカル・パス上にはありません．なぜなら，作業 D は全余裕 4 > 0 を持つからです．

クリティカル・パス上の作業は，すべて「余裕のない」作業ですから，これらの作業のどれかが

図 2.17 クリティカル・パス

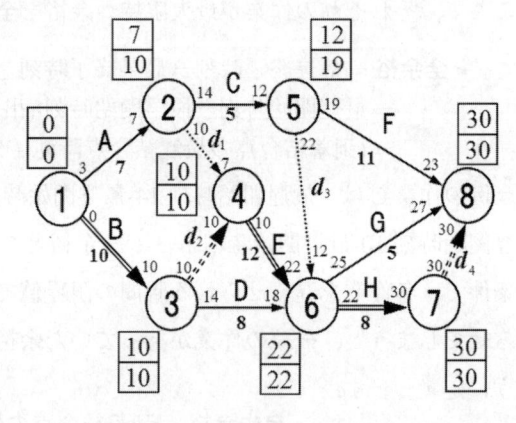

遅れると，プロジェクト完了時刻にも必ず遅れが生じます．たとえば，図 2.17 で，当初 10 日で終わることを予定していた作業 B が，1 日でも遅れてしまうと，プロジェクトも予定の 30 日では完了しないことになります．このように，クリティカル・パスはプロジェクトを計画どおりの時間で完了させるための，重点管理対象となる作業経路と言えます．

A.3 CPM による日程の短縮

前節では，PERT 図からそれぞれの結合点の最早結合点時刻と最遅結合点時刻を計算し，そこから，プロジェクト全体の所要時間や，それぞれの作業が始められる時刻，さらにプロジェクトの日程管理の上で特に重要な作業がどれであるのかをクリティカル・パスとして求めてきました．ここではさらに一歩すすめて，プロジェクト全体の所要日数をさらに短縮するにはどのようにすればよいのかを考えてみます．一般に，「仕事を急がせるには追加の費用が必要である」と言われますが，多くの仕事は人員を増やしたり，より性能のよい機械を使ったりすることで，その仕事をより早く終わらせることができます．ただしそのためには費用も余計にかかるということです．すなわち多くの場合，時間と費用とはトレードオフの関係にあります．ここでは PERT 手法と一緒に使われることの多い **CPM**(Critical Path Method：クリティカル・パス・メソッド) という手法

第 2 章　日程の計画

を紹介します．CPM では，それぞれの作業の所要時間を短縮するのに，どのくらいの追加費用が必要かを考え，なるべく少ない追加費用でプロジェクト全体の所要時間を短縮するには，どの作業から順番にどのくらい短縮していけばよいのか，そして最大どのくらいまでプロジェクト全体の所要時間を短縮できるのかを考えていきます．

A.3.1 費用勾配

CPM では，それぞれの作業の所要時間と費用との間に次のような関係があるものとします．

1) 各作業は普通は**標準時間** t_1 を要し，そのときには**標準費用** c_1 がかかるとします．
2) 追加の費用を投入して，最も早く終わらせることのできる時間を**特急時間** t_2 とし，そのときかかる費用を**特急費用** c_2 とします．
3) 時間と費用の関係は，右のようなグラフで表せるとします．横軸に時間，縦軸に費用をとって 2 点 $(t_1, c_1), (t_2, c_2)$ を通る線分を引き，この間の直線の傾きを**費用勾配**と定義します．通常は負の値です．

$$\bullet \text{費用勾配} = \frac{c_1 - c_2}{t_1 - t_2} \quad (2.5)$$

費用勾配は，作業時間を 1 単位 (例えば 1 日) 短縮するのに要する費用の増加分を負の値で表します．

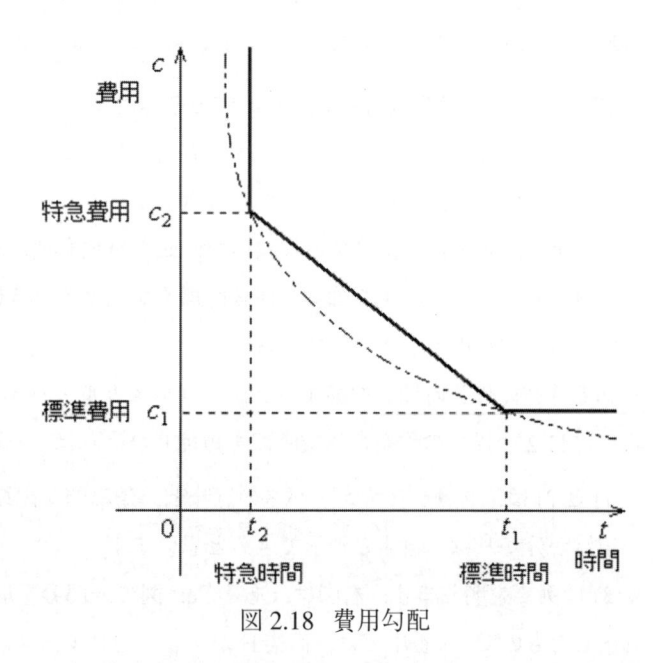

図 2.18　費用勾配

※ このように一方の変数の値を 1 単位だけ増減させたとき，もう一方の変数の値がどのくらい変化するかを表す概念を経済学では「限界○○」と呼びます．上で説明した費用勾配は限界費用ということです．それが時間軸上のどの t の値でも一定というのは，限界費用一定ということです．

※ 厳密には所要時間を短縮するほど追加の費用はさらに増加することが多く (図 2.10 の 2 点鎖線で示した曲線のようになる)，その場合は「限界費用は逓増する」といいます．費用勾配 (すなわち限界費用) 一定というのは，多くの場合近似ですが，その差が実用上あまり大きくないときには，モデルを単純にして操作性を高める効果があります．このように厳密には直線的関係ではないものを直線で近似することを「線形近似」と呼びます．

※ 追加の費用をかけて所要時間を短縮するのとは逆に，もっと時間がかかってもいいから，もっと安くしたい，という場合もありますが，基本的な考え方は同じです．

A.3.2 CPM による所要時間短縮の考え方

ここでは，前節で見た例題 2.1 に引き続いて，それぞれの作業に特急時間と費用勾配を追加した例題を用いて CPM の手順を説明します．

例題2.4： X計画プロジェクト完了時刻の短縮

X計画を構成している作業の特急時間と費用勾配が，右の表で与えられるとき，

(1) できるだけ安い追加費用でプロジェクト全体の所要時間を5日短縮するには，どの作業を何日短縮すればよいか．

(2) プロジェクト全体は最大限何日短縮可能か．ただし，作業Gの短縮はできないものとします．

作業	所要時間(日)	先行作業	特急時間(日)	費用勾配(万円/日)
A	7	—	5	8
B	10	—	6	10
C	5	A	4	5
D	8	B	6	5
E	12	A,B	8	8
F	11	C	7	10
G	5	C,D,E	*	*
H	8	C,D,E	4	7

※ ここでは CPM を理解するため，時間短縮のための追加費用に注目しますが，現実のプロジェクト管理では，日程の管理と同様，予算の管理も重要です．つまり，追加費用額だけでなく，費用の総額 (図 2.18 の c_1 や c_2) の管理も大切です．

CPM による，時間短縮問題の捉え方と基本的なアプローチは，以下のとおりです．

1) クリティカル・パス上にない作業の所要時間を短縮しても追加の費用がかかるだけで，プロジェクト全体の時間短縮にはまったく貢献しません．したがって所要時間を短縮するためには，クリティカル・パス上にある作業のなかから対象を選びます．

2) クリティカル・パス上の作業の所要時間を短縮するときには，費用勾配の絶対値が小さい，すなわち追加費用の小さい作業から短縮します．

3) ある作業の作業時間を短縮すると，クリティカル・パスが変化することがあります．

4) 同時に2つ以上の作業の作業時間を短縮しなければ，その効果が出ないこともあります．

1) と 2) は，クリティカル・パスの意味と，効率的な短縮の趣旨が分かれば，自ずと理解できると思います．

3) は例で説明します．右図は，ある Pert 図の一部分を取り出したもので，1番上では，作業Hがクリティカルパスに乗っていたとします．ここで，作業Hを3日間短縮すると，2番目のように，作業Gが新たなクリティカル・パス上に乗ります．このように，クリティカル・パス上の作業の時間を短縮すると，他の作業の余裕時間が0になって，新たなクリティカル・パスが現れる場合があります．

4) は，次のような状況を表します．2番目の図において，作業Hだけを短縮したとしても，3番目の図のように，作業Hの余裕を増やすだけで，結合点⑧の最早結合点時刻は短縮できません．このように，ある結合点に到着する作業のうち2つ以上が同時にクリティカル・パスに乗る場合，それらの作業 (例の場合は作業G) を同時に短縮しなければ，プロジェクト完了時刻短縮の効果は得られないということです．

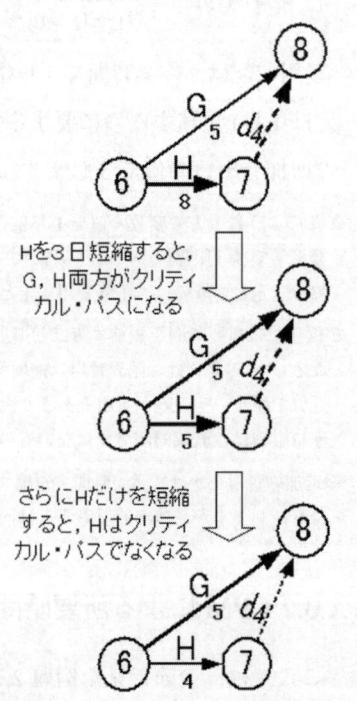

図 2.19 クリティカル・パスの変化

A.3.2 カットとミニカット

前述の時間短縮を間違いなく処理するために，CPM ではカットという概念を導入します．作業を表す矢線のいくつかを切断して，始点結合点を含む部分と終点結合点を含む部分に PERT 図を2 分することを，**カット**(cut) と呼びます．ここでは，カットをプロジェクト完了時刻を短縮するために使います．この場合，もう 1 つの条件，

- 切断線に対して切断される矢線の向きが同じ

を加えて，カットと捉えます．これは，始点結合点から終点結合点に至る個々の経路は，必ず 1 箇所だけで切られることを意味します．

X 計画 PERT 図に対するすべてのカットを漏れなく重複なく求めます．ここでは，1 つの経路 A → C → F に注目して，この作業の順に，それぞれを切るカットで，上の条件を満たすものを挙げてあります．図中上下に同じ番号を付した破線がひとつのカットを表します．

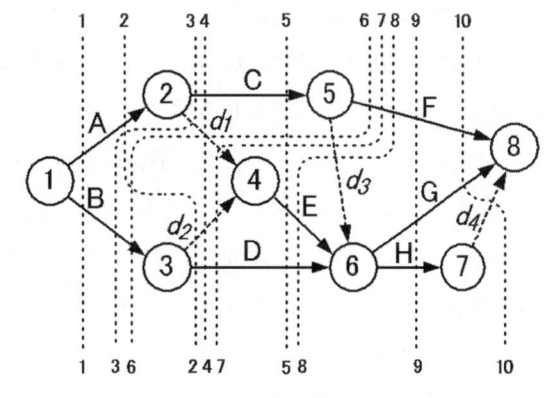

図 2.20 X 計画 PERT 図のカット

※ CPM を，プロジェクトの時間短縮ではなく，余計に時間がかかってもよいから「プロジェクトの費用を安くする」のに使う場合には，逆向きの矢線を含むカットも考慮する必要があります．なお，すべてのカットの総数は，始点・終点結合点を除くすべての結合点を 2 つのグループに分けることですから，重複順列 $2^{(結合点数-2)}$ 通りになります．

次の表には，どのカットがどの作業を切っているのか，またそれぞれ作業が持つ全余裕を示しています．どのカットも，必ずクリティカル・パス上の作業，つまり全余裕 0 の作業を切っています．それぞれのカットでは，全余裕 0 の作業が短縮すべき候補となりますが，それがダミー作業であったり，既に特急時間に短縮済みなど，短縮できる余地のない作業だとすると，そのカットは短縮に使えません．例では，カット 2, 4, 7, 10 がこの理由で対象外となります．

表 2.2 X 計画のカット一覧

番号	カットされる作業の (標準時間, 特急時間, -費用勾配) と全余裕				短縮対象	短縮日数	費用
1	A(7,5,8) 3	B(10,6,10) 0			B	3	10
2	A(7,5,8) 3	d_2(0,-,-) 0	D(8,6,5) 4		-	-	-
3	C(5,4,5) 7	d_1(0,-,-) 3	B(10,6,10) 0		B	3	10
4	C(5,4,5) 7	d_1(0,-,-) 3	d_2(0,-,-) 0	D(8,6,5) 4	-	-	-
5	C(5,4,5) 7	E(12,8,8) 0	D(8,6,5) 4		E	4	8
6	F(11,7,10) 7	d_3(0,-,-) 10	d_1(0,-,-) 3	B(10,6,10) 0	B	3	10
7	F(11,7,10) 7	d_3(0,-,-) 10	d_1(0,-,-) 3	d_2(0,-,-) 0　 D(8,6,5) 4	-	-	-
8	F(11,7,10) 7	d_3(0,-,-) 10	E(12,8,8) 0	D(8,6,5) 4	E	4	8
9	F(11,7,10) 7	G(5,-,-) 3	H(8,4,7) 0		H	3	7
10	F(11,7,10) 7	G(5,-,-) 3	d_4(0,-,-) 0		-	-	-

ここで，どのカットがプロジェクト全体の時間短縮のために最も効率的かを判断する必要があります．この判断基準となるのが，次のように定義される**ミニカット** (minimum cut) です．

定義 2.4： プロジェクト完了時刻を短縮をする費用が，最も少ないカットをミニカットと呼ぶ．

1つのカットで切られる作業のうち，クリティカル・パス上にあるものが1つだけなら，そのカットで単位時間 (例えば1日) 短縮するのにかかる費用は，費用勾配を k とすれば，$-k$ となります (費用勾配は負)．クリティカル・パス上の作業が複数あるカットでは，それらを同時に短縮するのにかかる費用を合計したものが，カットの費用ということになります．これが最小になるカットがミニカットです．このミニカットを見つけて時間短縮を図りますが，一度に短縮できる時間は，ミニカットに切られるすべての作業に関して，

1) 全余裕=0 の作業については，特急時間までの残り時間の最小値
2) 全余裕 >0 の作業について，それらの全余裕の最小値

を求め，この小さい方の時間とします．1) は，カットに切られるクリティカル・パス上の作業の時間短縮できる限界を表します．その作業が，ダミー作業や既に特急時間に達していれば，それ以上短縮できません．2) は，そのカットが確実にミニカットであり続ける限界を表します．ミニカットのところで時間短縮するとは，それに切られるクリティカル・パス上の作業時間を短縮するだけでなく，切られるその他の作業については，短縮した分だけ全余裕を減らすことになります．これらの作業のなかに，全余裕=0 の作業が出てくると，新たなクリティカル・パスが出現し，ミニカットも求めなおす必要が生じるからです．

A.3.2 CPM による所要時間短縮の手順

ミニカットを調べることで，どの作業を短縮するのが最も効率的で，また，同じ効率でどこまで短縮できるのかがわかりました．このようにして，効率の良い順に短縮を繰り返した結果，短縮できるカットがなくなったときが，プロジェクト全体として短縮できる限界ということになります．以上をまとめると，短縮の手順は，次のように表すことができます．

ミニカットの基準による所要時間短縮の手順

> i) 現在の PERT 図から，次の時間短縮できないカットを除外します．
>   1) クリティカル・パス上にあるダミー作業を切るカット
>   2) クリティカル・パス上にあって，既に特急時間に達している作業を切るカット
>   この除外によって，残るカットがなくなったら処理を終えます．
>
> ii) 残ったカットについて，単位時間を短縮する費用を求め，ミニカットを求めます．
>
> iii) ミニカットによる作業時間の短縮を行い，短縮した後の各結合点の最早結合点時刻，最遅結合点時刻，および各作業の全余裕を求め，PERT 図を書き直したら，i) に戻ります．

それでは，この手順にしたがって例題 2.4 のプロジェクト X 計画の時間短縮を行いましょう．

◇ プロジェクト X 計画の CPM による時間短縮

Step 1 作業 H の短縮：初期状態 (図 2.17 の PERT 図，表 2.2 のカット) からスタートします．

i) 表 2.2 クリティカル・パス上のダミー作業 d_2, d_4 を切るカット 2, 4, 7, 10 を除外して，

第 2 章　日程の計画

ii) 残ったカットの 1 日短縮に要する追加費用を見ると，カット 9 が最小値 7 万円でミニカット．作業 H の 3 日短縮により，プロジェクト完了時刻も 3 日短縮．この費用は，$7 \times 3 = 21$ 万円．

表 2.3　PERT 図 2.17 のカット一覧

カット	カットで切断される作業 [標準, 特急, 費用勾配]:全余裕	対象:短縮日数 ;費用勾配
1	A[7,5,8]:3, B[10,6,10]:0	B:3;10
3	C[5,4,5]:7, d_1[0, -, -]:3, B[10,6,10]:0	B:3;10
5	C[5,4,5]:7, E[12,8,8]:0, D[8,6,5]:4	E:4;8
6	F[11,7,10]:7, d_3[0, -, -]:10, d_1[0, -, -]:3, B[10,6,10]:0	B:3;10
8	F[11,7,10]:7, d_3[0, -, -]:10, E[12,8,8]:0, D[8,6,5]:4	E:4;8
9	F[11,7,10]:7, G[5, -, -]:3, H[8,4,7]:0	H:3;7*

iii) 短縮後の PERT 図を図 2.21 のように書き直します．

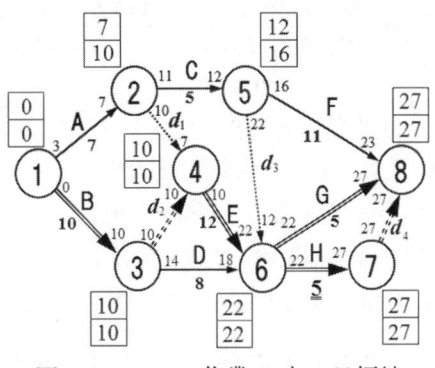

図 2.21　Step1 作業 H を 3 日短縮

Step 2　作業 E の短縮：図 2.21 の PERT 図の状態から，

i) G が全余裕 0 で短縮不可のカット 9 を削除，作業時間と全余裕を修正して表 2.4 を得ます．

ii) 残ったカットで短縮に要する 1 日当り追加費用は，カット 5 と 8 が最小値 8 万円でミニカット．

表 2.4　PERT 図 2.21 のカット一覧

1	A[7,5,8]:3, B[10,6,10]:0	B:3;10
3	C[5,4,5]:<u>4</u>, d_1[0, -, -]:3, B[10,6,10]:0	B:3;10
5	C[5,4,5]:<u>4</u>, E[12,8,8]:0, D[8,6,5]:4	E:4;8*
6	F[11,7,10]:4, d_3[0, -, -]:10, d_1[0, -, -]:3, B[10,6,10]:0	B:3;10
8	F[11,7,10]:<u>4</u>, d_3[0, -, -]:10, E[12,8,8]:0, D[8,6,5]:4	E:4;8*

作業 E の 4 日短縮により，プロジェクト完了時刻も 4 日短縮して，この費用は，$8 \times 4 = 32$ 万円．

iii) 短縮後の PERT を図 2.22 のように書き直します．

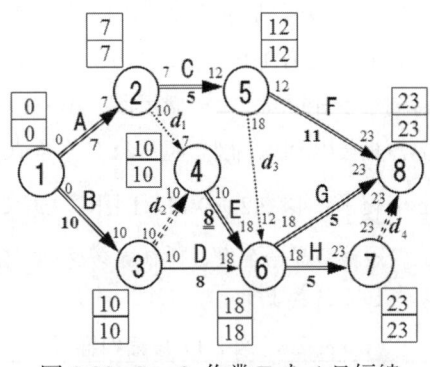

図 2.22　Step2 作業 E を 4 日短縮

Step 3　作業 B, C の短縮：図 2.22 の PERT 図の状態から，

i) 短縮できないカット 5, 8 を削除し，図 2.22 で作業時間・全余裕を修正して，

表 2.5　PERT 図 2.22 のカット一覧

1	A[7,5,8]:<u>0</u>, B[10,6,10]:0	A,B:2;18
3	C[5,4,5]:<u>0</u>, d_1[0, -, -]:3, B[10,6,10]:0	B,C:1;10+5=15*
6	F[11,7,10]:<u>0</u>, d_3[0, -, -]:<u>6</u>, d_1[0, -, -]:3, B[10,6,10]:0	B,F:3;10+10=20

ii) カット 3 が，最小値 15 万円でミニカット．作業 B, C を各 1 日短縮により，プロジェクト完了時刻も 1 日短縮．この費用は，$15 \times 1 = 15$ 万円．

iii) 短縮後の PERT 図を図 2.23 に書き直します．

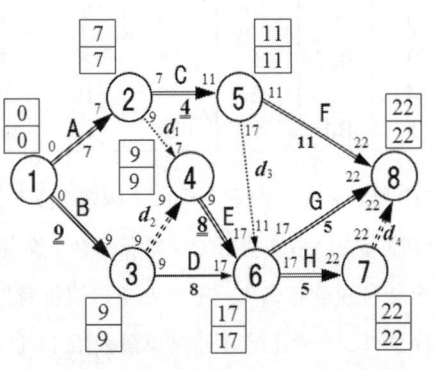

図 2.23　Step3 作業 B,C を 1 日短縮

Step 4 作業 A, B の短縮： 図 2.23 の PERT 図の状態で
i) 短縮できないカット 3 を削除し，図 2.23 で作業時間・全余裕を修正して，

表 2.6 PERT 図 2.23 のカット一覧

1	A[7,5,8]:0, B[9,6,10]:0	A,B:2;8+10=18*
6	F[11,7,10]:0, d_3[0, -, -]:6, d_1[0, -, -]:2, B[9,6,10]:0	B,F:3;10+10=20

ii) カット 1 が，最小値 18 万円でミニカット．作業 A, B を各 2 日短縮により，プロジェクト完了時刻も 2 日短縮．この費用は，$18 \times 2 = 36$ 万円．

iii) 短縮後の PERT 図を図 2.23 に書き直します．

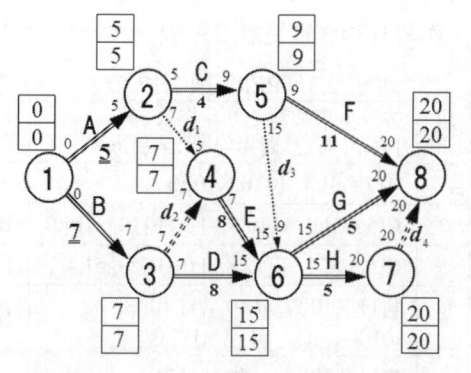

図 2.24 Step4 作業 A,B を 2 日短縮

Step 5 作業 B, F の短縮： 図 2.24 の PERT 図の状態で
i) 短縮できないカット 1 を削除し，図 2.24 で作業時間・全余裕を修正して，

表 2.7 PERT 図 2.24 のカット一覧

6	F[11,7,10]:0, d_3[0, -, -]:6, d_1[0, -, -]:2, B[7,6,10]:0	B,F:1;10+10=20*

ii) カット 6 が，最小値 20 万円でミニカット．作業 B, F を各 1 日短縮により，プロジェクト完了時刻も 1 日短縮．この費用は，$20 \times 1 = 20$ 万円．

iii) 短縮後の PERT 図を図 2.24 に書き直します．

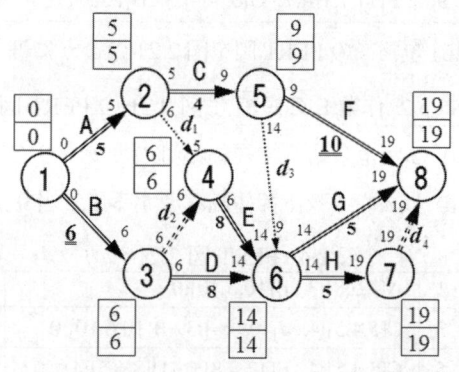

図 2.25 Step5 作業 B, F を 1 日短縮

Step 6 終了： 図 2.25 の PERT 図の状態で短縮可能なカットがなくなり，手順は終了です．

以上の短縮の経過を表と折れ線グラフで見やすく表しておきます．

表 2.8 図 2.17 短縮の経緯

	短縮する			累計	
Step	作業	時間(日)	費用(万円)	時間(日)	費用(万円)
1	H	3	21	3	21
2	E	4	32	7	53
3	B,C	1	15	8	68
4	A,B	2	36	10	104
5	B,F	1	20	11	124

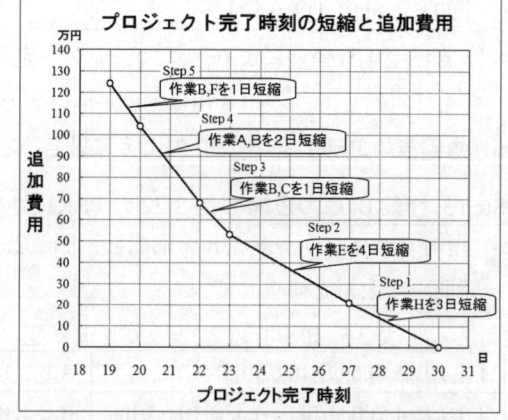

図 2.26 最も効率的な時間短縮の経緯

この図からもわかるように，例題 2.4 の答えは，

(1) 最も安い追加費用でプロジェクト全体の所要時間を 5 日短縮するには，作業 H を 3 日，作業 E を 2 日短縮します．そのときの追加費用は $(7 \times 3 + 8 \times 2 =)37$ 万円になります．

(2) プロジェクト完了時刻は最大限 11 日短縮可能で，そのときの追加費用は 124 万円になります．

※ PERT/CPM の計算は，加算・減算と最大・最小を求めるだけなので，決して難しくはありません．しかし，手計算によると，どうしても計算ミスしやすいものです．**Part C** では，Excel を使ってこの点を改善する方法を考えてみます．

Part C　Excelによる解法

　実際にPERT/CPMの手法を使う場合，先行関係の表からPERT図を描いてから，前節で紹介した手順に沿って計算することになります．計算といっても，中身は加算・減算と最大・最小値を求めて行くだけなので，難しい数学などは一切必要ありませんでした．大規模なPERT図ならば，専用のスケジューリング・プログラムを用いなければなりませんが，例題のような小規模な問題ならば手計算で処理するのが普通でしょう．

　しかし，手計算による処理は一見簡便で良さそうに見えますが，どうしても計算ミスを犯しやすいものです．例題のPERT図2.17を完成させるだけでも，図中に書き込んだ計算値の数は，最早・最遅結合点時刻が16個，作業の最早開始・終了，最遅開始・終了時刻が24個．つまり，加算または減算を40回，最大または最小の計算を40回，都合80回の計算が必要です．また，これらの計算には，矢線の結合関係をみてどのデータを選んで計算すべきかの判断も80回必要でした．CPMの処理も，判断と計算の繰り返しという点では，似ています．このように，1回1回は単純ながら多段階の繰り返し処理で，しかも途中1回のミスも許されません．一般に人間の計算能力は，このような処理には不向きですから，ミスを犯す方がむしろ当たり前かもしれません．一方，科学的な手法を使う以上，計算結果が正確でなければ，まったく意味がないとも言えます．したがって，PERT/CPMの計算は，本質的にコンピュータを利用すべき問題と考えられます．

　PERT/CPMの本格的なプログラムの開発は，他の専門書に譲るとして，この節では，小規模なPERT/CPMの問題であれば，Excel上の表計算によって，効率良くかつ間違いなく処理する方法について考えて見ます．

C.1　PERTのExcel上での処理

　作業の時間と先行作業の関係を表す活動リストが，PERT計算処理の最も基本データになります．したがって，まずは，Excelワークシートに，このデータを入力しなければなりません．ただし，このデータ表が入力されても，それに基づいてPERT図を描くための機能は，Excelには元来備わっていません．VBAプログラムでこの機能を実現することは不可能ではありませんが，難しくなりますのでここではしません．そこで，以下では，図2.13のPERT図は，活動リストを見て，紙の上か，Excelの描画機能を使って描いてあるとして話を進めることにします．

C.1.1　作業の最早開始・終了時刻と最遅開始・終了時刻

　PERT図の計算では，結合点の最早結合点時刻と最遅結合点時刻から求めて行きますので，結合点に関する時刻が最も基本的な情報と思われがちです．しかし，少し考えてみますと，

- 最早結合点時刻=その結合点に到着する作業の**最早終了時刻**の最大値
- 最遅結合点時刻=その結合点から出発する作業の**最遅開始時刻**の最小値

でしたから，実は，作業に関する時刻の方がより基本的な情報で，これが得られれば，結合点に関する情報はすべて計算できます．以下では，Excel のワークシート上に，PERT/CPM のための計算表を設定して，表計算で処理する方法を考えてみます．その前に，この表計算には標準の Excel 関数だけでは扱いにくい処理も含みますので，補足的に次のユーザー関数を用意しておきます．

◇ PERT 計算表で使うユーザー定義関数

(1) KeySearch(Key, Index, SRange)：Index が最初に Key と一致する SRange データを選びます．

```
Public Function KeySearch(Key, Index, SRange)
Dim i, n As Integer
   n = SRange.Count
   i = 1
   Do Until Key = Index.cells(i, 1) Or i = n + 1
      i = i + 1
   Loop
   If i <= n Then KeySearch = SRange.cells(i, 1) _
   Else KeySearch = "-"
End Function
```

解説：Key にセル，Index と SRange に同じサイズの 1 列のデータ範囲を指定します．このとき，KeySearch 関数は，「Index の値が Key と同じ値の最初の SRange のデータ値」を返します．条件を満たすデータが 1 つもない場合は，"-"を返します．

※ この関数 KeySearch は，集計が済んだ表のデータを別の計算表に書き写すために使います．

(2) Saiso(left, DRange)：left 文字列一致条件で DRange 右側データの最大値を求めます．

```
Public Function Saiso(left, DRange) As Double
Dim max As Double
Dim i, n As Integer
   n = DRange.Count ¥ 2
   max = 0
   For i = 1 To n
      If left = DRange.cells(i, 1) And max < DRange.cells(i, 2) _
      Then max = DRange.cells(i, 2)
   Next i
   Saiso = max
End Function
```

解説：left にセル，DRange には右側が数値データの 2 列の範囲を指定します．このとき，「DRange 左側のセルの値が left と一致する」DRange 右側セルの数値データの最大値を返します．条件を満たすデータが 1 つもない場合は，0 を返します．

※ この関数 Saiso は，作業の最早開始時刻，つまり出発結合点の最早結合点時刻の計算に用います．

(3) Saichi(left, Fin, DRange)：left 文字列一致条件で DRange 右側データの最小値を求めます．

```
Public Function Saichi(left, Fin As Double, DRange) As Double
Dim min As Double
Dim i, n As Integer
   n = DRange.Count ¥ 2
   min = Fin
   For i = 1 To n
      If left = DRange.cells(i, 1) And min > DRange.cells(i, 2) _
      Then min = DRange.cells(i, 2)
   Next i
   Saichi = min
End Function
```

解説：left にセル，DRange には右側が数値データの 2 列の範囲を指定します．このとき，「DRange 左側のセルの値が left と一致」する DRange 右側セルの数値データの最小値を返します．条件を満たすデータが 1 つもない場合は，Fin の値を返します．

※ この関数 Saichi は，作業の最遅終了時刻，つまり到着結合点の最遅結合点時刻の計算に用います．

Step 1：作業時刻に関する計算シート

例題 2.1 の活動リストのデータと図 2.13 PERT 図に基づいて，右のように作業の時刻に関する情報を計算するためのワークシートを設計します．

PERT 図の結合関係は，各作業の両端の結合点を示すことで表現しています．上の表では，各作業の配列順は，概ね開始結合点から終了結合点に向かうように見えますが，正確には，次のルールを満たすよう配列してあります．

- 「ある作業を置く行は，その作業の出発結合点に到着するすべての作業を置いた後とする」

下の表の各作業配列順は，概ね終了結合点から開始結合点方向に戻るように見えますが，

- 「ある作業を置く行は，その作業の到着結合点から出発するすべての作業を置いた後とする」

を満たすよう配列してあります．この例では，上と下の表の縦方向の並びは，正確に逆順序になっていますが，必ずそうするということではありません．上記のルールさえ満たせば良く，例えば，上の表で，作業 A と B の順は入れ替えてもかまいませんが，H と d_4 は入れ替えてはいけません．

	A	B	C	D	E	F	G
1		プロジェクトX計画 PERT図の計算					
2		作業の最早開始時刻・最早終了時刻					
3		作業時間		出発	最早開	到着	最早終
4		Name	Time	結合点	始時刻	結合点	了時刻
5		A	7	①		②	
6		B	10	①		③	
7		d_1	0	②		④	
8		d_2	0	③		④	
9		C	5	②		⑤	
10		D	8	③		⑥	
11		d_3	0	⑤		⑥	
12		E	12	④		⑥	
13		F	11	⑤		⑧	
14		G	5	⑥		⑧	
15		H	8	⑥		⑦	
16		d_4	0	⑦		⑧	
17		—	—	⑧		—	—

	A	B	C	D	E	F	G
19		作業の最遅終了時刻・最遅開始時刻					
20		作業時間		到着	最遅終	出発	最遅開
21		Name	Time	結合点	了時刻	結合点	始時刻
22		d_4	0	⑧		⑦	
23		H	8	⑦		⑥	
24		G	5	⑧		⑥	
25		F	11	⑧		⑤	
26		E	12	⑥		④	
27		d_3	0	⑥		⑤	
28		D	8	⑥		③	
29		C	5	⑤		②	
30		d_2	0	④		③	
31		d_1	0	④		②	
32		B	10	③		①	
33		A	7	②		①	
34		—	—	①		—	—

図 2.27 作業に関する時刻の計算表

※ 下の表の作業時間データは，他のデータを入力した後 C22 セルに式 =KeySearch(B22,$B$5:$B$16,$C$5:$C$16) を入力 → C22 を複写元として C23:C33 に数式のみを複写します．これで，配列順の異なる上下表が連動します．

Step 2：作業の最早開始・終了時刻の計算

次の手順で，各作業の最早開始時刻を求めます．

(1) E5 セルに，0 を入力
(2) G5 セルに，式 =E5+C5 を入力
  → G5 セルを複写元として，範囲 G6:G16 に数式のみ複写します．
(3) E6 セルに，式 =Saiso(D6,$F$5:G5) を入力
  → E6 セルを複写元として，範囲 E7:E17 に数式のみ複写します．

※ DRange の左上端セル $F$5 のみが絶対セル参照，他はすべて相対セル参照になっていることに注意して下さい．

	A	B	C	D	E	F	G
1		プロジェクトX計画 PERT図の計算					
2		作業の最早開始時刻・最早終了時刻					
3		作業時間		出発	最早開	到着	最早終
4		Name	Time	結合点	始時刻	結合点	了時刻
5		A	7	①	0	②	7
6		B	10	①	0	③	10
7		d_1	0	②	7	④	7
8		d_2	0	③	10	④	10
9		C	5	②	7	⑤	12
10		D	8	③	10	⑥	18
11		d_3	0	⑤	12	⑥	12
12		E	12	④	10	⑥	22
13		F	11	⑤	12	⑧	23
14		G	5	⑥	22	⑧	27
15		H	8	⑥	22	⑦	30
16		d_4	0	⑦	30	⑧	30
17		—	—	⑧	30	—	—

図 2.28 最早開始時刻の計算

Step 3：作業の最遅開始・終了時刻の計算

次の手順で，各作業の最遅終了時刻を求めます．
(1) E22 セルに，Step2 の計算結果 $E$17 を入力
(2) G22 セルに，式 =E22-C22 を入力して，
　→ G22 セルを複写元として，範囲 G23:G33 に数式のみ複写します．
(3) E23 セルに，式 =Saichi(D23,$F$22:G22) を入力
　→ E23 セルを複写元として，範囲 E24:E34 に数式のみ複写します．

※ ここでも，DRange の左上端セル$F$22 のみが絶対セル参照，他はすべて相対セル参照にします．

	A	B	C	D	E	F	G
19		作業の最遅終了時刻・最遅開始時刻					
20		作業時間		到着結合点	最遅終了時刻	出発結合点	最遅開始時刻
21		Name	Time				
22		d_4	0	⑧	30	⑦	30
23		H	8	⑦	30	⑥	22
24		G	5	⑧	30	⑥	25
25		F	11	⑧	30	⑤	19
26		E	12	⑥	22	④	10
27		d_3	0	⑥	22	⑤	22
28		D	8	⑥	22	③	14
29		C	5	⑤	19	②	14
30		d_2	0	④	10	③	10
31		d_1	0	④	10	②	10
32		B	10	③	10	①	0
33		A	7	②	10	①	3
34		—	—	①	0	—	—

図 2.29　最遅終了時刻の計算

以下では，別の形式の計算表を用意して，PERT の計算を進めます．新しい計算表では，既に集計済みの表 2.2, 2.3 のデータを利用します．このように別の計算表で計算済みのデータを再利用するとき，普通は，データ範囲の値を複写するか，表の間で計算を連動させたければ，データ先頭セルを参照する式 =セル番地 を新しい表に 1 つ書いてから複写する，という方法を採ります．しかし，今回のように，新しい集計表のデータ配列順が異なる場合，この方法は使えません．1 つ 1 つのデータを個別に複写するのでは効率も悪く，転記ミスを犯す危険も出てきます．この辺り，表計算ソフトが，計算の簡便さを追求した結果の盲点と言えるかもしれません．

異なる形式の集計表間でのデータの再利用には，Excel のデータベース関数を利用する方法も考えられますが，条件範囲の設定などが必要で，意外と使い難い面もあります．ここでは，先に用意したユーザー定義関数 KeySearch を利用して，間違いのないデータの再利用を試みます．この方法には，セル参照式の複写と同様，異なる表の間で計算を連動させる働きもあります．

Step 4：最早・最遅結合点時刻の計算

最早・最遅結合点時刻と余裕を求めます．
(1) 図 2.2, 2.3 と同じワークシート上に，右図の表の枠の部分のみ入力します (L5:N12 はまだ空白です)．
(2) K5 セルに，次の式を入力
　=KeySearch(J5, $D$5:$D$17, $E$5:$E$17)
(3) L5 セルに，次の式を入力
　=KeySearch(J5, $D$22:$D$34, $E$22:$E$34)
(4) M5 セルに，=L5-K5 を入力
(5) 範囲 K5:M5 を複写元として，範囲 K6:K12 に数式のみ複写します．

	I	J	K	L	M
2		結合点に関する情報			
3		番号	結合点時刻		結合点余裕
4			最早	最遅	
5		①	0	0	0
6		②	7	10	3
7		③	10	10	0
8		④	10	10	0
9		⑤	12	19	7
10		⑥	22	22	0
11		⑦	30	30	0
12		⑧	30	30	0

図 2.30　結合点時刻と余裕

※ $E$5:$E$17 の最早開始時刻と，$E$22:$E$34 の最遅終了時刻のデータを，KeySearch 関数で書き写しています．

次に，作業の余裕について集計する表を用意します．ここでも，表2.2, 3のデータの再利用を行います．

Step 5 ：作業の余裕の計算

次の手順で，各作業の全余裕，自由余裕と干渉余裕を求めます．

(1) 図2.2, 2.3と同じワークシート上に，右図のように表の枠を作成します．

作業に関する情報

作業時間		最早開始時刻	最早終了時刻	最遅開始時刻	最遅終了時刻	到着結合点の最早結合点時刻		作業の余裕		
Name	Time							全	自由	干渉
A	7					②				
B	10					③				
d_1	0					④				
d_2	0					④				
C	5					⑤				
D	8					⑥				
d_3	0					⑥				
E	12					⑥				
F	11					⑧				
G	5					⑧				
H	8					⑦				
d_4	0					⑧				

図2.31　作用の余裕の計算表

各作業について，作業名と到着結合点の結合点番号のデータは，表2.2から複写しておきます．作業時間のデータは，表2.2の変更に連動するように，セル参照を使ってデータを写します．

- K17セルに，式 =C5 を入力 → K17セルを複写元として，範囲K18:K28に数式のみを複写

(2) M17セルに，式 =KeySearch(J17,$B$5:$B$16,$G$5:$G$16) を入力
　→ L17セルに，式 M17-K17 を入力

(3) N17セルに，式 =KeySearch(J17,$B$22:$B$33,$G$22:$G$33) を入力
　→ O17セルに，式 =N17+K17 を入力

(4) 範囲L17:O17を複写元として，範囲L18:L28に数式のみを複写します．

(5) Q17セルに，式 =KeySearch(P17,$J$5:$J$12,$K$5:$K$12) を入力 → R17セルに，式 =O17-M17 を入力 → S17セルに，式 =Q17-M17 を入力 → T17セルに，式 =R17-S17 を入力

(6) 範囲Q17:T17を複写元として，範囲Q18:Q28に数式のみを複写します．

以上で，作業の時間に関するすべての計算が完了し，次のような計算結果が得られます．

作業に関する情報

作業時間		最早開始時刻	最早終了時刻	最遅開始時刻	最遅終了時刻	到着結合点の最早結合点時刻		作業の余裕		
Name	Time							全	自由	干渉
A	7	0	7	3	10	②	7	3	0	3
B	10	0	10	0	10	③	10	0	0	0
d_1	0	7	7	10	10	④	10	3	3	0
d_2	0	10	10	10	10	④	10	0	0	0
C	5	7	12	14	19	⑤	12	7	0	7
D	8	10	18	14	22	⑥	22	4	4	0
d_3	0	12	12	22	22	⑥	22	10	10	0
E	12	10	22	10	22	⑥	22	0	0	0
F	11	12	23	19	30	⑧	30	7	7	0
G	5	22	27	25	30	⑧	30	3	3	0
H	8	22	30	22	30	⑦	30	0	0	0
d_4	0	30	30	30	30	⑧	30	0	0	0

図2.32　作業の余裕の計算結果

※ 同じワークシート上の4種類の計算表は，図2.2→図2.3→図2.4→図2.6の順で計算結果を連動させましたので，例えば，図2.2で作業時間のデータを変更すれば，図2.6で作業の全余裕が自動的に再計算されます．

C.2 CPM の Excel 上での処理

CPM による時間短縮の処理では，PERT 図の状態を表すデータ，作業の標準時間，特急時間と費用勾配，および，図 2.20 のようなカットに関する情報が必要です．また，時間短縮が進むつど状態が変化し，PERT 図の再計算と有効なカットの見直しも必要になります．これらを表計算によって処理するため，次のような計算表をワークシート上に設定します．なお，表中「切る作業」は，各カットが切断する作業の行とクロスするところに，数字の 1 を立てて表しています．

	A	B	C	D	E	F	G	H	I	J	K	L	M	N	O	P	Q	R	S	T	U	V	W	X
1		プロジェクトX計画 -CPMによる時間短縮-																						
2		Step1：初期状態																						
3		PERT図の状態					カットの状態																	
4		作	作業	特急	費用	全	切る作業						1日短縮する費用						短縮可能時間					
5		業	日数	日数	勾配	余裕	1	3	5	6	8	9	1	3	5	6	8	9	1	3	5	6	8	9
6		A	7	5	8	3	1																	
7		B	10	6	10	0	1	1		1														
8		d_1	0	-	-	3		1		1														
9		C	5	4	5	7		1	1															
10		D	8	6	5	4			1		1													
11		d_3	0	-	-	10				1	1													
12		E	12	8	8	0			1		1													
13		F	11	7	10	7				1	1	1												
14		G	5	5	-	3						1												
15		H	8	4	7	0						1												
16																								

図 2.33 CPM の初期状態計算表

Step 1 ：初期状態 … 最初だけ，上表の空白部に次の式を入力します．

M6 セルに =IF(G6=1,IF($F6=0,$E6,"*"),"") を入力 → これを範囲 M6:R15 に数式の複写

S6 セルに =IF(G6=1,IF($F6=0,$C6-$D6,$F6),"") を入力 → これを範囲 S6:X15 に数式の複写

M16 セルに =IF(SUM(M6:M15)>0,SUM(M6:M15),"") を入力 → 範囲 N16:R16 に数式の複写

S16 セルに =IF(MIN(S6:S15)>0,MIN(S6:S15),"") を入力 → これを範囲 T16:X16 に数式の複写

3	PERT図の状態					カットの状態																	
4	作	作業	特急	費用	全	切る作業						1日短縮する費用						短縮可能時間					
5	業	日数	日数	勾配	余裕	1	3	5	6	8	9	1	3	5	6	8	9	1	3	5	6	8	9
6	A	7	5	8	3	1						*						3					
7	B	10	6	10	0	1	1		1			10	10		10			4	4		4		
8	d_1	0	-	-	3		1		1				*		*				3		3		
9	C	5	4	5	7		1	1					*	*					7	7			
10	D	8	6	5	4			1		1				*		*				4		4	
11	d_3	0	-	-	10				1	1					*	*					10	10	
12	E	12	8	8	0			1		1				8		8				4		4	
13	F	11	7	10	7				1	1	1				*	*	*				7	7	7
14	G	5	5	-	3						1						*						3
15	H	8	4	7	0						1						7						4
16	ミニカットは No.9 →											10	10	8	10	8	7	3	3	4	3	4	3

図 2.34 Step 1 初期状態の CPM 計算表

以下 Step 5 までの各 Step では，次の処理を繰り返します．

1) 直前の Step で，ミニカットと判断された各作業について，計算された時間だけ短縮します．

2) 1) の作業時間を変更 (前節図 2.2 の計算表を修正) して，PERT 図の再計算を行います．

3) 直前 Step の計算表を下の空き領域に複写してから，作業時間，全余裕の変更部分を修正します．

また，短縮の可能性がなくなったカットについては，数字の1をすべて削除しておきます．

Step 2：作業 H を 3 日短縮 … 範囲 B6:X16 を B18 に複写し，網掛け部を修正．

Step 3：作業 E を 4 日短縮 … 範囲 B18:X28 を B30 に複写し，網掛け部を修正．

Step 4：作業 B,C を 1 日短縮 … 範囲 B30:X40 を B42 に複写し，網掛け部を修正．

Step 5：作業 A,B を 2 日短縮 … 範囲 B42:X52 を B54 に複写し，網掛け部を修正．

図 2.35　Step 2-Step 5 の状態変化を表す CPM 計算表

Step 6：作業 B,F を 1 日短縮

Step 5 の計算表が示すとおり，ミニカット No.6 で作業 B, F を 1 日短縮し終えると，短縮可能なカットがなくなります．ここで短縮処理の Step は終了です．

Step 7：短縮経過のまとめ

最後に，これまでの短縮経過について，ワークシート上に下図のような表としてまとめておきます．また，Excelのグラフ機能を使って，短縮の全体像が見やすいグラフを作成します．

グラフの種類は [散布図]，データの系列 [Xの値] は範囲 AH6:AH11 を，[Yの値] は範囲 AF6:AF11 を指定して，その他 [グラフオプション] で，表示を整えて右図を得ます．

図2.36 短縮経過の計算表

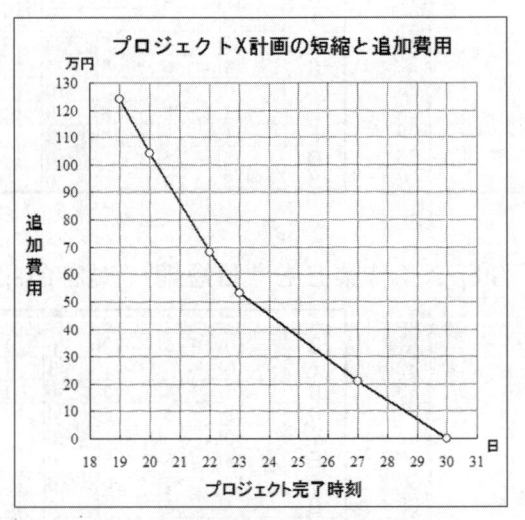

図2.37 短縮経過を表すグラフ

演習問題

問1 PERT/CPM 計算の確認問題

右表のように，6つの作業に関する先行作業，作業時間 (標準・特急)，および各々1日短縮するのに要する費用が与えられています．

このとき，以下の (1)〜(3) に答えなさい．

表2.9 活動リスト

作業	先行作業	標準(日)	特急(日)	短縮費用(万円/日)
A	—	5	3	1
B	A	4	2	2
C	A	8	6	2
D	B	6	4	3
E	B	10	7	2
F	C, D	5	3	3

(1) PERT図を描き，標準の作業時間の場合について，各結合点の最早結合点時刻と最遅結合点時刻を求めなさい．

(2) (1) に基づいて，標準の作業時間の場合の各作業の全余裕を求めなさい．また，PERT図上にクリティカルパスを示しなさい．

(3) CPM により，プロジェクト完了時刻の経済的な短縮方法と費用の関係を明らかにしなさい．

　(3-1) すべての可能なカットを入れ，このうち最も経済的なものを見つけ，短縮しなさい．

　(3-2) 残ったカットのうち，最も経済的なものを見つけ短縮します．短縮できなくなるまで，これを繰り返しなさい．

　(3-3) プロジェクト完了時刻を x 軸，短縮費用を y 軸にとり，両者の関係をグラフで表しなさい．

第3章
資源の配分

　スーパーやコンビニエンスストアでは，売場が整然と区分けされ，数多くの商品が陳列されています．どこに何をどれだけ置くかによって売上げも変化してきますので，そこには売場スペースという限られた資源を各商品へ適切に配分してより多くの利益を上げるための工夫が要求されます．このように，企業などの組織体における活動では，資金や人材，設備といったものを限りある資源と捉え，それを競合する活動へ適切に配分することが重要となります．線形計画モデルは，そのような資源の配分問題を含め，与えられた条件の下で最適な方策を見い出すために用いられるモデルのひとつであり，その解析方法を線形計画法 (Linear Programming; LP) といいます．

　この章では，与えられた問題を線形計画問題として定式化し，分析するための方法について説明します．ただし，解き方の説明は図を使った初等的な方法に限定し，その範囲内で，線形計画モデルによる分析とは何かが理解できるようにしてあります．図による方法では解けない一般の線形計画問題については Excel のソルバーを用いた解法を示してあります．線形計画問題として定式化される重要な例として生産計画問題がありますが，この生産計画問題に関連して MRP (資材所要量計画) についても簡単に触れます．数学については，線形計画問題や MRP を簡明に表すために必要となるベクトルと行列を説明します．この章の構成と読み方は次の通りです．

Part A ここは5つの節から成ります．**A.1** では，与えられた問題を線形計画問題として式に表す方法を説明します．**A.2** と **A.3** は図を用いた線形計画問題の分析方法です．**A.2** では線形計画問題の最適解（最適な方策）を求めるための方法を，**A.3** では問題の前提条件が変化した場合に最適解がどのように変化するのかを調べる方法を示します．**A.2** と **A.3** で示す方法は求めたい量が二つという限定された場合にしか使えませんが，そこから線形計画モデルによる分析とは何かを学び取って下さい．そうすれば，**Part C** の内容をよりよく理解できます．**A.4** では線形計画問題の典型的な例を，**A.5** では MRP について説明します．

Part B ここではベクトルと行列に関する基本事項を説明します．**B.1** はベクトルと行列の定義とその演算についてです．**B.2** は逆行列とその応用についてです．内容はやや高度ですが，行列を理解する上では必須となる事項をまとめてあります．**B.3** では，連立1次不等式とそれが表す領域について説明します．**Part A** は **B.1** と **B.2** の内容が理解できれば読めるようになっています．**B.2** の内容は第7章で用います．

Part C **C.1** では，Excel のアドインツールであるソルバーの使い方を説明します．ソルバーは線形計画問題以外の数理計画問題も対象としたものですが，ここでは線形計画問題に限定して説明します．ソルバーによる計算結果の解釈には **Part A** で説明する言葉や概念を用います．**C.2** では，**Part A** での説明で用いた MRP の計算例をワークシート上で実行します．

Part A 問題の捉え方と定式化

A.1 線形計画問題とその定式化

この節では，与えられた問題を線形計画問題として表す方法について説明します．

A.1.1 精肉店の仕入れ問題から

例題 3.1：精肉店の仕入れ問題

> 商店街にある精肉店を想像してみて下さい．この精肉店では次の土日に販売するための肉を仕入れようとしています．簡単化のために，仕入れ回数は1回，仕入れる肉は黒豚と和牛の二種類とし，それぞれ何 kg 仕入れたらよいかを決めるものとします．まず，何をもって良い仕入れ量とするのか，その評価方法を決める必要があります．ここでは，土日2日間での利益が大きい程より良い仕入れ量であるとし，利益が最も大きくなる仕入れ量を求めることにします．黒豚の仕入れ価格は 1 kg 当たり 1,000 円で，40% の利益を加算した金額を販売価格としています．和牛の仕入れ価格は 1 kg 当たり 2,000 円で，30% の利益を加算した金額を販売価格としています．
>
> 次に肉を仕入れるときの条件を見てみます．この精肉店では肉を現金で仕入れており，これに当てることのできる資金は 140,000 円です．仕入れた肉は売れるまで冷蔵庫に保管しておく必要があります．冷蔵庫の容量は肉の重量換算で 100 kg です．仕入れた肉は土日で全部売り切ることを考えています．過去の統計から，土日2日間で売れる肉の量(需要)は，黒豚が 80 kg，和牛が 50 kg と予測しています．考慮する条件はこの4つとします．

もうお分かりのように，これは，資金と冷蔵庫の容量を資源とし，それらを黒豚と和牛に配分する問題となっています．

A.1.2 定式化

式による表現に入る前に，問題を整理し，問題の持つ形式を明らかにしておきます．精肉店の仕入れ問題で決定したい量は黒豚と和牛の仕入れ量でした．その仕入れ量を決めるために評価方法と条件を設定しました．前者は，利益を最大にするというこの問題の目的を表しており，後者は問題を解くに当たって満足すべき制約を表しています．これは，扱っている問題が，「○○の制約の下，□□を最大化(最小化)する△△を決定する」という形式の問題であることを示しています．○○に「資源と需要」，□□に「利益」，△△に「仕入れ量」を当てはめればよいわけです．このような形式の問題を一般に**最適化問題**といい，最適化問題の定式化はこの形式に沿って行わ

第3章 資源の配分

れます．それでは，例題 3.1 の問題を式に表してみましょう．表 3.1 は定式化に必要な数値をまとめたものです．1 kg 当たりの利益は，1 kg 当たりの販売価格から仕入れ価格を引いた値です．

表 3.1 目的と制約を表す量

	1 kg 当たりの量		供給量または需要
	黒豚	和牛	
利益 (単位：千円)	0.4	0.6	
資金 (単位：千円)	1	2	140
冷蔵庫の容量 (単位：kg)	1	1	100
黒豚の需要 (単位：kg)	–	–	80
和牛の需要 (単位：kg)	–	–	50

式にする手順は以下のようになります．

(a) 決定したい量 (未知な量) に変数を割当てます．ここでは，黒豚の仕入れ量を x_1 (単位：kg)，和牛の仕入れ量を x_2 (単位：kg) とします．x_1, x_2 のように，決定したい量を表す変数を**決定変数**といいます．目的と制約を表す式はこの決定変数を用いて作ります．

(b) 目的を式にします．この問題は利益の最大化が目的ですので，変数 z (単位：千円) で利益を表すものとし，黒豚，和牛の仕入れ量がそれぞれ x_1, x_2 であることより，

$$z = 0.4x_1 + 0.6x_2 \quad \text{(利益)}$$

が得られます．目的を表す式を**目的関数**といいます．

(c) 制約を式にします．黒豚，和牛の仕入れ量はそれぞれ x_1, x_2 ですから，仕入れに使う資金は $(1 \times x_1 + 2 \times x_2)$ 千円です．これが資金の供給量 140 千円以下でないといけませんので，

$$x_1 + 2x_2 \leq 140 \quad \text{(資金に関する制約)}$$

という不等式が得られます．同様な手順で冷蔵庫の容量に関する制約は，

$$x_1 + x_2 \leq 100 \quad \text{(冷蔵庫の容量に関する制約)}$$

となります．さらに，土日 2 日間で全て売切るためには，仕入れ量は需要以下にしないといけませんので，

$$x_1 \leq 80 \quad \text{(黒豚の需要に関する制約)},$$
$$x_2 \leq 50 \quad \text{(和牛の需要に関する制約)}$$

が得られます．以上で 4 つの制約を表す式が得られましたが，最後に忘れてはいけないのは問題に含まれている暗黙の条件です．すなわち，x_1 も x_2 も仕入れる肉の量ですから非負の量でなければいけません．この条件を**非負条件**といいます．

$$x_1 \geq 0, \, x_2 \geq 0 \quad \text{(非負条件)}$$

制約を表す式と非負条件をまとめて**制約条件**といいます．

得られた目的関数と制約条件はまとめて次のように表します．

$$
\begin{aligned}
\text{最大化} \quad & z = 0.4x_1 + 0.6x_2 \\
\text{制約条件} \quad & \begin{cases} x_1 + 2x_2 \leq 140 \\ x_1 + x_2 \leq 100 \\ x_1 \leq 80 \\ x_2 \leq 50 \\ x_1 \geq 0,\ x_2 \geq 0 \end{cases}
\end{aligned} \quad (3.1)
$$

このように問題を数式で表すことを**定式化**といいます．定式化された問題の目的関数と制約条件が全て決定変数の1次式 (1次等式または1次不等式) であるような最適化問題を**線形計画問題**といいます (ここで，「線形」とは「1次式」のことと理解して下さい)．また，目的関数の最大値を求める問題を**最大化問題**，最小値を求める問題を**最小化問題**といいます．

制約条件を満たし，目的関数の値を最大化 (または最小化) する決定変数の値を**最適解**といい，最適解によって与えられる目的関数の値を**最適値**といいます．線形計画法の第一の目的は線形計画問題の最適解を求めることにあります．最適解を求めることを線形計画問題を解くといいます．**A.2** では，最適解の求め方と最適解の性質について図を用いて説明していきます．

◇ **線形計画問題の行列表現**について

式 (3.1) のような線形計画問題はベクトルと行列を用いて簡明に表現することができます．特に，決定変数の数が多い場合や，コンピューターによる計算を前提とした場合は，ベクトルと行列による表現が非常に有効となります (ベクトルと行列については **Part B** を参照して下さい)．そこで式 (3.1) を例にして線形計画問題の行列表現を求めてみます．

n 個の決定変数と m 本の制約式 (非負条件は除く) を持つ線形計画問題を考えます．例では，$n=2, m=4$ です．初めに，決定変数，目的関数の係数，制約式の左辺係数，制約式の右辺定数項をそれぞれベクトルと行列で表します．決定変数はそれを順に並べた n 次元列ベクトル $x = (x_j)$ で表します．例では

$$x = \begin{pmatrix} x_1 \\ x_2 \end{pmatrix}$$

となります．目的関数の係数は，j 番目の成分 c_j が x_j の係数となるようにして構成した n 次元列ベクトル $c = (c_j)$ で表します．例では

$$c = \begin{pmatrix} 0.4 \\ 0.6 \end{pmatrix}$$

となります．制約式の左辺係数は，(i,j) 成分 a_{ij} が i 番目の制約式の左辺における x_j の係数となるようにして構成した $m \times n$ 行列 $A = (a_{ij})$ で表します (i 番目の制約式の左辺に x_j の項がない場合は $a_{ij} = 0$ とします)．制約式の右辺定数項は，i 番目の成分 b_i が i 番目の制約式の右辺定数項と

第3章 資源の配分

なるようにして構成した m 次元列ベクトル $b = (b_i)$ で表します．例における A と b は

$$A = \begin{pmatrix} 1 & 2 \\ 1 & 1 \\ 1 & 0 \\ 0 & 1 \end{pmatrix}, \quad b = \begin{pmatrix} 140 \\ 100 \\ 80 \\ 50 \end{pmatrix}$$

で与えられます．また，全ての要素が 0 である n 次元列ベクトルを 0 としておきます．以上の準備の下，線形計画問題は

$$\begin{aligned} \text{最大化} \quad & z = c^t x \\ \text{制約条件} \quad & \begin{cases} Ax \leq b \\ x \geq 0 \end{cases} \end{aligned} \quad (3.2)$$

と表されます．例では

$$\begin{aligned} \text{最大化} \quad & z = \begin{pmatrix} 0.4 & 0.6 \end{pmatrix} \begin{pmatrix} x_1 \\ x_2 \end{pmatrix} \\ \text{制約条件} \quad & \begin{cases} \begin{pmatrix} 1 & 2 \\ 1 & 1 \\ 1 & 0 \\ 0 & 1 \end{pmatrix} \begin{pmatrix} x_1 \\ x_2 \end{pmatrix} \leq \begin{pmatrix} 140 \\ 100 \\ 80 \\ 50 \end{pmatrix} \\ \begin{pmatrix} x_1 \\ x_2 \end{pmatrix} \geq \begin{pmatrix} 0 \\ 0 \end{pmatrix} \end{cases} \end{aligned}$$

となります．これが式 (3.1) と同じものであることはすぐに分かります．

A.2 図的解法

仕入れ価格に対して，黒豚は 40 %，和牛は 30 %の利益を見込んで販売価格を設定しますので，直感的には黒豚を可能な限りたくさん仕入れた方が利益が多くなりそうです．この考え方に従うと，黒豚を需要量と同じ 80 kg 仕入れ，冷蔵庫の容量を考慮して和牛は 20 kg 仕入れればよいことになります (資金の制約条件も満たします)．しかし，これは利益を最大にする仕入れ量の組ではありません．この節では，線形計画問題を正確に解くための方法について見ていきます．

A.2.1 実行可能領域と最適解の求め方

前節で求めた式 (3.1) の線形計画問題を，「決定変数」→「制約条件」→「目的関数」の順に分析していきます．まず，決定変数の組 (x_1, x_2) は，横軸を x_1，縦軸を x_2 とする平面座標上の点と捉えることができます．例えば，点 $(20, 30)$ は黒豚を 20 kg，和牛を 30 kg 仕入れることに対応します．平面座標上の 1 つの点が 1 つの仕入れ量の組に対応しているのです．次に，非負条件を含む 6 つの制約式：

$$x_1 + 2x_2 \leq 140, \ x_1 + x_2 \leq 100, \ x_1 \leq 80, \ x_2 \leq 50, \ x_1 \geq 0, \ x_2 \geq 0,$$

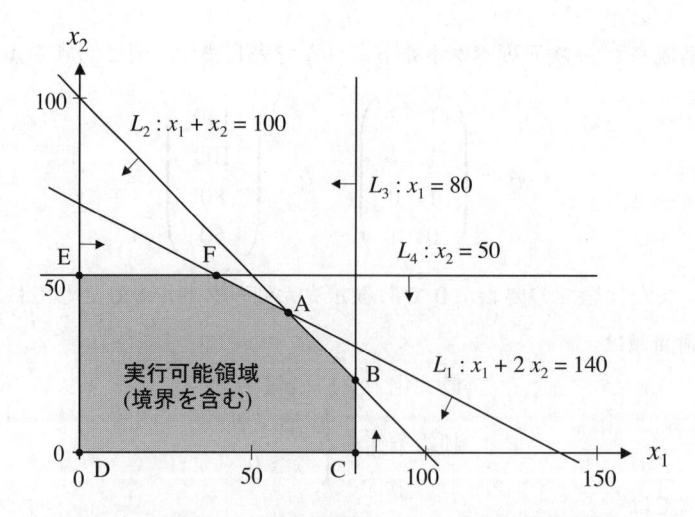

図 3.1 精肉店の仕入れ問題における実行可能領域

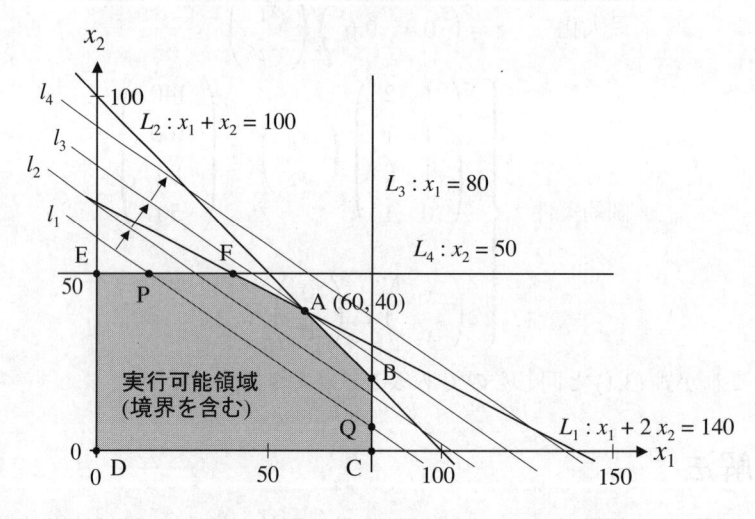

図 3.2 精肉店の仕入れ問題における最適解

ですが，これは図 3.1 のような平面座標上の領域を示しています (連立不等式が表す領域については **Part B** を参照して下さい). 図 3.1 で，$L_1 \sim L_4$ は制約式の不等号を等号で置き換えて得られる式が表す直線です (非負条件は，横軸，縦軸となります). この領域内の点は全部の制約条件を満たしますので，その点に対応する仕入れ量の組で注文を出そうと思えば出せることを表しています. そのため，制約条件によって与えられる領域を**実行可能領域** (図 3.1 の六角形 ABCDEF，境界を含む)，実行可能領域内の点を**実行可能解**といいます. ただし，**実行可能領域は制約条件のみによって決まり，目的関数は考慮されていない**ことに注意して下さい．

次は目的関数について考えてみます．求めるべき最適解は制約条件を満たし，目的関数の値を最大にする決定変数の組でした．これは，**実行可能領域内の点で目的関数の値が最大となる点が最適解**であることを示しています．そこで，目的関数の値 z を定数と見なして，式を次のように変形してみます．

第 3 章　資源の配分

$$x_2 = -\frac{2}{3}x_1 + \frac{5}{3}z \tag{3.3}$$

例えば，$z = 36$ としてこの式の表す直線を平面座標上に書くと図 3.2 の直線 l_1 になります．この直線 l_1 上のどの点においても目的関数の値は $z = 36$ となりますので，直線 l_1 と実行可能領域の交わりである線分 PQ は，目的関数の値を $z = 36$ とする実行可能解の集まりとなります (直線 l_1 は目的関数の値を「高さ」とした等高線を表しています)．それでは，目的関数の値を最大とする実行可能解を求めてみましょう．式 (3.3) が表す直線は，傾きが $-2/3$ で一定ですので，目的関数の値 z を大きくすると y 切片 (縦軸との交点) がより大きくなる方向へ平行移動します (例えば，直線 l_2)．そして，直線 l_3 において実行可能領域とちょうど一点 A で交わるようになります．それ以上 z の値を大きくすると式 (3.3) が表す直線と実行可能領域が交わらない，すなわち，その直線上のどの点も実行可能ではなくなってしまいます (例えば直線 l_4)．よって，点 A が目的関数を最大にする実行可能解であり，最適解を表す点であることが分かります．点 A は，資金と冷蔵庫の容量に関する制約式 (不等式) において不等号を等号に置き換えた式：

$$x_1 + 2x_2 = 140 \quad \text{(資金に関する制約式から)},$$
$$x_1 + x_2 = 100 \quad \text{(冷蔵庫の容量に関する制約式から)}$$

によって与えられる 2 つの直線 L_1, L_2 の交点ですので，この 2 つの式を連立 1 次方程式として解くことによって点 A の座標は，

$$x_1^* = 60,\ x_2^* = 40$$

であることが分かります．これが今考えている線形計画問題の最適解となります (最適解であることを表すために，x_1 と x_2 に上付記号 * を付けました．以下，同様な意味でこの表記法を用います)．最適値は，目的関数の式に最適解を代入して

$$z^* = 0.4x_1^* + 0.6x_2^* = 48$$

となります．これで，線形計画問題が解けたことになり，精肉店の仕入れ問題に対する答えは，「黒豚を 60 kg，和牛を 40 kg 仕入れる」ということになります．その時，期待される利益は 48,000 円になります．

A.2.2 最小化問題の場合

図的解法をよりよく理解するために次の最小化線形計画問題の最適解を求めてみます．

$$\begin{aligned}
\text{最小化} \quad & w = 3x_1 + 2x_2 \\
\text{制約条件} \quad & \begin{cases} x_1 + x_2 \geq 50 \\ x_1 + 3x_2 \geq 75 \\ 2x_1 + x_2 \geq 60 \\ x_1 \geq 0,\ x_2 \geq 0 \end{cases}
\end{aligned} \tag{3.4}$$

図 3.3 は式 (3.4) で与えられる線形計画問題の実行可能領域を図示したものです．この問題のように，実行可能領域が x_1, x_2 の正の方向へ無限に広がっていることもあります．

図中の直線 l_1 は，$w = 200$ としたときに目的関数が表す直線です．最小化問題ですので目的関数の値 w がより小さくなる方向，すなわち，y 切片 (縦軸との交点) の値がより小さくなる方向へ目的関数の表す直線を平行移動させると，図中の直線 l^* において実行可能領域とちょうど一点で交わるようになります．

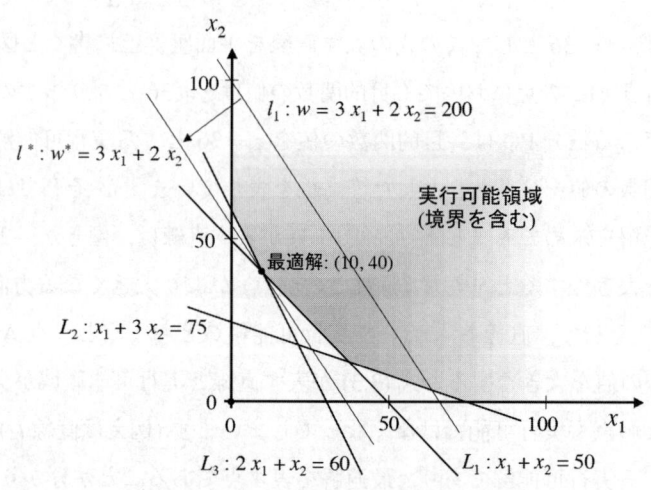

図 3.3 最小化線形計画問題の最適解

よって，このときの交点が最適解を表す点であり，次の連立方程式

$$x_1 + x_2 = 50$$
$$2x_2 + x_2 = 60$$

を解くことにより，$x_1^* = 10, x_2^* = 40$ が求まります．これより，最適値は，$w^* = 3x_1^* + 2x_2^* = 110$ であることが分かります．

A.2.3 線形計画問題を解くに当たって

A.2.1 で説明した図的解法は平面座標を用いた方法のため，決定変数が 2 つの線形計画問題にしか適用できません．3 つ以上の決定変数を含む線形計画問題に対しては**単体法 (シンプレックス法**) などの別の解法が必要となります．ここでは，図的解法を参考にしながら，一般の線形計画問題についても成り立つ性質を，実行可能領域と結び付けながら見ていきます．また，単体法がどのようなものであるかについても簡単に触れます．

(1) 実行可能領域はどのような形をしているのか？

決定変数が 2 つの場合，実行可能領域は複数の直線に囲まれた領域となり，例えば，図 3.1 のように，その形は一般に凸多角形となります (ただし，図 3.3 のようにある方向に開いた図形となることもあります．そのような場合でも最適解を持つならば以下で述べることが成り立ちます)．ここで，凸とは「へこみがない図形」を指します．図的解法の説明では，目的関数の表す直線が実行可能領域とちょうど一点で交わる場合の交点として最適解を得ました．凸多角形と直線がちょうど一点で交わるのは交点が凸多角形の頂点の場合しかありません．これより，**実行可能領域を表す凸多角形の頂点の中で目的関数の値が最大 (あるいは最小) となる点を求めればそれが最適解**となることが分かります．実行可能領域を表す凸多角形の頂点を**実行可能端点**といいます．実行

第 3 章　資源の配分

可能端点は制約式の不等号を等号に置き換えて得られる直線の交点ですから，連立 1 次方程式を解いて求めることができます．

　決定変数が 3 つ以上の場合にも同様のことが成り立ちます．3 つの場合は，凸多角形の代わりに，3 次元空間座標内の凸多面体を考えます．4 つ以上の場合を視覚的に捉えることは困難ですが，凸多面体を 4 次元以上の空間に拡張した図形を考え，その図形を凸超多面体と呼ぶことにします．一般に，線形計画問題の実行可能領域は凸超多面体となり，その凸超多面体の頂点 (実行可能端点) のどれかが最適解となります．**単体法**とは，凸超多面体のひとつの頂点から出発し，隣接する頂点へ移動しながら最適解を見つける方法です．凸超多面体の頂点も連立 1 次方程式の解として与えられますので，単体法では連立 1 次方程式を解くのと同等な計算を繰り返すことで最適解が得られるようになっています．ところで，単体法は凸超多面体の頂点を順に調べていきますので，凸超多面体の表面に沿って移動しながら最適解を見つける方法といえます．これに対し，近年注目されている**内点法**は凸超多面体の内部を通って最適解に達する方法です．問題の規模が非常に大きい場合は，単体法より内点法の方がより効率的に最適解が得られるといわれています．

(2) 最適解は必ず存在するのか？

　線形計画問題は次の 2 つの場合に最適解を持ちません．1 つ目は実行可能解が 1 つもない，すなわち，実行可能領域が空集合の場合です．このような線形計画問題を**実行不能な問題**といいます．図 3.4 の (a) は実行不能な問題の例となっています．2 つ目は，目的関数の値をいくらでも大きくできる (最小化問題の場合は小さくできる) 場合です (このとき，実行可能領域は必ず無限に広がった領域となっています)．このような線形計画問題を**非有界な問題**といいます．図 3.4 の (b) は非有界な問題の例となっています．制約条件をよく吟味しないで設定するとこのような解けない問題を作ってしまうこともあり得ます．

(a) 実行不能な問題の例

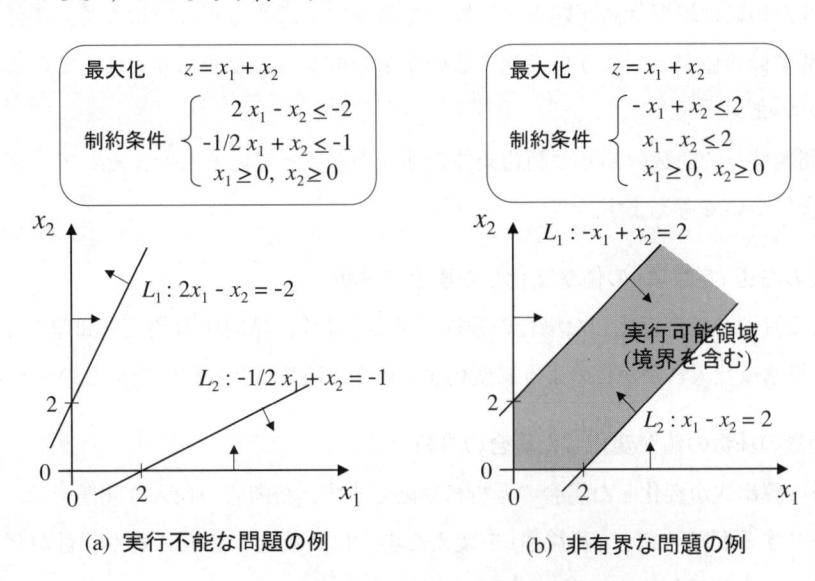

最大化　$z = x_1 + x_2$
制約条件 $\begin{cases} 2x_1 - x_2 \leq -2 \\ -1/2\, x_1 + x_2 \leq -1 \\ x_1 \geq 0,\ x_2 \geq 0 \end{cases}$

$L_1: 2x_1 - x_2 = -2$
$L_2: -1/2\, x_1 + x_2 = -1$

(b) 非有界な問題の例

最大化　$z = x_1 + x_2$
制約条件 $\begin{cases} -x_1 + x_2 \leq 2 \\ x_1 - x_2 \leq 2 \\ x_1 \geq 0,\ x_2 \geq 0 \end{cases}$

$L_1: -x_1 + x_2 = 2$
$L_2: x_1 - x_2 = 2$
実行可能領域 (境界を含む)

図 3.4　最適解を持たない線形計画問題

(3) 最適解はひとつしかないのか？

目的関数の表す直線が実行可能領域を表す凸多角形の一辺上に乗ってしまった場合を考えてみて下さい．このとき，その辺上の点は全て最適解となります．例えば，精肉店の仕入れ問題で，和牛の利益を 1 kg 当たり 800 円とした場合 (仕入れ価格に 40 ％上乗せした値を販売価格とした場合)，図 3.2 の実行可能端点 (頂点) A と F を結ぶ線分上の全部の点が最適解となります．ただし，最適解が複数存在しても最適値は常に 1 つだけですので，その意味ではどの最適解を採用しても構いません．

(4) 制約条件が増えると最適解はどうなるのか？

新たに制約式を追加すると，それによって実行可能領域が狭くなる可能性があります．もし，実行可能領域でなくなった部分にそれまでの最適解があれば，別の実行可能解が新たな最適解となります．このとき，一般に，最適値は元よりも小さく (最小化問題の場合は大きく) なります．この性質も一般の最適化問題に当てはまります．

A.3 感度分析

A.3.1 感度分析とは何か

精肉店の仕入れ問題では，利益率や資金，冷蔵庫の容量，需要予測に関する条件が与えられた下で利益を最大とする仕入れ量を求めました．しかし，こられの条件は経営環境によって変化するものですし，より多くの利益を得るために積極的に変えていくべきものでもあります．仕入れ値が上がれば利益率を下げて販売価格を維持する必要も出てくるでしょうし，もし，利益増が十分見込めるのであれば追加資金を銀行から借り入れるという手段も考えられます．そのような意思決定を行うためには線形計画問題を単に解いて最適解を求めるだけではなく，条件が変化した場合に最適解や最適値がどのように変化するのかを分析する必要があります．このような分析を**感度分析**といいます．

線形計画問題は目的関数の部分と制約条件の部分から成っていました．そこで，感度分析も次の 2 つの場合について考えます．

- 制約式の右辺 (定数項) の値が変化した場合の分析

    使える資源の量が変化した場合の分析に対応します．精肉店の仕入れ問題では，資金を増やすと最適な仕入れ量がどのように変化するのか，利益はどの程度増えるのかを分析します．

- 目的関数の係数の値が変化した場合の分析

    利益の算出式が変化した場合の分析に対応します．精肉店の仕入れ問題では，仕入れ価格に上乗せする利益の割合 (利益率) を変えた場合に，最適な仕入れ量や利益がどのように変化するのかを分析します．

第3章 資源の配分

感度分析は一般の線形計画問題を対象とした分析ですが，以下では説明の都合上，目的関数は「利益」を表し，制約条件には「資源の制約」が含まれている場合を想定します．

A.3.2 図を用いた感度分析：制約式の右辺が変化した場合

(1) 活性な制約式と不活性な制約式

精肉店の仕入れ問題では，資金と冷蔵庫の容量に関する制約式 (不等式) の両方を等号で満たす点として最適解が与えられました．このように，最適解を決めるのに寄与している制約式を**活性な制約式**といいます．それに対し，黒豚と和牛の需要に関する制約式のように，最適解を決めるのに寄与していない制約式を**不活性な制約式**といいます．

(2) 稀少資源と過剰資源

資源に関する制約式は左辺が資源の使用量，右辺定数項が資源の供給量を表していますので，その制約式が等号で満たされている (すなわち，活性な制約式である) ということは資源をちょうど使い切っていることを表します．そのような資源のことを**稀少資源**といいます．例えば，資金に関する制約式

$$x_1 + 2x_2 \leq 140$$

の左辺に最適解 $x_1^* = 60, x_2^* = 40$ を代入すると $60 + 2 \times 40 = 140$ となっているのが分かります．これに対し，不活性な制約式に対応する資源では余りが生じていることになります．そのような資源のことを**過剰資源**といいます．

(3) 稀少資源に関する感度分析

資源の供給量を1単位増やしたときの利益の増加量を**潜在価格**といいます．ここでは，精肉店の仕入れ問題について資金の供給量を増やした場合の，「利益を増加させることができる資金供給量の範囲」と「潜在価格」を求めてみます．そのために，資金に関する制約式の不等号を等号に置き換え，さらに，右辺定数項をパラメータ b で置き換えた式

$$x_1 + 2x_2 = b \tag{3.5}$$

を考え，この1次式が表す直線を L_1 とします (図 3.5 を参照)．また，冷蔵庫の容量に関する制約式で不等号を等号に置き換えた式が表す直線を L_2 とします．最初に与えられた条件は $b = 140$ ですが ((a) の直線)，b の値を 140 から増加させていくと直線 L_1 は y 切片 (縦軸との交点) が増加する方向へ平行移動していきます．目的関数は元のままですので，直線 L_1 が平行移動しても，引き続き L_1 と L_2 の交点が最適解となります．よって，b を増加させると最適解は点 H の方へ移動していきます．このとき，実行可能領域が広がり，最適値も増加していることに注意して下さい．そこで，L_1 と L_2 の交点が点 H と重なるところまで b を増加させます ((b) の直線)．しかし，さらに b の値を増加させても，他の制約条件 (冷蔵庫の容量と和牛の需要に関する制約条件) があるために実行可能領域はそれ以上広がらず，最適解も点 H のままです (例えば，(c) の直線がそれに

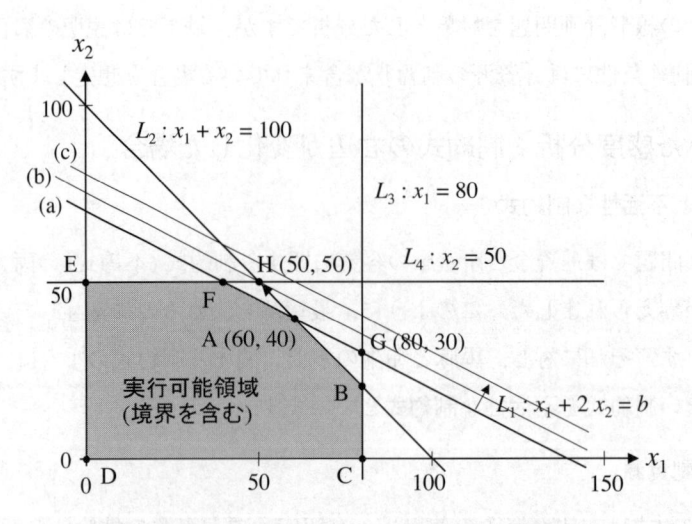

図 3.5 資金の供給量を増やした場合の感度分析

あたります．このとき，資金に関する制約式は不活性となり，代って和牛に関する制約式が活性となります）．よって，利益を増加させることができる b の範囲は点 H が直線 L_1 上の点となるところ ((b) の直線) までであることが分かります．点 H の座標は $(x_1, x_2) = (50, 50)$ ですので，これを式 (3.5) に代入して，

$$b = 50 + 2 \times 50 = 150$$

となります．これより，「他の条件が同じであった場合，利益の増加が見込める資金供給量の範囲は 150,000 円まで (現在よりプラス 10,000 円まで) である」ことが分かります．最適解が点 H で与えられた場合の最適値は，

$$z^* = 0.4 \times 50 + 0.6 \times 50 = 50$$

となります．これより，元の資金供給量が 140 (千円) でそのときの最適値が 48 (千円) であることを考慮して，

$$資金の潜在価格 = \frac{利益の変化量}{資金供給の変化量} = \frac{50 - 48}{150 - 140} = 0.2$$

となります．潜在価格が 0.2 ということは「増資 1,000 円当たり 200 円の利益増が望める」ことを示しています．資金を増やすかどうかの最終的な意思決定は他の要因も考慮して決める必要がありますが，感度分析の結果がそのための 1 つの判断材料を提供していることがこの例からも分かります．

冷蔵庫の容量を増やした場合についても，「利益を増加させることができる容量の範囲」と「潜在価格」を同様な方法で求めることができます．ここでは結果のみを示します．冷蔵庫の容量を増やすと最適解は図 3.5 の点 G まで移動し，そのときの冷蔵庫の容量は 110 kg，利益は 50 千円となります．また，潜在価格は

第 3 章　資源の配分

$$\text{冷蔵庫容量の潜在価格} = \frac{\text{利益の変化量}}{\text{冷蔵庫容量の変化量}} = \frac{50-48}{110-100} = 0.2$$

で与えられます．よって，「他の条件が同じであった場合，利益の増加が見込める冷蔵庫の容量の範囲は 110 kg まで (現在よりプラス 10 kg まで) であり，潜在価格は容量 1 kg 当たり 200 円となる」ことが分かります．冷蔵庫の容量を 10 kg だけ増やすのは難しいでしょうが，買い換え時の判断材料にこの感度分析の結果を利用するのは可能でしょう．

(4) 過剰資源に関する感度分析

過剰資源は不活性な制約式によって表される資源ですので，供給量をいくら増加しても，また，ある範囲内で減少させても利益 (最適値) は変化しません．削減しても利益が変化しない範囲は，

$$\text{過剰資源の削減可能な量} = (\text{供給量}) - (\text{使用量}) = (\text{制約式の右辺}) - (\text{制約式の左辺})$$

によって簡単に求めることができます．例えば，黒豚の需要 (資源を需要に置き換えて考えて下さい) に関しては，

$$\text{黒豚の需要残量} = 80 - x_1^* = 80 - 60 = 20$$

となり，需要の方が供給を 20 kg 上回っていることが分かります．資源の削減可能な量が分かれば，それを他の経営活動に転用することができます．

A.3.3 図を用いた感度分析：目的関数の係数が変化した場合

この場合，制約条件は元のままですので実行可能領域も元のままです．よって，**A.2.3** で述べたように，最適解は実行可能領域を表す凸多角形の端点 (頂点) のどれかになります．また，図的解法から明らかなように，どの端点が最適解になるかは目的関数が表す直線の傾きによって決まります．目的関数の係数を変化させるということは，それが表す直線の傾きを変化させることに対応しますので，最適解になる端点が変化する可能性があります．このことを精肉店の仕入れ問題について見てみます．

まず，黒豚 1 kg 当たりの利益を c_1 (単位：千円)，和牛 1 kg 当たりの利益を c_2 (単位：千円) とします．このとき，目的関数は $z = c_1 x_1 + c_2 x_2$ となりますが，これを

$$x_2 = -\frac{c_1}{c_2} x_1 + \frac{z}{c_2}$$

と変形します．この式から，黒豚 1 kg 当たりの利益 c_1 を増加させると目的関数が表す直線の傾きはより急になり，逆に和牛 1 kg 当たりの利益 c_2 を増加させると傾きはより緩やかになるのが分かります．図 3.6 の直線 l_1 は $c_1 = 0.4, c_2 = 0.6$ (元の数値) のときの目的関数を表す直線 (最適解の所在を示す直線) です．ここで，$c_2 = 0.6$ と固定し，c_1 の値を増やしてみます．初めのうちは，点 A が引き続き最適解となりますが (例えば直線 l_2)，さらに c_1 の値を増やすと，目的関数を表す直線は直線 L_2 (冷蔵庫の容量に関する制約式から得られる直線) と一致するようになります (直線

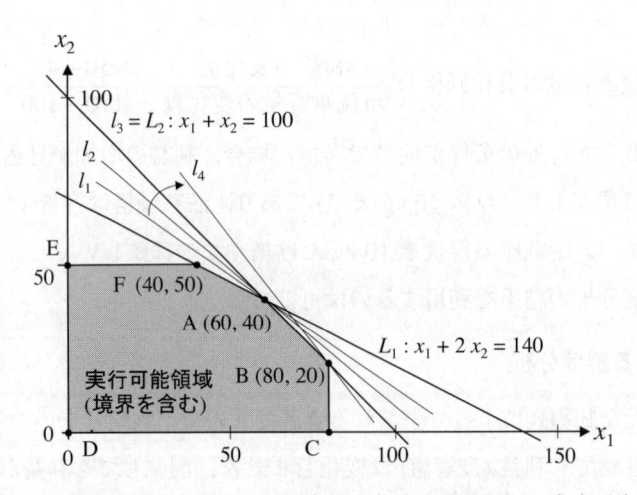

図 3.6 黒豚 1 kg 当たりの利益を変化させた場合の感度分析

l_3). このとき，点 A と B を結ぶ線分上の全ての点が最適解となり，また，直線 L_2 の傾きが -1 であることから，

$$-\frac{c_1}{c_2} = -1, c_2 = 0.6 \quad \text{より}, \quad c_1 = 0.6$$

が得られます．さらに c_1 の値を増やすと今度は点 B が最適解となります (例えば，直線 l_4)．よって，「$c_2 = 0.6$ と固定した場合，c_1 の値が 0.6 までは点 A が最適解であり，それを超えると点 B が最適解になる」ことが分かります．逆に，c_1 の値を減少させると，最適解は点 A から F へと変化していきます．c_1 を固定し，c_2 の値を変化させた場合の分析も同様にして行うことができます．結果を表 3.2 にまとめます．

この分析結果は，仕入れの注文を出してしまった後で競合店に関する情報から販売価格を急に変更するといった場合などに利用できます．例えば，当初は黒豚の利益を仕入れ価格の 40 % (1kg 当たり利益は 400 円) としていましたが，これを 30 % (1kg 当たり利益は 300 円) まで下げても注文を変更しなくてよいことが表から分かります．

表 3.2 目的関数の係数に関する感度分析の結果

黒豚 1 kg 当たりの利益を変化させた場合					
1 kg 当たり利益 (単位：千円)	〜	0.3	〜	0.6	〜
最適解 (x_1^*, x_2^*) (単位：kg)	F(40,50)	FA 上	A(60,40)	AB 上	B(80,20)

和牛 1 kg 当たりの利益を変化させた場合					
1 kg 当たり利益 (単位：千円)	〜	0.4	〜	0.8	〜
最適解 (x_1^*, x_2^*) (単位：kg)	B(80,20)	BA 上	A(60,40)	AF 上	F(40,50)

A.4 いろいろな線形計画問題

線形計画問題が最初に考えられたのは第二次世界大戦中における要員配置計画だとされています．しかし，そのころは大規模な線形計画問題を効率良く解くための方法がまだなく，本格的に使われるようになったのは 1947 年に G. B. Dantzig によって単体法 (シンプレックス法) が提案されてからのことです．その後，コンピューターが発達したことも手伝って，石油精製計画，食品配送，電力投資計画，通信網ルート設計などに応用されてきました．近年ではサプライチェーンマネージメント (SCM) などへも応用されています．また，近年における線形計画法の発展で忘れてはならないのは 1984 年に N. Karmarkar によって提案された内点法のひとつカーマーカー法 (射影変換法) です．この方法はその後における内点法研究の出発点となりました．

以下，この節では線形計画問題として定式化される典型的な問題の例を示します．幾つかの問題については，その定式化を演習問題へ譲ることにします．これまでは触れませんでしたが，決定変数が取る値を整数に限定した線形計画問題をその他の線形計画問題と区別して**整数計画問題**といいます．整数計画問題を正確に解くためには今までに述べてきた以外の方法を使う必要がありますが，問題によっては整数条件を除いた線形計画問題として解き，その後で解を整数化することで近似的に問題を解くことも可能です．

(1) 生産計画問題

製品 A と製品 B を 4 台の機械を用いて生産することを考えます．製品 A は部品 X と Y，製品 B は部品 Z と W から作られますが，部品の加工には共通の機械を用い，それぞれの機械では図 3.7 に示した加工時間がかかります．月当りの機械の総稼動時間は 9600 分，各製品の一個当たりの利益と月当たりの需要は図に示した通りです．このような設定の下，利益を最大とする生産計画 (製品 A と B の生産個数) を求める問題は線形計画問題として定式化されます．このように生産量を求めるための問題を一般に**生産計画問題**といいます．

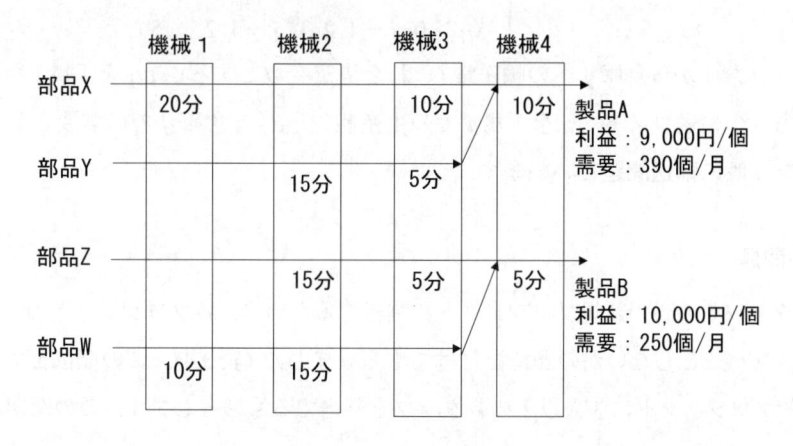

図 3.7 生産計画問題の例

(2) 混合問題

市場で売られている 4 種類の肥料 A, B, C, D を混合して窒素，リン酸，カリがそれぞれ 9 % 以上，13 % 以上，7 % 以上含まれている肥料を 100 kg 作ることを考えます．肥料中の成分含有率 (重量%) と 1 kg 当たりの価格は表 3.3 に示した通りです．このような設定の下，材料費が最も少なくなる混合方法を求める問題は線形計画問題として定式化されます．このような問題を一般に**混合問題**といいます．

表 3.3　各肥料中の成分含有率 (重量%) と 1 kg 当りの価格

肥料の種類	窒素 (%)	リン酸 (%)	カリ (%)	価格 (円/kg)
A	3	9	6	50
B	18	20	18	150
C	13	7	5	70
D	0	0	0	10

(3) 輸送問題

ある企業では 3 箇所の工場で製造した製品を一旦各地域にある 5 箇所の倉庫へ輸送し，その倉庫から小売店へと配送しています (図 3.8 を参照)．各工場では月当たりに生産可能な製品の量が決まっており，各倉庫にはその倉庫が受け持つ地域の月当たり需要を満たす量の製品を運び込む必要があります．工場から倉庫へ製品を運ぶためには輸送量に比例する輸送コストがかかるとします．このような設定の下，総コストを最小にする輸送計画 (各工場から各倉庫への輸送量) を求める問題は線形計画問題として次のように定式化されます．

$$
\begin{aligned}
&\text{最小化} \quad z = \sum_{i=1}^{3} \sum_{j=1}^{5} c_{ij} x_{ij} \\
&\text{制約条件} \quad \begin{cases} \sum_{j=1}^{5} x_{ij} \leq s_i, \ i = 1, 2, 3 \\ \sum_{i=1}^{3} x_{ij} = d_j, \ j = 1, 2, ..., 5 \\ x_{ij} \geq 0, \ i = 1, 2, 3, \ j = 1, 2, ..., 5 \end{cases}
\end{aligned}
\tag{3.6}
$$

ここで，x_{ij} を工場 i から倉庫 j への輸送量 (これを決定変数とする)，c_{ij} を工場 i から倉庫 j への単位輸送量当りの輸送コスト，s_i を工場 i での生産能力，d_j を倉庫 j での需要としました．このような問題を一般に**輸送問題**といいます．

(4) 割当ての問題

10 人のスタッフを 3 つの新規プロジェクトに割当てるために，各プロジェクトのリーダーにどのスタッフをメンバーとしたいかの順位を付けてもらいました (表 3.4)．この順位をできる限り尊重しながら，各プロジェクトに 3 人以上のスタッフを割当てるものとします．この問題は，$i = 1, 2, 3$, $j = 1, 2, ..., 10$, に対して

$$
x_{ij} = \begin{cases} 1, & \text{プロジェクト } i \text{ へスタッフ } j \text{ を割当てた場合} \\ 0, & \text{プロジェクト } i \text{ へスタッフ } j \text{ を割当てない場合} \end{cases}
$$

第3章 資源の配分

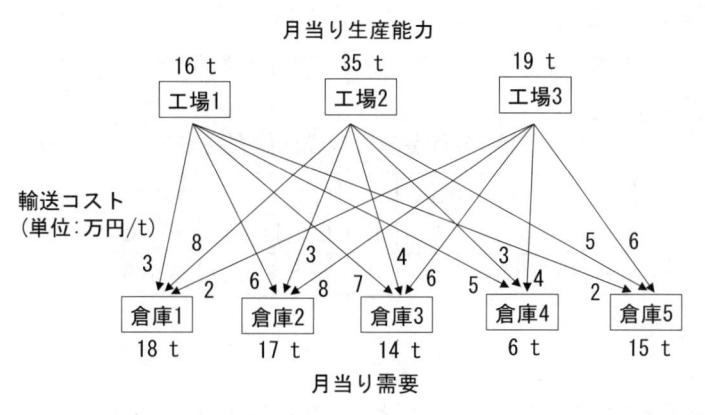

月当り生産能力

図3.8 輸送問題の例

という，0または1を値に取る決定変数を考え，割当てられたスタッフの順位の合計 (少ないほどよい) を目的関数とすることで次のように線形計画問題として定式化されます (目的関数の作り方は他にも様々なものが考えられます).

$$
\begin{aligned}
&\text{最小化} \quad z = \sum_{i=1}^{3}\sum_{j=1}^{9} c_{ij}x_{ij} \\
&\text{制約条件} \begin{cases} \sum_{i=1}^{3} x_{ij} = 1, \ j=1,2,...,10 \\ \sum_{j=1}^{9} x_{ij} \geq 3, \ i=1,2,3 \\ 0 \leq x_{ij} \leq 1, \ i=1,2,3, \ j=1,2,...,10 \\ x_{ij} \text{ は整数}, \ i=1,2,3, \ j=1,2,...,10 \end{cases}
\end{aligned}
\tag{3.7}
$$

ここで，スタッフ j のプロジェクト i における順位を c_{ij} としました．この線形計画問題は，決定変数が0または1の値を取るので0-1整数計画問題に分類されます．

表3.4 リーダーが付けたスタッフの順位

スタッフの番号	1	2	3	4	5	6	7	8	9	10
プロジェクト1での順位	5	3	2	10	6	8	9	1	4	7
プロジェクト2での順位	5	1	3	8	9	6	7	2	4	10
プロジェクト3での順位	3	1	2	5	6	9	10	4	8	7

(5) 投資の問題

ある企業では，資金10億円を各種金融資産に分散投資しようとしています．そのために，リスクやその他の条件を考慮し，次の事を決めました．

- 金融資産を，国債，社債，株式に分類し，それぞれへの投資額を全体の45％以下とする．
- 国債はA国の国債のみを対象とする．
- 社債は，B社，C社，D社の3つを対象とし，それぞれへの投資額を社債全体での投資額の40％以下とする．
- 株式は，E社，F社，G社の3つを対象とし，それぞれへの投資額を株式全体での投資額の50％以下とする．

また，各種金融資産の1年間での期待利益率を表3.5のように見積もりました．このような設定の下，1年後の期待総利益を最大にするポートフォリオ(投資計画)を求める問題は線形計画問題として定式化されます．

表 3.5 各種金融資産の期待利益率

	国債	社債			株式		
	A	B	C	D	E	F	G
利益率 (%)	1	4	6	5	7	6	9

A.5 MRP

A.4 では線形計画問題の代表的なひとつの例として生産計画問題を示しました．これは，材料や生産能力などに関する資源制約の下，利益を最大とする製品生産量を求めるものでした．これに関連し，与えられた生産計画に従って製品を製造するためには，いつまでにどの程度の量の資材(部品や材料)を用意すればよいのかを求めたい場合があります(例えば，いつでも調達可能なので制約条件には入れなかった部品の調達がそれに当たります)．**MRP (Material Requirements Planning; 資材所要量計画)** とは，需要予測や受注などから作成された MPS (Master Production Schedule; 基準生産計画) と呼ばれる計画期間内の製品生産計画を元に，製品を構成する部品の総所要量を期間毎に求め，部品の在庫保有量，発注残，調達のリードタイムを考慮して資材調達日程を決定する方法を指します．以下では，このうちの基準生産計画から総所要量を求めるところまでを簡単な例を用いて説明します．

表 3.6 はある工場における製品 A, B, C の基準生産計画です．ここでは週を単位期間とし，期間毎での計画数量を示してあります．例えば，この表において製品 A は第1週に150個生産する計画となっています．

表 3.6 基準生産計画

製品名	計画数量 (単位：個)				
	第1週	第2週	第3週	第4週	第5週
A	150	120	120	100	100
B	80	80	70	70	90
C	50	60	60	80	80

表 3.7 は製品 A, B, C を構成する部品と各製品1個当たりの部品使用数を表した部品構成の表です．この表より，例えば製品 A を1個製造するのに部品 x を2個使用することが分かります．

表 3.7 部品構成表

部品名	使用部品数 (単位：個)		
	製品 A	製品 B	製品 C
x	2	3	4
y	3	2	2
z	1	1	0
w	0	1	1

第3章 資源の配分

この2つの表をもとに各部品の総所要量を期間毎に求めてみます．部品 x の第1週における総所要量は，製品 A, B, C の製造に使用する部品 x の数量に製品 A, B, C の製造数を掛けたものの和ですので，

$$2 \times 150 + 3 \times 80 + 4 \times 50 = 740 個$$

となります．このような計算は，基準生産計画を行列 P，部品構成表を行列 U で表し，その積 $M = UP$ を求めることで次のように実行できます (行列の積の順番に注意して下さい．行列については **Part B** を参照して下さい)．

$$P = \begin{pmatrix} 150 & 120 & 120 & 100 & 100 \\ 80 & 80 & 70 & 70 & 90 \\ 50 & 60 & 60 & 80 & 80 \end{pmatrix}, U = \begin{pmatrix} 2 & 3 & 4 \\ 3 & 2 & 2 \\ 1 & 1 & 0 \\ 0 & 1 & 1 \end{pmatrix}$$

$$M = UP = \begin{pmatrix} 740 & 720 & 690 & 730 & 790 \\ 710 & 640 & 620 & 600 & 640 \\ 230 & 200 & 190 & 170 & 190 \\ 130 & 140 & 130 & 150 & 170 \end{pmatrix}$$

得られた行列 M を表にしたものが表 3.8 の部品の総所要量となります．この表から，例えば，部品 y は第1週に 710 個必要になることが分かります．この表の値が部品に対する需要となりますので，あとは在庫管理の方法に従って資材調達日程を決めることになります．

表 3.8 部品の総所要量

部品名	総所要量 (単位：個)				
	第1週	第2週	第3週	第4週	第5週
x	740	720	690	730	790
y	710	640	620	600	640
z	230	200	190	170	190
w	130	140	130	150	170

Part B 定式化に必要な数学

B.1 ベクトルと行列

企業経営において，数多くのデータが存在します．例えば，複数の小売店での各商品の在庫量，各従業員の今月の就業時間，各顧客の購入額などなど，いろいろあります．それらのデータを1つ1つ個別に扱うよりもまとめて扱う方が処理がし易い場合がしばしばあります．その典型的な例として，表を用いて一連のデータをひとまとまりにしておくことがあります．

ここでは，表の形式でまとめられた数字に対して計算を簡明に施す方法を学びます．演算の対象として見る表形式の数字のまとまりのことを行列といいます．さらに，行列表現を用いることで，連立1次方程式や連立1次不等式を扱う上で，表現が簡明になり扱い易くなります．

B.1.1 ベクトル

いくつかの数字を順番に縦または横に並べたものをベクトルといいます．具体的には，n 個の実数の組 $a_1, a_2, \ldots, a_n$ を横に並べた

$$(a_1, a_2, \ldots, a_n)$$

を n 次元の行ベクトルまたは横ベクトルといい，縦に並べた

$$\begin{pmatrix} a_1 \\ a_2 \\ \vdots \\ a_n \end{pmatrix}$$

を n 次元の列ベクトルまたは縦ベクトルといいます．各 $a_1, a_2, \ldots, a_n$ のことをベクトルの成分または要素といいます．特に，成分がすべて零のベクトルを零ベクトルといい，**0** と表します．

B.1.2 ベクトルの演算

2つの n 次元ベクトル $a = (a_1, a_2, \ldots, a_n)$ と $b = (b_1, b_2, \ldots, b_n)$ が与えられたとき，a と b が等しいということを

$$a = b \quad \Leftrightarrow \quad a_1 = b_1, a_2 = b_2, \ldots, a_n = b_n$$

として定義します．また，4つの演算を以下のように定義します．

和 : $a + b = (a_1 + b_1, a_2 + b_2, \ldots, a_n + b_n)$
差 : $a - b = (a_1 - b_1, a_2 - b_2, \ldots, a_n - b_n)$
定数倍 : 任意の定数 k に対して，$ka = (ka_1, ka_2, \ldots, ka_n)$
内積 : $a \cdot b = a_1 b_1 + a_2 b_2 + \cdots a_n b_n$

和，差，定数倍は演算がベクトルの各成分毎に施されているので，n 次元ベクトル同士の演算の結果として得られるものは n 次元のベクトルです．一方で，n 次元ベクトル同士の内積の結果として得られるのは実数値です．上の演算の定義より，以下のことが成り立ちます．

$$a+b = b+a$$
$$(a+b)+c = a+(b+c)$$
$$k(a+b) = ka+kb$$
$$a\cdot b = b\cdot a$$
$$(a+b)\cdot c = a\cdot c+b\cdot c$$

B.1.3 行列

いくつかの数字を縦と横に表のように並べたものを行列といいます．m と n を自然数とします．そのとき，$m\times n$ 個の数を

$$A = \begin{pmatrix} a_{11} & a_{12} & \cdots & a_{1n} \\ a_{21} & a_{22} & \cdots & a_{2n} \\ \vdots & \vdots & \ddots & \vdots \\ a_{m1} & a_{m2} & \cdots & a_{mn} \end{pmatrix}$$

と並べたものを $m\times n$ 行列といいます．そして，$m\times n$ をこの行列の型といいます．行列の上から i 番目で左から j 番目の成分を第 i 行 j 列成分，または (i,j) 成分といいます．上の行列 A では，a_{ij} が (i,j) 成分です．各行に並んでいる数の組を行ベクトルといい，各列に並んでいる数の組を列ベクトルといいます．特に，すべての成分が零の行列を**零行列**といい，O と表します．

B.1.4 行列の演算

行列 $A=(a_{ij})$ と行列 $B=(b_{ij})$ に対して，A と B の型が等しく，かつ，対応する各成分がすべて等しいとき A と B は等しいといい，$A=B$ と表します．

1. 行列の和と定数倍

    行列 $A=(a_{ij})$ と行列 $B=(b_{ij})$ の型が等しいとき，行列 A と B の和（加法）$A+B$ は各成分毎の和として定義します，つまり，

    $$A+B = \begin{pmatrix} a_{11}+b_{11} & a_{12}+b_{12} & \cdots & a_{1n}+b_{1n} \\ a_{21}+b_{21} & a_{22}+b_{22} & \cdots & a_{2n}+b_{2n} \\ \vdots & \vdots & \ddots & \vdots \\ a_{m1}+b_{m1} & a_{m2}+b_{m2} & \cdots & a_{mn}+b_{mn} \end{pmatrix}$$

    また，任意の定数 k に対して，行列 A の定数倍 kA は各成分の定数倍として定義します．

    $$kA = \begin{pmatrix} ka_{11} & ka_{12} & \cdots & ka_{1n} \\ ka_{21} & ka_{22} & \cdots & ka_{2n} \\ \vdots & \vdots & \ddots & \vdots \\ ka_{m1} & ka_{m2} & \cdots & ka_{mn} \end{pmatrix}$$

2. 行列の積

$m \times n$ 行列 A と $n \times l$ 行列 B に対して，A と B との積 AB を以下のように定義します．

$$AB = \begin{pmatrix} \sum_{j=1}^{n} a_{1j}b_{j1} & \sum_{j=1}^{n} a_{1j}b_{j2} & \cdots & \sum_{j=1}^{n} a_{1j}b_{jl} \\ \sum_{j=1}^{n} a_{2j}b_{j1} & \sum_{j=1}^{n} a_{2j}b_{j2} & \cdots & \sum_{j=1}^{n} a_{2j}b_{jl} \\ \vdots & \vdots & \ddots & \vdots \\ \sum_{j=1}^{n} a_{mj}b_{j1} & \sum_{j=1}^{n} a_{mj}b_{j2} & \cdots & \sum_{j=1}^{n} a_{mj}b_{jl} \end{pmatrix}$$

行列 A と B の積 AB は，A の列数と B の行数が等しいときに定義されます．そして，積 AB の (i,j) 成分は，A の第 i 行ベクトルと B の第 j 列ベクトルの内積です．積 AB の型は (A の行数) × (B の列数) です．従って，積 AB が定義されたとしても，順序を入れ替えた BA が定義されるとは限りません．行列の積に関して，次の結合法則と分配法則が成り立ちます．

- 結合法則：$(AB)C = A(BC)$
- 分配法則：$A(B+C) = AB+AC$, $(A+B)C = AC+BC$

また，行列 A と B の積 AB と BA ともに定義されたとしても，$AB = BA$ とは限りません．

例 1 行列 $A = \begin{pmatrix} 1 & 2 & 0 \\ 2 & 3 & -1 \end{pmatrix}$ と行列 $B = \begin{pmatrix} -2 & 0 & 2 \\ 1 & 1 & 1 \end{pmatrix}$ の和 $A+B$ を求めます．

$$\begin{aligned} A+B &= \begin{pmatrix} 1 & 2 & 0 \\ 2 & 3 & -1 \end{pmatrix} + \begin{pmatrix} -2 & 0 & 2 \\ 1 & 1 & 1 \end{pmatrix} = \begin{pmatrix} 1+(-2) & 2+0 & 0+2 \\ 2+1 & 3+1 & -1+1 \end{pmatrix} \\ &= \begin{pmatrix} -1 & 2 & 2 \\ 3 & 4 & 0 \end{pmatrix} \end{aligned}$$

例 2 行列 $A = \begin{pmatrix} 1 & 2 & 0 \\ 2 & 3 & -1 \end{pmatrix}$ と行列 $B = \begin{pmatrix} -2 & 0 \\ -3 & 5 \\ 4 & 1 \end{pmatrix}$ の積 AB と BA を求めます．行列 A の型が 2×3，行列 B の型が 3×2 であるから，積 AB と BA の両方とも計算できます．

$$\begin{aligned} AB &= \begin{pmatrix} 1 & 2 & 0 \\ 2 & 3 & -1 \end{pmatrix} \begin{pmatrix} -2 & 0 \\ -3 & 5 \\ 4 & 1 \end{pmatrix} \\ &= \begin{pmatrix} 1\times(-2)+2\times(-3)+0\times 4 & 1\times 0+2\times 5+0\times 1 \\ 2\times(-2)+3\times(-3)+(-1)\times 4 & 2\times 0+3\times 5+(-1)\times 1 \end{pmatrix} \\ &= \begin{pmatrix} -8 & 10 \\ -17 & 14 \end{pmatrix} \end{aligned}$$

第3章　資源の配分

$$BA = \begin{pmatrix} -2 & 0 \\ -3 & 5 \\ 4 & 1 \end{pmatrix} \begin{pmatrix} 1 & 2 & 0 \\ 2 & 3 & -1 \end{pmatrix}$$

$$= \begin{pmatrix} -2\times 1+0\times 2 & -2\times 2+0\times 3 & -2\times 0+0\times(-1) \\ -3\times 1+5\times 2 & -3\times 2+5\times 3 & -3\times 0+5\times(-1) \\ 4\times 1+1\times 2 & 4\times 2+1\times 3 & 4\times 0+1\times(-1) \end{pmatrix}$$

$$= \begin{pmatrix} -2 & -4 & 0 \\ 7 & 9 & -5 \\ 6 & 11 & -1 \end{pmatrix}$$

積 AB と BA は等しくなっていません．行列の型も AB は 2×2 であるのに対して，BA は 3×3 です．

問 1 $A = \begin{pmatrix} 1 & 0 & 1 \\ -1 & 1 & 0 \end{pmatrix}$，$B = \begin{pmatrix} 3 & 2 & 1 \\ -1 & -2 & -3 \end{pmatrix}$，$C = \begin{pmatrix} 1 & 2 \\ -1 & 0 \\ 0 & 2 \end{pmatrix}$，$D = \begin{pmatrix} 3 & 0 \\ 1 & -1 \end{pmatrix}$，のとき，次の式を計算しなさい．

(1) $2A+B$　　　　(2) $AC-BC$　　　　(3) BCD

B.1.5 いろいろな行列（正方行列，単位行列，転置行列，対称行列）

行数と列数が等しい行列のことを**正方行列**といい，$n\times n$ 行列のことを n 次の正方行列といいます．正方行列 A とそれ自身との積 AA が定義でき，それを A^2 と表します．一般に A が k 回掛けられた $AA\cdots A$ を A^k と表します．

正方行列において，左上から右下にかけての対角線上の成分 a_{ii} を対角成分といい，対角成分以外がすべてゼロである行列のことを**対角行列**といいます．特に，対角成分がすべて 1 である対角行列のことを**単位行列**といい，I と表します．

$m\times n$ 行列 A に対して，(i,j) 成分のところに A の (j,i) 成分 a_{ji} をもつ行列を A の**転置行列**といい，A^t または A' などと表します．行列を転置行列に変換することを転置するといいます．また，正方行列 A が $A=A^t$ であるとき，A を**対称行列**といいます．対称行列では，任意の (i,j) 成分に対して $a_{ij}=a_{ji}$ となっています．

例3 行列 $A = \begin{pmatrix} 1 & 2 & 0 \\ 2 & 3 & -1 \end{pmatrix}$ および，行列 $B = \begin{pmatrix} -2 & 0 & 1 \\ -3 & 5 & -1 \\ 4 & 1 & 2 \end{pmatrix}$ の転置行列を求めると，それぞれ $A^t = \begin{pmatrix} 1 & 2 \\ 2 & 3 \\ 0 & -1 \end{pmatrix}$ および，$B^t = \begin{pmatrix} -2 & -3 & 4 \\ 0 & 5 & 1 \\ 1 & -1 & 2 \end{pmatrix}$ です．

B.2 逆行列と連立 1 次方程式

行列の演算においては，積の演算は定義されましたが商の演算は定義されていません．数の場合は，逆数を掛けることで割り算を掛け算として扱うことができました．行列の場合は，逆行列というものを考えます．

B.2.1 逆行列

n 次の正方行列 A に対して，

$$XA = AX = I \tag{3.8}$$

を満たす n 次の正方行列 X が存在するとき，A は**正則**であるいいます．そして，上式を満たす X のことを A の**逆行列**といい，A^{-1} と表します．ただし，すべての正方行列が逆行列をもつとは限りません．

逆行列の定義から，次のことが成り立つことが分かります．

- 正方行列 A が逆行列をもつとき，それは一つしか存在しません，
- 行列 A が正則ならば，その逆行列 A^{-1} もまた正則です，
- 行列 A と B がともに正則ならば，それらの積 AB もまた正則であり，その逆行列 $(AB)^{-1}$ は，$B^{-1}A^{-1}$ です．

B.2.2 掃き出し法

実は，n 次正方行列 A に対して，A が正則であることを示すのに，

$$XA = I \tag{3.9}$$

を満たす n 次の正方行列 X が存在することを示せば十分であることが分かります．そのため，ここでは，n 次正方行列 A の逆行列が存在するときに，具体的にその逆行列，つまり，(3.9) 式を満たす n 次正方行列 X を求める方法について紹介します．

行列 A に以下の 3 種類の基本変形を繰り返して，A を最終的に単位行列 I に変形します．3 種類の基本変形はそれぞれある基本行列を左側から掛ける操作に対応しています．

- 行列の第 i 行と第 j 行を入れ替えます．
- 行列の第 i 行を定数倍します．
- 行列の第 i 行に第 j 行の定数倍を加えます．

上の基本変形を用いて，行列 A の左側の列から，対角要素を 1 にし，それ以外は 0 にするように変形をつづけていきます．そして，単位行列 I まで変形できたとき（対角要素がすべて 1 にな

第3章 資源の配分

り，非対角要素がすべて0になったとき），A の左側から掛けられた基本行列の積が，(3.9) 式の X に対応し A の逆行列 A^{-1} であることが分かります．ただし，逆行列が存在しない場合（単位行列に変形できないとき）は，対角要素に並ぶ1が途中までで終わり，それ以降は0となります．この対角要素の1の数を行列 A の階数（またはランク）といい，$rank(A)$ と表します．

例4 行列 $A = \begin{pmatrix} 1 & -2 & 2 \\ 2 & -2 & 1 \\ 0 & 2 & -2 \end{pmatrix}$ の逆行列を掃き出し法を用いて求めます．行列 A に基本変形を順次行って単位行列 I まで変形できたとき，同じ基本操作を単位行列に行って得られる行列が行列 A の逆行列となることから，行列 A に基本変形を行う際に，同時に同じ型の単位行列に対しても同じ基本変形を行うことにします．

$$\left(\begin{array}{ccc|ccc} 1 & -2 & 2 & 1 & 0 & 0 \\ 2 & -2 & 1 & 0 & 1 & 0 \\ 0 & 2 & -2 & 0 & 0 & 1 \end{array}\right) \xrightarrow{(1)} \left(\begin{array}{ccc|ccc} 1 & -2 & 2 & 1 & 0 & 0 \\ 0 & 2 & -3 & -2 & 1 & 0 \\ 0 & 2 & -2 & 0 & 0 & 1 \end{array}\right)$$

$$\xrightarrow{(2)} \left(\begin{array}{ccc|ccc} 1 & 0 & -1 & -1 & 1 & 0 \\ 0 & 2 & -3 & -2 & 1 & 0 \\ 0 & 2 & -2 & 0 & 0 & 1 \end{array}\right) \xrightarrow{(3)} \left(\begin{array}{ccc|ccc} 1 & 0 & -1 & -1 & 1 & 0 \\ 0 & 2 & -3 & -2 & 1 & 0 \\ 0 & 0 & 1 & 2 & -1 & 1 \end{array}\right)$$

$$\xrightarrow{(4)} \left(\begin{array}{ccc|ccc} 1 & 0 & -1 & -1 & 1 & 0 \\ 0 & 1 & -3/2 & -1 & 1/2 & 0 \\ 0 & 0 & 1 & 2 & -1 & 1 \end{array}\right) \xrightarrow{(5)} \left(\begin{array}{ccc|ccc} 1 & 0 & 0 & 1 & 0 & 1 \\ 0 & 1 & -3/2 & -1 & 1/2 & 0 \\ 0 & 0 & 1 & 2 & -1 & 1 \end{array}\right)$$

$$\xrightarrow{(6)} \left(\begin{array}{ccc|ccc} 1 & 0 & 0 & 1 & 0 & 1 \\ 0 & 1 & 0 & 2 & -1 & 3/2 \\ 0 & 0 & 1 & 2 & -1 & 1 \end{array}\right)$$

(1) 第2行に第1行の -2 倍を加える　　(2) 第1行に第2行を加える
(3) 第3行に第2行の -1 倍を加える　　(4) 第2行を $\frac{1}{2}$ 倍する
(5) 第1行に第3行を加える　　(6) 第2行に第3行の $\frac{3}{2}$ 倍を加える

従って，行列 A の逆行列は，$\begin{pmatrix} 1 & 0 & 1 \\ 2 & -1 & 3/2 \\ 2 & -1 & 1 \end{pmatrix}$ です．

問2 次の行列の逆行列を，掃き出し法を用いて求めなさい．

(1) $\begin{pmatrix} 1 & 2 \\ 2 & 1 \end{pmatrix}$　　(2) $\begin{pmatrix} 2 & 0 & 1 \\ -1 & 2 & 1 \\ 0 & -1 & -1 \end{pmatrix}$

B.2.3 連立1次方程式

n 個の未知数 $x_1, x_2, \ldots, x_n$ についての連立1次方程式

$$\begin{cases} a_{11}x_1 + a_{12}x_2 + \cdots + a_{1n}x_n = b_1 \\ a_{21}x_1 + a_{22}x_2 + \cdots + a_{2n}x_n = b_2 \\ \cdots \\ a_{n1}x_1 + a_{n2}x_2 + \cdots + a_{nn}x_n = b_n \end{cases}$$

を解くことを考えます．そこで，この連立1次方程式を行列を用いて表すことにします．

$$A = \begin{pmatrix} a_{11} & a_{12} & \cdots & a_{1n} \\ a_{21} & a_{22} & \cdots & a_{2n} \\ \vdots & \vdots & \ddots & \vdots \\ a_{n1} & a_{n2} & \cdots & a_{nn} \end{pmatrix}, \quad x = \begin{pmatrix} x_1 \\ x_2 \\ \vdots \\ x_n \end{pmatrix}, \quad b = \begin{pmatrix} b_1 \\ b_2 \\ \vdots \\ b_n \end{pmatrix}$$

とおくと，上の連立1次方程式は，

$$Ax = b \tag{3.10}$$

と表されます．この行列 A のことを**係数行列**といい，A の逆行列 A^{-1} を求めることができれば，A^{-1} を (3.10) 式の左側から掛けることで，連立1次方程式の解は

$$x = A^{-1}b$$

となります．

B.3 連立1次不等式

n 個の未知数 $x_1, x_2, \ldots, x_n$ について，連立1次不等式

$$\begin{cases} a_{11}x_1 + a_{12}x_2 + \cdots + a_{1n}x_n \leqq b_1 \\ a_{21}x_1 + a_{22}x_2 + \cdots + a_{2n}x_n \leqq b_2 \\ \cdots \\ a_{m1}x_1 + a_{m2}x_2 + \cdots + a_{mn}x_n \leqq b_m \end{cases}$$

もまた連立1次方程式同様に，行列を用いて表すことができます．つまり，

$$A = \begin{pmatrix} a_{11} & a_{12} & \cdots & a_{1n} \\ a_{21} & a_{22} & \cdots & a_{2n} \\ \vdots & \vdots & \ddots & \vdots \\ a_{n1} & a_{n2} & \cdots & a_{nn} \end{pmatrix}, \quad x = \begin{pmatrix} x_1 \\ x_2 \\ \vdots \\ x_n \end{pmatrix}, \quad b = \begin{pmatrix} b_1 \\ b_2 \\ \vdots \\ b_n \end{pmatrix}$$

とおくと，

$$Ax \leqq b$$

と表されます．

第3章　資源の配分

2次元の場合，1次不等式を満たす座標平面上の点 (x_1, x_2) 全体の集合をその不等式の表す領域といいます．1次不等式

$$ax_1 + bx_2 \leqq c \tag{3.11}$$

は，$b > 0$ のとき，

$$x_2 \leqq -\frac{a}{b}x_1 + \frac{c}{b} \tag{3.12}$$

となり，1次不等式 (3.11) の表す領域は，傾きが $-\dfrac{a}{b}$ で切片が $\dfrac{c}{b}$ の直線の下側の部分です．$b < 0$ のとき，不等式 (3.12) の不等号の向きが逆になり，1次不等式 (3.11) の表す領域は $b > 0$ のときとは反対側の上側の部分です．そして，$b = 0$ のとき，$a > 0$ であれば，

$$x_1 \leqq \frac{c}{a} \tag{3.13}$$

となり，1次不等式 (3.11) の表す領域は，点 $\left(\dfrac{c}{a}, 0\right)$ を通る x 軸に垂直な直線の左側の部分です．$a < 0$ であれば，不等式 (3.13) の不等号の向きが逆になり，1次不等式 (3.11) の表す領域は $a > 0$ のときとは反対側の右側の部分です．図 3.9 は，$a > 0, b > 0, c > 0$ のときの領域を，図 3.10 は，$a > 0, b = 0, c > 0$ のときの領域をそれぞれ表しています．

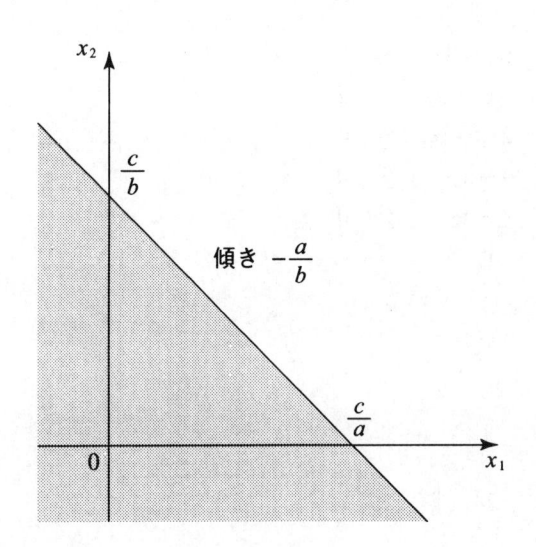

図 3.9: $ax_1 + bx_2 \leqq c$ の表す領域 ($a > 0, b > 0, c > 0$ のとき)

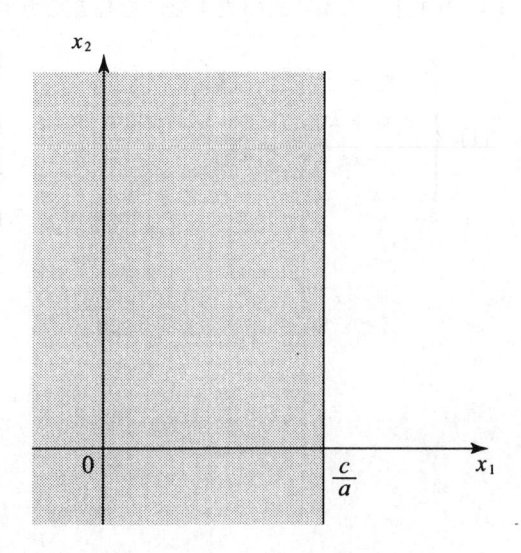

図 3.10: $ax_1 + bx_2 \leqq c$ の表す領域 ($a > 0, b = 0, c > 0$ のとき)

また，連立1次不等式の表す領域は，各不等式の同時に満たす座標平面上の点 (x_1, x_2) 全体の集合であり，それは各不等式の表す領域の共通部分となります．例えば，連立1次不等式

$$\begin{cases} x_1 + 3x_2 &\leqq 9 \\ 3x_1 - x_2 &\leqq 9 \\ -x_1 + 2x_2 &\leqq 4 \end{cases} \tag{3.14}$$

の表す領域は図 3.11 のようになります．

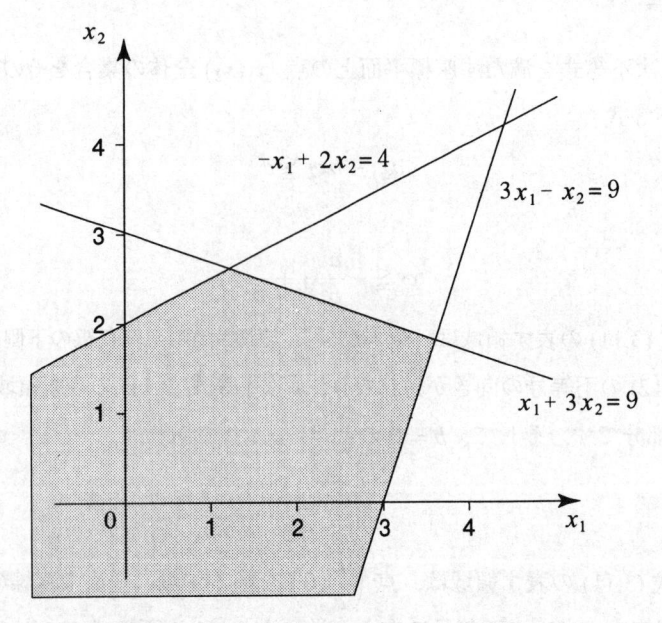

図 3.11 連立 1 次不等式 (3.14) の表す領域

問 3 次の連立 1 次不等式の表す領域を描きなさい．

(1) $\begin{cases} x_1 + x_2 & \leqq 4 \\ -x_1 + 2x_2 & \leqq -2 \\ -x_1 & \leqq 0 \\ -x_2 & \leqq 0 \end{cases}$
(2) $\begin{cases} 2x_1 + 3x_2 & \leqq 9 \\ -x_1 + x_2 & \leqq 2 \\ 2x_1 - x_2 & \leqq 4 \\ -x_1 & \leqq 0 \\ -x_2 & \leqq 0 \end{cases}$

Part C Excel解法

C.1 ソルバーによる線形計画問題の解き方

Excelのソルバーを使った線形計画問題の解き方を精肉店の仕入れ問題を例にして説明します.手順は大きく次のステップに分かれます.

(1) ソルバーの実行に必要な数値と式をワークシートへ設定

(2) ソルバーのパラメータ及びオプションの設定と計算の実行

(3) 結果の解釈

(1) ソルバーの実行に必要な数値と式をワークシートへ設定

ソルバーは決定変数として指定されたセルの値を変化させながら,制約条件を満たす範囲で目的関数の値を最大または最小にする決定変数の値を探します.そのため,決定変数として使用するセルを決め,そのセルを用いて目的関数の値を計算する式と制約式の左辺の値を計算する式をワークシート上に設定しておく必要があります (後に示すように,制約式は左辺の計算式が入力されたセルを用いて設定します). 図3.12は精肉店の仕入れ問題についての設定例です. この例ではD5を決定変数 x_1 (黒豚の仕入れ量), E5を決定変数 x_2 (和牛の仕入れ量) として用いています. D列目とE列目のその他のセルには目的関数の値と制約式の左辺の値を計算するのに必要な係数が入力してあります. 目的関数と制約式左辺の計算式はF列目に入力してあります. 例えば, F6は目的関数の計算式, F7は資金に関する制約式の左辺計算式です. G列目には制約式の右辺定数項が入力してあります.

	A	B	C	D	E	F	G
1							
2		精肉店の仕入れ問題					
3				単価		計算値	右辺の値
4				x_1: 黒豚	x_2: 和牛		
5		決定変数					
6		目的関数	利益 (千円)	0.4	0.6	0	
7		制約条件	資金 (千円)	1	2	0	140
8			冷蔵庫容量 (kg)	1	1	0	100
9			需要: 豚 (kg)	–	–	0	80
10			需要: 牛 (kg)	–	–	0	50

F6: =$D$5*D6+$E$5*E6
F7: =$D$5*D7+$E$5*E7
F8: =$D$5*D8+$E$5*E8
F9: =D5
F10: =E5

図 3.12 ワークシートの設定

(2) ソルバーのパラメータ及びオプションの設定と計算の実行

ここでの手順は, i) ソルバーダイヤログを開く → ii) パラメータの設定 → iii) オプションの設

定 → iv) 計算の実行 の順に進みます．

i) ソルバーダイヤログを開く

- ソルバーダイヤログの開き方：[ツール] → [ソルバー]

  (この操作で図 3.13 の [ソルバー：パラメータ設定] が開きます．)

- [ツール] のメニューに [ソルバー] がない場合は，アドインという次の操作を事前に行う必要があります：[ツール] → [アドイン] → [分析ツール] をチェックして [OK] をクリック

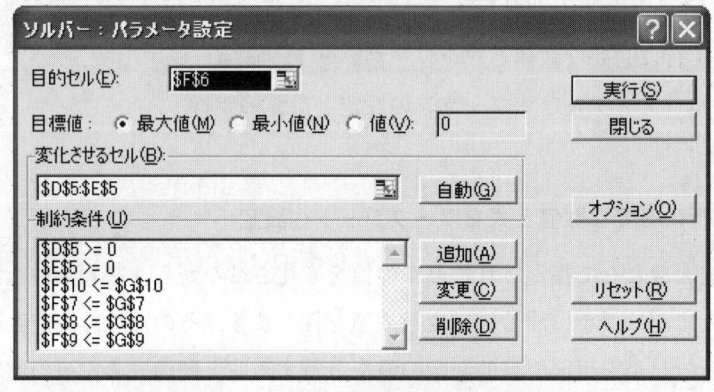

図 3.13 ソルバーのパラメータ設定

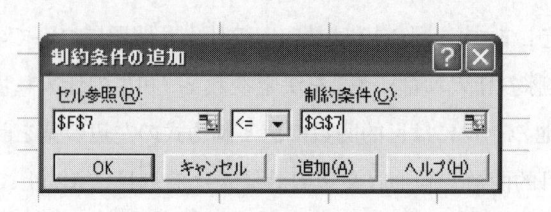

図 3.14 制約条件の入力方法

ii) パラメータの設定

- [目的セル]：目的関数の式が入ったセルを設定
- [目標値]：最大化問題なら最大値，最小化問題なら最小値を指定
- [変化させるセル]：決定変数として使用するセル範囲を設定
- [制約条件]：制約式と非負条件を以下の手順で入力

  - [追加] をクリック (図 3.14 に示す [制約条件の追加] が開きます．)
  - 制約式を入力：[セル参照] に制約式の左辺の計算式が入ったセルを設定 → 不等号を選ぶ → [制約条件] に制約式の右辺の値が入ったセルを設定 → [追加] をクリック (これらの操作を制約式の数だけ繰り返します．)
  - 非負条件の入力：[セル参照] に決定変数の値が入るセルを設定 → 不等号を選ぶ → [制約条件] に 0 を入力 → [追加] をクリック (これらの操作を決定変数の数だけ繰り返しますが，最後の非負条件を入力する時は [追加] の代わりに [OK] をクリックします．)

以上の操作によって [ソルバー：パラメータ設定] を図 3.13 のように設定します．

第 3 章 資源の配分

iii) オプションの設定

- [オプション] をクリック (図 3.15 に示す [ソルバー：オプション設定] が開きます．)
- [線形モデルで計算] をチェック → [OK] をクリック ([ソルバー：パラメータ設定] に戻ります．)

線形計画問題は線形モデルですのでこの操作を行います．これによって，感度分析などの結果が出力されるようになります．

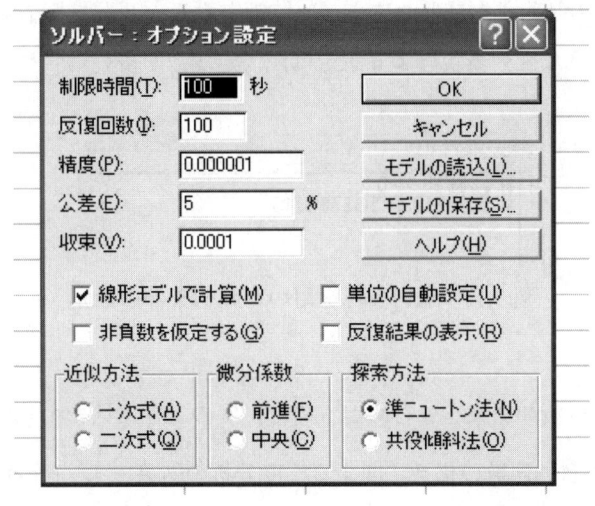

図 3.15 ソルバーのオプション設定

iv) 計算の実行

- [実行] をクリックします．少しすると図 3.16 のように [ソルバー：探索結果] が開き，パラメータの設定が適切であれば [最適解が見つかりました] というメッセージが表示されます．そこで，[レポート] の [感度] を選択し，[OK] をクリックすると，決定変数として用いているセルに最適解が入力され，感度レポート (感度分析の結果) が新たなシートに出力されます．

図 3.16 ソルバーの実行

ここで，制約条件の設定について，いくつか注意を述べておきます．

- 過って入力した制約式を変更または削除したい時は [ソルバー：パラメータ設定] の画面でその制約式を選択し，[変更] または [削除] をクリックし，変更の場合は制約式を修正します．制約式を増やす場合は [追加] をクリックし，先ほどと同じ手順を繰り返します．

- 制約式は配列表現で設定することもできます．例えば，今扱っている例では図 3.17 のように設定することで，4 本の制約式をひとつにまとめて設定することもできます．非負条件についても同様です．このような配列表現による設定は，決定変数が多い場合や制約式の本数が多い場合に便利です．

図 3.17 配列表現を用いた制約条件の設定

(3) 結果の解釈

感度レポートは感度分析の結果をまとめたもので，次のように見ます (図 3.18 を参照).

- [変化させるセル]：目的関数の係数に関する感度分析の結果です．[許容範囲内増加] と [許容範囲内減少] は現行の最適解をそのままにして増減できる係数の範囲を示しています．

- [制約条件]：制約式の右辺定数に関する感度分析の結果です．[潜在価格] は潜在価格を，[許容範囲内増加] と [許容範囲内減少] は制約式の活性・不活性の関係を変更せずに増減できる右辺定数の範囲を示しています．扱っている例では，目的関数が総利益，右辺定数が資源の供給量を表していますので，[許容範囲内増加] は稀少資源を増加させたときに利益を増やす効果がある範囲，[許容範囲内減少] は過剰資源の削減可能量を示しています．

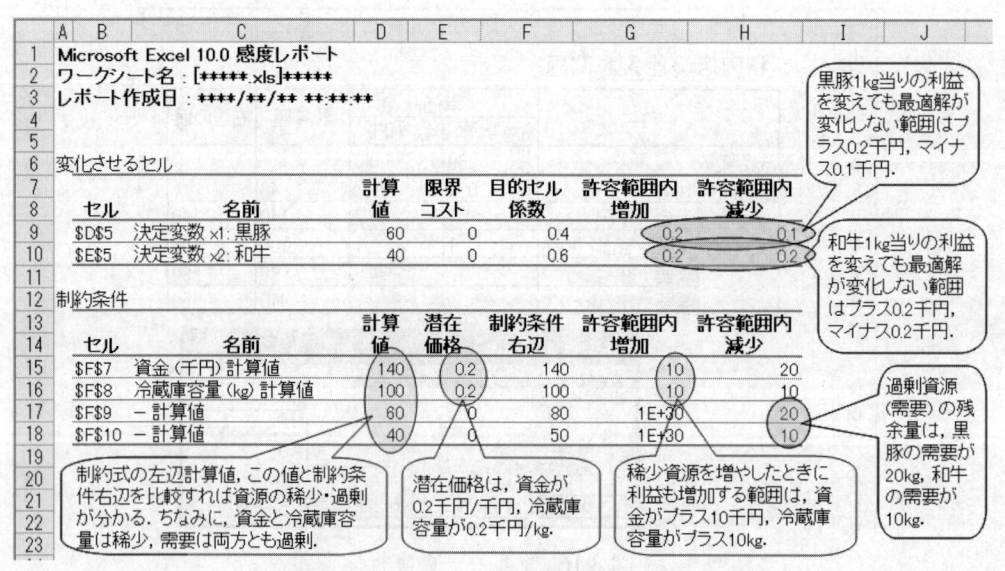

図 3.18 ソルバーの実行結果：感度分析

第 3 章　資源の配分

　ソルバーを実行するために用意するワークシートの設定には特に決まった形式はありませんので，ソルバーのパラメータ設定がしやすいよう自由に工夫して構いません．そこで，もう一つ，**Part A** で示した輸送問題の例を，ソルバーを用いて解いた結果を示します．詳しい説明は省略しますが，ワークシートの設定とソルバーのパラメータ設定は図 3.19 のようにするとよいでしょう．

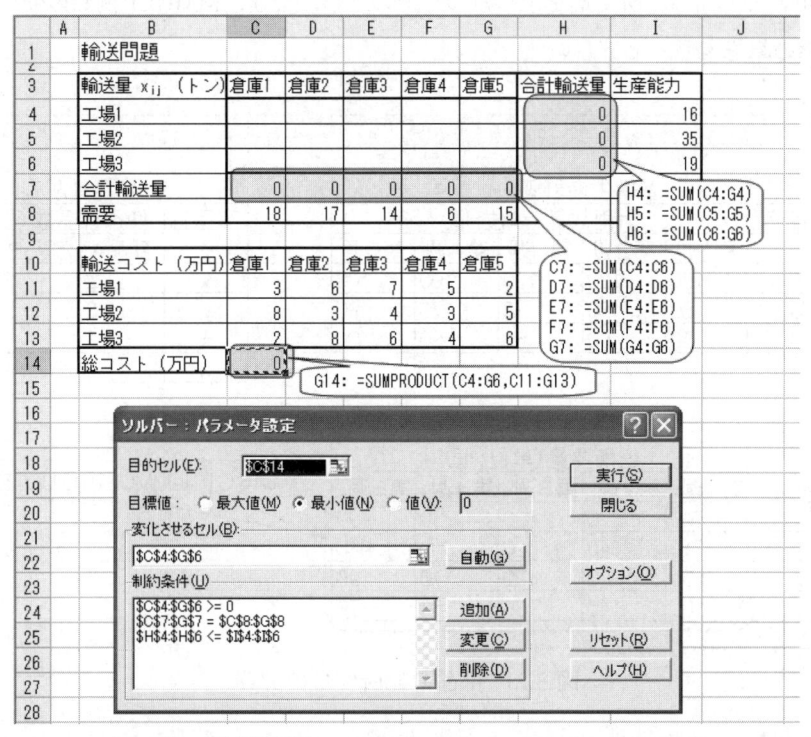

図 3.19　輸送問題：ワークシートとパラメータの設定

　ここで，C4:G6 の範囲が決定変数として使用されるセル範囲となっています．例えば，C4 は工場 1 から倉庫 1 への輸送量 x_{11} に対応します．目的関数の値を計算するのに SUMPRODUCT 関数を使いました．これは二つの配列の対応するセルどうしの積の和を求める関数で，輸送問題の目的関数を計算するのにたいへん便利な関数です (詳しくは Excel 基礎の章を参照して下さい)．図 3.20 はソルバーの実行結果です．

図 3.20　輸送問題：実行結果

C.2 ワークシート関数を用いた MRP の計算

ここでは **Part A** で用いた MRP の例を実際に Excel で計算してみます．図 3.21 はその結果です．図中の基準生産計画と部品構成の表は計算の入力となるデータです．この二つの表から配列関数 MMULT を用いて部品の総所要量を求めたのがその下の表です．MMULT 関数の使い方については Excel 基礎の章を参照して下さい．

	A	B	C	D	E	F	G	H	I	J	K	L
1												
2				基準生産計画						部品構成表		
3		製品名	計画数量(単位:個)						部品名	使用部品数(単位:個)		
4			第1週	第2週	第3週	第4週	第5週			部品A	部品B	部品C
5		A	150	120	120	100	100		x	2	3	4
6		B	80	80	70	70	90		y	3	2	2
7		C	50	60	60	80	80		z	1	1	0
8									w	0	1	1
9												
10			部品の総所要量									
11			総所要量(単位:個)									
12		製品名	第1週	第2週	第3週	第4週	第5週					
13		x	740	720	690	730	790					
14		y	710	640	620	600	640					
15		z	230	200	190	170	190					
16		w	130	140	130	150	170					
17												

C13:G16:{=MMULT(J5:L8,C5:G7)}

図 3.21 部品の総所要量の計算

演習問題

問 1 ある自動車部品製造会社では，今まで C という部品を製造していましたが，その部品を使った自動車の製造が中止となったため，部品 C の生産も不要となりました．そこで，部品 C の生産に用いていた材料と工作機械，及び，その仕事に携わっていた工具を，新たに受注交渉をしている部品 A と B の生産に振り向ける計画を立てています．ただし，これら部品をどの程度生産するかはまだ決まっておらず，交渉の余地があります．

企画部門で調べたところ，部品 A と B の生産に必要な各資源 (工具，機械，材料) の量と 1 週間 (5 日間) で供給可能な各資源の量，及び，それらの生産によって得られる利益は表 3.9 のようであることが分かりました．このような条件の下，1 週間での総利益を最大とする部品 A と B の生産量を求めようとしています．以下の問に答えなさい．

第 3 章　資源の配分

表 3.9　資源の量と利益

部品 1000 個の生産に必要な資源	部品 A	部品 B	各資源の供給量 (5 日間)
工員 (人日)	2	1	40
機械 (マシン日)	2	6	120
材料 (千個)	2	2	50
部品千個当りの利益 (万円)	60	40	

(1) この問題を線形計画問題として定式化しなさい.

(2) 実行可能領域を図示しなさい.

(3) (2) で作成した図をもとに最適解を表す点を求め，その座標を計算しなさい.

(4) 総利益を最大とする部品 A と B の生産量 (1 週間当り) とその時の総利益 (1 週間当り) を示しなさい.

(5) 図による感度分析を用いて，材料の供給量はどこまで増やしても総利益を増加させる効果があるか調べなさい. さらに，材料の潜在価格を求めなさい.

(6) 図による感度分析を用いて，部品 A の千個当たり利益がいくらより小さくなると工員が過剰資源となるか調べなさい.

問 2　A.2.4 で示した生産計画問題を線形計画問題として定式化し，ソルバーを用いて最適解を求め，感度分析の結果から分かることをまとめなさい. また，定式化された問題の行列表現を求めなさい.

問 3　A.2.4 で示した混合問題を線形計画問題として定式化し，ソルバーを用いて最適解を求めなさい. また，定式化された問題の行列表現を求めなさい.

問 4　A.2.4 で示した割当ての問題の最適解をソルバーを用いて求めなさい.

問 5　A.2.4 で示した投資の問題を線形計画問題として定式化し，ソルバーを用いて最適解を求めなさい.

参考文献

1. 森雅夫, 森戸晋, 鈴木久敏, 山本芳嗣,「オペレーションズリサーチ I」, 朝倉書店, 1991.

2. 森雅夫, 松井知己,「オペレーションズ・リサーチ」, 朝倉書店, 2004.

3. 田畑吉雄,「経営科学入門」, 牧野書店, 2000.

4. 今野浩,「線形計画法」, 日科技連, 1987.

5. 小島政和, 土屋隆, 水野真治, 矢部博,「内点法」, 朝倉書店, 2001.

6. 黒田充, 田部勉, 圓川隆夫, 中根甚一郎,「生産管理」, 朝倉書店, 1989.

7. 徳山博于, 曹徳弼, 熊本和浩,「生産マネジメント」, 朝倉書店, 2002.

第4章
在庫管理

　在庫管理は，企業経営上の重要な問題の一つであるというだけでなく，我々の日常生活の中でも，意識するしないにかかわらず，身近に見られる問題です．例えば，数ページにわたるレポートをワープロソフトで作成し，いざ印刷しようという段階になって，プリンター用紙が切れているのに気付き，印刷できないということを経験したことが幾度かあるのではないでしょうか．予備のプリンター用紙を部屋の片隅にでも保存してあればいいのですが，まれに予備も切れていることがあります．レポート提出の〆切までにまだ余裕があれば，何かのついでに文房具店に立ち寄り購入すればいいのですが，〆切当日の場合はそうもいかず，わざわざ買いに行くことになります．文房具店が近くにあるのであれば，さほど気にすることも無いかもしれませんが，文房具店が近くに無く，自転車を走らせて買いに行かなければならない場合などは，ちょっと面倒に感じるでしょう．そして，いつもであれば文房具店でお目当てのプリンター用紙を買うことができるところが，まれに品切れで注文ということになるときもあります．そこで，慌てて別の文房具店へと自転車を走らせることになります．もし，プリンター用紙の予備を事前にチェックしておいたら，今頃はゆっくりとコーヒーでも飲みながら書いたレポートの読み直しでもしていたかもしれないし，友人と電話でおしゃべりを楽しんでいたかもしれないのにと，くやしがることもなかったでしょう．

　企業の中の在庫はどうかというと，スーパーマーケット，量販店，工場，倉庫などに保管されている製品，原材料，部品，仕掛品，半製品などが在庫としてもたれています．例えば，スーパーマーケットでは，顧客の商品購買に即座に対応できるように商品在庫をもち，工場では，製品を円滑に生産するために，原料，部品，仕掛品そして半製品を在庫として保持しています．原材料の購入から，工場での生産，倉庫への出荷，小売店への納入まで各段階において様々な形で在庫は保持され，それらを適切な水準に維持し，無駄に多くの在庫を持つことなく必要な量を保持することが求められます．

　効率的な生産・物流システムの整備は企業の競争力となり，近年ますますその整備が進んでいます．製品に対する需要と供給を完全に一致させることができれば，在庫を保持する必要はありません．しかし，一般には需要と供給を完全に一致させることは非常に困難です．もちろん，生産・物流システムの効率性を高めるための改善を常に行うことは当然のことですが，需要と供給のズレが存在する場合，そのズレを在庫を保持することで埋めることになります．多くの在庫を生産・物流システムの各段階で保持することで，部品や半製品などの欠品による生産の遅れや商

品の在庫切れによる売り損じを無くすことができます．しかしながら，在庫を保持することは費用がかかります．また，売れなくなった商品の在庫は価値が大幅に減少し，多くの在庫を持っていると大きな損失につながりかねません．

そこで，欠品の発生を許容範囲内に収めながら，出来る限り少ない在庫を保持することが求められます．効率的に在庫を配置することで生産・物流システム全体の効率性は大きく改善されます．

この章では，在庫管理における基本的な概念や考えを紹介することが目的です．この章の内容を習得するだけで生産・物流システム管理やJIT生産方式などについての専門家となれるわけではありませんが，簡単な在庫モデルを通して，在庫管理に関する基本的な考え，在庫管理に影響を与える諸要素，そして在庫量を適正な水準に保つための基本的な方法などを紹介します．

本章の構成と読み方は次に示す通りです．

Part A 在庫問題をモデル化する準備として，まず，在庫の種類，在庫を保持する不利益，在庫管理に影響する諸要素について説明します．そして，需要が確定的な場合と不確実な場合とに分けて在庫問題を説明します．需要が確定的な場合については，在庫モデルの中で最も基本的であり，多くの複雑なモデルの基礎となっている経済的発注量モデルについて説明します．需要が不確実な場合については，代表的な在庫管理方式である，発注点方式と定期発注方式の二つを取り上げ，需要の不確実性にどのように対処するかについて説明します．

Part B 経済的発注量は，在庫保持費用と発注費用の和を最小にするような発注量のことであり，ここでは，経済的発注量を求めるのに必要となる関数の微分について説明します．具体的には，関数の連続性，微分係数，微分の方法，高次導関数などについて説明します．

Part C **Part A** で紹介した経済的発注量のモデルにおいて，Excelを用いて経済的発注量の値や発注量と各費用との関係を表すグラフの作成を行います．また，発注点方式における発注点の計算も行います．

第4章 在庫管理

Part A 問題の捉え方と定式化

A.1 在庫問題

ここでは，在庫問題について，次の例題に沿って，具体的に見ていくことにしましょう．

例題 4.1：文房具店における収納ボックスの発注計画

> ある文房具店では収納ボックスを販売しており，今後一年間の発注をどのように行っていこうかと考えています．収納ボックスは，保管場所を多く必要とすることと比較的単価も高いことから，多くの在庫を保持することはあまり好ましいことではありません．そうかといって，在庫を少ししか持たないでおくとすぐに在庫切れになり，結果として発注する回数が増え発注費用が多くかかってしまいます．
>
> 過去の収納ボックスの需要状況を調べてみたところ，年間の需要は平均 2,000 個で，季節毎の変化も特に無く年間を通じてほぼ同様に発生していることが分かりました．費用としては，発注には固定費が 800 円かかり，また，在庫として保持するのに 1 個当たり年間 100 円かかります．また，発注してから商品が届くまでに 10 日間かかります．
>
> そこで，在庫保持にかかる費用と発注にかかる費用の両方を考慮し，全体の費用を最小にするような発注を計画しましょう．

A.1.1 在庫の種類

在庫にはいくつかの分類の仕方がありますが，在庫管理において重要な分類は目的による分類です．在庫はいろいろな場所で持たれていますが，それにはそれぞれ目的があります．在庫はその目的によって，以下のように分類されます．

1. ロットサイズ在庫：製品が断続的に生産されることにより持たれる在庫のこと．ある程度の量をまとめて生産または発注する方が費用の面で有利になる場合があります．例えば，段取りなどの固定費用が比較的大きい場合などが挙げられます．その場合には，生産された製品は需要を満たすまでの時間は在庫となります．

2. 見越し在庫：商品が断続的に購入・消費されることにより持たれる在庫のこと．生産能力に制限があり，そしてある時期に大量の需要が起きることが事前に分かっている場合には，前もって生産を行い在庫を保持することでその需要に備えます．

3. パイプライン在庫：生産工場と消費地とが離れている場合の輸送中の商品，または，生産ラインで加工・組立中の仕掛品や半製品のこと．

4. 安全在庫：需要や供給における不確実性のために持たれる在庫のこと．在庫切れによる販売機会損失を防ぐために，需要予測以上に持たれる余裕分のことです．

5. 投機的動機としての在庫：原材料や部品などの価格変動のために持たれる在庫のこと．価格の低いときに購入し在庫として保持することで原材料費用を抑えることを目的とする在庫です．これは原材料価格の急騰による原材料購入費用の増加に対する備えとなります．

A.1.2 在庫を保持する不利益

在庫を保持することで不確実な需要や供給に対処することができ，また，将来の需要増を見越した準備となる一方，在庫を保持することでいろいろな不利益が発生します．まずは在庫を保持するには費用がかかります．在庫それ自体は利益を生まないため，在庫として投資した資金を他の目的に利用すれば利益がえられたかもしれません．また，在庫のために余分にスペースや管理作業が必要となります．

在庫を多く保持することで，生産設備の故障や不良による生産の遅れや顧客からの急な注文に対して，一応の対応ができることになり都合がいいのですが，その反面，故障の起きない生産設備への改善や急な注文に迅速に対応する生産の柔軟性の改善を進めていく動機付けを減少させる危険性があります．顧客の急速に変わる多様なニーズへの対応，効率的な多品種生産の実現，生産にかかる時間の短縮化など生産・物流システムの更なる効率化を実現することで生産費用が減少し，そして必要となる在庫も減少していきます．

在庫管理上で費用を考える際に注意すべきことは，まず，費用には現金費用と機会費用の2種類あることです．通常，費用と言えば，目に見える形での現金の支払いが伴うもののみを考えるかもしれませんが，利益の増加を目的とするとき，直接に現金の支払いを伴わないけれども機会をうまく利用できなかったために得られる利益が少なかった場合は，経営科学においてはその差額を費用と考え，それを**機会費用**と呼びます．在庫管理においては在庫切れのために販売機会を失うことによる利益の減少が，機会費用にあたります．次に，在庫管理の方法で変化する費用のみに注意を払えばよいということです．在庫管理の方法の比較を行う際には，管理方法が変わっても変化しない費用は考慮にいれる必要はありません．

A.1.3 在庫管理に影響を与える諸要素

在庫管理の目的は，商品をどれくらい，そしていつ発注するかを決定することであり，その決定に関して今までに様々な在庫管理方式が考案されています．そして，それらの管理方式に影響を与える主な要素としては以下のものがあります．

1. 需要

   在庫管理方式に最も影響を与えるのが需要の特性です．需要が確定的であるか不確実である

第 4 章　在庫管理

かによって在庫管理方式は異なります．需要が不確実である場合は不確実性に対処する必要があるため，確定的である場合よりも在庫管理方式は複雑になります．

2. リードタイム

商品を外部から調達している場合は，注文してから商品が届くまでの時間をリードタイムといいます．一方，部品を自社内で生産している場合は，部品の生産にかかる時間を指します．

3. 発注間隔

商品の注文を一定間隔で行う場合とそうでない場合の両方があります．例えば，週末にのみ注文を行うという場合は発注間隔は一週間であり，一方で，在庫量がある水準まで減少したら注文を行うという場合には，需要の発生の変動により必ずしも一定間隔で注文を行うことにはなりません．

4. 費用

在庫管理に関係する費用には，大きく3種類があります．発注費用，在庫保持費用，在庫不足費用です．

(a) 発注費用

発注費用は固定費と変動費に分けられます．固定費は発注量に関係なく発注を行うときに掛かる費用であり，変動費は発注量により変化する費用です．

(b) 在庫保持費用

手持ちの在庫量に比例して掛かる費用のこと．在庫保持費用の中身は，保管費用，保険費用，損耗費用，機会費用などです．保管費用は，在庫を保管するのに使う倉庫費用やスペース代などです．保険費用は，在庫にかける火災などに対する損害保険の費用です．損耗費用は，在庫品の損耗による損失や価値の低下による損失などです．最後の機会費用は，在庫に投じた資金を別の用途に使用した場合に得られるであろう利益のことです．

(c) 在庫不足費用

手持ちの在庫が無いために需要を満たせなかったときの費用です．欠品時の需要には，在庫が補充されるまで待ってもらえる場合と待ってもらえずに販売機会を失う場合の二通りがあります．待ってもらえる場合は遅延に対する費用が含まれ，待ってもらえない場合は販売することで得られる予定の利益が含まれます．また，どちらの場合においても顧客の信用は低下するため，その損失も在庫不足費用に含まれます．

ただ，信用低下の損失を費用として見積もることは困難であるため，しばしば在庫不足費用を導入する代わりに，欠品の起こる確率（サービス水準）をある値以下に抑えるという方策で対処します．サービス水準は，その他の費用との兼ね合いで設定されるものであるため，間接的に費用を考慮していることになります．

5. 商品特性

    商品が長期保存が可能かどうかで在庫管理方式は異なります．食料品や新聞はある期間が過ぎると価値が減少するのに対して，テレビ，冷蔵庫，文房具などは長期間の保存が可能です．

A.2 経済的発注量 (Economic Order Quantity, EOQ)

経済的発注量モデル（以後，EOQ モデル）は，在庫モデルの中でも最も基本的であり，発注固定費用と在庫保持費用との間のトレードオフを理解する上で重要なモデルです．多くの複雑なモデルの基礎となっているので，まずは EOQ モデルから紹介することにします．EOQ モデルでは次のような在庫問題を考えます．

EOQ モデルにおける仮定

- 一種類の商品を扱います．

- 需要は連続的に一定の割合で発生し，その発生率を λ(単位/年) とします．

- 欠品は許されません．

- リードタイムはゼロとします．

- 発注には固定費用 k 円がかかるものとします．

- 1 年当たり在庫 1 単位を保持する費用が h 円です．

今，毎回 Q 単位ずつ発注する場合を考えます．Q 単位は Q/λ 年分の需要ですから，Q/λ 年毎に発注を繰り返すことになります．図 4.1 はそのときの在庫量の推移を表しています．

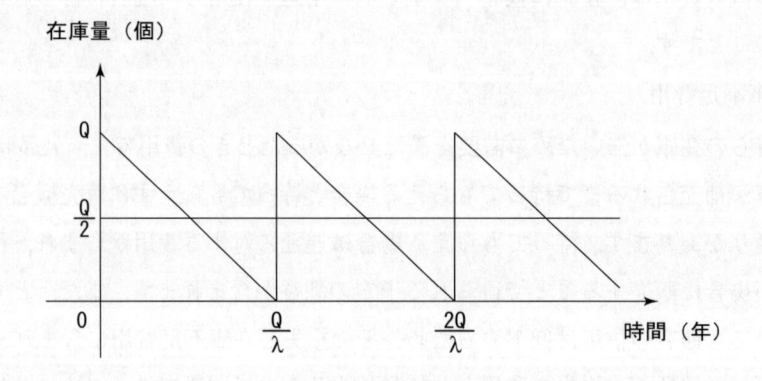

図 4.1 在庫量の推移

従って，平均在庫量は三角形の高さの半分の $Q/2$ 単位であり，平均在庫保持費用（円/年）は $hQ/2$

です．また，発注回数は年平均 λ/Q 回であることから，平均発注費用（円/年）は $k\lambda/Q$ となります．以上より，総費用（円/年）（＝平均発注費用＋平均在庫保持費用）を $C(Q)$ とおくと，

$$C(Q) = \frac{hQ}{2} + \frac{k\lambda}{Q}$$

となります．そして，$C(Q)$ を最小にする発注量のことを**経済的発注量**といいます．

そこで，以下のように経済的発注量を求めます．$C(Q)$ を Q に関して微分すると，導関数 $C'(Q)$ は

$$C'(Q) = \frac{h}{2} - \frac{k\lambda}{Q^2}$$

となります．そして，$C'(Q) = 0$ の解 Q^* は

$$Q^* = \sqrt{\frac{2k\lambda}{h}}$$

であり，この式を **EOQ 公式**といいます．さらに，2 階の導関数 $C''(Q)$ を求めると，

$$C''(Q) = \frac{2k\lambda}{Q^3}$$

であり，$Q > 0$ のとき，常に正であることが分かります．これは，$Q > 0$ の範囲で $C(Q)$ は凸関数であることを意味します．従って，$C'(Q) = 0$ となる点 Q^* において $C(Q)$ は最小になるので，Q^* が経済的発注量です．

EOQ モデルでは，発注量を決めると在庫水準がゼロになる時点（発注時点）や発注間隔も決まります．経済的発注量によって決まる発注間隔は次の式で求められます．

$$\frac{Q^*}{\lambda} = \sqrt{\frac{2k}{h\lambda}}$$

上では，リードタイムはゼロ，つまり，発注した商品はすぐに届けられるものと仮定していました．しかし，リードタイムがゼロでなく，発注した商品が L 時間後に届けられるとした場合でも経済的発注量は変わりません．需要は確定的に一様に発生しているので，在庫がゼロになる時点が事前に分かるため，発注した商品が在庫がゼロになる時点に届くようにリードタイム分だけ事前に発注を行うことで，在庫量はリードタイムがゼロのときと同じ推移をします．従って，在庫保持費用と発注費用も同じであるので，経済的発注量も同じになります．

それでは，例題 4.1 を考えてみましょう．年間需要が 2000 個，1 年の在庫 1 個の保持費用が 100 円，1 回当たりの発注費用が 800 円であることから，$\lambda = 2000, h = 100, k = 800$ となります．従って，総費用 $C(Q)$（円/年）は，

$$C(Q) = 100 \times \frac{Q}{2} + 800 \times \frac{2000}{Q}$$

です．各 Q の値に対して平均在庫保持費用，平均発注費用，総費用をそれぞれ計算すると，図 4.2 のようになります．そして，経済的発注量 Q^* は，

$$Q^* = \sqrt{\frac{2 \times 800 \times 2000}{100}} \approx 179 \text{（個）}$$

となります．また，経済的発注量のときの発注間隔は

$$\frac{Q^*}{2000} \approx 0.089 \text{（年）} \approx 33 \text{（日）}$$

となります．

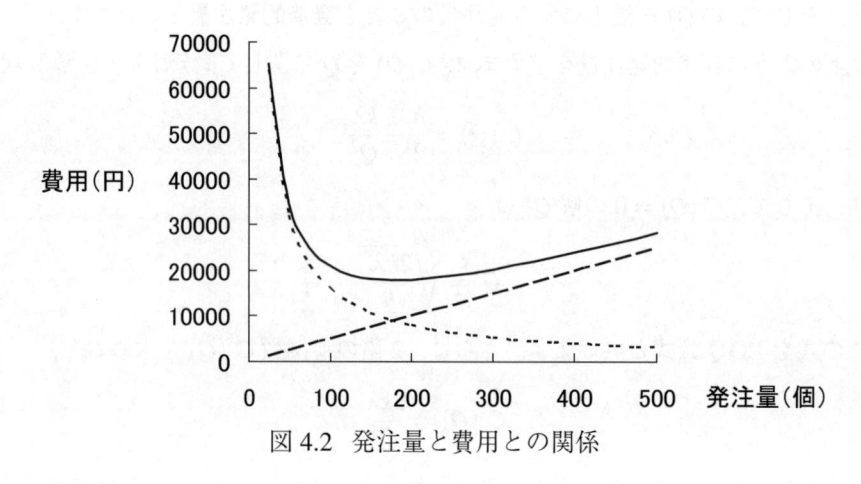

図 4.2 発注量と費用との関係

A.3 需要が不確実な場合

将来の需要が不確実な場合は，予測したよりも需要が少ないために発注した商品が売れ残ることや，逆に予測したよりも需要が多いために商品が売り切れて足りなくなることを考慮する必要があります．そして，在庫の減少する速さが一定ではないので，在庫がゼロになる時点もまた不確実です．通常は，リードタイムはゼロではなく，そのため，リードタイム中の需要に備えてある程度の在庫が残っている状態で商品の発注を行うことになります．ただし，リードタイム中の需要量は不確実であるため，ある量の在庫を保持していたとしても，リードタイム中に在庫切れになることも考えられます．需要が不確実な場合と確定的な場合との大きな違いは，在庫切れの発生を考慮する必要があるという点です．

在庫量の推移や在庫切れの発生する確率（サービス水準）は，発注時点や発注量の設定の仕方によって変化します．発注時点や発注量の設定の仕方により，様々な在庫管理方式が考えられます．ここでは，その中の代表的な管理方式である発注点方式と定期発注方式の二つを紹介します．

A.3.1 発注点方式

発注点方式とは，在庫量を常に監視していて，在庫量がある水準まで減少したときにある一定量を発注する在庫管理方式のことです．この発注を行う在庫水準のことを**発注点**といいます．発注点方式では，発注点と発注量の二つを決める必要があります．また，毎回一定量を発注する方式であることから別名で**定量発注方式**ともいいます．発注点方式による在庫管理を行った場合の在庫量の推移の例を図 4.3 に示します．

第 4 章　在庫管理

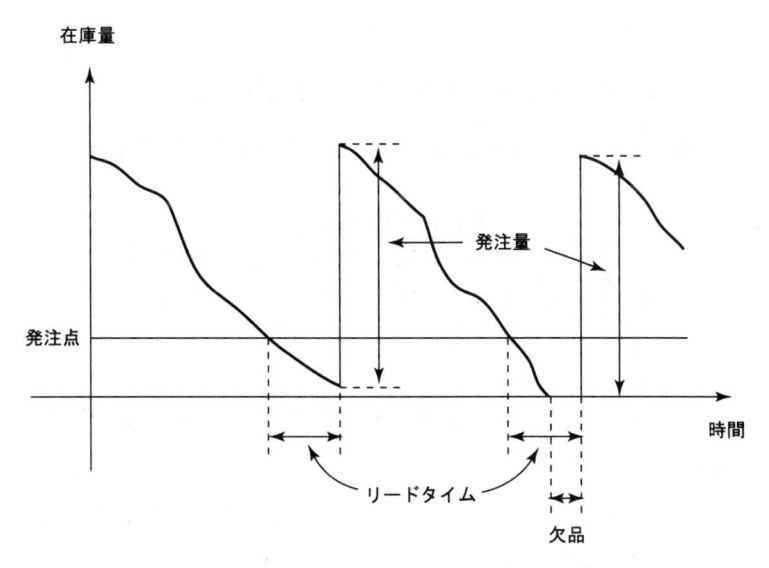

図 4.3　発注点方式による在庫量の推移

　発注点は，リードタイム中の需要に対応できる在庫量として設定します．ただし，リードタイム中の需要は不確実であるため，必ずしもすべての需要に対応できるとは限りません．発注点での在庫量を超えた需要がリードタイム中に発生した場合は，在庫切れを起こします．在庫切れを起きにくくするために，リードタイム中の需要量の平均値に加えて，需要の不確実性に備えた余裕分を保持しておくことになります．つまり，リードタイム中の需要の平均に，この余裕分をふくめた量を発注点として設定します．リードタイム中の需要の平均を μ，標準偏差を σ とするとき，リードタイム中に在庫切れの起きる確率を α 以下にするときの発注点は，図 4.4 の斜線部分の確率が α 以下になるように設定されます[1]．

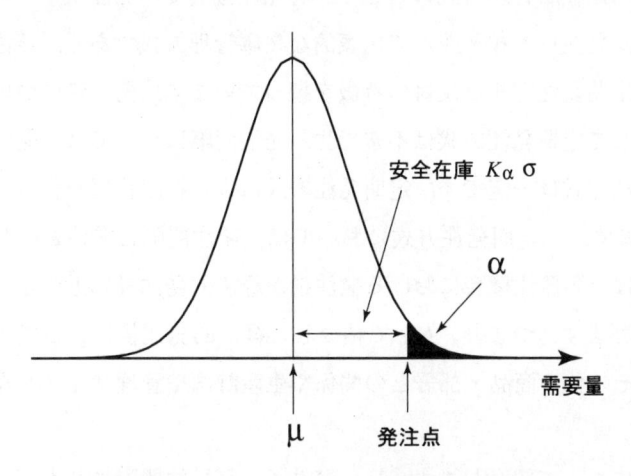

図 4.4　リードタイム中の需要と発注点

---
[1] 確率分布については 5 章の **Part B** を参照

従って，発注点はリードタイム中の需要量の平均に，次の式で与えられる安全在庫を加えた値となります．

$$安全在庫 = K_\alpha \cdot リードタイム中の需要量の標準偏差$$

ただし，K_α は安全係数と呼ばれるもので，α の値により表 4.1 のような値をとります．

表 4.1 安全係数

α	0.20	0.15	0.10	0.05	0.01	0.005
K_α	0.84	1.04	1.28	1.65	2.33	2.58

一方，発注量は，需要が確定的な場合と同様に発注回数に影響するため，年間需要量の平均を用いた A.2 の経済的発注量とします．

例題 4.1 を用いて，発注点方式を紹介します．EOQ 公式により求めた経済的発注量 179 個を発注量とします．過去の需要量を調べた結果，リードタイム 10 日間の需要量の平均は 55 個で標準偏差 4.2 ということが分かりました．そこで，在庫切れの起きる確率を 0.05 以下にするために，発注点は $55 + K_{0.05} * 4.2 \approx 62$（個）となります．

ここで紹介した発注点と発注量を決める方法は，それぞれを別々に決めるため，発注点が大きく，発注量が小さい場合には，手持ちの在庫量が，発注した商品が届いたとしても発注点を上回らないことが起きます．その場合には，手持ちの在庫量ではなく，発注したけれどもまだ届いていない分を手持ちの在庫量に加えた値を監視する在庫量とみて，その値が発注点まで減少したときに発注を行うようにします．

A.3.2 定期発注方式

発注間隔を一定にした在庫管理方式のことで，各発注機会での発注量は一定ではなく，在庫量に応じて変化します．発注点方式と並んで代表的な在庫管理方式であり，発注量と発注間隔に関して，発注点方式と定期発注方式は反対の特徴を持っています．発注量については，発注点方式は一定であるのに対して定期発注方式は不定です．発注間隔については，発注点方式は不定であるのに対して定期発注方式は一定です．定期発注方式による在庫管理を行った際の在庫量の推移の例を図 4.5 に示します．　定期発注方式においては，発注間隔と発注量の 2 つを決める必要があります．発注間隔は，各発注機会における発注量が経済的発注量に近い量になるように発注間隔を設定することにします．つまり，A.2 で紹介した経済的発注量によって決まる発注間隔を設定します．ただし，その他の商品・部署との関係や生産計画や管理サイクルなどによって決める場合もあります．

次に発注量の設定について紹介します．リードタイムが発注間隔よりも短い場合は，発注時点のおける手持ちの在庫量に発注量を加えた量で，発注間隔にリードタイムを加えた期間（発注間

第 4 章　在庫管理

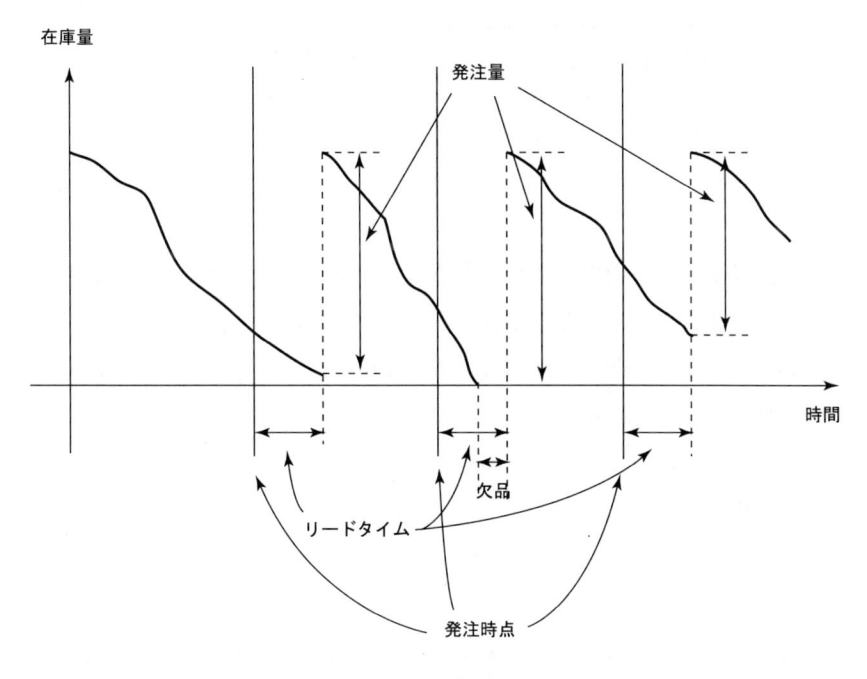

図 4.5　定期発注方式による在庫量の推移

隔＋リードタイム）中の需要に対応できるように，発注量を決めます．このとき，発注点方式のときに説明したのと同様に，需要の不確実性による在庫切れを考慮する必要があります．具体的には，在庫切れの起きる確率を α 以下にするときの発注量は，（発注間隔＋リードタイム）中の需要量の平均に安全在庫を加えた量から発注時点における手持ちの在庫量を引いた値となります．ここで，

安全在庫 $= K_\alpha \cdot$（発注間隔＋リードタイム）中の需要量の標準偏差

です．次に，リードタイムが発注間隔よりも長い場合は，各発注機会において，過去に発注したものでまだ入荷されていない分（発注残）があるため，その分を考慮に入れて，発注量は，（発注間隔＋リードタイム）中の需要量の平均に安全在庫を加えた量から発注時点における手持ちの在庫量と発注残を引いた値となります．安全在庫は，リードタイムが発注間隔よりも短い場合と同様に設定します．

Part B 定式化に必要な数学

B.1 微分法

関数の値がどのように変化するのかに興味があることがあります．例えば，経済的発注量のモデルにおいて，発注量を変化させることで総費用が変化するため，総費用が最も小さくなるような発注量を求めたいというときなどです．関数の値の変化を調べる有力な方法に微分法があります．ここではその微分法について紹介します．

関数のグラフが滑らかな曲線を描くとき，微分するというのはその曲線の各点における接線の傾きを求めることに相当します．

2次関数 $y = \frac{1}{2}x^2$ を例として考えます．原点付近では x の変化に対する y の変化は緩やかであるけれども原点から遠ざかるにつれて x の変化に対する y の変化は大きくなっていきます．今，点 A $(1, \frac{1}{2})$ と点 A から h だけ x の値が大きい $y = \frac{1}{2}x^2$ 上の点 B $(1+h, \frac{1}{2}(1+h)^2)$ をとります．点 A, B を通る直線 AB の傾きは，

$$\frac{y の変化量}{x の変化量} = \frac{\frac{1}{2}(1+h)^2 - \frac{1}{2}}{(1+h) - 1} = \frac{h + \frac{1}{2}h^2}{h} = 1 + \frac{1}{2}h$$

であり，点 B と点 A との間が限りなく小さくなるとき，つまり，h の値が限りなく小さくなるとき，直線 AB は傾きが 1 である直線 m に近づいていきます．この直線 m のことを点 A における関数 $y = \frac{1}{2}x^2$ の接線といいます．そして，この接線の傾きのことを $y = \frac{1}{2}x^2$ の点 A における微分係数といいます．

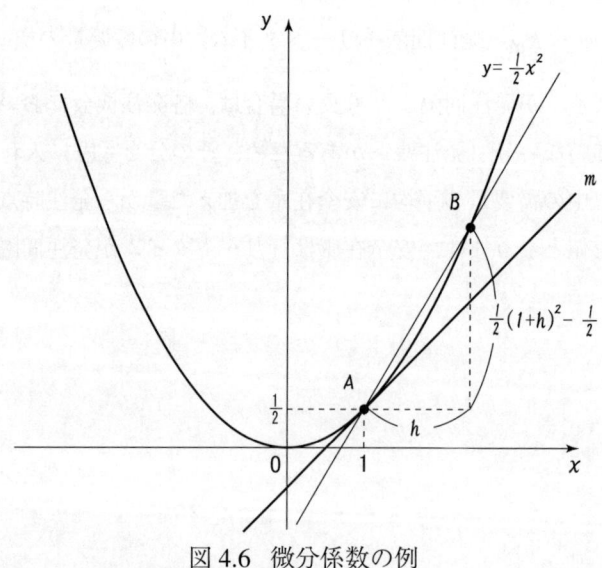

図 4.6 微分係数の例

上で h を限りなくゼロに近づけるという操作を考えました．微分を考える上でこのような操作を理解しておく必要があります．そこで，微分の定義に詳しく入る前に極限について説明します．

B.1.1 極限

まず最初は，簡単な以下の2つの例を考えます．

例1 $f(x) = x+1$ とします．x が 0 に近づくとき，$f(x)$ の値は 1 に近づくことがわかります．このとき，x が 0 に近づくときの $f(x) = x+1$ の極限値は 1 であるといいます．

例2 $f(x) = x^2 + x + 2$ とします．x が 1 に近づくとき，$f(x)$ の値は 4 に近づくことがわかります．このとき，x が 1 に近づくときの $f(x) = x^2 + x + 2$ の極限値は 4 であるといいます．

一般的な関数については以下のように定義されます．

関数 $f(x)$ において，独立変数 x が c と異なる値をとりながら限りなく c に近づくときに，$f(x)$ の値がある定数 a に限りなく近づくならば，$x \to c$ のときの $f(x)$ の**極限**または**極限値**は a であるといい，

$$\lim_{x \to c} f(x) = a \quad \text{または} \quad x \to c \text{ のとき } f(x) \to a$$

と表します．ここで，変数 x が c と異なる値をとりながら c に近づいていくという点に注意します．例えば，$f(x) = \dfrac{x^2 - x}{x - 1}$ で，$x \to 1$ のときの $f(x)$ の極限値を考えると，

$$\lim_{x \to 1} \frac{x^2 - x}{x - 1} = \lim_{x \to 1} x = 1$$

となります．x は 1 と異なる値をとりながら 1 に近づいていくので，$x^2 - x$ を $x - 1$ で割ることができ，$\dfrac{x^2 - x}{x - 1} = x$ となり，極限値が 1 であることが分かります．

x の c への近づけ方はいろいろと考えらます．x を c より小さい値をとりながら c に近づけるとき，$x \uparrow c$ と表し，逆に c より大きい値をとりながら c に近づけるとき，$x \downarrow c$ と表します．

次に，変数 x が c と異なる値をとりながら c に近づくとき，$f(x)$ の値がある定数に近づかない場合として，$f(x)$ が限りなく大きくなる場合と $f(x)$ が負の値をとりながら絶対値が限りなく大きくなる場合の2つを考えます．前者の場合は，$x \to c$ のとき $f(x)$ は正の無限大に発散するといい，

$$\lim_{x \to c} f(x) = +\infty \quad \text{または} \quad x \to c \text{ のとき } f(x) \to +\infty$$

と表します．後者の場合は，$x \to c$ のとき $f(x)$ は負の無限大に発散するといい，

$$\lim_{x \to c} f(x) = -\infty \quad \text{または} \quad x \to c \text{ のとき } f(x) \to -\infty$$

と表します．

（問1）次の極限値を求めなさい．

(1) $\lim_{x \to 1}(2x^3 - x + 1)$　　(2) $\lim_{x \to 1} \dfrac{x^2 - 1}{x - 1}$　　(3) $\lim_{x \to 2} \dfrac{2}{(x-2)^2}$

(4) $\lim_{x \to 0}\left(x - \dfrac{1}{x}\right)$　　(5) $\lim_{x \uparrow 1} \dfrac{2}{x - 1}$　　(6) $\lim_{x \downarrow 1} \dfrac{2}{x - 1}$

上では，変数 x がある定数 c に近づいていく場合を考えていましたが，x が正の無限大に発散していく場合や負の無限大に発散していく場合についても，同様に考えることができ，同様な表現を用いることにします．例えば，x が正の無限大に発散するとき，$f(x) = x^2$ は正の無限大に発散します．これを

$$\lim_{x \to +\infty} x^2 = +\infty$$

と表します．

B.1.2 連続関数

関数の重要な特徴の一つに連続性があります．図 4.7 は連続な関数のグラフを図 4.8 は不連続な関数のグラフをそれぞれ表しています．連続な関数のグラフは切れ目無くつながっています．

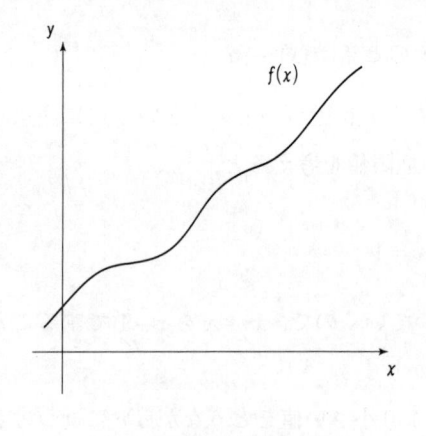

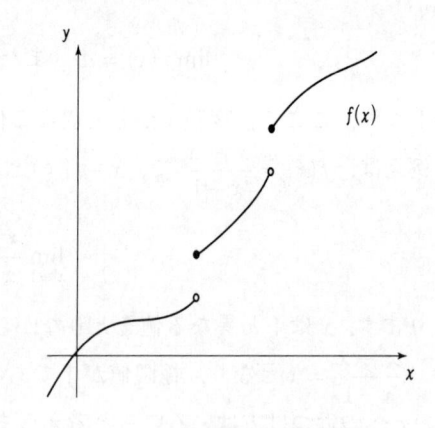

図 4.7 連続な関数の例 図 4.8 不連続な関数の例

数学的に連続性を定義すると次のようになります．関数 $f(x)$ が $x = c$ で値 $f(c)$ をとり，それが $x \to c$ のときの $f(x)$ の極限 $\lim_{x \to c} f(x)$ と等しいとき，$f(x)$ は $x = c$ で**連続**であるといいます．そして，関数 $f(x)$ が区間 I 上のすべての点において連続であるとき，$f(x)$ は I 上で連続であるといいます．

B.1.3 微分と導関数

区間 I 上で定義された関数 $y = f(x)$ に関して，x が a から $a+h$ に変化したときの関数の値 y の変化が $f(a+h) - f(a)$ であるから，x の変化量に対する y の変化量の比（変化率という）は

$$\frac{f(a+h) - f(a)}{h}$$

です．そして，x の変化量 h を限りなくゼロに近づけたときの変化率の極限値

$$\lim_{h \to 0} \frac{f(a+h) - f(a)}{h} \tag{4.1}$$

のことを，$f(x)$ の $x=a$ における**微分係数**といいます．

図 4.9 のように点 A と点 B を通る直線 m を考えます．点 A と点 B の x 座標の値をそれぞれ a と $a+h$ とします．そのとき，点 B を限りなく点 A に近づけていったときに，直線 m がある直線に限りなく近づいていきます．その直線を l と表すとすると，関数 $y=f(x)$ の $x=a$ での微分係数とは，直線 l の傾きのことです．

微分係数 (4.1) が存在するとき，$f(x)$ は $x=a$ で**微分可能**であるといいます．$f(x)$ が区間 I のすべての点において微分可能であるとき，$f(x)$ は区間 I で微分可能であるといいます．そして，x の各点と微分係数とを対応させる関数のことを**導関数**といい，

$$f'(x),\ y',\ \frac{dy}{dx},\ \frac{df(x)}{dx},\ \frac{d}{dx}f(x)$$

と表します．また，関数の導関数を求めることを，関数を微分するといいます．

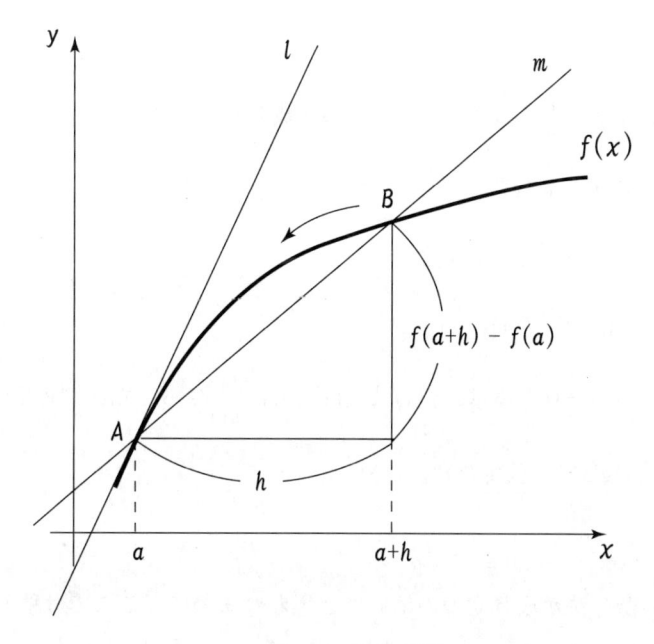

図 4.9 微分係数

例 3 $f(x)=a$ の導関数を定義に従って考えてみると，微分係数の定義より，

$$f'(x)=\lim_{h\to 0}\frac{a-a}{h}=\lim_{h\to 0}0=0$$

となり，x の値によらず常に 0 です．このことは，$f(x)=a$ のグラフが x 軸と水平な直線であり，その傾きが 0 であることに対応しています．

例 4 $f(x)=ax$ の導関数を定義に従って考えてみると，微分係数の定義より，

$$f'(x)=\lim_{h\to 0}\frac{a(x+h)-ax}{h}=\lim_{h\to 0}\frac{ah}{h}=\lim_{h\to 0}a=a$$

となり，x の値によらず常に一定です．このことは，$f(x) = ax$ のグラフは直線であり，その傾きが a であることに対応しています．

例 5 $f(x) = ax^2$ の導関数を定義に従って考えてみると，微分係数の定義より，

$$f'(x) = \lim_{h \to 0} \frac{a(x+h)^2 - ax^2}{h} = \lim_{h \to 0} \frac{2axh + ah^2}{h} = \lim_{h \to 0} 2ax + h = 2ax$$

となります．$f(x) = ax^2$ の微分係数は x の値によって変わります．

B.1.4 微分の方法

一見複雑に見える関数でも，簡単な関数の組合せで作られている場合がしばしばあります．そこで，関数が組み合わされている場合の微分の方法について紹介します．

(1) 和，定数倍，積，商の微分法

2 つの関数 $f(x)$ と $g(x)$ に関して，$f(x)$ と $g(x)$ が区間 I で微分可能ならば，それらの和，定数倍，積もまた区間 I で微分可能であり，以下の関係が成り立ちます．

- $(f(x) + g(x))' = f'(x) + g'(x)$
- $(cf(x))' = cf'(x)$，ただし，c は定数
- $(f(x)g(x))' = f'(x)g(x) + f(x)g'(x)$

また，$g(x)$ が区間 I で $g(x) \neq 0$ ならば，$f(x)$ と $g(x)$ の商 $\dfrac{f(x)}{g(x)}$ もまた区間 I で微分可能であり，

- $\left(\dfrac{f(x)}{g(x)}\right)' = \dfrac{f'(x)g(x) - f(x)g'(x)}{(g(x))^2}$

となります．

和と定数倍に関する微分法が成り立つのはいいと思われるので，ここでは積と商の微分法を証明します．任意の $h > 0$ に対して，

$$\begin{aligned}
&f(x+h)g(x+h) - f(x)g(x) \\
&= f(x+h)g(x+h) - f(x)g(x+h) + f(x)g(x+h) - f(x)g(x) \\
&= (f(x+h) - f(x))g(x+h) + f(x)(g(x+h) - g(x))
\end{aligned}$$

であるから，

$$\begin{aligned}
&\frac{f(x+h)g(x+h) - f(x)g(x)}{h} \\
&= \frac{f(x+h) - f(x)}{h} \cdot g(x+h) + f(x) \cdot \frac{g(x+h) - g(x)}{h}
\end{aligned}$$

となります．ここで，$h \to 0$ とすると，左辺の極限値は $f'(x)g(x) + f(x)g'(x)$ となります．

次に商の微分法を証明します．$h(x) = \dfrac{f(x)}{g(x)}$ とおくと，$f(x) = h(x)g(x)$ です．両辺を x について微分すると，積の微分法により

$$f'(x) = h'(x)g(x) + h(x)g'(x)$$

となります．この式を変形すると，

$$h'(x) = \frac{f'(x) - h(x)g'(x)}{g(x)} = \frac{f'(x) - \dfrac{f(x)}{g(x)} \cdot g'(x)}{g(x)} = \frac{f'(x)g(x) - f(x)g'(x)}{(g(x))^2}$$

となり，商の微分法が示されます．

例6 $f(x) = ax^2 + bx + c$ の導関数を考えます．$f(x)$ は，ax^2, bx, c の3つの関数の和であるので，関数の和の導関数に関する結果から，

$$f'(x) = 2ax + b + 0 = 2ax + b$$

となります．

例7 $f(x) = ax^3$ の導関数を考えます．$f(x)$ は，ax^2 と x の積であることから，関数の積の導関数に関する結果から，

$$f'(x) = (2ax)(x) + (ax^2)(1) = 3ax^2$$

となります．

例8 例7において ax^3 の導関数が分かったので，同様にして，$ax^4, ax^5, \ldots,$ の導関数を求めることができます．その結果，任意の自然数 n に対して，$f(x) = ax^n$ の導関数が

$$f'(x) = nax^{n-1} \tag{4.2}$$

となることが分かります．

(2) 合成関数の微分法

関数 $u = g(x)$ が区間 I で定義されており，関数 $y = f(u)$ は関数 $g(x)$ の値域で定義されているとします．そのとき，$y = f(g(x))$ を合成関数といいます．関数 $y = f(u)$ が u に関して微分可能であり，関数 $u = g(x)$ が x に関して微分可能であるとき，合成関数 $y = f(g(x))$ も微分可能であり，

$$\frac{dy}{dx} = f'(g(x)) \cdot g'(x)$$

で与えられます．または

$$\frac{dy}{dx} = \frac{dy}{du}\frac{du}{dx}$$

と表すこともあります．

例 9 $y = (2x+1)^4$ の導関数を考えます．$(2x+1)^4$ を展開してから導関数を求めることもできますが，$f(x) = x^4, g(x) = 2x+1$ とおくと，$y = f(g(x))$ と表されることから，合成関数の微分より，

$$y' = \frac{dy}{dx} = f'(g(x)) \cdot g'(x) = 4(2x+1)^3 \cdot 2 = 8(2x+1)^3$$

となります．

(3) 逆関数の微分法

関数 $f(x)$ の逆関数が存在するとし，それを $f^{-1}(x)$ と表します．今，この逆関数 $y = f^{-1}(x)$ の導関数を考えます．ここで，

$$x = f(y)$$

という関係が成り立ちます．この式の両辺を x で微分すると，

$$1 = \frac{df(y)}{dx} \tag{4.3}$$

となります．右辺は合成関数の微分を行うことで，

$$\frac{df(y)}{dx} = \frac{df(y)}{dy} \cdot \frac{dy}{dx}$$

となり，(4.3) 式から，

$$1 = \frac{df(y)}{dy} \cdot \frac{dy}{dx}$$

です．したがって，

$$\frac{dy}{dx} = \frac{1}{\frac{dx}{dy}}$$

となります．

(問 2) 次の関数を微分しなさい．

(1) $y = 2x^3 + x^2 - 2x + 1$ (2) $y = (x^2+1)(x+1)(2x-3)$ (3) $y = \dfrac{x^2-1}{2x+1}$

(4) $y = (3x-1)^4$ (5) $y = \dfrac{1}{(x+2)^4}$ (6) $y = \sqrt{2x^2+1}$

B.1.5 高次導関数

関数 $y = f(x)$ の導関数 $f'(x)$ もまた x の関数であることから，その導関数を考えることができます．つまり，導関数 $f'(x)$ の導関数を考えます．それを $y = f(x)$ の **2 次導関数**といい，

$$f''(x),\ y'',\ \frac{d^2y}{dx^2},\ \frac{d^2f(x)}{dx^2},\ \frac{d^2}{dx^2}f(x)$$

と表します．2次導関数が存在するとき，$f(x)$ は 2 回微分可能であるといいます．また同様に，3 次導関数や 4 次導関数も定義され，一般に n 次導関数も定義されます．n 次導関数を

$$f^{(n)}(x),\ y^{(n)},\ \frac{d^n y}{dx^n},\ \frac{d^n f(x)}{dx^n},\ \frac{d^n}{dx^n}f(x)$$

と表します．そして，n 次導関数が存在するとき，$f(x)$ は n 回微分可能であるといいます．

(問 3) 次の関数の 2 次導関数を求めなさい．

(1) $y = 2x^3 + x^2 - 2x + 1$　　(2) $y = \dfrac{1}{x+1}$　　(3) $y = \sqrt{x-1}$

B.2 微分法の応用

微分法を用いることで関数の値の変化を調べることができます．例えば，各点における微分係数の正負を調べることにより，その点において関数が増加しているか，減少しているかを判定できます．また，2 次導関数の正負を調べることで，その点において関数が極大・極小であるかも判定できます．

関数の値の変化を調べるときの基本となる以下の定理が成り立ちます．図 4.10 を見れば定理の内容は明らかでしょう．証明は省略します．

定理 1（平均値の定理） 関数 $f(x)$ が閉区間 $[a,b]$ で連続で，開区間 (a,b) で微分可能であるとき，次の式を満たす点 c が存在する．

$$\frac{f(b)-f(a)}{b-a} = f'(c) \quad (a<c<b)$$

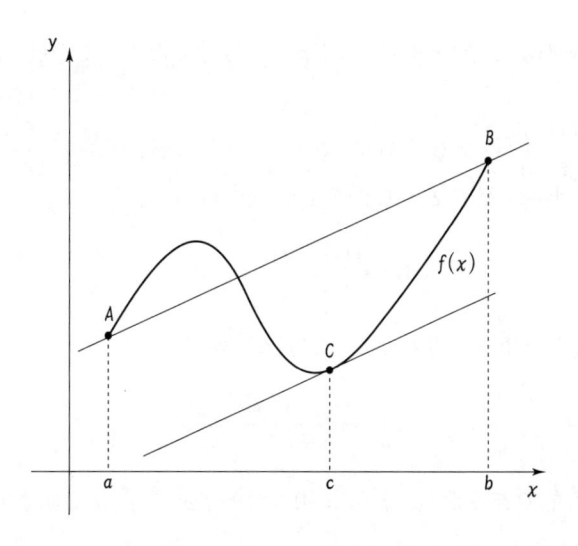

図 4.10 平均値の定理

B.2.1 極値

関数 $f(x)$ において,開区間 I の点 a の十分近くのすべての点 $x(\neq a)$ に対して,

$f(x) < f(a)$ ならば,$f(x)$ は $x = a$ で**極大**であるといい,$f(a)$ を**極大値**といいます,

$f(x) > f(a)$ ならば,$f(x)$ は $x = a$ で**極小**であるといい,$f(a)$ を**極小値**といいます.

そして,極大値と極小値をまとめて**極値**といいます.図 4.11 の点 A は極大であり,点 B は極小です.点 C は極大でも極小でもありません.

> **定理 2** 関数 $f(x)$ は開区間 I で微分可能であるとする.そのとき,$f(x)$ が開区間 I の点 a で極大または極小となるならば,$f'(a) = 0$ である.

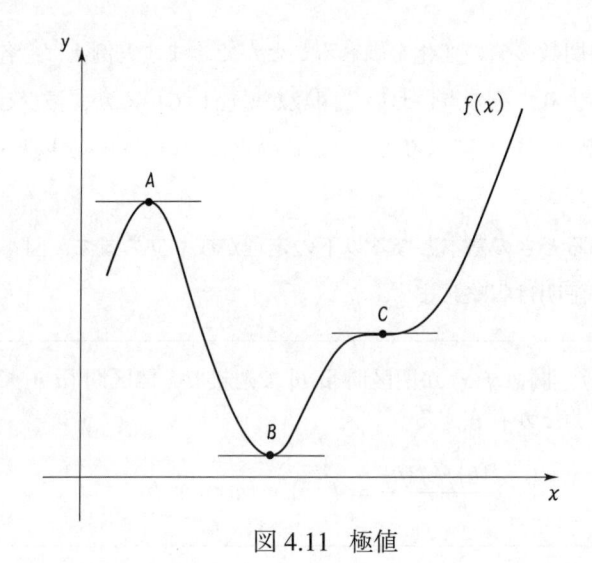

図 4.11 極値

(証明)$f(x)$ が点 a で極大であるとき,$x \neq a$ である a の十分近くのすべての点 x に対して,$f(x) < f(a)$ です.

(i) $x < a$ のとき,$\dfrac{f(x) - f(a)}{x - a} > 0$ であり,(ii) $x > a$ のとき,$\dfrac{f(x) - f(a)}{x - a} < 0$ です.

従って,x を a よりも小さい値をとりながら a に近づけると,

$$\lim_{x \uparrow a} \frac{f(x) - f(a)}{x - a} \geq 0$$

であり,x を a よりも大きな値をとりながら a に近づけると,

$$\lim_{x \downarrow a} \frac{f(x) - f(a)}{x - a} \leq 0$$

です.$f(x)$ が a で微分可能であるから,$f'(a) = 0$ です.$f(x)$ が点 a で極小であるときも同様に示されます.

(証明終)

B.2.2 関数の増減

関数 $f(x)$ がある区間において増加しているのか，減少しているのかは，導関数 $f'(x)$ の値の正負を調べることで分かります．

> **定理 3** 関数 $f(x)$ が開区間 I において微分可能であるとき，
> 1. 区間 I で $f'(x) > 0$ ならば，$f(x)$ は区間 I 上で増加している．
> 2. 区間 I で $f'(x) < 0$ ならば，$f(x)$ は区間 I 上で減少している．
> 3. 区間 I で $f'(x) = 0$ ならば，$f(x)$ は区間 I 上で一定である．

（証明）区間 I の任意の 2 点 a, b ($a < b$) をとります．それらの点 a, b に対して，平均値の定理より，

$$\frac{f(b) - f(a)}{b - a} = f'(c) \quad (a < c < b)$$

となる点 c が存在します．従って，

$$f(b) - f(a) = f'(c)(b - a)$$

であり，$f(b)$ と $f(a)$ の大小関係は $f'(c)$ の符号により決まります．よって，定理が成り立つことが分かります． (証明終)

上の定理により，導関数の正負を調べることで，関数が増加しているのか，または減少しているのかが判定できることが分かりました．そこで，関数の極値を調べます．例えば，関数 $f(x) = x^3 - 6x^2 + 9x$ の極値を調べてみます．導関数は

$$f'(x) = 3x^2 - 12x + 9 = 3(x^2 - 4x + 3) = 3(x - 1)(x - 3)$$

です．導関数がゼロになる，つまり，$f'(x) = 0$ となる点は，$x = 1, 3$ です．そこで，2 点 $x = 1, 3$ において関数 $f(x)$ が極小か，極大か，またはどちらでもないかを調べるために，2 点の前後で $f(x)$ がどのような変化をしているかを見ます．そこで，以下のような表を作成します．

x	$\cdots$	1	$\cdots$	3	$\cdots$
$f'(x)$	+	0	−	0	+
$f(x)$	↗	4	↘	0	↗

関数の極大値や極小値を求めたり，関数のグラフの概形を描いたりすることなどに用いられる，上のような表のことを**増減表**といいます．

（問 4）次の関数の増減を調べなさい．

(1) $y = x^3 - 3x^2 - 24x + 12$
(2) $y = 2x + \dfrac{1}{2x + 1}$ （ただし，$x \neq -\dfrac{1}{2}$）

B.2.3 2次導関数の符号と曲線，そして最大・最小

　導関数が正の値をとる範囲では，関数は増加しています．関数の中にはグラフを見ると，増加していても直線的に増加するのではなく，図 4.12 のように直線よりも大きく増加している曲線を描くものや，逆に，増加はしているけれども直線的ではなく，図 4.13 のように次第に増加の大きさが減少している曲線を描くものもある．それらの違いは，曲線の傾きがより大きくなっているか，つまり，導関数の値が次第に大きくなっているか，曲線の傾きが次第に減少しているか，つまり，導関数の値が次第に小さくなっているかの違いです．導関数が増加しているのか，減少しているのかを調べるには導関数の導関数の符号，つまり 2 次導関数の符号を調べれば分かります．同様なことが，導関数が負の値をとる範囲でも言えます．

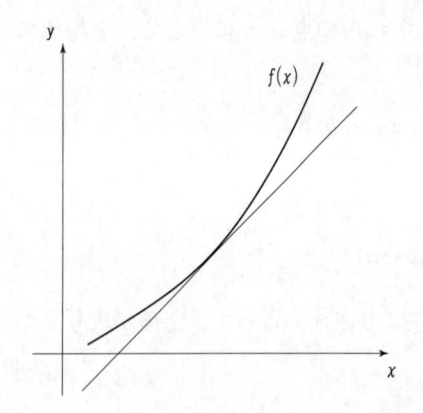

図 4.12　2 次導関数が正の値をとるとき　　　図 4.13　2 次導関数が負の値をとるとき

　ある区間において 2 次導関数の符号の正であるとき，その区間の任意の点のおける接線の上側に関数のグラフが位置することが分かります．同様に，2 次関数の符号が負であるときは，接線の下側に関数のグラフが位置します．このことを表しているのが以下の定理です．

定理 4　関数 $f(x)$ が開区間 I で 2 回微分可能であるとし，I の任意の点 a をとる．そのとき，

1. 区間 I において $f''(x) > 0$ のとき，$f(x) \geq f(a) + f'(a)(x-a)$，

2. 区間 I において $f''(x) < 0$ のとき，$f(x) \leq f(a) + f'(a)(x-a)$

である．

（証明）　1 を示します．$g(x) = f(x) - f(a) - f'(a)(x-a)$ とおくとき，区間 I において $g(x) \geq 0$ であることを示せば十分です．$g(x)$ を微分すると，

$$g'(x) = f'(x) - f'(a)$$

となります．区間 I において $f''(x) > 0$ であるから，$f'(x)$ は増加関数です．従って，(i) $x < a$ のと

第4章 在庫管理

き，$f'(x) \leq f'(a)$ であるから，$g'(x) \leq 0$ です．また，(ii) $x > a$ のとき，$f'(x) \geq f'(a)$ であるから，$g'(x) \geq 0$ です．従って，区間 I において，$g(x)$ は $x = a$ で最小となり，最小値は 0 であることが分かります．つまり，$g(x) \geq 0$ です．

2 は 1 と同様にして示されます． （証明終）

2次導関数の符号は関数の最大値または最小値を求める場合にも用いられます．ある区間において，関数 $f(x)$ の2次導関数の符号が正であるとき，1次導関数がゼロになる点において $f(x)$ が最小になることが分かります．同様に，2次導関数の符号が負であるとき，最大になります．このことを表しているのが以下の定理です．

> **定理5** 関数 $f(x)$ が開区間 I で 2 回微分可能であるとし，点 a を区間 I の点とする．そのとき，
> 1. 区間 I において $f''(x) > 0$ であり，かつ $f'(a) = 0$ ならば，$f(x)$ は $x = a$ で区間 I の最小値をとる．
> 2. 区間 I において $f''(x) < 0$ であり，かつ $f'(a) = 0$ ならば，$f(x)$ は $x = a$ で区間 I の最大値をとる．

（証明）1 を示します．上の定理により，区間 I において $f(x) \geq f(a) + f'(a)(x - a)$ です．今，$f'(a) = 0$ であるから，$f(x) \geq f(a)$ が成り立ちます．2 は 1 と同様にして示されます． （証明終）

Part C Excelによる解法

C.1 経済的発注量

ここでは，例題4.1に関する経済的発注量をEOQ公式により求めると同時に，EOQ公式だけでは見えない発注量と総費用の関係，例えば，発注量が経済的発注量から外れたときにどのように総費用が上昇するかなど，を視覚的に捉えるため，Excel上でグラフを描きます．

Step1. データの入力：

1回当たりの発注費用，1個当たり年間在庫保持費用，年間需要量のデータを入力します．

	A	B	C	D	E	F
1		文房具店における収納ボックスの発注計画				
2						
3		費用パラメータと年間需要量				
4		単位当たり年間在庫保持費用			100	
5		1回当たり発注費用			800	
6		年間需要量			2000	
7						

Excel 処理手順

費用パラメータの入力：

1個当たり年間在庫保持費用の値をE4に，1回当たりの発注費用の値をE5に，年間需要量の値をE6に入力します．

Step 2. 費用の計算：

発注量を30から500まで変化させたときの発注費用，在庫保持費用，総費用を計算します．

	A	B	C	D	E	F
8						
9			経済的発注量			
10		経済的発注量(EOQ)			179	
11						
12						
13			発注量と各種費用			
14		発注量	発注費用	在庫保持費用	総費用	
15		30	53333	1500	54833	
16		40	40000	2000	42000	
17		50	32000	2500	34500	
18		60	26667	3000	29667	
19		70	22857	3500	26357	
20		80	20000	4000	24000	
21		90	17778	4500	22278	
22		100	16000	5000	21000	
23		110	14545	5500	20045	

Excel 処理手順

(1) 想定される発注量の入力：

想定される発注量を適当な間隔で入力します．ここでは，B15..B62に最小値30から最大値500までを10間隔で入力します．

(2) 発注費用，在庫保持費用，総費用の計算：

次のように関数式を入力します．

C15 セル： =$E$5*$E$6/B15
D15 セル： =$E$4*B15 / 2
E15 セル： =C15+D15

(3) 複写元としてC15..E15を範囲選択

→ [編集] → [コピー]

(4) 複写先としてC16..E62を範囲選択

→ [編集] → [形式を選択して貼り付け]

→ [数式] → [OK]

(5) EOQ公式による経済的発注量の計算：

次のように関数式を入力します．

E10 セル： =SQRT(2*E5*E6/E4)

Step 3. グラフの作成：

Excelのグラフ機能を利用して，Step 2で作成したワークシート上の発注量と各費用の表からグラフを作成します．散布図を描きますが，詳しい描画方法は第6章を参照してください．

第 4 章　在庫管理

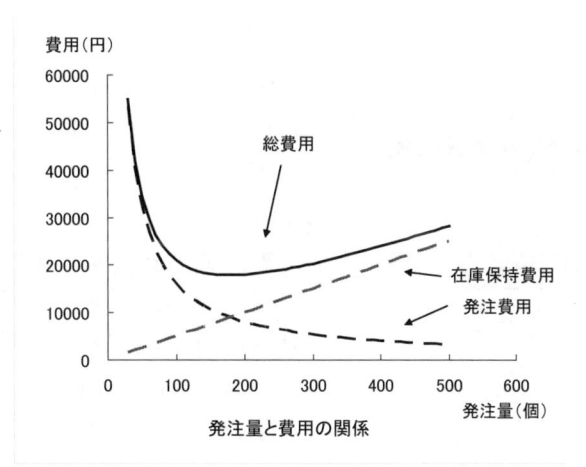

図 4.14　Excel で作成した例題の発注量と費用との関係を表すグラフ

C.2　発注点の計算

過去のデータからリードタイム中の需要量の平均値と標準偏差を推定し，いくつかの在庫切れ確率（サービス水準）に対する発注点を求めます．

Step 1. データの入力：

リードタイム中の需要量に関する過去のデータを入力します．

	A	B	C	D	E	F	G	H	I
1									
2		発注点方式における発注点の計算							
3									
4			リードタイム中の需要量に関する						
5			過去のデータ				安全係数		
6			No.	需要量			α	安全係数	
7			1	18			0.20	0.84	
8			2	19			0.15	1.04	
9			3	8			0.10	1.28	
10			4	16			0.05	1.65	
11			5	22			0.01	2.33	
12			6	11			0.005	2.58	
13			7	14					
14			8	14					
15			9	15					
16			10	8					

Excel 処理手順

(1) リードタイム中の需要量の入力：

リードタイム中の需要量に関する過去のデータを D7..D156 に入力します．

(2) 安全係数の入力：

在庫切れの確率 (α) を G7..G12 に，それらに対する安全係数を H7..H12 に入力します．

Step 2.　リードタイム中の需要量の平均値，分散，標準偏差の推定：

	F	G	H	I
16				
17		推定結果		
18		平均値	12.9	
19		分散	17.5	
20		標準偏差	4.2	
21				
22				

Excel 処理手順

データの平均値，分散，標準偏差をそれぞれ求めます．次のように関数式を入力します．

　　H18 セル：=AVERAGE(D7:D156)

　　H19 セル：=VAR(D7:D156)

　　H20 セル：=STDEV(D7:D156)

Step 3. 発注点の計算：

在庫切れ確率に対する発注点を求めます．

	F	G	H	I
22				
23		発注点の計算		
24		α	発注点	
25		0.20	16	
26		0.15	17	
27		0.10	18	
28		0.05	20	
29		0.01	23	
30		0.005	24	
31				
32				

Excel 処理手順

(1) **在庫切れ確率の表示**：安全係数の表に入力した在庫切れ確率 (α) の値を G25..G30 に表示します．

1-1) G25 セル：=G7 を記入

1-2) 記入した式を複写します．

・複写元：G25 セルを選択 → [編集] → [コピー]

・複写先：G26..G30 を選択 → [編集] → [形式を選択して貼り付け] → [数式] にチェック → [OK]

(2) **各在庫切れ確率に対する発注点の計算**：

2-1) H25 セル：=$H$18+H7*$H$20 を記入

2-2) 記入した関数式を複写します．

・複写元：H25 セルを選択 → [編集] → [コピー]

・複写先：H26..H30 を選択 → [編集] → [形式を選択して貼り付け] → [数式] にチェック → [OK]

演習問題

問 1 ある部品は，単価が 500 円で，1 個当たりの年間の在庫保持費用は単価の 10 パーセントである．その部品の年間の需要量は 5000 個である．また，毎回の発注には，5000 円がかかる．この部品の発注に関して，発注間隔を 1 ヶ月にした場合の発注量，平均在庫保持費用，平均発注費用，総費用をそれぞれ求めなさい．また，経済的発注量，平均在庫保持費用，平均発注費用，総費用をそれぞれ求めなさい．

問 2 単価が 8,000 円の商品の発注計画を考える．その商品の 1 個当たりの年間の在庫保持費用は 500 円であり，年間の需要量は 1,000 個である．また，毎回の発注には，30,000 円がかかる．このとき，経済的発注量，平均在庫保持費用，平均発注費用，総費用をそれぞれ求めなさい．

問 3 問題 2 の商品に対して，発注点方式による在庫管理を行うことを考える．リードタイムは 2 週間であり，リードタイム中の需要量の平均は 40 個，標準偏差は 10 である．このとき，発注点を求めなさい．

問 4 問題 2 の商品に対して，定期発注方式による在庫管理を行うことを考える．発注間隔を 1 ヶ月とする．リードタイムは 2 週間であり，(1 ヶ月 + 2 週間) の需要量の平均は 120 個，標準偏差は 17.3 である．ある発注機会において，手持ちの在庫量が 60 個であるときの発注量を求めなさい．

参考文献

1. 松田武彦，春日井博 共編，「生産・在庫管理とその実際」，培風館，1964
2. 水野幸男 著，「在庫管理入門」，日科技連，1974

第5章
待ち行列の現象

　切符の購入，現金の引き落とし，遊園地のアトラクション，レジでの精算など，何らかのサービスを受けようとして待たされる例はたくさんあります．また，最近では，インターネットを使って情報を集めたり，商品を購入したりするようになりましたが，そこでもボタンをクリックしてから応答があるまで待たされます．行列のできる店といったように，待たせることが宣伝になる場合もありますが，待つ事はそのサービスを受けようとする人にとって不快な事であり，一種の損失と捉えることができます．また，サービスを提供する側にとっても，客の心証を害するだけでなく，他店に客を取られる原因となることもあります．インターネットショッピングでは，数秒以内に応答を返さないと客が逃げるともいわれています．

　このような待ちを伴う混雑現象を分析するためのモデルとして待ち行列モデルがあります．この章では基本的な待ち行列モデルとそれを理解するために必要な確率論の基礎について説明します．この章の構成と読み方は次の通りです．

Part A 待ち行列モデルについては **A.1** と **A.2** に分けて説明します．**A.1** では，分析の対象となるシステムを待ち行列モデルとしてモデル化し，平均待ち時間などの公式を用いて性能を分析する方法について示します．この **A.1** を理解すれば **Part C** で Excel を使って具体的な計算ができるようになっています．**A.2** は待ち行列モデルの解析方法についての説明です．待ち行列モデルをより深く理解したい人のために，**A.1** で用いた公式の導出と，待ち行列モデルを分析する上で役に立つ性質について説明します．

Part B **B.1** では，確率を具体的に計算するときに必要となる順列と組合せについて説明します．**B.2**, **B.3**, **B.5** は，確率と確率変数についての理解を目的とした節です．特に **B.5** では連続的な値を取る確率変数についての補足説明をしてあります．**B.4** と **B.6** は第 5 章から第 7 章で用いる分布についての説明です．

Part C **C.1** では，最も基本的な待ち行列モデルである $M/M/1$ モデルについての理解をより深めるための数値計算例を示します．**C.2** では，**Part A** の説明で用いた数値計算を Excel で実行します．

Part A 問題の捉え方と定式化

A.1 サービスと待ち時間

この節では，サービスの質を表すひとつの尺度として待ち時間を捉え，それを分析するための方法についてみていきます．

A.1.1 オペレーター人数の決定問題から

例題 5.1 オペレーター人数を求める問題

> あるメーカーでは製品への質問・苦情を電話で受け付けるコールセンターを持っています．このコールセンターに導入されている電話の受け付けシステムでは，掛かってきた電話を空きのオペレーターへ順次繋ぐとともに，空きオペレーターがいない場合は音楽やメッセージを聞きながら待ってもらう仕組みをとっています．
>
> 最近，このコールセンターへの電話が，なかなか繋がらないという苦情がたくさん寄せられてきています．そこでオペレーターを増員することにしたのですが，いったい何人に増やせばよいのでしょうか．

(1) 待ち行列モデル

この問題を分析するために，図 5.1 のような概念図を書いてみます．ユーザーからの電話は初めに受け付けシステムへ接続されます．電話局とこの受け付けシステムを結ぶ電話回線には限りがありますので，そこの回線が混雑しているために電話が繋がりにくいという可能性もあります．ここでは苦情の内容から，受け付けシステムへ接続されたが，その後で非常に長く待たされたことが苦情の原因であったとします．受け付けシステムへ接続された電話はオペレーターと繋がるまで待つことになりますので，オペレーターとの会話待ちの行列が受け付けシステムの中にできていると仮想的に考えることができます．

図 5.2 はサービスを受けるために行列を作る仕組みを表したモデルです．このようなモデルを**待ち行列モデル**といいます．待ち行列モデルでは，オペレーターのようにサービスを提供するものを**サーバー**といい，サービスを要求するものを**客**といいます．また，待ち行列に到着してからサービスを受け始めるまでの時間を待ち時間といい，オペレーターに繋がるまでの時間はこの待ち時間に対応します．よって，待ち時間がどの程度になるのかを知るためには，この待ち行列モデルを解析すればよいことになります．

(2) サービスの質とコスト

オペレーターを増員すれば待ち時間が短くなるということは直感的に分かります．よって，ユー

第 5 章　待ち行列の現象

ザーの立場からは，待ち時間は短ければ短い程よいので，オペレーター人数は多ければ多い程よいことになります．しかし，メーカー側にとっては，オペレーター人数が多い程人件費が増えるので，オペレーター人数は少ない程よいことになります．このようにサービスの質(待ち時間)とコスト(人件費)は一般にトレードオフの関係にあり，両者を考慮した意思決定(オペレーター人数の決定)が必要となります．ひとつの考え方として，サービスの質についての許容基準を設け，その範囲内でコストを最小化するという方法が挙げられます．この方法に従うと，オペレーター人数の決定問題では，**待ち時間に関する許容基準の範囲内でオペレーター人数を最小化**すればよいことになります．

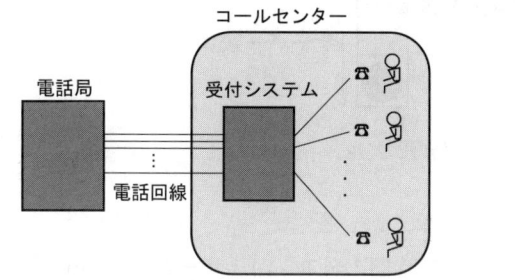

図 5.1　電話受け付けシステム　　　　図 5.2　待ち行列モデル

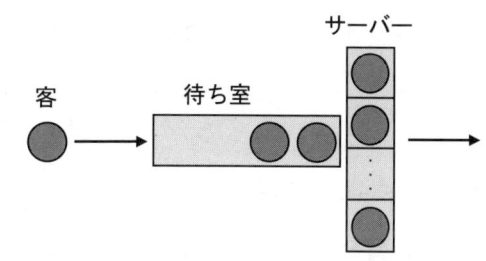

(3) 待ち時間と確率変数

ここで，待ち時間に関する許容基準を決めるという新たな問題が生じます．待ち時間は電話を掛けてきたユーザー毎に異なるものですが，それに対して共通の基準を設けなければなりません．典型的な方法としては，

(a) 平均待ち時間に対して基準を設ける方法，

(b) 許容できる時間の上限を決め，待ち時間がその値を超える確率に対して基準を設ける方法，

があります．これらの方法は，いずれも，待ち時間を**確率変数**(この章の **Part B** 参照)として捉えるところから出発しています．すなわち，典型的なユーザーの待ち時間を W_q とし，この W_q を確率変数であると考えるのです．(a) の方法では，平均待ち時間を $\bar{W}_q = E[W_q]$ で表し，平均待ち時間の基準値(上限値)を w_1 とすると，

$$\bar{W}_q \leq w_1$$

という条件を満たす範囲内で最小のオペレーター人数を求める問題を解くことになります．また，(b) の方法では，許容できる待ち時間の上限を w_2 とし，その値を超える確率の基準値(上限値)を α として，

$$P(W_q > w_2) \leq \alpha$$

という条件を満たす範囲内で最小のオペレーター人数を求める問題を解くことになります．よって，平均待ち時間や待ち時間の分布が計算できればオペレーター人数を求める問題を解決できることになります．そこで，次では，待ち時間の特徴と待ち時間分布などの計算方法を示します．

A.1.2 待ち行列モデルと待ち時間の計算公式

待ち行列モデルとは待ち時間などを分析するためのモデルの総称であり，さまざまな待ち行列モデルに対して平均待ち時間などを求める公式が得られています．そのため，分析したい対象をそのような待ち行列モデルに当てはめることで目的とする評価量を計算することができます．

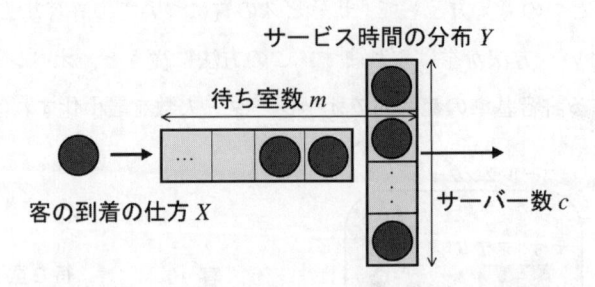

図 5.3 $X/Y/c/m$ モデル

(1) ケンドールの記号

待ち行列モデルは，客の到着の仕方 (X)，サービス時間の分布 (Y)，サーバー数 (c)，待ち室数 (m) によってモデルが特定されます (図 5.3 参照)．これらの要素を順番に / (スラッシュ) で区切って，$X/Y/c/m$ のように表記したのがケンドールの記号です．客の到着の仕方は，到着間隔が互いに独立で同一の分布に従うものとし，その到着間隔の分布で表すことにします．例えば，到着間隔が指数分布に従う場合，その到着の仕方を**ポアソン到着**といい，記号 M で表します．待ち行列モデルでは，サービスの量をサービスに費やされる時間の長さ (サービス時間) で測ります．このサービス時間については，各客のサービス時間が互いに独立で同一の分布に従うとし，そのサービス時間の分布を指定します．例えば，サービス時間が指数分布に従う場合，そのサービスを**指数サービス**といい，やはり記号 M で表します．待ち行列とサーバーを合わせたものをシステムまたは系といいます．待ち室数とはシステム内に入ることのできる最大の客数であり，ここではサービス中の客も含めた数とします．システム内に入ることのできる客数に制限がない場合 ($m = \infty$ の場合) は，待ち室数を省略して $X/Y/c$ と記述することもあります．後に扱う待ち行列モデルは，ポアソン到着，指数サービスでサーバー数が c，システム内に入ることのできる客数に制限のないモデルですが，これをケンドールの記号で表すと $M/M/c/\infty$ または略して $M/M/c$ となります．

(2) なぜ待ちが生じるのか

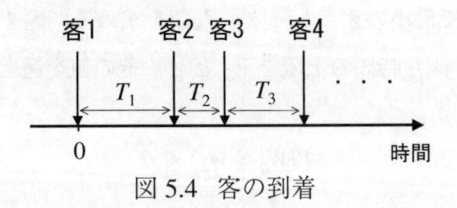

図 5.4 客の到着

待ち行列モデルの公式について述べる前に，待ちが生じる理由を簡単な例で見ていきます．まず，ある時刻に客が到着したとし，その時刻を時刻 0，その客の番号を 1 (客 1) とします (図 5.4)．時刻 0 より後に到着した客へ到着順に番号 $2, 3, \ldots$ を割り振り，$n = 1, 2, \ldots$ に対して，客 n と客

第 5 章 待ち行列の現象

$n+1$ の到着間隔を T_n で表します (図 5.4 参照). 到着間隔は一般に客毎に異なりますが, その平均を u とし, 平均到着間隔の逆数を $\lambda = 1/u$ とします. この λ は**到着率**と呼ばれ, 単位時間当たりに到着する客数の平均を表します. 次に, $n = 1, 2, \ldots$ に対して, 客 n のサービス時間を S_n とし, その平均を h, 平均サービス時間の逆数を $\mu = 1/h$ とします. この μ は**サービス率**と呼ばれ, 単位時間当たりにサービス可能な客数の平均を表しています. 到着率と平均サービス時間の積 $a = \lambda h$ を**トラヒック密度**といいます. トラヒック密度は,

$$a = \lambda h = (\text{単位時間当たりに到着した平均客数}) \times (\text{客一人当たりの平均サービス時間})$$

で与えられることから, 単位時間当たりに要求される総サービス量の平均であることが分かります. サーバー数を c とすると, この c 台のサーバーが単位時間当たりに処理できる最大のサービス量は c となります. よって, もし $a > c$ であれば, 処理しきれないサービスが時間とともに溜まっていき, 結果として非常に長い待ちを生じると考えられます. サーバー 1 台当たりのトラヒック密度 $\rho = a/c$ を**サーバー使用率**ともいいます.

表 5.1 到着間隔とサービス時間

例 1

n	1	2	3	4	5	6
T_n (分)	5	5	5	5	5	-
S_n (分)	4	4	4	4	4	4
W_n (分)	0	0	0	0	0	0

例 2

n	1	2	3	4	5	6
T_n (分)	2	1	5	10	7	-
S_n (分)	4	4	4	4	4	4
W_n (分)	0	2	5	4	0	0

例 3

n	1	2	3	4	5	6
T_n (分)	5	5	5	5	5	-
S_n (分)	11	5	2	2	2	2
W_n (分)	0	6	6	3	0	0

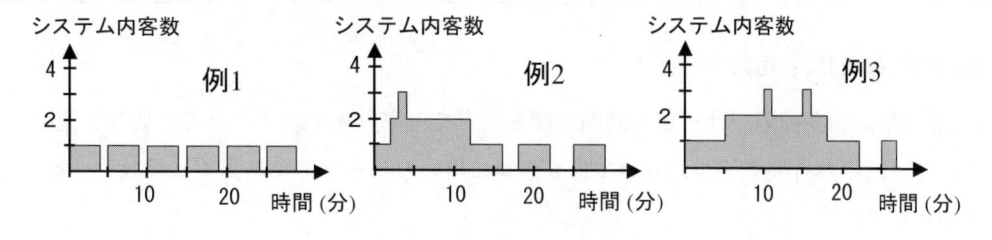

図 5.5 システム内客数の時間的推移

それでは, $a \leq c$ であれば待ちは生じないのでしょうか. それを確かめるために, サーバー数を 1 台とし ($c = 1$), 平均到着間隔が 5 分 ($u = 5$), 平均サービス時間が 4 分 ($h = 4$) の場合について簡単な例を考えてみることにします. もちろん, この場合は $a = 4/5 \leq 1 = c$ を満たします. 表 5.1 の例 1 は, ちょうど 5 分間隔で客が到着し, どの客もちょうど 4 分のサービスを受ける場合の例です. W_n は n 番目に到着した客の待ち時間ですが, サーバー数が 1 台であることから, この W_n

はリンドレイの式と呼ばれる次の漸化式を使って計算できます．

$$W_{n+1} = \max\{W_n + S_n - T_n, 0\}, n = 1, 2, \ldots$$

客 1 は待たずにサービスを受けられたとすると，$W_1 = 0$ となりますので，この漸化式を使って $W_1, W_2, \ldots$ と順次求めていけばよい訳です．例 1 では明らかに，どの客の待ち時間もゼロとなります．表 5.1 の例 2 は，どの客のサービス時間もちょうど 4 分ですが，到着間隔にばらつきがある場合の例です．この例では平均の到着間隔は 5 分であるにもかかわらず，前半に短い到着間隔で集中して客がやって来たため，待ちが生じているのが分かります．表 5.1 の例 3 は，到着間隔はちょうど 5 分ですが，客 1 のサービス時間が他に比べて非常に長かった場合の例です．この例では平均サービス時間が 4 分であるにもかかわらず，客 1 のために待ちが生じているのが分かります．図 5.5 は例 1 から例 3 についてシステム内客数 (システム内にいる客の数) の推移を表したものです．システム内客数から 1 を引いた数が待っている客の数ですので，この図からも例 2 と例 3 の混雑具合を知ることができます．以上のことより，到着間隔やサービス時間のばらつきが待ちを生み出すひとつの要因であることが分かります．よって，待ち時間を分析するためには到着間隔とサービス時間のばらつきを考慮することが重要となり，待ち行列モデルにおいて到着間隔やサービス時間の分布を考える理由もここにあります．

◇ **待ち時間を減らす方法**

> 到着間隔やサービス時間のばらつきが待ちの生じる原因であれば，なんらかの方法でそれを取り除けば待ち時間を減らすことができると期待されます．
>
> 例えば，歯科医院では予約制をとっているところがほとんどですが，これは一定間隔で客が到着するようにした仕組みと捉えることができます．また，銀行の ATM では引き出し専用の機械を設置しているところがありますが，これは振り込みなど時間の掛かるサービスを除外することでサービス時間のばらつきを小さくしていると捉えることができます．

(3) ポアソン到着と指数サービス

(2) では，到着間隔やサービス時間のばらつきを確率分布で表すことの必要性を説明しました．ここでは，待ち行列モデルにおいて最も頻繁に用いられるポアソン到着と指数サービスについて説明します．

到着間隔 T_n が平均 $u = 1/\lambda$ の指数分布

$$P(T_n \leq x) = 1 - e^{-\lambda x}$$

に従う到着の仕方を到着率 λ の**ポアソン到着**といいます (指数分布については **Part B** を参照)．ここで e は**ネピアの数** (Napier's number) と呼ばれる定数で $e = 2.71828\cdots$ という値を取ります．ポアソン到着は待ち行列モデルにおいて最も重要かつ頻繁に用いられる到着の仕方であり，ランダ

ム (ばらばら) に客が到着する場合を数学的に表したモデルとなっています．ここでランダムな到着とは次の 3 つの性質によって特徴付けされる到着の仕方です．

- 客の到着の仕方は時刻に依存しない (定常性)
- 将来の客の到着の仕方は過去における客の到着の仕方に無関係である (過去からの独立性)
- 十分短い区間内に 2 人以上の客が到着する確率は無視できる (希少性)

これらの性質の中で，過去からの独立性は，今までにたくさんの客が到着したからといってこれからもたくさんの客が到着するとは限らないし，あるいはその逆のことが起こるとも限らないことを意味しており，ポアソン到着の特徴を端的に表しています．

サービス時間 S_n が平均 $h = 1/\mu$ の指数分布

$$P(S_n \leq x) = 1 - e^{-\mu x}$$

に従う場合，そのサービスをサービス率 μ の**指数サービス**といいます．指数サービスも待ち行列モデルにおいて最も重要で頻繁に用いられるサービスのモデルであり，ランダムなサービス時間を数学的に表したものとなっています．ここでランダムなサービス時間とは，実行中のサービスがいつ終了するかは経過したサービス時間の長さに依存しないという性質を持ったサービス時間のことであり，**指数分布の無記憶性 (Part B 参照)** がそのもとにあります．

(4) $M/M/1$ モデルと $M/M/c$ モデルの公式

オペレーター人数を求める問題のように，待ち行列モデルは何らかのサービスを提供するシステムの評価に利用されます．そのため，次のような評価量が考えられます．

- 待ち行列長 L_q：待っている客の人数
- システム内客数 L：待っているまたはサービスを受けている客の合計人数
- 待ち時間 W_q：到着してからサービスが開始されるまでの時間
- 滞在時間 W：到着してからサービスを受けて退去するまでの時間，システム内時間ともいう

L_q, L, W_q, W はいずれも**定常状態 (A.2.4 参照)** においてそれらの量を表す確率変数とします．また，平均待ち行列長を $\bar{L}_q = E[L_q]$，平均システム内客数を $\bar{L} = E[L]$，平均待ち時間を $\bar{W}_q = E[W_q]$，平均滞在時間を $\bar{W} = E[W]$ とします．

到着率が λ，サービス率が μ である $M/M/1$ モデルに対して L と W_q の分布および $\bar{L}_q, \bar{L}, \bar{W}_q, \bar{W}$ は次で与えられます．ただし，サーバー使用率を $\rho = \lambda/\mu$ とし，$k = 0, 1, ...$ に対して $p_k = P(L = k)$ としました．

$$p_k = (1-\rho)\rho^k, \, k = 0, 1, ... \tag{5.1}$$

$$P(W_q \leq x) = 1 - \rho e^{-(\mu-\lambda)x}, x \geq 0 \tag{5.2}$$

$$\bar{L}_q = \frac{\rho^2}{1-\rho}, \quad \bar{L} = \frac{\rho}{1-\rho}, \quad \bar{W}_q = \frac{\rho}{\mu(1-\rho)}, \quad \bar{W} = \frac{1}{\mu(1-\rho)} \tag{5.3}$$

$M/M/1$ モデルに比べて式はかなり複雑になりますが (Excel を使えばこれらも計算できます)，到

着率が λ, サービス率が μ である $M/M/c$ モデルに対して L と W_q の分布および $\bar{L}_q, \bar{L}, \bar{W}_q, \bar{W}$ は次で与えられます. ただし, トラヒック密度を $a = \lambda/\mu$, サーバー使用率を $\rho = a/c$ とし, $k = 0, 1, ...$ に対して $p_k = P(L = k)$ としました.

$$p_0 = \left(\sum_{k=0}^{c-1} \frac{a^k}{k!} + \frac{a^c}{c!} \frac{1}{1-\rho} \right)^{-1} \tag{5.4}$$

$$p_k = \begin{cases} p_0 \dfrac{a^k}{k!}, & k = 1, 2, ..., c \\ p_0 \dfrac{a^c}{c!} \rho^{k-c}, & k = c+1, c+2, ... \end{cases} \tag{5.5}$$

$$P(W_q \leq x) = 1 - \frac{p_c}{1-\rho} e^{-(c\mu - \lambda)x}, x \geq 0 \tag{5.6}$$

$$\bar{L}_q = \frac{p_c \rho}{(1-\rho)^2}, \quad \bar{L} = \bar{L}_q + a, \quad \bar{W}_q = \frac{\bar{L}_q}{\lambda}, \quad \bar{W} = \bar{W}_q + h \tag{5.7}$$

A.1.3 オペレーター人数を求める問題の続き

(a) 平均待ち時間に対して基準を設ける場合

待ち時間とオペレータ人数の関係を求めるために, 条件を追加した次の問題を考えます.

例題 5.1 オペレーター人数を求める問題 (続き 1)

> 調査の結果, 掛かってくる電話の本数は 1 分当り 2 件, 1 件当りの平均応対時間は 5 分でした. また, 掛かってきた電話を待たせる時間は平均で 0.5 分 (30 秒) 以内にすることとしました. ポアソン到着に従って電話が掛かってきて, 応対時間が指数サービスに従うとして,
> (1) 必要なオペレーター人数を求めなさい. また, そのときの
> (2) オペレーターの稼働率 (電話応対をしている時間の割合) を求めなさい.
>
> ただし, 待つことのできる客数には制限がなく, 全ての客はオペレーターに繋がるまで辛抱強く待つものと仮定します.

この条件により, 電話の受け付けシステムは, ユーザーが掛けてくる電話を客, オペレーターをサーバーとした $M/M/c$ モデルとしてモデル化されます. よって, その平均待ち時間は公式 (5.7) を用いて計算することができます. $\lambda = 2, h = 5$ であることからトラヒック密度は $a = 10$ となりますので, サーバー数 c が 10 以下では待ち時間がどこまでも長くなってしまう可能性があります. そこで, サーバー数 c が 11 台以上の場合について平均待ち時間 $\bar{W}_q$ を求めてみたのが表 5.2 です (Excel を用いた計算の仕方については **Part C** を見て下さい).

表 5.2 オペレーター人数と平均待ち時間の関係

c (人)	11	12	13	14	15
$\bar{W}_q$ (分)	3.41	1.12	0.48	0.22	0.10

この表より，平均待ち時間が条件 $\bar{W}_q \leq 0.5$ を満たす範囲における最小のオペレーター人数は $c=13$ であることが分かります．また，この時のオペレーターの稼働率はサーバー使用率 $\rho = 10/13$ より約 77 % となります．**(b) 待ち時間が許容値を超える確率に対して基準を設ける場合**

モデルの条件は (a) と同じにして，オペレーター人数を求めるための基準を次のようにします．

例題 5.1 オペレーター人数を求める問題 (続き 2)

> 待たせる時間が 0.5 分 (30 秒) より長くなる客の割合を 1 割以下にするために必要なオペレーター人数を求めなさい．また，そのときのオペレーターの稼働率を求めなさい．

待たせる時間が 0.5 分より長くなる確率は $P(W_q > 0.5) = 1 - P(W_q \leq 0.5)$ ですので公式 (5.6) を用いて計算することができます．そこで，サーバー数 c が 11 台以上の場合について $P(W_q > 0.5)$ を求めてみたのが表 5.3 です (Excel を用いた計算の仕方については **Part C** を見て下さい)．この表より，待ち時間が 0.5 分より長くなる客の割合に関する条件 $P(W_q > 0.5) \leq 0.1$ を満たす範囲における最小のオペレーター人数は $c = 15$ であることが分かります．また，この時のオペレーターの稼働率は約 69 % となります．以上の結果より，平均待ち時間を 0.5 分以下とするよりも 0.5 分より長く待たされる人の割合を 1 割以下にする方がより多くのオペレーターが必要となることが分かります．それでは，オペレーター人数を $c = 13$ とした時，いったい何割の客が 0.5 分より長く待たされるのでしょうか．図 5.6 は $c = 13$ と $c = 15$ の場合について，$P(W_q > x)$ をグラフにしてみたものです．このグラフより，オペレーター人数が 13 人のときは 2 割以上の客が 0.5 分より長く待たされることが分かります．ちなみに，$c = 15$ の場合は $P(W_q > 0) \approx 0.1$ ですので，計算上は約 9 割の客が待たずにオペレーターへ繋がることになります．

表 5.3 オペレーター人数と待ち時間の補確率との関係

c (人)	11	12	13	14	15
$P(W_q > 0.5)$	0.62	0.37	0.21	0.12	0.06

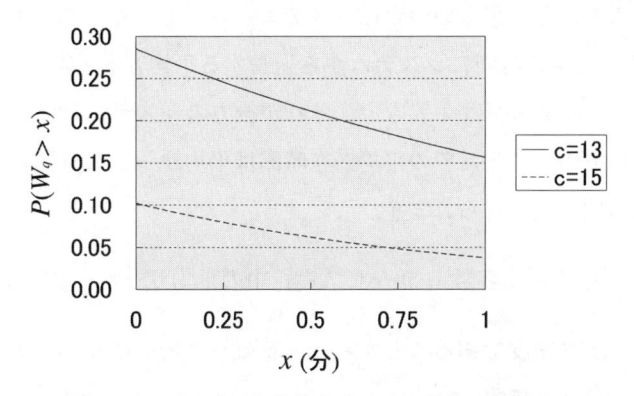

図 5.6 x 分より長く待たされる確率 ($M/M/c$)

A.2 待ち行列モデルの解析法

この節は，前節で用いた公式の導出過程について説明するものであり，待ち行列理論についてより深く理解したい読者を対象としています．

A.2.1 リトルの式

図 5.7 のように，客が外部から到着してシステム内へ入り，しばらく滞在してから退去するモデルを考えます．システムへの客の到着率を λ とし，システム内に滞在している平均客数 (平均システム内客数) を $\bar{L}$，客のシステム内における平均滞在時間を $\bar{W}$ とすると，これら 3 つの量の間には，関係式 $\bar{L} = \lambda \bar{W}$ が成り立ちます．この関係式をリトルの式 (**Little's formula**) といいます．

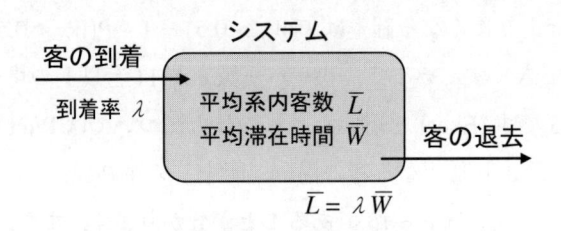

図 5.7 リトルの式

リトルの式より，到着率，平均システム内客数，平均滞在時間のうちどれか 2 つが分かれば他は簡単に求めることができます．また，リトルの式は，システム内部の構造やその中で客がどのような行動を取るのかに関係なく成り立つため，非常に応用範囲が広い式となっています．例えば，待ち行列モデル全体を一つのシステムと考えれば，リトルの式がそのまま，到着率，平均システム内客数，平均滞在時間の関係式となっています．さらに，待ち行列モデルを図 5.8 のように，待つ部分とサービスを受ける部分に分け，それぞれを一つのシステムと考えてリトルの式を用いることもできます．前方のシステム (待つ部分) からは，到着率 λ，平均待ち行列長 $\bar{L}_q$，平均待ち時間 $\bar{W}_q$ の関係式

$$\bar{L}_q = \lambda \bar{W}_q$$

が得られます．ところで，どの客もいつかはシステムから出ていくので，単位時間にシステムへ入る平均客数 (到着率) と単位時間にシステムから退去する平均客数 (退去率) は等しくなります．よって，前方のシステムの退去率は λ になり，それが後方のシステム (サービスを受ける部分) の到着率となります．後方のシステムでの平均滞在時間は平均サービス時間に等しいことから，リトルの式を用いて次の関係式が得られます．

$$\text{サービス中の平均客数} = \text{サービス実行中の平均サーバー数} = \lambda h = a$$

この式の右辺はトラヒック密度であることから，トラヒック密度はサーバーの稼動状況を表す尺度になっていることが分かります．

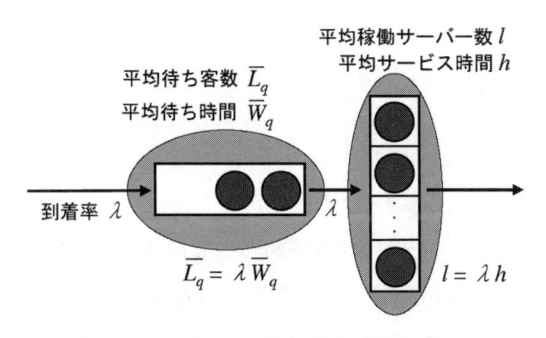

第5章 待ち行列の現象

図5.8 リトルの式と待ち行列モデル

A.2.2 PASTA

A.1.2 (2) で用いた例 1 を思い出してみて下さい．その例は，客が 5 分間隔で到着し，ちょうど 4 分間のサービスを受けて出ていくものでした (図 5.9 参照)．

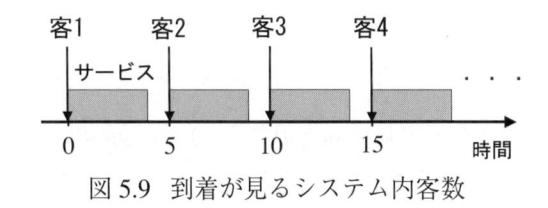

図 5.9 到着が見るシステム内客数

到着間隔 5 分間のうち 4 分間は客がサービスを受けているので，システム内客数 L の分布は，

$$P(L=0) = \frac{1}{5},\ P(L=1) = \frac{4}{5}$$

となります (システム内客数 L は，任意に選んだ時刻においてシステム内にいた客数に対応しています)．次に，客が到着した時点でシステム内にいた客数を L_A とすると，客が到着した時にはいつもシステム内客数はゼロであることから，

$$P(L_A = 0) = 1$$

となります．これは，任意に選んだ時刻における客数の分布と，客の到着時点における客数の分布は必ずしも一致しないことを示しています．一般的な言い方をすれば，**システムをどのようなタイミングで観察するかによって見え方が変わってしまうことがあり得る**ということになります．これに対して，ポアソン到着であれば，**任意時点における分布と到着時点における分布は常に一致する**という結果が得られています．ポアソン到着のこのような性質を **PASTA** (Poisson Arrivals See Time Average; ポアソン到着は時間平均を見る) といいます．ここで，時間平均とは，任意に選んだ時刻において観察した値と同じものと思って下さい．PASTA もリトルの式同様，待ち行列理論の重要な結果の一つです．例えば，$M/M/c$ モデルにおいて，到着した客が見い出すシステム内客数の分布は，任意時点におけるシステム内客数の分布と同じであることが PASTA より直ちに得られます．

A.2.3 $M/M/1$ モデル

到着率が λ, サービス率が μ である $M/M/1$ モデルに関する公式を導出します. 以下ではサーバー使用率を $\rho = \lambda/\mu$ とします.

(1) 定常状態

システム内にいる客数 (システム内客数) は時間とともに変化しますが, システム内客数が k 人である確率 ($k = 0, 1, 2, ...$) は時間が経過しても不変であるような状態を**定常状態**といい, その時の確率を**定常確率**といいます. 待ち行列モデルでは, 一般にこのような定常状態におけるシステムの挙動を分析します. これは, どのような状態から出発しても十分時間が経過した後では定常状態になることが理論的に示されており, ある程度長い時間に渡って運用されるシステムでは定常状態における分析が妥当であると考えられているからです. また, 定常状態は数学的に扱いやすいということも理由の一つです. 今まで扱ってきたシステム内客数 L や待ち時間 W_q などは全部定常状態における値 (確率変数) を考えています.

(2) システム内客数の定常分布

システム内客数が k 人である定常確率 ($k = 0, 1, 2, ...$) を $p_k = P(L = k)$ とし, この p_k を表す式を求めてみます. そのために, 定常確率 p_k が時間経過に対して不変だという性質を用いて p_k ($k = 0, 1, 2, ...$) に関する連立方程式を作り, その連立方程式を解いて p_k を求めることを考えます.

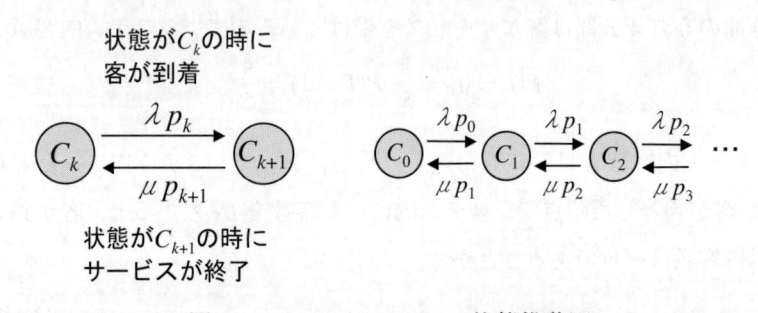

図 5.10 $M/M/1$ モデルの状態推移図

システム内客数が k 人であるという状態を C_k とします. ある時刻においてシステムが状態 C_k にある確率は定常確率 p_k であり, その状態で到着が起これば システム内客数は 1 増え, 状態は C_{k+1} へ移ります (図 5.10 左). よって, 状態 C_k から 状態 C_{k+1} へ移る率は, 状態 C_k である確率 p_k と到着が起こる率 λ の積 λp_k で与えられます. ここで, 率とは注目する事象が単位時間当たりに起こる平均回数を指します. 同様にして, 状態 C_{k+1} の時にサービスが終了すると状態は C_k へと移りますが (図 5.10 左), その移る率は, 状態 C_{k+1} である確率 p_{k+1} とサービスが終了する率 μ の積 μp_{k+1} で与えられます. 各状態間で状態が移る様子を図に表したのが図 5.10 の右側の図です. これを**状態推移図**といいます. 状態推移図上で, 例えば状態 C_2 に注目すると, 他の状態から状態 C_2 へ入ってくる率は $\lambda p_1 + \mu p_3$ であり, 状態 C_2 から他の状態へと出ていく率は $\lambda p_2 + \mu p_2$ となります. 定常状態では, システムが状態 C_2 にある確率は不変であることから, 状態 C_2 へ入っ

第5章 待ち行列の現象

てくる率と状態 C_2 から出ていく率はちょうどバランスしていると考えられます．このことから，p_1, p_2, p_3 に関する方程式

$$\lambda p_1 + \mu p_3 = \lambda p_2 + \mu p_2$$

が得られます．これを全ての状態に当てはめることで次の連立方程式が得られます．

$$\mu p_1 = \lambda p_0, \quad \lambda p_{k-1} + \mu p_{k+1} = \lambda p_k + \mu p_k, \, k = 1, 2, \ldots$$

この連立方程式は，p_0 を未知数として次のようにして解くことができます．まず初めの式より，

$$p_1 = \frac{\lambda}{\mu} p_0 = \rho p_0$$

が得られます．初めの式と，次の式で $k=1$ と置いたものから $\mu p_2 = \lambda p_1$ が得られ，これより，

$$p_2 = \rho p_1 = \rho^2 p_0$$

が得られます．以下，これをくり返すことで，$k = 1, 2, \ldots$ に対して，

$$p_k = \rho p_{k-1} = \rho^k p_0$$

を得ます．p_0 は確率の総和が 1 になるという性質から求めます．$\rho < 1$ であることを仮定すると，等比級数に関する公式 (第 1 章 **Part B** 参照) を用いて次が得られます．

$$\sum_{k=0}^{\infty} p_k = \sum_{k=0}^{\infty} \rho^k p_0 = \frac{1}{1-\rho} p_0 = 1$$

これより $p_0 = 1 - \rho$ が得られ，最終的に次の公式を得ます．

$$p_k = (1-\rho)\rho^k, \, k = 1, 2, \ldots$$

(3) 待ち時間の定常分布

ここでは先着順 (FIFO; First In First Out) でサービスを受けるものとします．システム内客数が k 人の時に到着した客の待ち時間 X_k は，待っている $k-1$ 人の客のサービス時間の和に，サービス中の客の残りサービス時間を加えたものとなります．ところで，指数分布の無記憶性より，サービス中の客の残りサービス時間も平均 $1/\mu$ の指数分布に従うことから，結果として，X_k は平均 $1/\mu$ の指数分布に従う k 個のサービス時間の和となります．指数分布の和が従う分布は**アーラン分布**と呼ばれ，今考えている場合について，その補分布は

$$P(X_k > x) = e^{-\mu x} \sum_{i=0}^{k-1} \frac{(\mu x)^i}{i!}$$

で与えられます．また，PASTA より，到着した客がシステム内に k 人の客を見い出す確率はシステム内客数の定常確率 p_k に一致します．よって，待ち時間の補分布は次で与えられます (詳しい

導出はこの節の終わりに補足として示します).

$$P(W > x) = \sum_{k=1}^{\infty} p_k P(X_k > x) = \rho e^{-(\mu-\lambda)x}$$

これより,待ち時間の分布関数は次のようになります.

$$P(W \leq x) = 1 - P(W > x) = 1 - \rho e^{-(\mu-\lambda)x}$$

(4) 各種評価量の期待値

平均システム内客数 $\bar{L}$ は先程求めた定常確率より次で与えられます (級数の和については第1章 Part B を参照).

$$\bar{L} = \sum_{k=0}^{\infty} k p_k = (1-\rho) \sum_{k=0}^{\infty} k \rho^k = \frac{\rho}{1-\rho}$$

平均システム内客数 $\bar{L}$ は平均待ち客数 $\bar{L}_q$ とサービス中の平均客数 ρ の和 $\bar{L} = \bar{L}_q + \rho$ で与えられます.これより,次が得られます.

$$\bar{L}_q = \bar{L} - \rho = \frac{\rho}{1-\rho} - \rho = \frac{\rho^2}{1-\rho}$$

平均滞在時間 $\bar{W}$ と平均待ち時間 $\bar{W}_q$ はリトルの式より次で与えられます.

$$\bar{W} = \frac{\bar{L}}{\lambda} = \frac{1}{\mu(1-\rho)}, \quad \bar{W}_q = \frac{\bar{L}_q}{\lambda} = \frac{\rho}{\mu(1-\rho)}$$

A.2.4 $M/M/c$ モデル

(1) システム内客数の定常分布

到着率が λ,サービス率が μ である $M/M/c$ モデルに関する公式も $M/M/1$ モデルの場合と同様にして求めることができます.以下ではトラヒック密度を $a = \lambda/\mu$,サーバー使用率を $\rho = a/c$ とします.$M/M/c$ モデルでは,サーバー数が c 台であるため,システム内に $k (\leq c)$ 人の客がいる場合はその k 人が同時にサービスを受けていますので,サービスが終了する率は $k\mu$ となります.c 人より多くの客がシステム内にいる場合 ($k > c$) は,ちょうど c 人が同時にサービスを受けているので,サービスが終了する率は $c\mu$ です.これらのことを考慮して,図 5.11 の状態推移図が得られます.

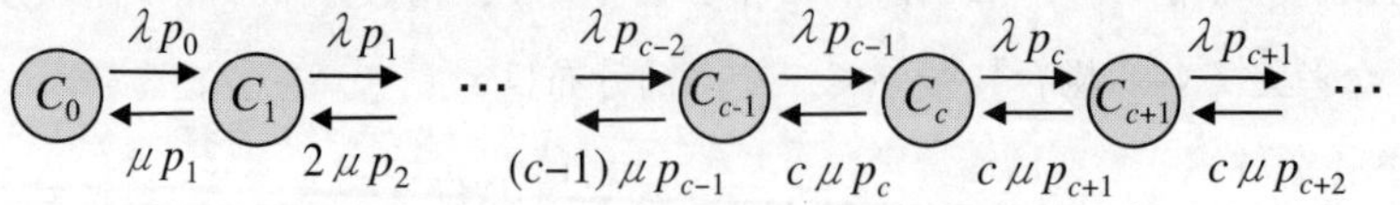

図 5.11 $M/M/c$ モデルの状態推移図

この状態推移図において,ある状態から出ていく率とその状態へ入ってくる率がバランスしているという条件からシステム内客数 L の定常確率に関する次の連立方程式が得られます.ただし,

第5章 待ち行列の現象

$p_k = P(L = k)$ としました．

$$\mu p_1 = \lambda p_0$$
$$\lambda p_{k-1} + (k+1)\mu p_{k+1} = \lambda p_k + k\mu p_k, \; k = 1, 2, ..., c-1$$
$$\lambda p_{k-1} + c\mu p_{k+1} = \lambda p_k + c\mu p_k, \; k = c, c+1, ...$$

$M/M/1$ モデルの場合と同様にして，この連立方程式から次の関係式を得ます．

$$p_k = \begin{cases} p_{k-1}\dfrac{a}{k}, & k = 1, 2, ..., c \\ p_{k-1}\dfrac{a}{c} = p_{k-1}\rho, & k = c+1, c+2, ... \end{cases}$$

よって，p_0 を未知数として次が得られます．

$$p_k = \begin{cases} p_0 \dfrac{a^k}{k!}, & k = 1, 2, ..., c-1 \\ p_0 \dfrac{a^c}{c!}\rho^{k-c}, & k = c, c+1, ... \end{cases}$$

さらに，確率の総和が1になるという性質から

$$\sum_{k=0}^{\infty} p_k = \sum_{k=0}^{c-1} p_0 \frac{a^k}{k!} + \sum_{k=c}^{\infty} p_0 \frac{a^c}{c!}\rho^{k-c} = p_0 \left(\sum_{k=0}^{c-1} \frac{a^k}{k!} + \frac{a^c}{c!} \frac{1}{1-\rho} \right) = 1$$

となるので，p_0 は次で与えられることが分かります．

$$p_0 = \left(\sum_{k=0}^{c-1} \frac{a^k}{k!} + \frac{a^c}{c!} \frac{1}{1-\rho} \right)^{-1}$$

(2) 待ち時間の定常分布

先着順 (FIFO) でサービスを受けるものとします．システム内客数が $k(\geq c)$ 人の時に到着した客の待ち時間 X_k は $k-c+1$ 人の客のサービスが終了するまでの時間になります．$k \geq c$ ですので全てのサーバーが稼働中となり，だれか一人の客のサービスが終了するまでの時間は平均 $1/(c\mu)$ の指数分布に従います．よって，X_k は次を補分布に持つアーラン分布に従います．

$$P(X_k > x) = e^{-c\mu x} \sum_{i=0}^{k-c} \frac{(c\mu x)^i}{i!}$$

これより，$M/M/1$ モデルの場合と同様にして，待ち時間の補分布は次で与えられることが分かります．

$$P(W > x) = \sum_{k=c}^{\infty} p_k P(X_k > x) = \frac{p_c}{1-\rho} e^{-(c\mu - \lambda)x}$$

待ち時間の分布関数は $P(W \leq x) = 1 - P(W > x)$ より得られます．

(3) 各種評価量の期待値

平均待ち客数 $\bar{L}_q$ は先程求めた定常確率より次で与えられます．

$$\bar{L}_q = \sum_{k=c+1}^{\infty} (k-c)p_k = p_c \sum_{k=c+1}^{\infty} (k-c)\rho^{k-c} = \frac{p_c \rho}{(1-\rho)^2}$$

平均システム内客数 $\bar{L}$ は関係式 $\bar{L} = \bar{L}_q + a$ より，平均待ち時間 $\bar{W}_q$ と平均滞在時間 $\bar{W}$ はリトルの式より得られます．

補足

e を底とする指数関数 e^x は，$e^x = \sum_{i=0}^{\infty} \dfrac{x^i}{i!}$ と級数展開できます．この関係式を用いることで，$M/M/1$ モデルについて $P(W > x)$ を表す式が次のようにして得られます．

$$\begin{aligned}
P(W > x) &= \sum_{k=1}^{\infty} (1-\rho)\rho^k e^{-\mu x} \sum_{i=0}^{k-1} \frac{(\mu x)^i}{i!} \\
&= (1-\rho) e^{-\mu x} \sum_{i=0}^{\infty} \frac{(\mu x)^i}{i!} \sum_{k=i+1}^{\infty} \rho^k \\
&= (1-\rho) e^{-\mu x} \sum_{i=0}^{\infty} \frac{(\mu x)^i}{i!} \frac{\rho^{i+1}}{1-\rho} \\
&= \rho e^{-\mu x} \sum_{i=0}^{\infty} \frac{(\lambda x)^i}{i!} = \rho e^{-(\mu-\lambda)x}
\end{aligned} \tag{5.8}$$

第 5 章 待ち行列の現象

Part B 定式化に必要な数学

経営科学では，ある商品の来期売上数，ある銘柄の月末における株価など，不確実性を伴う対象を相手に様々な分析を行います．ここでは，そのような分析に必要な確率論の基礎について入門的な解説をします．

B.1 順列と組合せ

場合の数から確率を求めるための準備として，順列と組合せについて説明します．

B.1.1 順列

1 から 5 までの数字の書いてある 5 枚のカードのうちの 3 枚を並べてできる 3 桁の整数はいくつあるかを考えます．そのために，百の位から順に使うカードを決めていくとします．百の位に使えるカードは 1 から 5 まで 5 通りあります．十の位には，すでに 1 枚のカードを使っていますので，残り 4 枚から選ぶことになり，4 通りになります．1 の位は残り 3 枚から選ぶことになり，3 通りになります．よって，

$$(\text{5 枚のカードのうちの 3 枚を並べてできる 3 桁の整数の数}) = 5 \times 4 \times 3 = 60$$

となります．このように，異なる n 個のものから r 個を選んで並べたものを**順列**といい，その総数を記号 $_n\mathrm{P}_r$ で表します．$_n\mathrm{P}_r$ を**順列の数**といいます．カードの例と同様にして，n 個のものから 1 個ずつ選んで並べていくと，1 個目の選び方は n 通り，2 個目は $n-1$ 通りと繰り返していき，最後の r 個目は $n-(r-1) = n-r+1$ 通りとなります．よって，

$$_n\mathrm{P}_r = n \times (n-1) \times \cdots \times (n-r+1)$$

が得られます．ところで，非負の整数 k に対して次で与えられる数を k の**階乗**といい，記号 $k!$ で表します．

$$k! = k \times (k-1) \times \cdots \times 2 \times 1$$

例えば，$3! = 3 \times 2 \times 1 = 6$ となります．0 の階乗は $0! = 1$ と約束します．順列の数と階乗の間には

$$_n\mathrm{P}_r \times (n-r)! = n \times (n-1) \times \cdots \times (n-r+1) \times (n-r) \times \cdots \times 2 \times 1 = n!$$

という関係があります．よって，次が得られます．

順列の数：異なる n 個のものから r 個を選んで並べる順列の数

$$_n\mathrm{P}_r = n \times (n-1) \times \cdots \times (n-r+1) = \frac{n!}{(n-r)!} \tag{5.9}$$

B.1.2 組合せ

先ほどのカードの例について，今度は並べ方を問題にしないで 5 枚のカードから 3 枚のカードを選ぶ選び方の総数を求めてみます．ある 3 枚のカードを選んだとして，その 3 枚のカードの並べ方の総数は順列の数 $_3P_3$ となります．よって，5 枚のカードから 3 枚のカードを選んで並べる順列の数 $_5P_3$ は，

$$_5P_3 = (5 \text{枚のカードから 3 枚のカードを選ぶ選び方の数}) \times {_3P_3}$$

という関係を満たします．よって，

$$(5 \text{枚のカードから 3 枚のカードを選ぶ選び方の数}) = \frac{_5P_3}{_3P_3} = \frac{5 \times 4 \times 3}{3 \times 2 \times 1} = 10$$

となります．このように，異なる n 個のものから r 個を選んで作った組を**組合せ**といい，その総数を記号 $_nC_r$ または $\binom{n}{r}$ で表します．$_nC_r$ を**組合せの数**といいます．カードの例と同様にして，n 個のものから取り出した r 個のものを並べる順列の数は $_rP_r$ ですので，

$$_nP_r = {_nC_r} \times {_rP_r}$$

が得られます．よって，組合せの数は次で与えられることが分かります．

組合せの数：異なる n 個のものから r 個を選ぶ組合せの数

$$_nC_r = \binom{n}{r} = \frac{_nP_r}{_rP_r} = \frac{n!}{(n-r)!\,r!} \tag{5.10}$$

B.2 事象と確率

与えられた条件の下で行われる実験や観測を一般に**試行**といい，その試行において起こり得る結果の集合 Ω を**標本空間**，その要素を**標本**といいます．例えば，「コインを投げて出た面を観測する」という試行の標本空間は $\Omega = \{\,\text{表}, \text{裏}\,\}$ となります．「大小ふたつのさいころを投げて出た目を観測する」という試行の標本空間は，

$$\Omega = \{(i,j)\,|\,i = 1,2,...,6, j = 1,2,...,6\}$$

という 36 個の要素を持った集合になります．ただし，(i,j) は大きなさいころの目が i，小さなさいころの目が j であることを表します．標本空間 Ω の部分集合 $A \subset \Omega$ を**事象**といい，試行の結果として A に属する標本が得られることを「事象 A が起こる」といいます．例えば，「大小ふたつのさいころを投げて出た目を観測する」という試行において，標本空間 Ω の部分集合

$$A = \{(1,4), (2,3), (3,2), (4,1)\}$$

は二つのさいころの目の合計が 5 であるという事象を表します．事象は標本空間の部分集合ですので，事象に対しても集合と同じ演算が定義されます（図 5.12 参照）．$i \in A$ は標本 i が事象 A に属

することを表し，∅ (空集合) は起こりうる結果を何も含まない事象となります．$A\cup B$ (A または B が起こることを表す) を事象 A, B の**和事象**，$A\cap B$ (A と B が同時に起こることを表す) を事象 A, B の**交事象**，A^C (A が起こらないことを表す) を事象 A の**余事象**といいます．また，$A\cap B = \emptyset$ は事象 A と B が同時には起らないことを表し，この時 A と B は**排反**であるといいます．

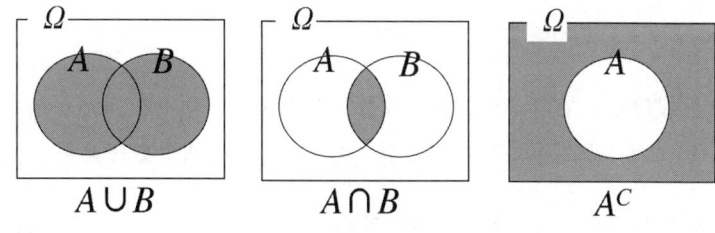

図 5.12 集合の演算

事象 A が起こる**確率** $P(A)$ とはその事象が起こる確からしさを数値で表したものであり，数学的には次の性質を満たす集合 A の関数として定義されます．

(i) $P(A) \geq 0$

(ii) A と B が排反であれば，$P(A\cup B) = P(A) + P(B)$

(iii) $P(\Omega) = 1$

この定義より確率の性質として次が得られます．

- A と ∅ は排反なので，$P(A) = P(A\cup \emptyset) = P(A) + P(\emptyset)$ より，$P(\emptyset) = 0$.
- A と A^C は排反なので，$1 = P(\Omega) = P(A\cup A^C) = P(A) + P(A^C)$ より，$P(A^C) = 1 - P(A)$.
- $A_1, A_2, ..., A_n$ が互いに排反であれば，(ii) を繰り返し用いることで，

$$P(A_1\cup A_2\cup \cdots \cup A_n) = P(A_1) + P(A_2) + \cdots + P(A_n).$$

- $C_1 = A\cap B^C$, $C_2 = B\cap A^C$, $C_3 = A\cap B$ とすると，C_1, C_2, C_3 は互いに排反であり，$A = C_1\cup C_3, B = C_2\cup C_3, A\cup B = C_1\cup C_2\cup C_3$ であることから，

$$P(A\cup B) = P(A) + P(B) - P(A\cap B).$$

B.3 確率変数と分布

B.3.1 確率変数とは何か

あなたがコンビニエンスストアでアルバイトをしているとして，明日一日でおにぎりが何個売れるかを考えてみて下さい．過去に売れた個数を知っていればそれをもとにして，170 個から 230 個の間と答えるかも知れません．あるいは，最も起こりやすいと考えられる値として，約 200 個という答えを出すかも知れません．いずれにせよ，ほぼどの程度の個数になるかは予測できても，ずばり何個になるかは明日になってみないと分かりません．**確率変数**とは，明日のおにぎり売上げ個数のように，現時点ではまだ分かっていない実験や観測の結果を表すために用いられる数学的表現であり，実現し得るそれぞれの値に対してその起こりやすさの程度を確率として与えたものです．このことを簡単な例を通してもう少し正確に見ていきましょう．

(1) コイン投げ

1枚のコインを続けて3回投げたとして，何枚が表になるかを考えます．そのために，表となったコインの枚数を仮に変数 X と置き，この X について見てみます．まず，X が幾つになるかはコインを投げてみないと分かりませんので，X の値は不確実であるといえます．しかし，何も分からない訳ではありません．分かることを二つ挙げてみましょう．

(i) コインを3回投げるのですから，表の枚数である X は，$0, 1, 2, 3$ のどれかの値となります．すなわち，X が取り得る値の範囲が分かります．この範囲を集合 $A = \{0, 1, 2, 3\}$ とします．

(ii) コインを投げた時に表となる確率が $1/2$ であったとします．もちろん，裏になる確率も $1/2$ です．また，$P(X = n)$ で，表の枚数が n 枚となる確率を表すことにします．$X = 0$ となるのは，3回コインを投げた結果が "裏-裏-裏" の場合のみです．コインを投げることは独立な事象と見なせますので，表の枚数がゼロである確率は

$$P(X = 0) = \frac{1}{2} \times \frac{1}{2} \times \frac{1}{2} = \left(\frac{1}{2}\right)^3 = \frac{1}{8}$$

となります．$X = 1$ となるのは，"表-裏-裏"，"裏-表-裏"，"裏-裏-表" の3つの場合が考えられますので，

$$P(X = 1) = \left(\frac{1}{2}\right)^3 \times 3 = \frac{3}{8}$$

となります．後は同様にして，$P(X = 2) = 3/8$, $P(X = 3) = 1/8$ が得られます．このように，集合 A に属するそれぞれの値について，X がその値となる確率が分かります．そして，この確率は起こりやすさの程度を表しています．例えば，$P(X = 2) = 3/8 > 1/8 = P(X = 3)$ ですから，ちょうど2枚が表となることの方が3枚とも表となることよりも3倍起こりやすいと言えます．

(2) 確率変数と分布

コイン投げにおける表の枚数のように，着目している試行の結果を**確率変数**といいます．確率変数には，取り得る値の集合と，その集合に属する各値についてその値を取る確率 (正確には，確率変数がその値となる事象の確率) が与えられます．今，X をある確率変数とし，X が取り得る値の集合を $A = \{x_0, x_1, ..., x_n\}$ とします．X には取り得る各値に対して確率が与えられていますが，それら確率 $P(X = x_i), i = 1, 2, ..., n$ を X の**分布**といいます[1]．また，次で与えられる $p(x)$ を，x の関数と見なして**確率関数**といいます．

$$p(x) = P(X = x), x \in A$$

確率の定義から，

$$\sum_{i=0}^{n} p(x_i) = 1$$

---

[1] $X = x_i$ となる事象の確率ですので，$P(\{X = x_i\})$ と記述した方がよいのですが，略して $P(X = x_i)$ と記述します．

第5章 待ち行列の現象

となります．確率変数は分布あるいは確率関数によってその性質が決定されます．

ところで，コイン投げの例では，値の集合として0から3までの整数を考えましたが，確率変数の取り得る値は「数」である必要はありません．例えば，天気予報では，Xを「明日の天気」とし，$A = \{$ (1mm以上の雨が降る), (1mm以上の雨は降らない) $\}$という2つの要素を持った集合を考え，確率$P(X = $ (1mm以上の雨が降る)$)$を降水確率としています．

B.3.2 期待値と分散

(1) 期待値と分散の定義

コンビニエンスストアの例では，おにぎりの販売個数が約200個を中心として170個から230個の間でばらついている場合を想定しました．確率変数はいろいろな値を取る可能性がありますが，その特徴をこのような値のばらつき方で表すことを考えます．ばらつき方は，「ばらつきの中心」と「ばらつきの程度」によって感覚的に捉えることができます．そして，それらに相当する量が確率変数の**期待値**と**分散**になります．先ほどと同様に，Xを確率変数とし，Xが取り得る値の集合を$A = \{x_0, x_1, ..., x_n\}$とします．ただし，各$x_i$は実数であるとします．$X$の期待値を$E[X]$と表記し，次で定義します．

$$E[X] = \sum_{i=0}^{n} x_i P(X = x_i)$$

このように，期待値は確率を重みとした荷重平均として与えられます．Xの分散は$V[X]$と表記し，次で定義します．

$$V[X] = E\left[(X - E[X])^2\right] = \sum_{i=0}^{n} (x_i - E[X])^2 P(X = x_i)$$

この定義では，$Y = (X - E[X])^2$を新たな確率変数とみなし，Yの期待値をXの分散としています．すなわち，分散とは「期待値からのずれの2乗の期待値」に他なりません．このことから分散がばらつきの程度を表す尺度であることが分かります．分散の平方根を**標準偏差**といいます．

(2) 期待値の公式

定数aは，確率1でaの値を取る確率変数と見なすことができます．この確率変数を仮にZとおくと，$P(Z = a) = 1$となりますので，

$$E[a] = E[Z] = aP(Z = a) = a$$

となります．これは，定数の期待値はその定数そのものであること示しています．次に，Xを確率変数とし，Xが取り得る値の集合を$\{x_0, x_1, ..., x_n\}$とします．すると，

$$E[aX] = \sum_{i=0}^{n} a x_i P(X = x_i) = a \sum_{i=0}^{n} x_i P(X = x_i) = a E[X]$$

が得られます．これは，確率変数の実数倍の期待値はその確率変数の期待値の実数倍であることを示しています．さらに，Yを確率変数とし，Yが取り得る値の集合を$\{y_0, y_1, ..., y_m\}$とします．

また，$P(X=x_i, Y=y_j)$ で $X=x_i$ かつ $Y=y_j$ である確率を表すことにします．これを X と Y の**同時確率**といいます．すると，

$$\begin{aligned}
E[X+Y] &= \sum_{i=0}^{n}\sum_{j=0}^{m}(x_i+y_j)P(X=x_i, Y=y_j) \\
&= \sum_{i=0}^{n}\sum_{j=0}^{m}x_i P(X=x_i, Y=y_j) + \sum_{i=0}^{n}\sum_{j=0}^{m}y_j P(X=x_i, Y=y_j) \\
&= \sum_{i=0}^{n}x_i P(X=x_i) + \sum_{j=0}^{m}y_j P(Y=y_j) \\
&= E[X] + E[Y]
\end{aligned}$$

か得られます．ただし，式の変形では，同時確率の性質

$$\sum_{j=0}^{m}P(X=x_i, Y=y_j) = P(X=x_i), \quad \sum_{i=0}^{n}P(X=x_i, Y=y_j) = P(Y=y_i)$$

を使いました．上の式は，確率変数の和の期待値は，それぞれの期待値の和であることを示しています．以上まとめると次のようになります．

期待値の公式：

$$\begin{aligned}
E[a] &= a & (5.11) \\
E[aX] &= aE[X] & (5.12) \\
E[X+Y] &= E[X] + E[Y] & (5.13) \\
E\left[\sum_{i=1}^{k}X_i\right] &= \sum_{i=1}^{k}E[X_i] & (5.14)
\end{aligned}$$

ただし，公式 (5.14) では，$X_1, X_2, ..., X_k$ を k 個の確率変数としています．これは公式 (5.13) を繰り返し用いることで得られます．

(3) 分散の公式

a, b を定数とすると，分散の定義と期待値の公式より次が得られます．

$$\begin{aligned}
V[a] &= E\left[(a-E[a])^2\right] = 0 \\
V[aX] &= E\left[(aX-E[aX])^2\right] = E\left[a^2(X-E[X])^2\right] = a^2 E\left[(X-E[X])^2\right] = a^2 V[X] \\
V[X+b] &= E\left[((X+b)-E[X+b])^2\right] = E\left[(X-E[X])^2\right] = V[X]
\end{aligned}$$

これは，定数の分散はゼロであること，確率変数の定数倍の分散はその確率変数の分散に定数の 2 乗を掛けたものであること，確率変数に定数を加えても分散は変化しないことを示しています．次に，期待値の公式を用いて分散を表すもうひとつの式を求めてみます．式の変形では $E[X]$ が定数であることに注意して下さい．

$$\begin{aligned}
V[X] &= E\left[(X-E[X])^2\right] \\
&= E\left[X^2 - 2E[X]X + (E[X])^2\right] \\
&= E[X^2] - 2E[X]E[X] + (E[X])^2 \\
&= E[X^2] - (E[X])^2
\end{aligned}$$

第5章 待ち行列の現象

よって，分散は，確率変数の2乗の期待値からその確率変数の期待値の2乗を引いたものであることが分かります．この式は，分散を計算するための式として度々使われます．

分散の公式：

$$V[a] = 0, \quad V[aX] = a^2 V[X], \quad V[X+b] = V[X] \tag{5.15}$$

$$V[X] = E[X^2] - (E[X])^2 \tag{5.16}$$

一般に，確率変数の和の分散はそれぞれの確率変数の分散の和にはなりません．それが成り立つためには，次に説明する確率変数の独立性が必要となります．

(4) 独立な確率変数の期待値と分散の公式

一般に，確率変数の積の期待値はそれぞれの期待値の積にはなりません．ただし，確率変数が独立であればこれは成り立ちます．二つの確率変数が**独立**であるとは，同時確率がそれぞれの確率の積となることを指します．先ほどの X と Y を用いれば，どのような x_i と y_j を持ってきても，

$$P(X = x_i, Y = y_j) = P(X = x_i)P(Y = y_j)$$

が成り立つ時，X と Y は独立であるといいます．直感的には，X と Y がどのような値になるかはお互いに全く影響しない，あるいは，無関係であると理解して下さい．確率変数の独立性は三つ以上の確率変数の場合にも同様に定義されます．X と Y が独立であれば，

$$\begin{aligned} E[XY] &= \sum_{i=0}^{n} \sum_{j=0}^{m} x_i y_j P(X = x_i, Y = y_j) \\ &= \left(\sum_{i=0}^{n} x_i P(X = x_i) \right) \left(\sum_{j=0}^{m} y_j P(Y = y_j) \right) \\ &= E[X]E[Y] \end{aligned}$$

となっていることが確認できます．この性質を用いると，独立な確率変数の和の分散がそれぞれの確率変数の分散の和になることも分かります．以上をまとめると次のようになります．公式 (5.19) は，公式 (5.18) を繰り返し用いることで得られます．

独立な確率変数の期待値と分散の公式：

$$E[XY] = E[X]E[Y] \quad (\text{ただし，} X \text{ と } Y \text{ は独立}) \tag{5.17}$$

$$V[X+Y] = V[X] + V[Y] \quad (\text{ただし，} X \text{ と } Y \text{ は独立}) \tag{5.18}$$

$$V\left[\sum_{i=1}^{k} X_i \right] = \sum_{i=1}^{k} V[X_i] \quad (\text{ただし，} X_i, i = 1, 2, ..., k, \text{ は互いに独立}) \tag{5.19}$$

B.4 いろいろな分布 (その1)

この節では非負の整数を値に取る三つの代表的な分布である，**二項分布**，**幾何分布**および**ポアソン分布**について説明します．

B.4.1 二項分布

前節のコイン投げの例では，1枚のコインを続けて3回投げた時に表がでる回数の分布を求めました．二項分布とは，これを次のように一般化したものです．まず，仮想的な「くじ」を考えます．このくじには当たりとはずれの二種類があり，当たりが出る確率を p，はずれが出る確率を $q = 1 - p$ とします．このくじを n 回引いた時の当たりの回数を確率変数 X で表すと，この X の従う分布が二項分布となります (図 5.13 参照)．ここで，くじを n 回引くとは，独立な試行を n 回繰り返していることに注意しておいて下さい．

$$\underbrace{\times \times \bigcirc \times \overbrace{\bigcirc \ \bigcirc \ \bigcirc}^{X=4\,回} \times \times \times \bigcirc}_{n=10\,回}$$

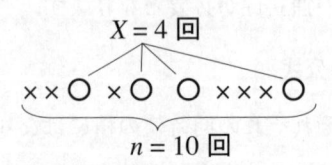

図 5.13 くじを 10 回引いた時の当たり (○) の数 ($X = 4$ の場合の例)

それでは，X の分布を求めてみます．くじを引く回数は n 回ですから，X が取り得る値は 0 から n までの整数となります．そこで，k を 0 以上 n 以下の整数 ($0 \leq k \leq n$) とし，当たりの回数が k 回となる場合の数を考えます．これは，n 個のうちから k 個を取り出す組合せの数で，

$$(当たりの回数が\,k\,回となる場合の数) = \binom{n}{k} = \frac{n!}{k!(n-k)!}$$

となります (これを**二項係数**ともいいます)．また，$X = k$ となるどの組合せにおいても，当たりの回数は k 回で残りの $n-k$ 回ははずれとなりますので，そのような組合せが起こる個々の確率は

$$(当たりが\,k\,回ではずれが\,n-k\,回となる確率) = p^k q^{n-k} = p^k (1-p)^{n-k}$$

となります．よって，当たりの回数が k 回 ($X = k$) となる確率は両者の積で与えられますので，

$$P(X = k) = \binom{n}{k} p^k q^{n-k} = \frac{n!}{k!(n-k)!} p^k (1-p)^{n-k}, k = 0, 1, 2, ..., n,$$

となります．ここではくじを考えましたが，一般には，この式によって与えられる分布を**二項分布**といい，分布がこの式に従う確率変数を**二項分布に従う確率変数**といいます．また，式から分かるように，二項分布は二つのパラメーター n と p で決定されることから，$B(n, p)$ という記号で表します (B は Binomial distribution の頭文字)．

次に，パラメータ n, p の二項分布の平均と分散を求めてみます．期待値と分散の定義式に従って計算しても求めることができますが，ここでは期待値と分散の公式を用います．まず，i 回目 ($1 \leq i \leq n$) に引いたくじが当たりであれば 1，はずれであれば 0 の値を取る確率変数 X_i を考えます．X_i の期待値と分散は次で与えられます．

$$E[X_i] = 1 \times p + 0 \times (1-p) = p$$
$$V[X_i] = (1-p)^2 p + (0-p)^2 (1-p) = p(1-p)$$

n 回のうちで当たりが出た回数 X はこの X_i を用いて

$$X = \sum_{i=1}^{n} X_i$$

で与えられます．よって，期待値の公式 (5.14) を用いて

$$E[X] = E\left[\sum_{i=1}^{n} X_i\right] = \sum_{i=1}^{n} E[X_i] = \sum_{i=1}^{n} p = np$$

が得られます．さらに，$X_i, i = 1, 2, ..., n$, は互いに独立であることから，独立な確率変数の分散の公式 (5.19) を用いて

$$V[X] = V\left[\sum_{i=1}^{n} X_i\right] = \sum_{i=1}^{n} V[X_i] = \sum_{i=1}^{n} p(1-p) = np(1-p)$$

が得られます．以上をまとめます．

二項分布 $B(n, p)$：

> 確率変数 X がパラメータ n, p の二項分布に従うとは，その分布が
> $$P(X = k) = \binom{n}{k} p^k (1-p)^{n-k}, k = 0, 1, ..., n, \tag{5.20}$$
> で与えられることをいい，そのとき，期待値と分散は次のようになります．
> $$E[X] = np, \quad V[X] = np(1-p) \tag{5.21}$$

B.4.2 幾何分布

二項分布のところでは，当たりの出た回数に注目しました．今度は，初めて当たりが出るまでに引いたくじの回数 Y を考えます (図 5.14 参照)．ただし，当たりの出る確率を p とし，当たりが出るまで何回でもくじを引くものとします．この確率変数 Y の従う分布が**幾何分布**になります．その分布を求めてみます．まず，最低一回はくじを引かないといけませんので，Y の取り得る値は 1 以上の整数となります．そこで，$k \geq 1$ とし，k 回目で初めて当たりが出たとします．これは，初めの $k-1$ 回ははずれで，k 回目が当たりであることを表していますので，

$$P(Y = k) = (1-p)^{k-1} p, k = 1, 2, ...,$$

となります．一般に，この式によって与えられる分布のことを**幾何分布**といい，分布がこの式に従う確率変数を**幾何分布に従う確率変数**といいます．また，幾何分布はパラメータ p で決定されることから，$G(p)$ という記号で表されます (G は Geometrical distribution の頭文字)．

$$\times \underbrace{\bigcirc \times \times \times \times \bigcirc}_{Y = 5 \text{ 回}} \times \bigcirc \times$$

図 5.14 当たり (○) が出るまでに引いたくじの回数 ($Y = 5$ の場合)

次に，パラメータ p の幾何分布の期待値と分散を求めてみます．まず，期待値の定義と無限級数に関する公式 (第 1 章 **Part B** 参照) から

$$E[Y] = \sum_{k=1}^{\infty} kP(Y=k) = \sum_{k=1}^{\infty} k(1-p)^{k-1}p = p \cdot \frac{1}{(1-(1-p))^2} = \frac{1}{p}$$

が得られます．また，分散の公式 (5.16) と無限級数に関する公式から

$$V[Y] = E[Y^2] - (E[Y])^2 = \sum_{k=1}^{\infty} k^2(1-p)^{k-1}p - \frac{1}{p^2} = p \cdot \frac{1+(1-p)}{(1-(1-p))^3} - \frac{1}{p^2} = \frac{1-p}{p^2}$$

が得られます．以上をまとめます．

幾何分布 $G(p)$：

> 確率変数 Y がパラメータ p の幾何分布に従うとは，その分布が
> $$P(Y=k) = (1-p)^{k-1}p, \ k=1,2,..., \tag{5.22}$$
> で与えられることをいい，そのとき，期待値と分散は次のようになります．
> $$E[Y] = \frac{1}{p}, \quad V[Y] = \frac{1-p}{p^2} \tag{5.23}$$

B.4.3 ポアソン分布

Web サーバーにおける 1 分間当たりのアクセス回数や 1 時間当たりに電話交換機が処理する通話の数など，いろいろな量が近似的にポアソン分布に従うといわれています．ここでは，二項分布を出発点としてポアソン分布を考えてみます．

ある時間区間 (例えば 1 分) を考え，それを n 個の小区間に等分します．次に，λ をパラメータ (例えば $\lambda = 10$) とし，各小区間で注目する事象 (例えば，Web サーバーへのアクセス) が起こる確率を λ/n で与えます．そして，事象が起こったら○，起こらなければ×をその小区間に割り当て，区間全体での○の数を X_n とします．それぞれの小区間で注目する事象が起こるか起こらないかは互いに独立であるとします．ただし，λ/n は確率ですので，n の値は $\lambda/n < 1$ となるように十分大きいものとします (例えば，$\lambda = 10$ ならば $n > 10$ とします)．以上の設定の仕方から分かるように，X_n は二項分布 $B(n, \lambda/n)$ に従い，その期待値は

$$E[X_n] = n \cdot \frac{\lambda}{n} = \lambda$$

となり，n には依存しません．そこで，n をどんどん大きくしていくことを考えます．n を大きくすると小区間の数は増えますが，それと同時に一つの小区間の長さとその小区間で注目する事象が起こる確率は小さくなるので，X_n の期待値は一定に保たれます．ポアソン分布とは，$n \to \infty$ とした場合に $P(X_n = k)$ の極限として得られる確率で与えられる分布です．X を期待値 λ のポアソン分布に従う確率変数とすると，

$$P(X=k) = \lim_{n \to \infty} P(X_n = k) = \frac{\lambda^k}{k!} e^{-\lambda}, \ k=0,1,2,..., \tag{5.24}$$

第 5 章　待ち行列の現象

となります (X が取り得る値の範囲は非負の整数です). この式の導出は数学的に少し難しいので **Part B** の最後の補足に回しました. ポアソン分布の分散は, 二項分布の分散の極限より,

$$V[X] = \lim_{n\to\infty} n \cdot \frac{\lambda}{n}\left(1 - \frac{\lambda}{n}\right) = \lambda \lim_{n\to\infty}\left(1 - \frac{\lambda}{n}\right) = \lambda$$

で与えられます (ポアソン分布では分散と期待値が等しくなります). 以上をまとめます.

ポアソン分布：

> 確率変数 X が期待値 λ のポアソン分布に従うとは, その分布が
> $$P(X = k) = \frac{\lambda^k}{k!}e^{-\lambda},\ k = 0, 1, 2, ..., \tag{5.25}$$
> で与えられることをいいます. ポアソン分布の分散は期待値に等しくなります.
> $$E[X] = V[X] = \lambda \tag{5.26}$$

B.5 連続的な値を取る確率変数

前節までは整数値を取る確率変数 (すなわち, 実数上で離散的な値を取る確率変数) について見てきました. ここでは実数上で連続的な値を取る確率変数[2]について見ていきます. 例としては, 機械の組み立て時間や銀行窓口での待ち時間などが挙げられます. また, 株価など, 厳密には離散的な値を取ると考えられるものを連続的な値を取る確率変数として表すこともあります. これは, 例えば株価なら金額の最小単位が十分小さいため, 連続的な値を取るとしても問題がないことと, そうした方が数学的に扱い易いためです.

B.5.1 分布関数と密度関数

実数に値を取る確率変数を X とします. この X に対して

$$F(x) = P(X \leq x), x \in \mathscr{R}$$

という関数を定義し, $F(x)$ を X の**分布関数** (あるいは単に**分布**) といいます ($\mathscr{R}$ は実数の集合). 分布関数は, 実数上で離散的な値を取る確率変数に対しても, 連続的な値を取る確率変数に対しても定義されます. X が離散的な値を取る場合, $F(x)$ は階段状に増加する関数となります. また, X が連続的な値を取る場合, $F(x)$ は滑らかに増加する関数となります (図 5.15 (i) 参照).

実数上で連続的な値を取る確率変数については, 分布関数の**密度関数**によって分布を表すことがあります. 今, ある関数 $f(x)$ があり, X が区間 $(a,b]$ に入る確率 $P(a < X \leq b)$ が, $f(x)$ と $x = a$, $x = b$ および x 軸で囲まれた部分の面積で与えられたとします (図 5.15 (ii) 参照). この性質を持った関数 $f(x)$ を $F(x)$ の密度関数といいます. 区間として $(\infty, b]$ を考えると, $f(x)$ と $x = b$ および x 軸で囲まれた部分の面積は $F(b)$ となりますので, 密度関数から分布関数が得られる訳です.

---

[2]以下では, 取り得る値が実数の連続な部分集合となる確率変数を「実数上で連続的な値を取る確率変数」と表現します.「実数上で離散的な値を取る確率変数」についても同様です.

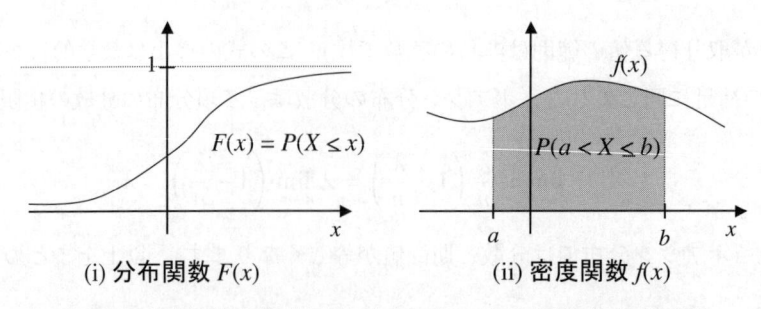

図 5.15 連続的な値を取る確率変数の分布関数と密度関数

B.5.2 期待値と分散

実数上で連続的な値を取る確率変数の期待値は，$\sum$ (シグマ) の代わりに $\int$ (積分) を使って定義されますが，本書のレベルを超えますので詳細は省略します．実数上で連続的な値を取る確率変数 X に対しても期待値が定義されており，それを記号 $E[X]$ で表すと理解しておいて下さい．離散的な値を取る確率変数の場合と同様に，X の分散 $V[X]$ は期待値を用いて

$$V[X] = E\left[(X - E[X])^2\right]$$

で定義されます．また，期待値の公式 (5.11)〜(5.14)，分散の公式 (5.15)〜(5.16)，独立な確率変数の期待値と分散の公式 (5.17)〜(5.19) は実数上で連続的な値を取る確率変数についてもそのまま成り立ちます．

B.6 いろいろな分布 (その 2)

B.6.1 指数分布

二項分布と幾何分布のところで説明したように，両者はある試行 (例えば，くじを連続して引く) において，注目する事象が起こる回数 (例えば，当たりの回数) とその事象が起こる間隔 (例えば，次に当たりが出るまでに引いたくじの本数) の分布となっていました．また，その後で二項分布の極限として「回数の分布」であるポアソン分布が得られることを示しました．**指数分布**とは，同様の操作により幾何分布の極限として得られる「間隔の分布」です．

(1) 指数分布の分布関数

それでは指数分布の分布関数を求めてみます．まず，時間軸が長さ $1/n$ の区間に区切られているとします．次に，λ をパラメータとし，各区間で注目する事象が起こる確率を λ/n で与えます．それぞれの小区間で注目する事象が起こるか起こらないかは互いに独立とします．また，n の値は $\lambda/n < 1$ となるように十分大きいものとします．そして，注目する事象が初めて起こるまでの区間の数を Z_n，初めて起こるまでの時間を Y_n とします．この時，Z_n は幾何分布 $G(\lambda/n)$ に従います．Y_n は

$$Y_n = \frac{1}{n} \cdot Z_n$$

で与えられますので，その期待値は

$$E[Y_n] = \frac{1}{n} \cdot \frac{1}{\lambda/n} = \frac{1}{\lambda}$$

となり，n には依存しません．Y をパラメータ λ の指数分布に従う確率変数とすると，Y の分布関数は次の極限で与えられます．

$$P(Y \leq x) = \lim_{n \to \infty} P(Y_n \leq x) = 1 - e^{-\lambda x}, \, x \geq 0 \tag{5.27}$$

ここで，Y が取り得る値の範囲は非負の実数となります．この極限の導出も **Part B** の最後の補足に回します．パラメータ λ の指数分布の期待値は $1/\lambda$ となります．また，分散は，幾何分布の分散の極限より，次のように求められます．

$$V[Y] = \lim_{n \to \infty} V\left[\frac{Z_n}{n}\right] = \lim_{n \to \infty} \frac{1}{n^2} \cdot \frac{1 - \lambda/n}{(\lambda/n)^2} = \lim_{n \to \infty} \frac{1 - \lambda/n}{\lambda^2} = \frac{1}{\lambda^2}$$

よって，指数分布の標準偏差 (分散の平方根) は期待値に等しくなります．以上をまとめます．

指数分布：

> 確率変数 Y がパラメータ λ の指数分布に従うとは，その分布関数が
> $$F(x) = P(Y \leq x) = 1 - e^{-\lambda x}, \, x \geq 0, \tag{5.28}$$
> で与えられることをいいます．そのとき，期待値と分散は次のようになります．
> $$E[Y] = \frac{1}{\lambda}, \quad V[Y] = \frac{1}{\lambda^2} \tag{5.29}$$

(2) 指数分布の無記憶性

ここでくじの例を思い出して下さい．一度当たりが出てから次に当たりが出るまでの間隔はパラメータ p の幾何分布に従いました．それでは，一度当たりが出てから何回か続けてはずれを引いた後で，次に当たりが出るまでに引くくじの回数 N の分布はどうなるでしょうか．今考えているのはくじを引くという独立な試行の繰り返しですから，これから引くくじが当たりかはずれかは過去に何回続けてはずれが出たかには依存しません．このことから N の分布もパラメータ p の幾何分布に従うことが分かります．この性質は幾何分布の極限として得られる指数分布でも成り立ちます．例えば，銀行の ATM での操作時間が平均 3 分の指数分布に従っていたとします．すると，あなたの目の前で操作をしている人が既に 2 分間 ATM を使っていたとしても，その人の操作が終わるまでの残り時間はもとの平均 3 分の指数分布に従うということになります．この性質は**指数分布の無記憶性**と呼ばれています．少し不思議な感じもしますが，将来どうなるかが (着目する事象が次にいつ起こるかが) 過去の経緯に依存しない (着目する事象が起こってからの経過時間に依存しない) という性質は一般に**マルコフ性**と呼ばれ，ある種の確率モデルを特徴付ける重要な性質となっています．

B.6.2 一様分布

確率を論じる時,「事象が等確率で起こる」という表現をよくします. 例えば, さいころを 1 回振った時にそれぞれの目が出る確率はみな等しく, 1/6 となります. さいころを 1 回振った時に出た目の数を確率変数 X とすると, X は 1 以上 6 以下の整数を等確率で取るということになります. これを一般化して, n 以上 m 以下の整数を等確率で取る確率変数 X を考えることができます. もちろん, 個々の値を取る確率は $1/(m-n+1)$ です. それをさらに一般化して, a 以上 b 以下の実数を等確率で取る確率変数を X とした時, その X が従う分布が区間 $[a,b]$ の一様分布となります. この一様分布を $U(a,b)$ で表します (U は Uniform distribution の頭文字).

一様分布 $U(a,b)$ の分布関数と密度関数は次のようになります.

$$F(x) = P(X \leq x) = P(a \leq X \leq x) = \frac{x-a}{b-a}$$

$$f(x) = \frac{1}{b-a}$$

$f(x)$ が $F(x)$ の密度関数であることは, $F(x)$ が $y = 1/(b-a)$ と x 軸に挟まれた長方形の面積であることから分かります (図 5.16 参照).

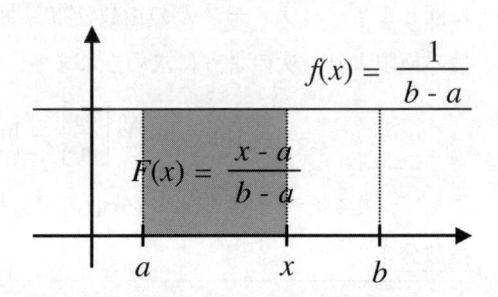

図 5.16 一様分布の密度関数

実数の連続性から X がちょうど値 x を取る確率 $P(X=x)$ はどのような x に対してもゼロとなります. しかし, 幅が $c > 0$ であるような区間内に値を取る確率は, その区間が $[a,b]$ 内のどこにあっても, c の値がどのように小さくても $c/(b-a)$ (縦が $1/(b-a)$, 横が c の長方形の面積) となります. X は連続的な値を取る確率変数であるため,「X が区間 $[a,b]$ 内の実数値を等確率で取る」という性質は正確にはこのように表現されるのです. 一様分布について以下にまとめます. 期待値は a と b の中点になります. 分散については省略します.

一様分布 $U(a,b)$:

> 確率変数 X が区間 $[a,b]$ の一様分布に従うとは, その分布関数と密度関数が,
>
> $$F(x) = \begin{cases} 0 & (x < a) \\ \frac{x-a}{b-a} & (a \leq x \leq b) \\ 1 & (x < b) \end{cases}, \quad f(x) = \begin{cases} 0 & (x < a) \\ \frac{1}{b-a} & (a \leq x \leq b) \\ 0 & (x < b) \end{cases} \quad (5.30)$$
>
> で与えられることをいいます. そのとき, 期待値は次のようになります.
>
> $$E[X] = \frac{a+b}{2} \quad (5.31)$$

B.6.3 正規分布

正規分布 (Normal distribution) は経営科学に留まらず, 様々な場面で用いられる最も重要な分布の一つであり, 次によって与えられます.

第5章 待ち行列の現象

正規分布 $N(\mu, \sigma^2)$：

> 期待値 μ，分散 σ^2 である正規分布とはその密度関数 $f(x)$ が
> $$f(x) = \frac{1}{\sqrt{2\pi}\sigma} e^{-\frac{(x-\mu)^2}{2\sigma^2}}, \quad -\infty < x < \infty,$$
> で与えられる分布をいいます．この正規分布を記号 $N(\mu, \sigma^2)$ で表します．

正規分布の分布関数は簡単な形の式では表せません．X を正規分布に従う確率変数とすると，X の取り得る値の範囲は実数全体となります．以下では，正規分布の性質を順番に見ていきます．

(1) 密度関数の形と確率

正規分布 $N(\mu, \sigma^2)$ の密度関数は，図 5.17 (i) のように期待値 μ を中心とする左右対称な釣り鐘型をしています．このことから，期待値以下の値を取る確率も期待値より大きな値を取る確率も共に $1/2$ ($P(X \leq \mu) = P(X > \mu) = 1/2$) となります．また，分散 σ^2 の値が大きくなる程横に広がった形となります (図 5.17 (ii) 参照)．これは，分散がちらばりの程度を表している量であるということからも理解できます．このように，正規分布の密度関数の形は期待値と分散によって変わってきます．しかし，正規分布 $N(\mu, \sigma^2)$ に従う確率変数 X が，期待値を中心として標準偏差を単位に測った区間内に値を取る確率は期待値や標準偏差によらずいつも同じとなります．例えば，期待値を中心として左右に標準偏差の 1 倍，2 倍，3 倍の区間に X の値が入る確率はほぼ次のようになります．

$$P(\mu - \sigma < X \leq \mu + \sigma) = 0.6826$$
$$P(\mu - 2\sigma < X \leq \mu + 2\sigma) = 0.9545$$
$$P(\mu - 3\sigma < X \leq \mu + 3\sigma) = 0.9973$$

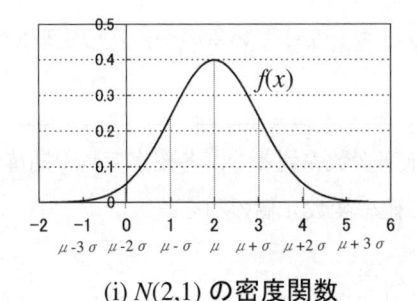

(i) $N(2,1)$ の密度関数　　(ii) $N(0, \sigma^2)$ の密度関数

図 5.17　正規分布の密度関数

(2) 正規分布に従う確率変数の定数倍に定数を加えたもの

X を正規分布 $N(\mu, \sigma^2)$ に従う確率変数とし，a, b を任意の実数 (ただし，$a \neq 0$) として新たな確率変数 Y を次の式で与えます．

$$Y = aX + b$$

このとき，この Y も正規分布に従うことが分かっています．また，Y の期待値と分散は，
$$E[Y] = E[aX + b] = aE[X] + b = a\mu + b$$
$$V[Y] = V[aX + b] = a^2 V[X] = a^2 \sigma^2$$

よって，Y は正規分布 $N(a\mu+b, a^2\sigma^2)$ に従うことが分かります．

(3) 正規分布に従う確率変数の和

X_1 を正規分布 $N(\mu_1, \sigma_1^2)$ に従う確率変数，X_2 を正規分布 $N(\mu_2, \sigma_2^2)$ に従う確率変数とし，X_1 と X_2 は互いに独立であるとします．そして，新たな確率変数 Y を

$$Y = X_1 + X_2$$

で与えると，この Y も正規分布に従うことが分かっています．Y は独立な確率変数の和ですので，期待値は $E[Y] = \mu_1 + \mu_2$，分散は $V[Y] = \sigma_1^2 + \sigma_2^2$ となり，Y は正規分布 $N(\mu_1+\mu_2, \sigma_1^2+\sigma_2^2)$ に従うことが分かります．

(4) 標準正規分布と確率変数の正規化

期待値が 0 で分散が 1 である正規分布 $N(0,1)$ を**標準正規分布**といいます．Z を標準正規分布に従う確率変数とすると，先ほど説明した正規分布の性質から，確率変数 $X = \sigma Z + \mu$ (ただし，$\sigma > 0$) は正規分布 $N(\mu, \sigma^2)$ に従うことが分かります．すなわち，任意の期待値と分散を持った正規分布に従う確率変数を標準正規分布に従う確率変数から作ることができるのです．また，逆に正規分布 $N(\mu, \sigma^2)$ に従う確率変数から期待値を引き，標準偏差で割って得られる確率変数

$$Z = \frac{X - \mu}{\sigma}$$

は標準正規分布に従うことが分かります．この操作を正規分布に従う確率変数の正規化といいます．

(5) 中心極限定理

正規分布が様々な場面で現れることの根拠のひとつとなっているのが，次の定理です．

中心極限定理：

> $X_i, i = 1, 2, ...,$ を独立で同一な分布に従う確率変数の列とし，各確率変数の期待値が m，分散が s^2 であったとします．そして，それら確率変数 n 個の和を
>
> $$S_n = \sum_{i=1}^{n} X_i$$
>
> で与えます．この時，n が十分大きければ，S_n は近似的に正規分布 $N(nm, ns^2)$ に従う確率変数となります．

中心極限定理では，個々の確率変数の分布は何でもよいことに注意して下さい．「たくさん足し合わせると正規分布になる」というこの性質は，様々な場面で応用できます．

例えば，スーパーにおける一年間での総売上高は毎日の売上高の和ですので (厳密には日々の売上高が独立で同一の分布に従う必要がありますが)，ほぼ正規分布に従うと予想されます．また，中心極限定理から，n が十分大きい時の二項分布 $B(n,p)$ は正規分布 $N(np, np(1-p))$ とほぼ同じになることが分かります．これは，二項分布のところで示したように，X を $B(n,p)$ に従う確率変

第 5 章　待ち行列の現象　　　　　　　　　　　　　　　　　　　　　　　　　　　183

数とすると，この X は，平均 $E[X_i] = p$，分散 $V[X_i] = p(1-p)$ である独立で同一な分布に従う確率変数 $X_i, i = 1, 2, ...,$ の和として，$X = \sum_{i=1}^{n} X_i$ で表されることから直ちに得られます．

補足

(1) 式 (5.24) の導出

X_n は二項分布 $B(n, \lambda/n)$ に従うことから

$$P(X_n = k) = \frac{n(n-1)\cdots(n-k+1)}{k!} \cdot \frac{\lambda^k}{n^k}\left(1-\frac{\lambda}{n}\right)^{n-k}$$

$$= \frac{\lambda^k}{k!}\left(1-\frac{1}{n}\right)\cdots\left(1-\frac{k-1}{n}\right)\left(1-\frac{\lambda}{n}\right)^{-k}\left(1-\frac{\lambda}{n}\right)^n$$

が得られます．この式の 2 行目右辺第 1 項と最後の項以外は $n \to \infty$ とした時，どれも 1 に収束します．最後の項に対してはネピアの数 e に関する次の性質を使います．

$$e = \lim_{n \to \infty}\left(1+\frac{1}{n}\right)^n \tag{5.32}$$

この式を使うと

$$\lim_{n \to \infty}\left(1-\frac{\lambda}{n}\right)^n = \lim_{n \to \infty}\left(1+\frac{1}{-n/\lambda}\right)^{(-n/\lambda)(-\lambda)} = e^{-\lambda}$$

となります．よって，式 (5.24) が得られます．

(2) 式 (5.27) の導出

Y_n は $Y_n = Z_n/n$ で与えられ，Z_n は幾何分布 $G(\lambda/n)$ に従うことから，

$$P(Y_n \leq x) = P(Z_n \leq nx) = \sum_{k=1}^{\lfloor nx \rfloor}\left(1-\frac{\lambda}{n}\right)^{k-1}\frac{\lambda}{n} = 1-\left(1-\frac{\lambda}{n}\right)^{\lfloor nx \rfloor}$$

が得られます．ここで，$\lfloor nx \rfloor$ は nx を超えない最大の整数です．式 (5.32) を用いると

$$\lim_{n \to \infty}\left(1-\frac{\lambda}{n}\right)^{\lfloor nx \rfloor} = \lim_{n \to \infty}\left(1-\frac{\lambda}{n}\right)^{nx} = \lim_{n \to \infty}\left(1+\frac{1}{-n/\lambda}\right)^{(-n/\lambda)(-\lambda x)} = e^{-\lambda x}$$

となりますので，これより式 (5.27) が得られます．

Part C　Excel解法

C.1　ワークシートを用いた $M/M/1$ モデルの評価

ここでは，**Part A** で示した $M/M/1$ モデルの公式を Excel 上で計算してみます．図 5.18 は $M/M/1$ モデルのシステム内客数分布を計算した表とグラフです．システム内客数分布はサーバー使用率 ρ によって決まりますので，ρ の値を $\rho = 0.4, 0.6, 0.8$ とした時の確率 $p_k = P(L=k)$ を $k=10$ まで求めてあります．計算式は図に示した通りですが，これは公式をそのまま Excel の数式にしたものです (図では 5 行目のセルについてのみ式を示してありますが，他の行はこれらの式をコピーすればよいようになっています)．この図から，より多くの客がシステム内にいる確率は，サーバー使用率 ρ が大きいほど大きくなることが分かります．

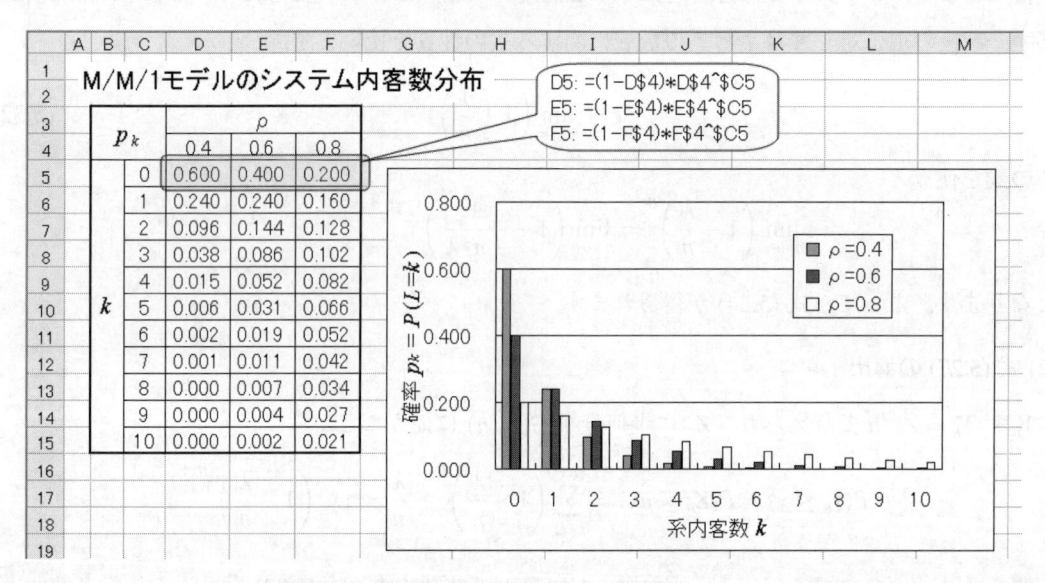

図 5.18　$M/M/1$ モデルのシステム内客数分布

図 5.19 は，$M/M/1$ モデルの待ち時間分布を計算した表とグラフです．待ち時間は，λ と μ に依存しますので，図では，$\mu = 1$ と固定し，λ を変化させた場合の待ち時間の分布関数 $P(W_q \leq x)$ を示しています．グラフより，λ の値が大きいほど (これは ρ の値が大きいことに対応します)，分布関数の値がよりゆっくりと 1 に近付いている (大きな待ち時間となる確率がより大きくなる) のが分かります．

図 5.20 は，$M/M/1$ モデルの平均待ち時間を計算した表とグラフです．先ほどと同様，$\mu = 1$ と固定し，λ を変化させた場合を示しています．この図より，$\lambda \, (= \lambda\mu = \rho)$ の値が 0.7 を超えた辺りから平均待ち時間が急激に増加しているのが読み取れます．平均待ち時間はその公式より，

$$\bar{W}_q = \frac{1}{\mu} \frac{\rho}{1-\rho}$$

と表されますので，サーバー使用率 ρ が同じであれば，平均サービス時間 $h = 1/\mu$ に比例して大きくなることが分かります．よって，グラフから読み取れる平均待ち時間の傾向は μ の値が変化しても同様であることが分かります．

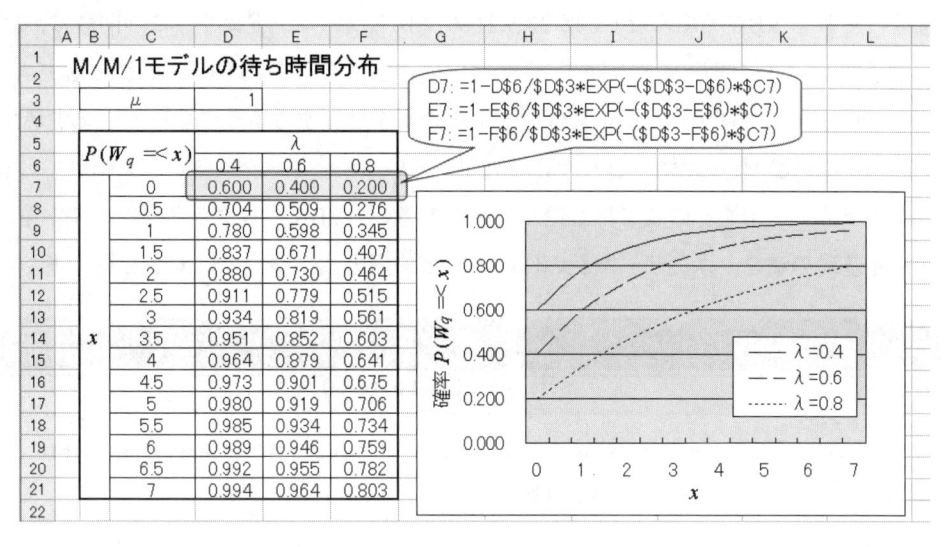

図 5.19　$M/M/1$ モデルの待ち時間分布

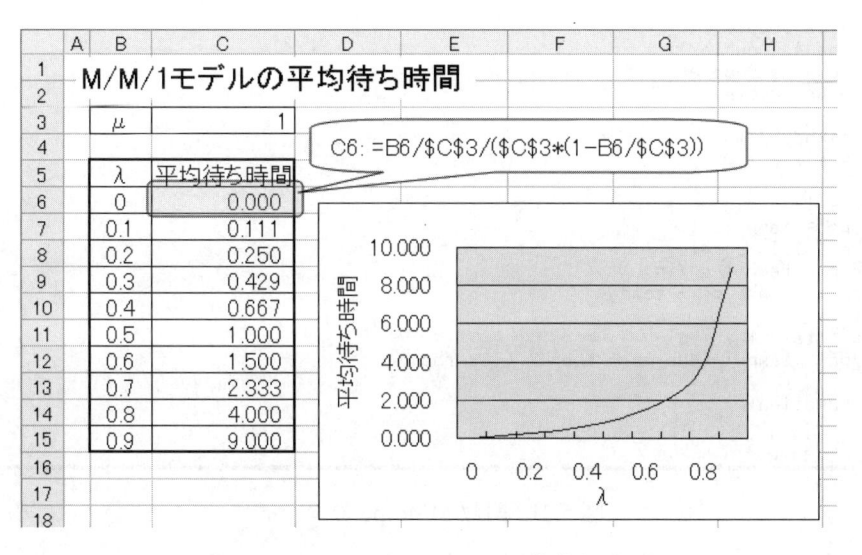

図 5.20　$M/M/1$ モデルの平均待ち時間

C.2　Excel VBA を用いた $M/M/c$ モデルの評価

ここでは，Part A のオペレーター人数を求める問題を Excel VBA とワークシートを用いて解いてみます．平均待ち時間に対して基準を設ける場合は平均待ち時間，待ち時間が許容値を超える確率に基準を設ける場合はその確率を計算すればよい訳ですが，Part A に示した公式のうち，システム内客数がゼロである確率 p_0 は式が複雑なため，ワークシート上で計算するよりも VBA でプログラムを組んだ方が効率的に計算できます．ところで，待ち時間の分布関数 $P(W_q \leq x)$ と

平均待ち行列長 $\bar{L}_q$ は，システム内客数がサーバー数とちょうど同じである確率 $p_c = P(L=c)$ が求められれば後は簡単に計算できる式となっています (**Part A** の式 (5.4)〜(5.7) 参照)．平均待ち時間 $\bar{W}_q$ は $\bar{L}_q$ から簡単に計算できます．そこで，p_c を計算するユーザー関数 MMc_pc を作ることにします．それを VBA で組んだ一例が図 5.21 のプログラムコードです．この関数は，$M/M/c$ モデルの到着率 lambda，サービス率 mu，サーバー数 c を引数として確率 p_c の値を返すユーザー関数となっています．プログラムの中身は公式をそのまま計算するようになっていますが，$\sum$ (シグマ) の部分は For 文を使った繰り返し計算で表現しています．プログラミングに慣れていない人はこのプログラムコードをそのまま打ち込んでみて下さい．VBA プログラミングの基本事項については Excel 基礎の章を，ユーザー関数の作成方法と使用方法については **C.3** を見て下さい．

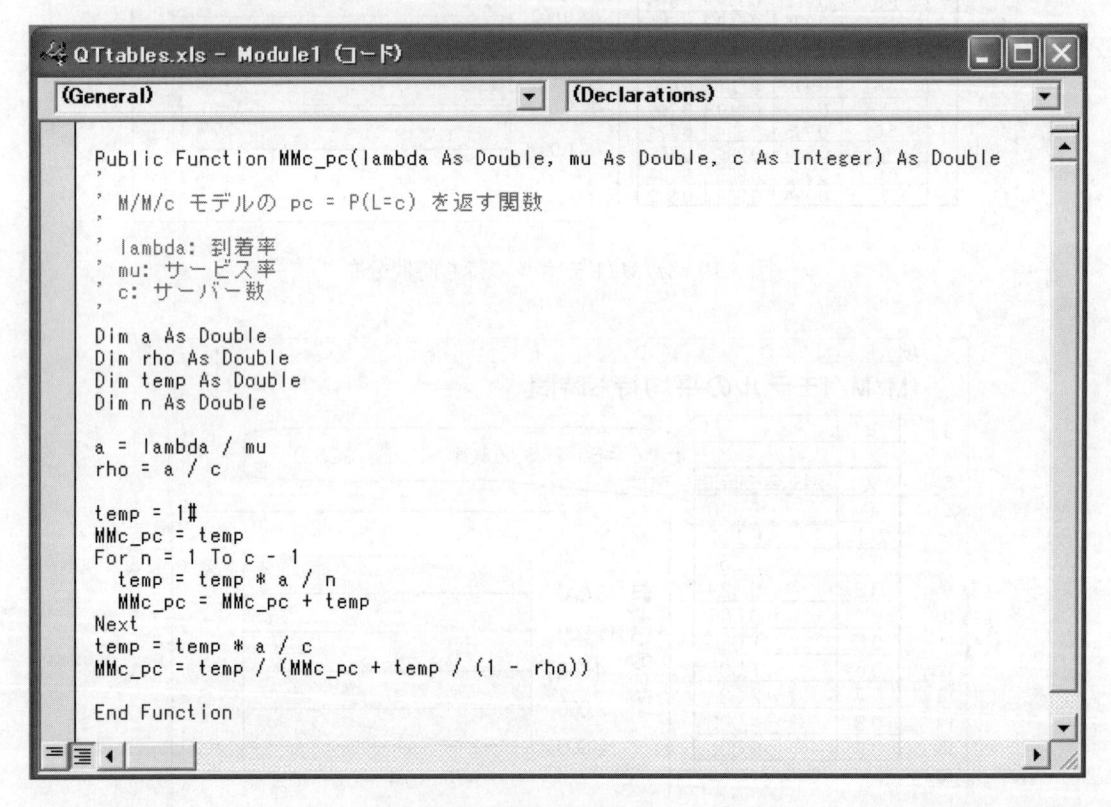

```
Public Function MMc_pc(lambda As Double, mu As Double, c As Integer) As Double
'
' M/M/c モデルの pc = P(L=c) を返す関数
'
' lambda: 到着率
' mu: サービス率
' c: サーバー数
'
Dim a As Double
Dim rho As Double
Dim temp As Double
Dim n As Double

a = lambda / mu
rho = a / c

temp = 1#
MMc_pc = temp
For n = 1 To c - 1
  temp = temp * a / n
  MMc_pc = MMc_pc + temp
Next
temp = temp * a / c
MMc_pc = temp / (MMc_pc + temp / (1 - rho))

End Function
```

図 5.21 関数 MMc_pc のコード

図 5.22 の表は，このユーザー関数 MMc_pc を用いて平均待ち時間 $\bar{W}_q$ と待ち時間が 0.5 分より大きくなる確率 $P(W_q > 0.5) = 1 - P(W_q \leq 0.5)$ を求めた表です．この表では，到着率 λ と μ を入力とし，サーバー数を $c=11$ から $c=15$ まで変化させ，**Part A** で示した公式に従って計算を行っています．

ユーザー関数の使い方はワークシート関数と同じです．詳しくは図を見て下さい．この図の表より，平均待ち時間が初めて 0.5 分を下回るのは $c=13$ の時であり，待ち時間が 0.5 分より大きくなる確率が 0.1 を初めて下回るのは $c=15$ の時であることが分かります．また，サーバー数 c

第5章 待ち行列の現象

	A	B	C	D	E	F	G
1		オペレーター人数を求める問題					
2							
3		λ		2			
4		μ		0.2			
5							
6		c	11	12	13	14	15
7		ρ	0.909	0.833	0.769	0.714	0.667
8		$P(L=c)$	0.062	0.075	0.066	0.050	0.034
9		平均待ち行列長	6.821	2.247	0.951	0.435	0.204
10		平均待ち時間	3.411	1.123	0.475	0.218	0.102
11		$P(W_q > 0.5)$	0.617	0.368	0.211	0.117	0.062

```
C7:  =$C$3/$C$4/C6
C8:  =MMc_pc($C$3,$C$4,C6)
C9:  =C8*C7/(1-C7)^2
C10: =C9/$C$3
C11: =C8/(1-C7)*EXP(-(C6*$C$4-$C$3)*0.5)
```

図 5.22　オペレーター数を求める計算ワークシート

を固定し，各 x の値について $P(W_q > x)$ を計算した表を作り，それをグラフ化すれば **Part A** で示したグラフ (x 分より長く待たされる確率) が得られます．

C.3　ユーザー関数

Excel には様々なワークシート関数が用意されていますが，Excel VBA を用いることで独自の関数を作ることもできます．そのような関数を**ユーザー関数**といいます．

(1) ユーザー関数の作成

ユーザー関数は VBA の **Function** プロシージャとして作成します．Function プロシージャとは，他のプロシージャから呼び出された時に，実行結果を返すことができるプロシージャです．以下は Function プロシージャの構文です．

```
Public Function プロシージャ名 (変数名 1 As データ型, 変数名 2 As データ型, …) As データ型
    …
    (VBA コード)
    …
    プロシージャ名 = 計算結果を表す式
End Function
```

Function プロシージャは Function で始まり，End Function で終わる一連の VBA コードから構成されています (Public は Function プロシージャが他のモジュールからも呼び出し可能であることを表しています)．プロシージャ名には Function プロシージャの名前を，変数名には引数として用いる変数の名前を，データ型にはその変数のデータ型を指定します．Function プロシージャ内で

はプロシージャ名を変数として使うことができ，その変数の値が実行結果として返されます．最初の行の最後にあるデータ型にはプロシージャ名を名前として持つ変数，即ち，実行結果として返される値のデータ型を指定します．図 5.23 に，x と y を引数としてその和を返す Function プロシージャ plus の VBA コードを例として示します．

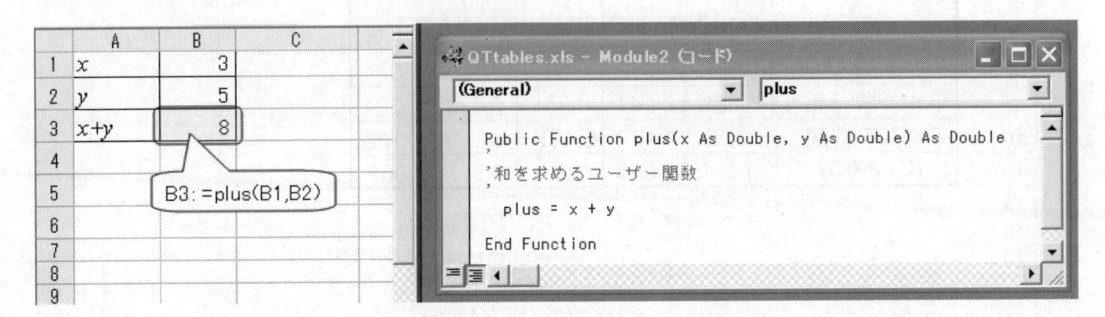

図 5.23 足し算を実行する Function プロシージャのコードと使用例

(2) ユーザー関数の使い方

ユーザー関数の使い方は一般のワークシート関数と全く同じです．Function プロシージャのプロシージャ名が関数名となり，Function プロシージャの引数がユーザー関数の引数となります．図 5.23 には，(1) で作成した Function プロシージャ plus をユーザー関数として用いた例を示しておきます．

演習問題

問 1 図 5.20 を参考にして，到着率 λ を 1 に固定し，サービス率 μ を変化させた場合における $M/M/1$ モデルの平均待ち時間のグラフを作りなさい．ただし，μ の値はサーバー使用率 ρ が 0.1 〜 0.9 の範囲となるように設定しなさい．

問 2 ポアソン到着は次の性質を持っています．

> **ポアソン到着における客のランダムな振り分け：**
> 客が到着率 λ のポアソン到着に従ってやってくるとします．また，客のクラスとして，クラス 1 からクラス n の n 個のクラスを考えます．到着した客は他の事象とは独立に確率 r_i でクラス i に割り振られるものとします ($i = 1, 2, ..., n, r_1 + r_2 + \cdots + r_n = 1$).
> このとき，クラス i に割り振られた客の到着は到着率 $r_i \lambda$ のポアソン到着となります．

この性質を用い，客が到着率 1.8 のポアソン到着に従って到着し，平均サービス時間 1 の指数サービスを受ける場合について，次の 3 つのモデルの平均待ち時間 $\bar{W}_q$ と平均滞在時間 $\bar{W}$ を求め，

第5章 待ち行列の現象 189

比較しなさい．（ヒント：上記のポアソン到着の性質はモデル1の解析に用います．モデル3は平均サービス時間が半分になると考えます．）

モデル1：サーバーが1台の待ち行列を2つ用意し，客を等確率で各待ち行列へ割り振る．
モデル2：サーバーが2台の待ち行列をひとつ用意する．
モデル3：2倍のサービス能力を持ったサーバーが1台ある待ち行列を1つ用意する．

問3 インターネットを介した注文の受け付け処理システムを構築しようとしています．このシステムは，注文を受け付ける1台のコンピューター(受付コンピューター)と注文を処理する複数のコンピューター(処理コンピューター)で構成します．受付コンピューターは，到着した注文を各処理コンピューターへ等確率で割り振ることだけを行います．処理コンピューターが1つの注文を処理するのに平均 $h = 0.5$ 秒の処理時間がかかります．注文は1秒当たり平均10件到着すると予想しています．

注文の平均応答時間を4秒以下にするために必要な処理コンピューターの最低台数を求めなさい．ただし，注文の到着はポアソン過程に従い，処理コンピューターでの処理時間は指数分布に従うとし，受付コンピューターでかかる時間は十分短いとして無視しなさい．（ヒント：「ポアソン到着における客のランダムな振り分け」に関する性質を使います．）

問4 問3において，注文の応答時間が4秒を超える確率を0.1以下にするために必要な処理コンピューターの最低台数を求めなさい．

問5 あるテーマパークでは，客が入った時刻と出た時刻を出入口で自動的に記録するシステムを導入しています．この記録データをもとに，ある日の入場者数 A (人) と園内にいた平均人数 $\bar{L}$ (人) を求めたところ，$A = 7855$，$\bar{L} = 462$ でした．テーマパークの開園時刻は9:00，閉園時刻は17:00であるとして，客は平均何分園内にいたか求めなさい．ただし，$\bar{L}$ は任意の時点における平均人数であり，閉園時刻までに全ての人が退場したとします．（ヒント：リトルの式を使います．）

問6 到着率が λ，サービス率が μ である $M/M/1/m$ モデルについて，システム内客数の定常分布，平均システム内客数，平均滞在時間を求めなさい．ただし，システム内客数が m の時に到着した客はシステム内に入ることを拒否され，その場からいなくなるものとし，平均滞在時間の算出にはそのような客を除いて考えるものとします．（ヒント：状態推移図を書いて考えます．）

問7 到着率が λ，サービス率が μ である $M/M/c/c$ モデルについて，システム内客数の定常分布と客がシステム内に入ることを拒否される確率(溢れ率)を求めなさい．（ヒント：溢れ率はPASTAを考慮すれば直ちに得られます．$M/M/c/c$ モデルの溢れ率を表す式をアーランB式といいます．）

参考文献

1. 森雅夫, 宮沢政清, 生田誠三, 森戸晋, 山田善靖,「オペレーションズリサーチ II」, 朝倉書店, 1989.

2. 森雅夫, 松井知己,「オペレーションズ・リサーチ」, 朝倉書店, 2004.

3. 逆瀬川浩孝,「確率とその応用」, サイエンス社, 2004.

4. 河野敬雄,「確率概論」, 京都大学学術出版会, 1999.

5. 「EXCEL 97 VBA FOR WINDOWS 95 SUPER MASTER」, エクスメディア, 1998.

第6章
統計データの読み方

　この世界で起こる現象のなかには，表面的に捉えただけでは，不確実で予測困難に見えるものが沢山存在します．天文学や物理学・化学など，自然科学の分野では，客観的なデータを用いることで，不確実な現象をできる限り確かに捉えようとします．まずは，現象を捉えるための枠組み，つまり，対象に応じて適切なものの見方を用意します．次に，その枠組みに沿って綿密に計画された実験や観測を行って，問題を表現するのに必要なデータを集めます．また，表現された問題を解くためにも，データを集めます．このように，客観的なデータを収集・蓄積して，それらに分析を加えることによって，再現性のある法則を見出していくことが，自然科学の営みであると言えましょう．

　一方，経営科学など社会科学が対象とするのは，人間を含む組織の上で起こる現象です．自然科学のような，綿密に計画された実験や観測を計画するのは難しい面もあるのですが，現象の解明にあたっては，自然科学と同様，あるいはより以上に不確実性の側面に注意を払う必要があります．不確実に見える現象でも，それを適切な視点から捉え，データを数多く集め，分析を加えることで，何らかの法則性が見えてくることがあります．統計学は，次のようなプロセスを通じて，集めたデータを整理し，加工し，データの山から意味ある情報を取り出し，現象に関する何らかの法則性を見出すための有効な方法論で，経営科学における大切な道具のひとつです．

```
問題状況を認識 → 分析対象を決め
                    ↓
          分析目的を設定 → データの 収集 → 整理 → 加工 → 分析 → 情報を取得
                                                                    ↓
                                                        対象に関する法則性を発見
```

　統計は，より実践的な意味で，企業の戦略的・管理的・業務的各レベルの意思決定において，必要不可欠な技術です．ICT(情報コミュニケーション技術) が経営の成否を分けると言われるこの時代，必要なデータを収集・分析し，それによって得られる質の高い情報に基づいて質の高い意思決定を行い，また企業戦略に生かしていくことが，ますます重要になっています．この章では，現代の企業人として，また社会の一構成員として，様々な現実の問題を的確に把握するための基礎的素養，統計データの読み方の基本を学んでいくことにします．

本章の構成と読み方は次に示す通りです．

Part A データを読み，データの示す意味を把握するための基本について学びます．

　　A.1 では，「統計データの整理」に関して基本的な知識を身に付けます．まず，どのような種類のデータがあるのかを見ます．次に，そもそもデータとは何か，統計量とは何か，どのような目的で使われるのかについて，確率論的に厳密な捉え方をします．また，1種類のデータに関する基本的な各種統計量の定義とそれぞれの意味について理解し，統計量を用いてデータ全体の特徴を把握する方法について学びます．データ分布の全体像は，度数分布を作成し，ヒストグラムを描くことによって捉えます．

　　A.2 では，「変数間の関係を捉える視点」を用意します．まず，2変数間の関係の強さを表す基本的統計量について理解します．次いで，2変数間の関係の仕方を線形の式で表現する方法として，単回帰分析を学びます．また，これを発展させた方法として，複数の変数によって1つの変数を説明する重回帰分析についても触れます．

　　A.3 では，「時系列データの取り扱い」について，理解を深めます．まず，時間軸の上で捉えられる時系列データとその取り扱い方の特徴を理解します．次に，時系列データの時間変動の様子を表す傾向線の引き方について，回帰分析に基づくいくつかの方法を学びます．その他，時系列データ処理によく用いられる手法，指数平滑法，自己回帰モデルについても見ておくことにします．

Part B 第6章には，**Part B** はありません．第5章の **Part B** が，この章でも主な数学的基礎となります．

Part C **Part A** で学んだ内容について，実際に Excel で処理する方法を学びます．

　　C.1 では，「統計データの一次的処理」を Excel 上で行います．まず，Excel の関数による表計算機能によって，**A.1** で学んだ1変数データに関する基本統計量の計算，および度数分布の作成を行います．次いで，グラフ機能を用いてヒストグラムの作成を行います．

　　C.2 では，「相関と単回帰分析」の計算処理を Excel 上で行います．まず，表計算機能によって，**A.2** で学んだ，2変数間の関係を表す統計量を算出します．次いで，Excel の分析ツールを用いる回帰分析の処理手順について学びます．

　　なお，**Part A** に載せた例題に関して，**Part C** で扱いきれなかった Excel によるデータ処理については，**演習問題**としてあります．省略した内容をカバーし，また本章の学習の成果を確認するためにも，解いてみることをお勧めします．

第6章 統計データの読み方

Part A 問題の捉え方と定式化

　スーパーで買ってきた魚や野菜など生の食材，普通はそのままでは食べられません．生魚だったら，洗ってワタ取り，切って，煮たり焼いたり炒めたり，味付けをしてやっと口にできるようになります．ベテランシェフにかかれば，適切な食材を選び，美味しい料理を作ってくれるに違いありません．しかし，包丁を握ったことのないような人では，食材を選びもおぼつかず，仮にシェフと同じ食材を使ったとしても，決して良い味は出せないでしょう．

　データも食材と同様です．収集してきた生のデータは，ただ漠然と眺めるためだけに蓄えていても，何の役にも立ちません．どんなにコストや労力をかけて集めてきたデータであったとしても，**情報＝データの意味**を読み取るための技術を身につけた人が，気持ちを込めて料理しない限り，宝の持ち腐れとなってしまいます．世の中には，この種の無駄にされているデータが多いことも事実です．裏を返せば，ちゃんとデータを料理して読める人が少ないともいえます．そこで Part A は，例えて言うなら，データ料理の入門講座ということにします．

A.1　統計データの整理　― 記述統計によるデータの全体的特徴の把握 ―

　既に述べたように，データとは，何らかの分析目的をもって集められるものです．どのようにして分析目的に適うデータを集めるかという，データ調査法の話は，ここではしません．ただし，統計データ処理に関する基礎的な知識を持たず，ただやみくもに集めたデータは，ほとんどの場合役に立たない，ということは覚えておいて下さい．調理方法を熟知した料理人が食材を選ぶから，美味しい料理ができます．同様に，処理方法を良く理解したうえで適切なデータ収集が行われて，はじめて有用な情報を得るための処理が可能になるのです．

　まずは，そもそもデータとは何ぞや？について，基礎から確り理解しておく必要があります．収集された生のデータは，紙に書き留められた数字や記号であったり，アンケート回答用紙の束に記入されたチェックマークだったり，あるいは，直接コンピュータに入力された値など，種類も表現形式も様々なものが含まれているのが普通です．しかし，このように雑多な形では，その後の取り扱いもままなりません．まずは，データの全体像がきちんと把握できるように，整理・整頓しておく必要があります．生データを集めたら，記入ミスがないか，測定単位や表現形式の統一が取れているか，などのチェックをしてから，次のような一次的な整理を行います．

　1) 測定対象に，$1, 2, \cdots, n$ と順番をつけます．
　2) 測定項目が複数あるなら，$1, 2, \cdots, p$ と番号をつけます．
　3) 測定項目順に 1 列ずつ横方向に，また，測定対象順に縦方向にデータを配置します．

　こうして得られたデータの矩形の配列を，**データ行列**と呼びます．Excel で処理する場合には，ワークシート上に，このような形式でデータ行列を入力することになります．

A.1.1 データの種類と基本的な統計量

ここでは，収集したデータの整理，および基礎的な加工の仕方について学びます．次の例題に沿って，具体的に見ていくことにしましょう．

例題 6.1：入社試験と採用後の追跡調査

A社では，営業担当の社員を採用する際，専門知識に関する筆記試験，モチベーションや独創性を見るための小論文，勤勉さや人柄を見るために面接を実施して，採用候補者を決めていた．専門筆記試験は 200 点満点，小論文は 100 点満点で採点．面接結果は面接員の主観評価が，A>B>C の優位順で記録されていた．

人事課では，採用 3 年の後，採用試験の評価方法が妥当だったかを検討するため，入社した 12 名の社員に対し追跡調査を行った．

さて，右表において，採用時試験の成績と，入社 3 年目の年間売上実績のデータから読み取れることは何か，人事課の担当者になったつもりで，データを整理して捉えてみましょう．

採用時試験成績と売上実績

社員 No.	採用試験成績			年間売上高 (万円)
	専門 (点)	小論 (点)	面接評価	
1	156	73	B	2034.5
2	185	88	A	2795.6
3	162	81	A	2308.2
4	175	70	C	2050.8
5	171	82	B	2171.3
6	164	69	A	2253.4
7	163	72	C	2084.3
8	172	78	B	2312.0
9	150	75	C	1981.5
10	138	70	C	1411.4
11	153	75	B	1820.5
12	152	69	B	1054.8

このように，きれいに整理されたデータ行列を与えられても，ただ漫然と眺めているだけでは，その意味するところは理解できません．上の例題でも，基本的とはいえ，統計数理的な処理が必要です．その前提として，統計的データとは何か，少し理解を深めておく必要があります．

(1) 統計データとは何か？ … データを表す尺度とデータの種類

調べる対象となる個体の集まりを**母集団**(population)，そこから取り出した一部分を**サンプル**(sample, 標本) と呼びます．サンプルの数が n 個のとき，**サンプルの大きさ**(sample size) n と言います．母集団の性質を知るために，何らかの特性に注目して，適当な方法により，個々のサンプルを測定します．こうして得られた測定値が**データ**(標本値) です．

データには大きく 2 種類，量的データと質的データがあります．**量的データ**とは，何らかの測定方法によって，測定結果が実数や整数など数値によって表されるデータのことです．このとき使われるモノサシの目盛り，つまり尺度のことを量的尺度といいます．量的尺度には，順序・間隔・比例の意味を持つ尺度があり，それぞれ**順序尺度・差尺度・比尺度**といいます．例えば，人の体重 (Kg) に関するデータは，体重計を使って測られ，実数値で表されます．女性 F と男性 M という 2 人のサンプルを体重計で測定した結果，それぞれ 40.0Kg，60.0Kg だったとします．このデータは，男性 M は女性 F の 1.5 倍で，20Kg 差で男性 M が重く，順序は女性 F < 男性 M である

ことを表します．つまり，体重 (Kg) は，比例・間隔・順序のすべての意味を備えた量的尺度で測られる量的データということになります．

数値で表されないか，仮に番号のような数値で表されていても，他と区別する以外の意味を持たないラベルのことを**名義尺度**といいます．名義尺度で表されるデータを**質的データ**と呼びます．

なお，量的尺度の間には，比尺度ならば差尺度としての性質を，差尺度ならば順序尺度としての性質を備えるという関係がありますが，それぞれ，逆は必ずしも成り立ちません．この関係から，「データの水準」という言葉を使うことがあります．つまり，名義尺度で表されるデータは最も水準が低く，比尺度のデータは最も水準が高い．ある水準のデータは，より低い水準のデータが持つ性質をすべて持っている，ということを表します．以下，データの例を示しておきます．

量的データ
・比尺度　：身長 (cm), 体重 (Kg), 距離 (Km), 売上高 (万円), 観客動員数 (人)
・差尺度　：気温 (℃), ビルの階数 (階), 西暦 (年)
・順序尺度：小学生の学年 (年), 入学試験の成績順位 (位), テニスＪＯＰランキング (位)

質的データ
・名義尺度：性別 (男, 女), 18 歳以上 (Yes, No), 血液型 (A, B, O, AB), 信号の色 (赤, 青, 黄)
　　　　　　支持政党 (自, 民, 公, 保, 社, 共, 他), サイコロの目 (1, 2, 3, 4, 5, 6)

その他，数値で表される電話番号，銀行口座番号，社員番号なども，名義尺度による質的データということになります．もちろん，これら質的データや順序尺度で表されたデータに関しては，足し算や引き算をすることは意味がないので，してはなりません．この辺り，間違えやすいので注意が必要です．

例題 6.1 に関して言えば，筆記試験と小論文の成績は，それぞれ 0～200, 0～100 の整数値で表される比尺度と考えられますが，面接評価は，A>B>C の優位順しか表しませんから，順序尺度ということになるでしょう．もちろん，売上高は比尺度で表される量的データです．

(2) 基本的な 1 変数の統計量 I … データの全体的特徴を捉える視点

データ (標本値) を取り扱うために，n 個の測定対象に 1 から n まで番号を付けて並べておくと都合がよいと述べました．ある特性 X に関するデータを，測定対象の番号順に並べたものを**標本**といいます．この章では，標本を

$$X : (x_1, x_2, \cdots, x_n) \tag{6.1}$$

のように番号の添え字を付けて表現して，**データ系列** X と呼ぶことにします．

ところで，確率変数とは，ある確率的条件のもとで実数値をとる関数のことです (詳しくは，第 5 章 **Part B** で解説しています)．ここで (6.1) 式は，母集団のある特性を確率変数 X を用いて表した結果です．つまり，母集団から標本をとって測定することは，確率変数 X がある実現値をとることに対応します．データ系列は，確率変数 X がとった n 回分の実現値の数列と捉えることができます．実数値以外の値をとるデータについても，データ値を実数へ 1 対 1 に対応づける適当な

写像を置くことで，確率変数の実現値として解釈することができます．

「データ」という言葉の意味を確率論に基づいて厳密に捉えるには，「確率変数」の定義と意味を正確に理解している必要があります．確率変数とその期待値や分散，基本的な確率分布などについては，第 5 章 Part B に詳しい解説がありますので，参照してください．ここでは，確率変数の知識を前提として，母数について整理しておきます．

一般に，母集団の特性値，つまりは，確率変数 X に関する特性値を**母数**といいます．データは確率変数の実現値ですから，データの全体的特徴を掴むために，確率変数の母数推定が重要な拠りどころとなります．次のものが代表的な母数です．

---

1 つの確率変数 X に関する母数としては，
- **母平均** μ：X の期待値 $E[X]$ のことで，
$$\mu = E[X] \tag{6.2}$$
- **母分散** σ^2：$(X-\mu)^2$ の期待値を $V[X]$ で表して，
$$\sigma^2 = V[X] = E[(X-\mu)^2] \tag{6.3}$$
- **母標準偏差** σ：母分散の平方根を $S[X]$ で表して，
$$\sigma = S[X] = \sqrt{V[X]} \tag{6.4}$$

2 つの確率変数 X, Y の関係の強さを表す母数には，それぞれ母平均を μ, η として，
- **母共分散** $Cov[X,Y]$：母平均からの偏差の積 $(X-\mu)(Y-\eta)$ の期待値で，
$$Cov[X,Y] = E[(X-\mu)(Y-\eta)] \tag{6.5}$$
- **母相関係数** $\rho(X,Y)$：共分散をそれぞれの変数の標準偏差で除して標準化した，
$$\rho(X,Y) = \frac{Cov(X,Y)}{S[X]S[Y]} \tag{6.6}$$

などがあります．さて，n 個のサンプルに関するデータ系列 $X:(x_1, x_2, \cdots, x_n)$ が得られたとしましょう．この値の並びを眺めているだけでは，データ系列全体の特徴を客観的に捉えるのは難しいでしょう．そこで，いくつかの代表的な性質に注目しながら数式を用いてデータを整理し，なるべく少ない数値に集約することで全体の特徴を表現する，「記述統計」と呼ばれる方法が考案されました．データを集約するための式を**統計量**と呼びます．厳密に言うと，統計量とは，データに対応する同じ分布の確率変数 $X_1, X_2, \cdots X_n$ を合成して得られる確率変数で，次のように表される確率変数の関数のことです．

$$T = f(X_1, X_2, \cdots X_n) \tag{6.7}$$

統計量の値は，合成確率変数を表す関数の式に，1 つ 1 つの確率変数がとった実現値，$x_1, x_2, \cdots, x_n$ を代入して計算した $f(x_1, x_2, \cdots x_n)$ です．例題 6.1 でいえば，1 つのデータ系列は，専門試験の点数 $X:(x_1, x_2, \cdots, x_{12}) = (156, 185, \cdots, 152)$ で，統計量として合計点 $T = X_1 + X_2 + \cdots + X_{12}$ を選べば，統計量の値は，$156 + 185 + \cdots + 152 = 1941$ 点ということになります．

まずは，最も基本的な統計量として，データの位置を表すものを表にまとめておきます．

第6章 統計データの読み方

表6.1 1変数の基本的統計量I … 位置に関する統計量

統計量	記号	数式による定義	Excel関数	意味
1. 最大値	x_{max}	$\max_i \{x_i\}$	MAX()	最も大きなデータの値
2. 最小値	x_{min}	$\min_i \{x_i\}$	MIN()	最も小さなデータの値
3. 平均値(標本平均)	$\bar{x}$	$(x_1 + \cdots + x_n)/n = \frac{1}{n}\sum_{i=1}^{n} x_i$	AVERAGE()	データ全体の中心的な位置を示す値
4. 中央値(メディアン)	x_{me}	大きさの順で中央に位置するデータ値.nが偶数なら中央の2つの平均値	MEDIAN()	データ値の大きさ順で中央の値
5. 最頻値(モード)	x_{mo}	データ件数が最も多いデータの値	MODE()	最も多いデータ出現値
6. 第i四分位数	$x_{i/4}$	その値以下のデータ数が,全体数の$i/4$となる値	QUARTILE(, i)	小さい順にデータを1/4ずつ分ける値

※ Excel関数で計算する場合は,引数として( )内にデータセルの範囲を指定します.

最大値と**最小値**が,データ値の両端の位置を表していることは明らかですね.もちろん,これらは順位尺度以上のデータ水準に関して適用できます.

標本平均値,あるいは,簡単に**平均値**$\bar{x}$は,差尺度以上のデータ水準に関して,データ値の中心位置を表します.各データ x_i とある値 a との差を,a からの**偏差**と呼びますが,

- 平均値$\bar{x}$からの偏差の総和:$\sum_{i=1}^{n}(x_i - \bar{x}) = \sum_{i=1}^{n} x_i - n\bar{x} = 0$ (6.8)

となります.つまり,平均値は,各データとの偏差の総和をゼロにするという意味で,データ分布の中心的な位置を表現しています.

また,平均値は,ある1つの確率変数を X(母平均 μ,母分散 σ とする) と,同じ確率分布を持つ確率変数 $X_1, X_2, \cdots, X_n$ から合成される確率変数 $\bar{X} = (X_1 + X_2 + \cdots + X_n)/n$ の実現値と見ることもできます.この合成確率変数 $\bar{X}$ のことを**標本平均**と呼びます.第5章 Part B 3.2 で解説した期待値の公式により,

$$E[\bar{X}] = E\left[\frac{1}{n}\sum_{i=1}^{n} X_i\right] = \frac{1}{n}E\left[\sum_{i=1}^{n} X_i\right] = \frac{1}{n}\sum_{i=1}^{n} E[X_i] = \frac{n\mu}{n} = \mu \quad (6.9)$$

ですから,標本平均 $\bar{X}$ の期待値は,もとの確率変数 X の母平均 μ(X の期待値) に等しいことがわかります.一般に,合成確率変数 T によって,もとの確率変数 X の母数を推定する際,合成確率変数の期待値が,もとの確率変数の期待値と一致するとき,合成確率変数を**不偏推定量**といいます.ここでは,標本平均値 $\bar{x}$ は母平均 μ の不偏推定量ということになります.

第5章 Part B 3.2 では,確率変数間の独立性について解説しています.各 $X_i, X_j (i \neq j)$ が互いに独立であるようなデータ系列のことを,無作為標本といいます.無作為標本の場合,標本平均の分散 $V(\bar{X})$ は,やはり第5章 Part B 3.2 で解説した分散の公式により,

$$V[\bar{X}] = V\left[\frac{1}{n}\sum_{i=1}^{n} X_i\right] = \frac{1}{n^2} V\left[\sum_{i=1}^{n} X_i\right] = \frac{n}{n^2}\sigma^2 = \frac{\sigma^2}{n} \tag{6.10}$$

となります．つまり無作為標本の場合，標本平均 $\bar{X}$ の分散は，母分散 σ^2 の $1/n$ となります．したがって，$\bar{X}$ の標準偏差は，母標準偏差 σ の $\dfrac{1}{\sqrt{n}}$ となります．

最頻値(モード) は，最も多く出現したデータ値という意味で，代表的な位置を示します．順位尺度や名義尺度で表されるデータによく用いられます．しかし，差尺度以上の水準で，ほとんどのデータが異なる実数値をとる場合などは意味を持ちません．

中央値(メディアン) は，データ数の観点でみた中心的位置を表します．つまり，データを値の小さい順に並べて，全体を半々に分ける位置を指します．同じように，**四分位数**は，全体を 1/4 ずつのデータ数に分ける位置を表します．第 1 四分位数は小さい 25 %を，第 3 四分位数は大きい 25 %のデータを分ける値のことです．第 2 四分位数は中央値，第 0・第 4 四分位数はそれぞれ最小値・最大値にあたります．

同様な考え方で，**十分位数** (デサイル)，**百分位数** (パーセンタイル) などが用いられます．一般に，n 個のデータを小さい方から $\dfrac{i}{k}$ (i,k は，$0 < i < k$ の整数) の比率に分ける位置を $i \cdot k$ **分位数**といいます．$n+1$ が k で割り切れれば，$m = \dfrac{n+1}{k}$ 番目のデータ値が $i \cdot k$ 分位数です．割り切れずに，$\dfrac{n+1}{k} = m + l$ ($m > 0$ が整数部，$l > 0$ が小数部) のときには，m 番目と $m+1$ 番目のデータを $(1-l):l$ に内分する位置を用いるのが普通です．

これらも平均値と同様，データ値間の演算を伴う統計量ですので，差尺度以上のデータ水準に適用できますが，順位尺度と名義尺度のデータには一般には使えません．ただし，順位尺度を整数値で表して，かつ順位間を等間隔とみなして，これらの統計量を計算することはあります．順位尺度を差尺度で読み替えますから，計算できるのは当然ですが，読み替えの妥当性については，注意が必要です．例題 6.1 のデータについて位置に関する統計量は，次のとおりです．

表 6.2 採用時試験成績と売上実績データの特徴 I

位置に関する統計量 ($n = 12$)	採用試験成績			年間売上高 (万円)
	専門筆記 (点)	小論文 (点)	面接評価	
1. 最大値	185	88	A	2795.6
2. 最小値	138	69	C	1054.8
3. 平均値	161.8	75.2	−	2023.2
4. 中央値 (メディアン)	162.5	74.0	−	2067.6
5. 最頻値 (モード)	−	−	B	−
6. 第 1 四分位数	152.75	70.00	−	1941.25
第 3 四分位数	171.25	78.75	−	2267.10

※ −は，計算できないか，計算しても意味のない統計量．面接評価は，A>B>C の大小関係による

さて，データの中心ないしは中央と，両端の位置はわかりました．次に，もう少し詳しく，データの配置，つまりどの位置にデータが分布しているのかを捉えてみます．

(3) 度数分布とヒストグラム … データの分布を捉える視点

データ系列 $X : x_1, x_2, \cdots, x_n$ に対して，ある実数 a, b が，$a < x_{min}, x_{max} \leq b$ を満たすとすれば，明らかに，$[x_{min}, x_{max}] \subset (a, b]$ ですから，データの実現値はすべて，区間 $(a, b]$ に属することになります．このデータ全体をカバーする区間 $(a, b]$ を，一定幅のいくつかの小区間に分割して，データの値を分類することを考えてみましょう．この小区間を**階級**(class)と呼び，階級に分類されたデータの数を，階級の**度数**と呼ぶことにします．各階級の度数を表の形に表したものを**度数分布表**(frequency table)といいます．また，度数分布表を柱状グラフで表したものを**ヒストグラム**(histogram)と呼びます．同じデータ系列に対しても，区間 $(a, b]$ と階級数の設定によって，ヒストグラムは違ったグラフになります．データ配置の全体像を視覚的に捉えやすく表現するためには，適切な階級数の設定が必要になります．そのひとつの目安になるのが，次の公式です．

スタージェスの公式：サンプル数を n とすると，階級数 $k = 1 + \log_2 n$ \hfill (6.11)

もちろん絶対的なものではありません．実際には，この公式に近いところで階級数を考え，区切りの良い階級幅になるよう，試行錯誤しながら設定します．例題 6.1 の売上高データについては，サンプル数 $n = 12$ ですから，$k = 1 + \log_2 n = 4.585$．**標本範囲** $R_x = x_{max} - x_{min} = 2795.6 - 1054.8 = 1740.8$ をこの数で割ると 379.7．以上の観察により，$(a, b] = (1000, 3000]$ の区間に，階級数 5，階級幅 400 と設定しますと，次のようになります．

売上高の度数分布表

階級 (万円)	度数 (人)
1000 以下	0
〜1400	1
〜1800	1
〜2200	6
〜2600	3
〜3000	1
3000 超	0
合計	12

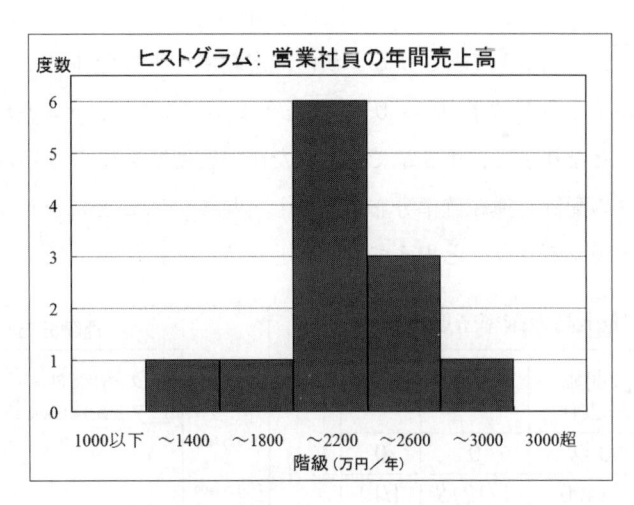

図 6.1 度数分布とヒストグラムによるデータ分布の表現

度数分布表により，データの存在の状態，つまりどの位置にどのようにデータがあるのかが整理され，ヒストグラムは，それを見やすい形で表現しています．

ここで，ヒストグラムの分布としての意味をもう少し考えてみましょう．まず，図 6.1 のヒストグラムの両軸を，図 6.2 のように読み換えてみます．横軸には，各階級の代表値として階級の中央値 $c_1 = 1200, c_2 = 1600, \cdots, c_5 = 2800$ をとります．縦軸には，階級の度数をサンプル数 $n = 12$ で割って，データが各階級に入る比率(相対度数)，つまり階級の確率を表しています．階級の代表値の集合を $C = \{c_1, c_2, \cdots, c_5\}$ として，表のように値をとる関数 $g : C \to [0, 1]$ を表すのが右の

グラフです．$\sum_{i=1}^{5} g(c_i) = 1$ ですから，$g: C \to [0,1]$ は，第5章で説明した離散確率関数になっています．つまり，各階級に入るデータは，その階級の代表値に等しいと仮定することで，データの配置を離散確率分布として近似しているのです．なお，近似した分布に基づく統計量は，元の統計量を近似しますが，一致するとは限りません．ちなみに，上の例では，売上高の平均値2023.2は，近似した分布に基づくと2066.7，その他の統計量も少しずつ違った値になっています．代わりに，元のデータで意味がなかった最頻値は，2000.0が意味を持つようになります．

売上高の離散分布表

階級代表値	確率 $g(c_i)$	
1000 以下	0/12	=0
C_1=1200	1/12	=0.0833
C_2=1600	1/12	=0.0833
C_3=2000	6/12	=0.500
C_4=2400	3/12	=0.250
C_5=2800	1/12	=0.0833
3000 超	0/12	=0
計	12/12	=1.000

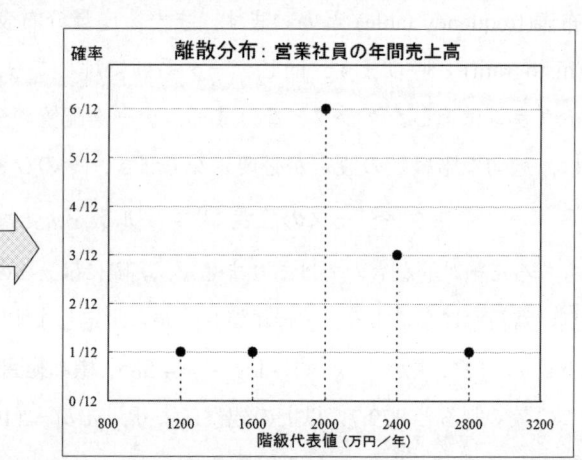

図6.2　離散確率分布としての表現

さらに，図6.3で表されるように，定義域を実数全体にとって，階級の確率を階級の幅 S で除した値をとる関数 $f: R \to [0, \infty]$ を考えます．ここで，$y = f(t)$ と横軸 $y = 0$ で囲まれる領域の面積は1となり f は，第5章で説明した確率密度関数になっています．この読み替えをしたときは，データの配置を連続確率分布に近似して見ていることになります．ヒストグラムは，これらを併せて表現するグラフと捉えておきましょう．

売上高の確率密度関数

区間幅 S=200	$f(t)$	面積
1000 以下	0	0
～1400	1/12/S	1/12
～1800	1/12/S	1/12
～2200	6/12/S	1/2
～2600	3/12/S	1/4
～3000	1/12/S	1/12
3000 < t	0	0
$f(t)$ が囲む面積		1.00

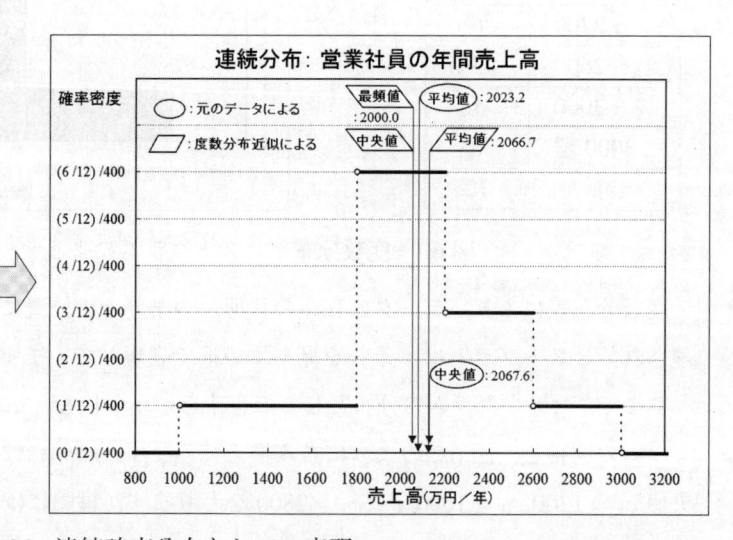

図6.3　連続確率分布としての表現

図中，元のデータに基づく平均値，中央値と，度数分布による平均値，中央値，最頻値の位置

第 6 章　統計データの読み方

を示しています．度数分布による平均値は，確率密度関数 $f(t)$ と横軸が囲む領域の面積を 0.5 ずつにちょうど 2 分する位置となります．

(4) 1 変数の基本的統計量 II … データ分布の形状に関する統計量

データの分布に触れたところで，分布の形状を特徴づける統計量について説明しておきます．データの出現値をヒストグラムや連続分布で近似して表したときに，切り立った山形の分布図なのか，左右に長い裾野を持つ平たい山形が描かれるのか，また，山の頂点が平均値付近にあって左右対称に近いのか，どちらかに偏っているのか，などの視点で分布の形状を特徴付けます．

データの散らばり具合のことを，バラツキと呼びます．平均値など分布の中心的な位置に近いところにデータが集中していればバラツキが小さい，離れたところにも多くのデータがあるならば，バラツキが大きいといいます．頂点が 1 つの山形の形状をしている分布の場合，バラツキが小さいということは切り立った山形，バラツキが大きいということは平坦な山形ということと，ほぼ同じことを表します．以下に，これらを表す統計量をまとめておきます．

表 6.3　1 変数の基本的統計量 II … データの散らばりに関する統計量

統計量	記号	数式による定義	Excel 関数	意 味
7. 全変動 (偏差平方和)	D_x	$\sum_{i=1}^{n}(x_i-\bar{x})^2$	DEVSQ()	平均値偏差の平方和で全体の変動を表す
8. 分散 (標本分散)	V_x	$\dfrac{D_x}{n}$	VARP()	サンプルを母集団全体とみてデータのバラツキを表す
9. 標準偏差 (標本標準偏差)	S_x	$\sqrt{V_x}$	STDEVP()	標本分散の平方根によってバラツキを標準化して表す
10. 不偏分散	$\tilde{V}_x$	$\dfrac{D_x}{n-1}$	VAR()	サンプルによって母集団の分散を偏りなく推定する値
11. 不偏標準偏差	$\tilde{S}_x$	$\sqrt{\tilde{V}_x}$	STDEV()	不偏分散の平方根によってバラツキを標準化して表す

全変動 (偏差平方和) は，$\sum_{i=1}^{n}(X_i-\bar{X})^2$ で定義される統計量です．各データの標本平均からの偏差を 2 乗して総和をとることで，データの全体的な変動の大きさを表します．全変動の値は，定義により，次のように求めることができます．

$$D_x = \sum_{i=1}^{n}(x_i-\bar{x})^2 = \sum_{i=1}^{n}(x_i^2 - 2x_i\bar{x} + \bar{x}^2) = \sum_{i=1}^{n}x_i^2 - n\bar{x}^2 \tag{6.12}$$

標本分散 (あるいは単に**分散**) は，偏差平方和をサンプル数 n で除して得られる統計量 $\dfrac{1}{n}\sum_{i=1}^{n}(X_i-\bar{X})^2$ です．偏差平方の標本平均によってデータのバラツキを表し，次の式で求められます．

$$V_x = \frac{D_x}{n} = \frac{1}{n}\sum_{i=1}^{n}(x_i-\bar{x})^2 = \frac{1}{n}\sum_{i=1}^{n}x_i^2 - \bar{x}^2 \tag{6.13}$$

式からも明らかなように，分散の単位は元のデータの単位の 2 乗になります．**標準偏差**(standard deviation) は，分散の平方根をとって，データの単位に戻したものです．バラツキを表す基準とし

て，元のデータの単位で表す方が都合の良いときには，標準偏差が用いられます．例えば，データ x_i と平均値 $\bar{x}$ との偏差は，元のデータと同じ単位を持つので，標準偏差との比較においてその程度を把握することができます．

不偏分散は，偏差平方和をサンプル数より 1 少ない $n-1$ で除して得られる統計量 $\frac{1}{n-1}\sum_{i=1}^{n}(X_i-\bar{X})^2$ です．標本分散の値を V_x とすれば，不偏分散の値は $\tilde{V}_x = \frac{n}{n-1}V_x$ です．データのバラツキを表現することに変わりはありませんが，わずかながら大きい値をとります．偏差平方和を n でなく $n-1$ で除す理由は，母分散 σ^2 を偏りなく推定する統計量とするためです．この場合の $n-1$ のような数を**自由度**と言います．自由度とは，計算された統計量値を変化させずに，任意の値をとることのできる観測値の数のことです．偏差平方和の値を変化させずに，任意の値をとることのできる標本の数は，$n-1$ です．

母集団から大きさ n の標本をとって，母集団の母数 θ の値を 1 つに絞って推定 (点推定) することを考えます．推定には，標本に関する何らかの統計量 $\tilde{\theta}$ を用いることになります．ここで，$\tilde{\theta}$ は，θ を推定するために適切な統計量でなければなりませんが，この適切さを判断する 1 つの性質として，不偏性：推定に偏りがないこと，があります．標本平均のところでも述べたように，統計量の期待値が母数と等しくなる $E(\tilde{\theta}) = \theta$ とき，統計量 $\tilde{\theta}$ は θ の**不偏推定量**であるといいます．

次に示すように，標本分散は母分散に対する不偏推定量ではありませんが，不偏分散は不偏推定量になっています．

$$E[\frac{1}{n}\sum_{i=1}^{n}(X_i-\bar{X})^2] = \frac{1}{n}E[\sum_{i=1}^{n}\{(X_i-\mu)-(\bar{X}-\mu)\}^2]$$
$$= \frac{1}{n}E[\sum_{i=1}^{n}\{(X_i-\mu)^2 - 2(X_i-\mu)(\bar{X}-\mu) + (\bar{X}-\mu)^2\}] \tag{6.14}$$
$$= \frac{1}{n}\sum_{i=1}^{n}E[(X_i-\mu)^2] - E[(\bar{X}-\mu)^2] = V[X] - V[\bar{X}] = \sigma^2 - \frac{1}{n}\sigma^2 = \frac{n-1}{n}\sigma^2$$

$$E[\frac{1}{n-1}\sum_{i=1}^{n}(X_i-\bar{X})^2] = \frac{1}{n-1}\frac{n-1}{n}\sigma^2 = \sigma^2 \tag{6.15}$$

例題 6.1 に関するデータの分布を特徴付ける統計量の計算結果は，次のようになります．

表 6.4 採用時試験成績と売上実績データの特徴 II

データの分布に関する統計量 ($n=12$)	採用試験成績 専門筆記 (点)	採用試験成績 小論文 (点)	採用試験成績 面接評価	入社 3 年目の年間売上高 (万円)
7. 全変動	1820.3	397.7	—	2195704.5
8. 分散	151.7	33.1	—	182975.4
9. 標準偏差	12.3	5.8	—	427.8
10. 不偏分散	165.5	36.2	—	199609.5
11. 不偏標準偏差	12.9	6.0	—	446.8

※ いずれの統計量も差尺度以上のデータ水準に適用されるもので，順序尺度のデータである面接評価には，適用できません．

第6章 統計データの読み方

データ x_i の平均値 $\bar{x}$ からの偏差は，元のデータと同じ単位をもちます．これを，やはり元のデータと同じ単位を持つ標準偏差で除した，

$$\text{標準化データ：} \quad z_i = \frac{x_i - \bar{x}}{S_x} \quad (\text{ただし}, S_x \neq 0) \tag{6.16}$$

は，データの偏差の程度を標準偏差に対する比率 (単位なし) で表します．各データを (6.16) 式で変換することをデータの標準化といい，z_i をデータ x_i に対する**標準化データ**と呼びます．なお，定義から明らかなように，$S_x = 0$ は，$V_x = 0$, あるいは $D_x = 0$ とも等価 (同じ条件) で，すべてのデータ値が同一であることと等価です．このケースを除いて，つまり異なるデータ値を含む任意のデータ系列は，標準化データ系列 $Z:(z_1, z_2, \cdots, z_n)$ に変換できます．次に示すように，標準化データ系列の平均値と標準偏差は，常に $\bar{z} = 0$, $S_z = 1$ となります．

$$\bar{z} = \frac{1}{n}\sum_{i=1}^{n} z_i = \frac{1}{n}\sum_{i=1}^{n}\frac{x_i - \bar{x}}{S_x} = \frac{1}{nS_x}\sum_{i=1}^{n}(x_i - \bar{x}) = \frac{1}{nS_x}(\sum_{i=1}^{n} x_i - n\bar{x}) = 0 \tag{6.17}$$

$$V_z = \frac{1}{n}\sum_{i=1}^{n}(z_i - \bar{z})^2 = \frac{1}{n}\sum_{i=1}^{n} z_i^2 = \frac{1}{n}\sum_{i=1}^{n}\left(\frac{x_i - \bar{x}}{S_x}\right)^2 = \frac{V_x}{S_x^2} = 1 \quad \therefore S_x = \sqrt{V_x} = 1 \tag{6.18}$$

ところで，良く似た言葉に「偏差値」がありますね．受験経験のある人なら誰でも知っている言葉ですが，定義を正確に理解している人は意外に少ないようです．

n 人が受験した試験の点数のデータが，$X:(x_1, x_2, \cdots, x_n)$ と受験番号順に整理されているとします．また，集計の結果，平均値 $\bar{x}$ と標準偏差 S_x が得られたとします．このとき，x_i 点をとった第 i 番目の受験者は，

$$\text{偏差値} = 50 + 10\left(\frac{x_i - \bar{x}}{S_x}\right) \tag{6.19}$$

で評価されることになります．z_i は，x_i に対する標準化データです．要するに，試験でとった点数が平均点と $\pm$ どれくらいの差があるかを，標準偏差の何倍かで評価したのが標準化データ，それを 10 倍して 50 に加えたものが偏差値です．したがって，平均点と一致していれば偏差値 50 となります．偏差値は，自分の点数を見ただけでは判断できない，他の受験者との相対比較を可能にする統計量と言えます．

分布形状の特徴づけとして，バラツキの他には「歪み」と「尖り」があります．これらを表現する統計量を表に示します．

表 6.5 1 変数の基本的統計量 III … 分布の歪みと尖りに関する統計量

	統計量	記号	数式による定義	Excel 関数	意 味
12.	歪度 (わいど)	x_{sk}	$\frac{1}{n}\sum_{i=1}^{n}(x_i - \bar{x})^3 / S_x^3$	SKEW()	データの分布の歪み (非対称) の程度を表す
13.	尖度 (せんど)	x_{ku}	$\frac{1}{n}\sum_{i=1}^{n}(x_i - \bar{x})^4 / S_x^4$	KURT()	データの分布の尖り (とがり) 度を表す

※ Excel の SKEW() は，$\frac{n}{(n-1)(n-2)}\sum_{i=1}^{n}(x_i - \bar{x})^3 / \tilde{S}_x^3$ を計算，歪度の数式より若干大きい絶対値を示します．

※ Excel の KURT() は，$\frac{n(n+1)}{(n-1)(n-2)(n-3)}\sum_{i=1}^{n}(x_i - \bar{x})^4 / \tilde{S}_x^4 - \frac{3(n-1)^2}{(n-2)(n-3)}$ を計算，尖度-3 に近い値を示します．

分布が平均値をはさんで左右対称でないことを，歪み(ゆがみ)と捉えます．これを表す統計量が**歪度**(Skewness)です．平均値と中央値が一致して，左右対称な形状をなすとき，歪みがないと言い，歪度を0とします．相対的に右側には平均値から離れたデータが少なく，左側には平均値から離れたデータが多いことを「分布が右側に歪んでいる」と捉え，歪度は負の値を示します(図のように山形の分布の場合，左に裾を引くとも言います)．逆に「分布が右側に歪んでいる」とき歪度は正の値をとります．

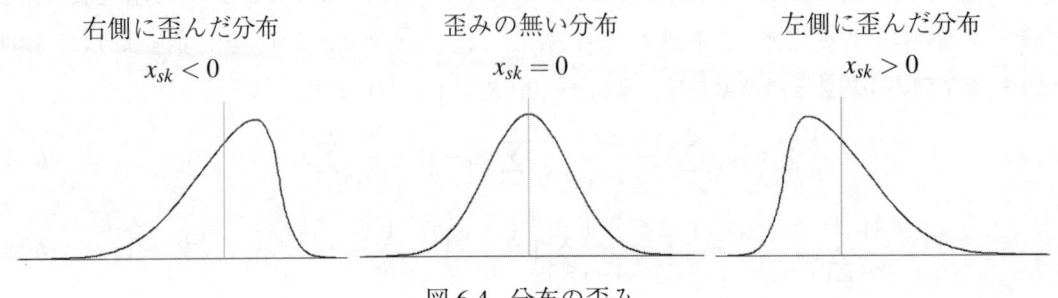

右側に歪んだ分布 $x_{sk} < 0$ 　　歪みの無い分布 $x_{sk} = 0$ 　　左側に歪んだ分布 $x_{sk} > 0$

図 6.4 分布の歪み

分布形状が尖り具合を表すのが**尖度**(kurtosis)です．分布の裾野が狭く平均値の近くにデータが集中しているとき，分布は尖っていると捉え，尖度の値は大きくなります．第5章では，理論上考えられるひとつの典型的な確率分布として，正規分布について説明しましたが，その尖度は3となります．正規分布を基準として，より尖っている分布では 尖度 > 3 を示し，より平坦な分布では 0 < 尖度 < 3 を示します．例題6.1に関する以上の統計量は，次のようになります．

表 6.6 採用時試験成績と売上実績データの特徴 III

データ分布の形状に関する統計量 ($n=12$)	採用試験成績			入社3年後
	専門筆記	小論文	面接	年間売上高
12. 歪度：SKEW()	-0.0015	0.9371	—	-0.7606
13. 尖度：KURT()	-0.0360	0.1826	—	1.4798

※ いずれも Excel 関数による計算値です．表6.5の数式による定義とは，値が異なるので注意します．特に，KURT() は，定義式の値からおよそ3を減じて，正規分布で0になるよう調整されています．

※ 上の結果は，度数分布でみて，専門筆記の結果は歪みがなく，尖り度もほぼ正規分布とほぼ同じ．小論文は，左側に歪みがあり，正規分布よりも少し尖っていると判断されます．

第6章 統計データの読み方

A.2 変数間の関係を捉える視点 － 相関と単回帰分析 －

複数のデータ系列を扱うとき，類似した特性を表す変数，異質な特性を表す変数を識別整理して捉えておく必要があります．この変数の類似性や異質性を判断するために，まずは，2つずつの変数間の関係の強さを知る必要があります．

A.2.1 2変数に関する基本的統計量：相関関係を表す統計量

同じ対象集団について，2種類の特性に関する測定結果を対象順に並べて，2つのデータ系列

$$X : (x_1, x_2, \cdots, x_n), \quad Y : (y_1, y_2, \cdots, y_n) \tag{6.20}$$

が与えられたとします．2系列のデータの関わり具合を視覚的に捉えるために描かれるグラフが，**散布図**(scatter diagram)です．まず，横軸に X データ値，縦軸に Y データ値を対応付ける座標平面を用意します．この上に，各測定対象 i を表す点を座標 (x_i, y_i) にプロットします．例題6.1について，X:専門筆記試験の成績，Y:売上高実績を選べば，次のような散布図を描くことができます．

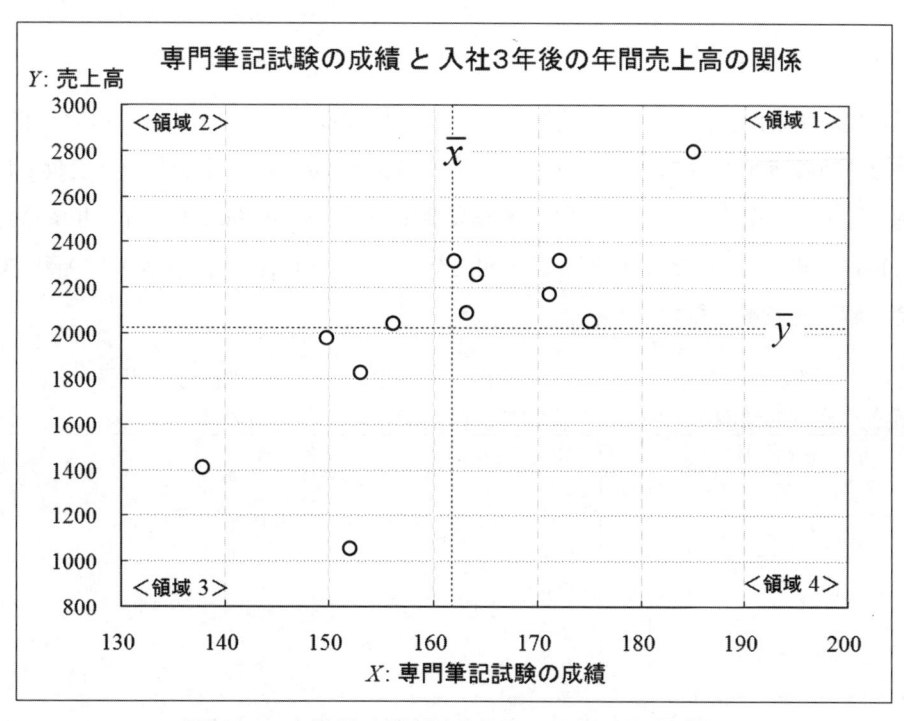

図6.5 2変数間の関係：例題6.1に関する散布図

この散布図から，全体的な傾向として，X 大(小)：専門試験の成績良(不良) → Y 大(小)：売上大(小) の関係があると言えそうです．このような2変数間の関係を表現する基本統計量として，表6.7に示す共分散と相関係数があります．

共分散(Covariance) は，2変数各々の平均値からの偏差の積の平均値です．x_i の値が平均値 $\bar{x}$ より大(小) ということは，x_i の平均値からの偏差が正(負) を意味します．y_i についても同様です．

したがって，x_i, y_i が共に平均値より大，または共に小であるとき，平均値からの偏差の積は正になります．また，それぞれの平均値との大小関係が逆になるとき，平均値からの偏差の積は負になります．ここで，2つデータ系列がそれぞれの平均値との大小関係において，同様の傾向を示すとき**正の相関**，逆の傾向を示すとき**負の相関**があると捉えます．共分散は，このような**相関関係**を正・負の値で表す統計量ということになります．図6.5の散布図では，プロットされた点のほとんどが＜領域1＞か＜領域3＞にあります．これらの領域の点は，平均値からの偏差の積が正です．負になる＜領域2＞と＜領域4＞にプロットされた点は1つしかなく，データ全体としては，正の相関があると言えましょう．

表6.7　2変数の基本的統計量 … 関係の強さを表す統計量

統計量	記号	数式による定義	Excel 関数	意　味
14. 共分散	S_{xy}	$= \dfrac{1}{n}\sum_{i=1}^{n}(x_i-\bar{x})(y_i-\bar{y})$	= COVAR(,)	X,Y 間の相関関係を正・負で表す
15. 相関係数	r_{xy}	$= \dfrac{S_{xy}}{S_x \cdot S_y}$	= CORRREL(,)	相関関係の強さを-1～+1の範囲で表す

※ Excel 関数で計算する場合は，(,) 内に2系列のデータセルの範囲を指定します．

共分散の絶対値の大きさは，元の2変数データの絶対値の大きさに依存しますので，相関関係の強さの程度を直接表すものではありません．これを解消するために，共分散を2変数それぞれの標準偏差で除して標準化を行ったものが，**相関係数**(correlation coefficient) です．相関係数 r_{xy} は，共分散と同様，値の正・負で正の相関・負の相関を表し，さらに，$-1 \leq r_{xy} \leq +1$ の範囲で相関関係の強さの程度を表現します．

強い正の相関：$r_{xy} \fallingdotseq 1$
正の傾きの直線的傾向が強い

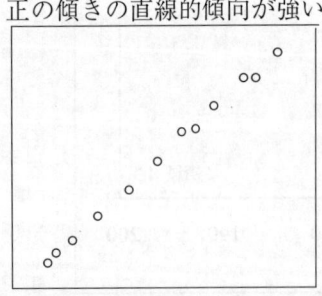

無相関：$r_{xy} \fallingdotseq 0$
直線的な傾向が無い

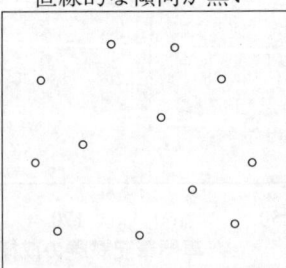

強い負の相関：$r_{xy} \fallingdotseq -1$
負の傾きの直線的傾向が強い

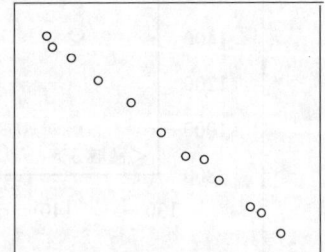

図6.6　相関係数：正・負の相関，相関の強さと無相関

p 種類の変数について，第 s 変数と第 t 変数の共分散 S_{st} を第 s 行 t 列に配置してできる，p 次の正方行列を**分散・共分散行列**と言います(同一変数間の共分散は，分散に一致します)．同様に，相関係数 r_{st} を第 s 行 t 列に配置してできる行列を**相関行列**と言います．

例題6.1の差尺度データ水準以上の3種類について，分散・共分散行列と相関行列は以下の通りです．この例ではすべて正の値，つまり，どの2変数も正の相関ということを示しています．

表 6.8 採用時試験成績と売上実績:データ系列間の相関関係

データ系列	14. 分散・共分散行列			15. 相関行列		
	専門筆記	小論文	売上高	専門筆記	小論文	売上高
専門筆記	151.7	42.0	4124.2	1.0000	0.5930	0.7828
小論文	42.0	33.1	1733.2	0.5930	1.0000	0.7039
売上高	4124.2	1733.2	182975.4	0.7828	0.7039	1.0000

※ 分散・共分散行列：左上から右下への対角成分は分散，対角線に対称の位置は同じ値です．
※ 相関行列：対角成分は自己相関で 1，対角線に対称の位置は同じ値です．

A.2.2 回帰分析：変数間の関係式の表現

相関係数は，2 変数間の関係の強さを表す統計量ですが，どのような関係にあるのかといった，関係の仕方については，相関の正・負以上のことは表しません．図 6.7 のように散布図に表せば，一目で 2 変数間の関係の全体的傾向を直感的に把握することができます．このプロットに対して，全体的傾向を代表するような傾向線として，直線や曲線を引くのが**回帰分析**と呼ばれる手法です．つまり，回帰分析とは，2 変数間の関係の仕方を，直線や曲線の関数式によって近似的に表現することです．得られた関数式は，より詳細な統計分析に活用されます．

線形回帰とは，説明されるべき変数 Y を，他の 1 つ以上の変数 $X_1, X_2, ..., X_p$ からなる線形のモデル式を使って表す手法です．線形の式とは 1 次式，つまり，1 次の項と定数項しか含まない

$$\text{モデル式}: y = a_0 + a_1 x_1 + a_2 x_2 + ... + a_p x_p \tag{6.21}$$

により，y を説明します．ここで，y を被説明変数 (目的変数)，$X_1, X_2, ..., X_p$ を説明変数と呼びます．特に，説明変数が 1 種類の場合，つまり $p = 1$ のとき**線形単純回帰 (単回帰) モデル**と呼び，$p \geq 2$ のときは，**線形重回帰モデル**と呼びます．

(1) 単回帰モデル： 説明変数 X の 1 次式 $f(X) = a_0 + a_1 X$ で，被説明変数 Y を説明します．

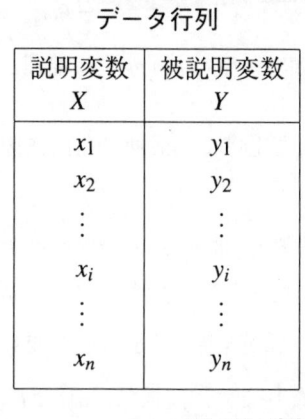

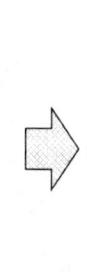

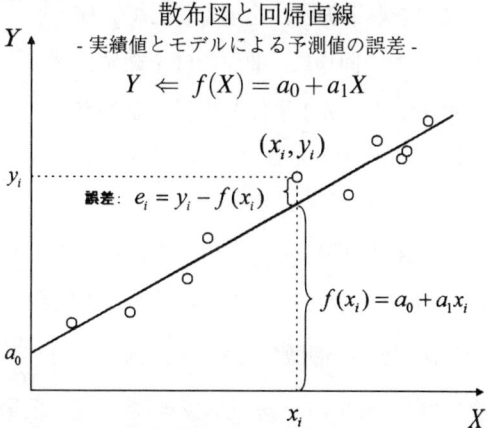

図 6.7 実績値と単純回帰モデルによる予測値との誤差

図のようなプロットに対する傾向直線を**回帰直線**と呼びます．直線の式は，Y 切片 a_0 と，傾き a_1 が定まれば一意に決まりますが，これらを求めるために，次の最小二乗法が用いられます．

最小2乗法の原理：単回帰モデル $f(X) = a_0 + a_1 X$ の導出

> 第 i サンプルに関し，実績値 y_i とモデル式による予測値 $f(x_i) = a_0 + a_1 x$ との差を
> $$\text{誤差}：e_i = y_i - (a_0 + a_1 x_i) \tag{6.22}$$
> とみなして，誤差の2乗和 F を最小化するよう係数を定めます．すなわち，
> $$\text{最適化問題}：F = \sum_{i=1}^{n} e_i^2 = \sum_{i=1}^{n}(y_i - a_0 - a_1 x_i)^2 \to \text{最小化} \tag{6.23}$$
> を解くことによって，係数 a_0, a_1 を求めます．

よく考えてみますと，F の式に含まれる x_i や y_i は，変数ではなく，変数の実現値＝データですから，この問題を解く際には既知の定数です．実は，値が未知のものは，元のモデルで係数と考えていた a_0, a_1 だけです．つまり，a_0, a_1 さえ定まれば，F の値も決まります．そこで，F を a_0, a_1 を変数とする2変数関数 $F(a_0, a_1)$ と見ることにします．F は2次の項を含んで，$F(a_0, a_1) = Aa_0^2 + Ba_0 a_1 + Ca_1^2 + Da_0 + Ea_1 + K$ の形をしています．ここで，(a_0, a_1) 座標平面に直交するように，F の値を表わす軸を加えた3次元空間を考えれば，関数 $F(a_0, a_1)$ は，放物線を中心軸の周りに回転してできる，右のような曲面を表します．

上の問題は，この曲面の底を探す，極値問題にほかなりません．第4章で学んだように，関数が極小値や極大値をとる座標を求める**極値問題**には，解析学の常套手段がありました．放物線のような曲線の底を探すには，接線の傾きが0になる点を調べます．曲線を表す関数を微分して得られる導関数を，0 と置いて得られる方程式を解くことで，極値を探しました．同様に，曲面の底を探すには，接平面が，(a_0, a_1) 平面と平行になる点

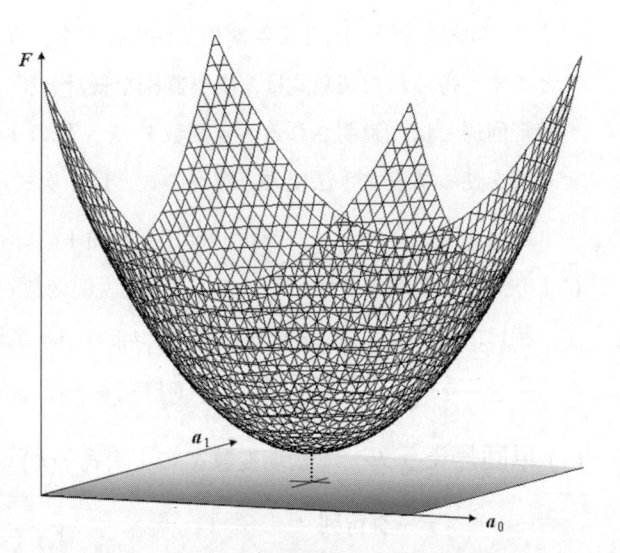

図 6.8　2変数関数 $F(a_0, a_1)$ が描く曲面

を調べます．上の図で見れば，(a_0, a_1) 平面から，平行に平面を持ち上げて，最初に曲面に接するところが底ですね．

ところで，接平面の a_0 方向の傾きは，次のように求めます．関数 $F(a_0, a_1)$ は，a_0 のみが変数で，a_1 は定数とみなせば，通常の1変数の関数です．このように見なして，変数 a_0 で $F(a_0, a_1)$ を微分することを「**偏微分**」すると言い，記号 $\dfrac{\partial F}{\partial a_0}$ で表します．この結果の式を再び2変数の関数と見直せば，接平面の a_0 方向の傾きを表す関数ということになります．同様に，a_1 で F を偏微分した $\dfrac{\partial F}{\partial a_1}$ は，接平面の a_1 方向の傾きを表します．(a_0, a_1) 平面に平行な平面は，両方向とも傾き0ですから，図のような曲面の底の座標は，a_0, a_1 でそれぞれ偏微分した結果が0となる点，

第6章 統計データの読み方

ということになります．以上より，最小二乗法の問題は，次のように解くことができます．

まず，$F(a_0, a_1)$ を a_0, a_1 でそれぞれ偏微分して 0 とおくと，

$$\begin{cases} \dfrac{\partial F}{\partial a_0} = -2\sum_{i=1}^{n}(y_i - a_0 - a_1 x_i) = 0 \\ \dfrac{\partial F}{\partial a_1} = -2\sum_{i=1}^{n}(x_i y_i - a_0 x_i - a_1 x_i^2) = 0 \end{cases} \quad (6.24)$$

これを整理して，次の連立 1 次方程式を得ます．

$$\begin{cases} a_0 + \bar{x} a_1 = \bar{y} \\ \bar{x} a_0 + \dfrac{1}{n}\Big(\sum_{i=1}^{n} x_i^2\Big) a_1 = \dfrac{1}{n}\sum_{i=1}^{n} x_i y_i \end{cases} \quad (6.25)$$

(6.25) 式上より $a_0 = \bar{y} - \bar{x} a_1$，これを下の式に代入して，$\bar{x}(\bar{y} - \bar{x} a_1) + \dfrac{1}{n}\Big(\sum_{i=1}^{n} x_i^2\Big) a_1 = \dfrac{1}{n}\sum_{i=1}^{n} x_i y_i$ より，

$$\Big(\dfrac{1}{n}\sum_{i=1}^{n} x_i^2 - \bar{x}^2\Big) a_1 = \dfrac{1}{n}\sum_{i=1}^{n} x_i y_i - \bar{x}\bar{y} \quad (6.26)$$

ところで，$\dfrac{1}{n}\sum_{i=1}^{n} x_i^2 - \bar{x}^2 = \dfrac{1}{n}\sum_{i=1}^{n}(x_i - \bar{x})^2 = V_x$ $\cdots X$ の分散

$\dfrac{1}{n}\sum_{i=1}^{n} x_i y_i - \bar{x}\bar{y} = \dfrac{1}{n}\sum_{i=1}^{n}(x_i - \bar{x})(y_i - \bar{y}) = S_{xy}$ $\cdots X$ と Y の共分散　でした．

これらを (6.26) 式に代入して a_1 が求まり，結果を (6.25) 上の式に代入して a_0 が得られます．

単回帰係数を求める公式： $\quad a_1 = \dfrac{S_{xy}}{V_x}, \quad a_0 = \bar{y} - \bar{x} a_1 \quad (6.27)$

例題 6.1 について，専門筆記試験の成績を説明変数 X_1，入社後の売上高を被説明変数 Y と捉えて，単回帰モデルを適用してみると，次のようになります．

データ行列

試験 X	売上高 Y
156	2034.5
185	2795.6
162	2308.2
175	2050.8
171	2171.3
164	2253.4
163	2084.3
172	2312.0
150	1981.5
138	1411.4
153	1820.5
152	1054.8

基本統計量

X 平均値：$\bar{x} = 161.8$
Y 平均値：$\bar{y} = 2023.2$
X 分散：$V_x = 151.7$
共分散：$S_{xy} = 4124.2$

※ 表 6.2, 6.4, 6.8 の計算

単回帰係数の公式

$a_1 = \dfrac{S_{xy}}{V_x} = 27.19$
$a_0 = \bar{y} - a_1 \bar{x} = -2374.6$

散布図と回帰直線

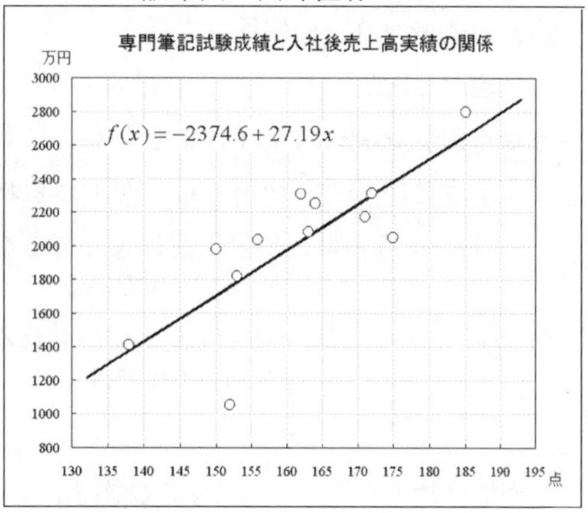

専門筆記試験成績と入社後売上高実績の関係
$f(x) = -2374.6 + 27.19x$

図 6.9 単回帰モデルの適用例

◇ 決定係数と重相関係数：

回帰モデルの適合度，すなわち，回帰式による予測値 (理論値) が実績値をどの程度良く説明しているかを表す統計量として，決定係数 R^2 と，その平方根をとって得られる重相関係数 r があります．$e_i = y_i - a_0 - a_1 x_i$ を第 i サンプルに関する予測誤差とみなして，次のように定義されます．

- 決定係数：$R^2 = 1 - \dfrac{\sum_{i=1}^{n} e_i^2}{\sum_{i=1}^{n}(y_i - \bar{y})^2}$ (6.28)   ● 重相関係数：$r = \sqrt{R^2}$ (6.29)

決定係数は，$0 \leq R^2 \leq 1$ の値をとり，$R^2 = 1$ のとき実績値と予測値は完全に一致します．また重相関係数は，実績値と予測値の両系列間の相関係数と同じ値をとります．

◇ 偏回帰係数の検定：t 値と p 値

回帰モデルの適用にあたっては，決定係数の適合度を調べるだけでは不十分で，モデル自体の妥当性の検証が必要になります．サンプル数 n，説明変数の数 p の線形回帰モデルにおいて（単回帰の場合は $p=1$），t 値は，次式で求められる統計量 t の実現値です．

$$t_0 = |a_j|/SE(a_j) \quad (j = 0, 1, \cdots, p) \tag{6.30}$$

ここで，$SE(a_j)$ は，偏回帰係数 a_j の標準誤差と呼ばれる統計量です．変数 X に対する変数 Y のとる値によって，最小二乗法によって得られる偏回帰係数 a_j の値が決まります．変数 X のとる値に対して，変数 Y がある確率分布をなすとすれば，偏回帰係数 a_j の推定値もある確率分布をなします．a_j の標準誤差は，その分布のバラツキの程度を表す統計量と捉えてください．$SE(a_j)$ の計算式は，a_0 と $a_j (j>0)$ で異なり，説明が少し複雑になるので，ここでは省略します．

偏回帰係数の母平均が 0 のとき，t は自由度 $n-p-1$ の t 分布に従います．この性質を利用する t 検定を行うことで，各偏回帰係数 $a_j (j=0,1,\cdots,p)$ の有意性を調べることができます．

偏回帰係数の t 検定

帰無仮説 $H_0: a_j = 0$（対立仮説 $H_1: a_j \neq 0$）に対し，

有意水準 $\alpha > 0$ で両側検定を行う．

仮説 H_0 が成り立つとき，統計量 t は，右図のような自由度 $n-p-1$ の t 分布をなすことより，

- 有意確率 $p_0 = P(|t| < t_0)$ が求められ，

(i) $p_0 > \alpha$ ならば，帰無仮説は棄却できない
　　　… a_j は 0 である

(ii) $p_0 \leq \alpha$ ならば，帰無仮説は棄却される
　　　… a_j は 0 ではない

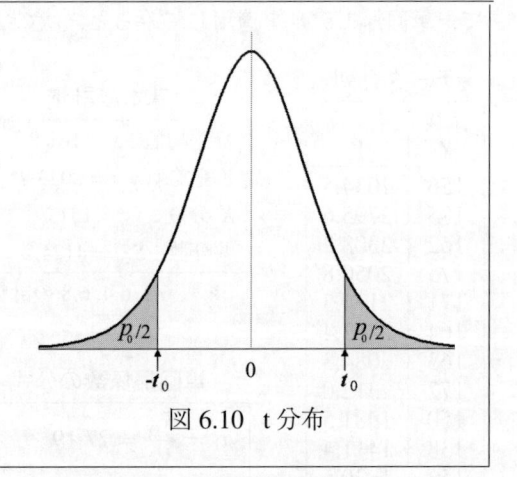

図 6.10 t 分布

偏回帰係数の有意性を判断する確率 p_0 のとる値を p 値と呼びます．t 値や p 値の実際の求め方については，次節で Excel による計算方法を紹介します．検定の結果，帰無仮説 $H_0: a_j = 0$ が棄却できない（採択される）場合，「a_j は 0」が否定できないことになります．「a_1 は 0」と考えられる場合は，説明変数の選択が適当でなかったので選びなおす必要があります．「a_0 は 0」は，y 切片 $\neq 0$ とすることを見直します．

ある被説明変数に対して，関係のありそうな説明変数をどのように選んでも，線形の単純回帰

モデルでは十分良い説明が得られない場合，どうしたらよいでしょう．1つの方法は，説明変数は1つのままにして，2次関数や指数関数，対数関数など，非線形の (1次でない) 式を使う方法があります．これを非線形単回帰モデルといいます．もう1つは，式は1次式のままにして，複数の説明変数を用いる方法です．これを線形重回帰モデルといいます．さらには，複数の説明変数と非線形の式を用いる，非線形重回帰モデルというものもあります．

非線形の式を用いれば，決定係数を1に近づけることは容易にできます．例えば，サンプル数 n のデータ系列 (x_i, y_i) に対して，$n-1$ 次関数のモデル

$$f(x) = a_0 + a_1 x + a_2 x^2 + \cdots + a_{n-1} x^{n-1} \tag{6.31}$$

を用いれば，決定係数は1になります．つまり，散布図上に，被説明変数の実現値を完全になぞる回帰曲線が得られます．サンプル数 n のデータに $n-1$ 次関数というのは極端な例ですが，一般に，モデル式の次数を増やせば，決定係数の値は1に近づくことが分かっています．しかし，そのようなモデルが，どのような意味を持つのでしょうか．

2次関数や対数関数などを用いて，有意味なモデルが得られるケースはあります．しかし，決定係数を1に近づけられるからといって，いたずらに次数を大きくしたモデル式を用いることは，多くの場合，ほとんど無意味と言えます．このことは，仮説検定によって，偏回帰係数 $\neq 0$ の有意性を調べることで確認できるはずです．「回帰モデルの式は，単純なものが望ましい」と捉えましょう．少ない係数で有効なモデルが得られるなら，それに越したことはないのです．

(2) 重回帰モデル : 単回帰モデルに次いで単純なモデル，**線形重回帰モデル**について見ておきましょう．名称は難しげですが，説明変数を複数選べるように一般化されたモデルという以外，線形単回帰と何も変わりありません．複数 $p > 1$ 個の説明変数 $X_1, X_2, \cdots, X_p$ の p 変数1次式

$$f(X_1, X_2, \cdots, X_p) = a_0 + a_1 X_1 + a_2 X_2 + \cdots + a_p X_p \tag{6.32}$$

によって，1つの被説明変数 Y を説明するモデルです．

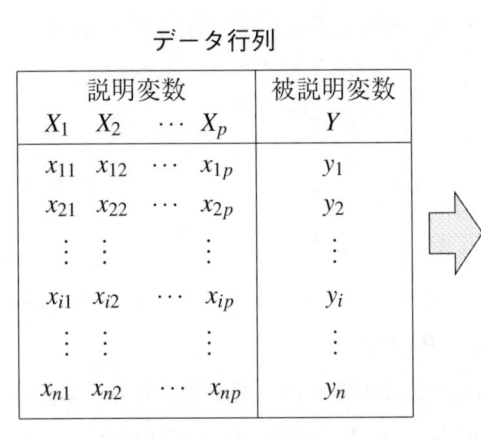

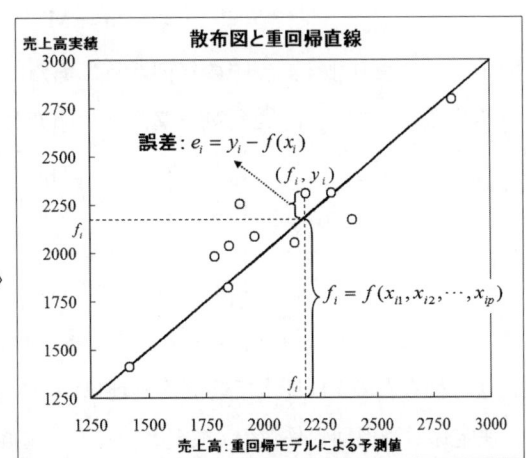

図 6.11 実績値と線形重回帰モデルによる予測値との誤差

2次元の散布図を描く際，縦軸に被説明変数の実績値 y_i を表すことは単回帰と同様ですが，横

軸には，複数の説明変数を総合評価した予測値 $f(x_{i1}, x_{i2}, \cdots, x_{ip})$ を表します．この場合，軸の縮尺が同じなら，原点を通って斜め 45 度に引かれる直線 $y=x$ が，回帰直線にあたります．

最小 2 乗法の原理： 重回帰モデル $f(X_1, X_2, \cdots, X_p) = a_0 + a_1 X_1 + a_2 X_2 + \cdots + a_p X_p$ の導出

> 第 i サンプルに関し，実績値 y_i とモデル式による予測値 $f_i = f(x_{i1}, x_{i2}, \cdots, x_{ip})$ との差を
>
> $$\text{誤差：} e_i = y_i - f_i = y_i - (a_0 + a_1 x_{i1} + a_2 x_{i2} + \cdots + a_p x_{ip}) \tag{6.33}$$
>
> とみなして，誤差の 2 乗和 F を最小化するよう係数を定めます．すなわち，
>
> $$\text{最適化問題：} F = \sum_{i=1}^{n} e_i^2 = \sum_{i=1}^{n} (y_i - f_i)^2 \to \text{最小化} \tag{6.34}$$
>
> を解くことによって，係数 $a_0, a_1, a_2, \cdots, a_p$ を求めます．

単回帰の場合と同様にして，F を $a_0, a_1, \cdots, a_p$ を変数とする $p+1$ 変数関数 $F(a_0, a_1, \cdots, a_p)$ とみなす最小化問題は，$a_j\ (j = 0, 1, \cdots, p)$ で F を偏微分した式を 0 とおいて得られる

$$p+1 \text{元 1 次連立方程式：} \frac{\partial F}{\partial a_j} = 0\ (j = 0, 1, \cdots, p) \tag{6.35}$$

で表されます．偏微分して得られる連立方程式を**正規方程式**といい，行列によって表すと，

$$\begin{bmatrix} n & \sum_{i=1}^{n} x_{i1} & \sum_{i=1}^{n} x_{i2} & \cdots & \sum_{i=1}^{n} x_{ip} \\ \sum_{i=1}^{n} x_{i1} & \sum_{i=1}^{n} x_{i1}^2 & \sum_{i=1}^{n} x_{i1} x_{i2} & \cdots & \sum_{i=1}^{n} x_{i1} x_{ip} \\ \sum_{i=1}^{n} x_{i2} & \sum_{i=1}^{n} x_{i2} x_{i1} & \sum_{i=1}^{n} x_{i2}^2 & \cdots & \sum_{i=1}^{n} x_{i2} x_{ip} \\ \vdots & \vdots & \vdots & \cdots & \vdots \\ \sum_{i=1}^{n} x_{ip} & \sum_{i=1}^{n} x_{ip} x_{i1} & \sum_{i=1}^{n} x_{ip} x_{i2} & \cdots & \sum_{i=1}^{n} x_{ip}^2 \end{bmatrix} \begin{bmatrix} a_0 \\ a_1 \\ a_2 \\ \vdots \\ a_p \end{bmatrix} = \begin{bmatrix} \sum_{i=1}^{n} y_i \\ \sum_{i=1}^{n} x_{i1} y_i \\ \sum_{i=1}^{n} x_{i2} y_i \\ \vdots \\ \sum_{i=1}^{n} x_{ip} y_i \end{bmatrix} \tag{6.36}$$

となります．含まれる行列と列ベクトルを左から順に，$\mathbf{M}, \mathbf{a}, \mathbf{v}$ で表すことにすれば，(6.36) 式は，$\mathbf{Ma} = \mathbf{v}$ の形をしています．結局，求めるべき重回帰モデルの係数の列ベクトル $\mathbf{a}$ は，

$$\mathbf{a} = \mathbf{M}^{-1} \mathbf{v} \tag{6.37}$$

で表されることになります．実際の行列計算にあたっては，説明変数のデータ行列の左端に，すべて 1 から成る 1 列を付加した行列を $\mathbf{Z}$，被説明変数のデータ列ベクトルを $\mathbf{y}$，すなわち，

$$\mathbf{Z} = \begin{bmatrix} 1 & x_{11} & \cdots & x_{1p} \\ 1 & x_{21} & \cdots & x_{2p} \\ \vdots & \vdots & \vdots & \vdots \\ 1 & x_{n1} & \cdots & x_{np} \end{bmatrix}, \quad \mathbf{y} = \begin{bmatrix} y_1 \\ y_2 \\ \vdots \\ y_n \end{bmatrix} \tag{6.38}$$

で表すことにすれば，$\mathbf{M} = \mathbf{Z}^t \mathbf{Z}$，$\mathbf{v} = \mathbf{Z}^t \mathbf{y}$ によって計算できます．ここに含まれる，行列の転置，行列積，逆行列などの Excel 上での計算処理については，**Part C** で説明します．

なお，決定係数や偏回帰係数の t 検定といった，重回帰モデルの妥当性に関する検討方法は，単回帰の場合とまったく同様ですので，解説は省略します．こちらも，実際の処理手順については，**Part C** で触れることにします．

第6章 統計データの読み方　　213

A.3 時系列データの取り扱い　ー 時系列回帰と指数平滑法 ー

時系列データとは，通常は，ほぼ一定の時間間隔で測定し，記録されたデータ系列

$$Y : (y_1, y_2, \cdots, y_{i-1}, y_i, y_{i+1}, \cdots, y_n) \tag{6.39}$$

のことです．例えば，小売店の経営者は，毎日の来客数，毎週の商品別在庫量，毎月の売上高を記録管理するでしょう．工場の管理者は，毎日の生産量や，ロット別不良率，工程の稼働率などの推移を見ながら，工程の状態に異変がないかを常に把握しておく必要があります．経済アナリストは，毎日の株価や円相場の動き，四半期別の景況指数，毎年のGDPといった経済時系列データの動向を分析して，現在の状態を把握し，今後の経済状況の変化を予測します．

時系列分析(Time Series Analysis) とは，こうした過去から現在に至る時系列データの特徴を，良く説明づけるモデルを作成し，現在の状態を表現し，また将来の変化について予測を行なうための分析手法のことです．特に社会科学の分野では，多く用いられます．ここでは，時系列データを扱う最も基本的な方法について見ていくことにします．

A.3.1 時系列回帰モデル：時系列変動の傾向線を描く

経営・経済学など社会科学は，主として，人間および人間組織を含む複雑なシステムとそこで発生する諸問題を研究対象とする分野です．このような複雑システムのメカニズムを解明して問題解決につなげることは，社会科学の果たすべき本来の役割でしょう．しかしそれは，容易ならざる作業です．自由意思を持った人間が含まれる対象には，自然科学のようなコントロールされた環境下での再現性のある実験や観測を計画することが難しいからです．それ以前に，研究の起点として，問題を発見すること，問題の全体像を把握して，明確に定義することが極めて重要ですが，社会科学では，これとても決して簡単ではないのです．

社会科学の問題に取り組む場合，まず最初に行うべきは，対象となるシステムの行動を大局的に特徴づけるための変数を選ぶことと，その時間的な変化に注目することでしょう．つまり，時間とともに変化するシステム全体の動的な特徴に注意を払う必要があります．

次の例題では，日本におけるElectronic Commerce(EC：電子商取引) の取引規模に関する時系列データを扱います．このようなマクロ的なデータだけでは，ECに参加する企業や消費者の行動まで含めた，ECシステムの複雑な内部メカニズムにまで踏み込んだ分析などは到底できません．しかし，時系列データとしての特徴を調べることにより，ECシステム全体のこれまで動態と現在の状態を表現し，近い将来について，概ねの大局観を得ることができます．

このような問題を扱う手法はいくつかありますが，ここでは，回帰分析と同じ最小二乗法を適用する，単純な**時系列回帰**の方法を用いることにします．同じ方法を用いるといっても，問題の捉え方は若干異なります．通常の回帰分析が，変数間の因果関係に注目するのに対し，ここでは，時系列変動の様子を代表する**傾向線**(直線または曲線) を求めるために最小二乗法を使います．そ

の目的は，「これまでの傾向変動を，簡潔な時間関数として表現する」ことにあります．また，その延長線上に「将来の傾向変動を予測する」ことも，もう1つの重要な目的です．

例題6.2：Electronic Commerce(電子商取引)の拡大

右表は，近年の日本におけるEC(電子商取引)による取引規模の変化に関する時系列データを示しています．

BtoB EC は企業間(Business to Business)の電子商取引．BtoC ECは，インターネットショッピングなどに代表される企業と消費者間(Business to Consumer)の電子商取引のことです．

この時系列データから，これまでの取引規模の拡大傾向を，時系列回帰モデルによって表現してください．また，回帰モデルに基づいて，近未来の状況を予測してください．

日本における電子商取引規模の推移

調査No.	調査年度	BtoB EC (兆円)	BtoC EC (億円)
1	1998	8.6	645
2	1999	12.3	3,360
3	2000	21.6	8,240
4	2001	34.0	14,840
5	2002	43.6	26,850
6	2003	77.4	44,240

※データは，「平成15年度電子商取引に関する実態・市場規模調査」(経済産業省・電子商取引推進協議会・NTTデータ研究所)より抜粋．

BtoB が BtoC の数十倍と規模に大きな差があるものの，どちらも，ここ数年急激な増加傾向にあることがわかります．数値だけでは今ひとつイメージが湧きにくいので，まずは，変化の様子を折れ線グラフでビジュアライズしてみましょう．

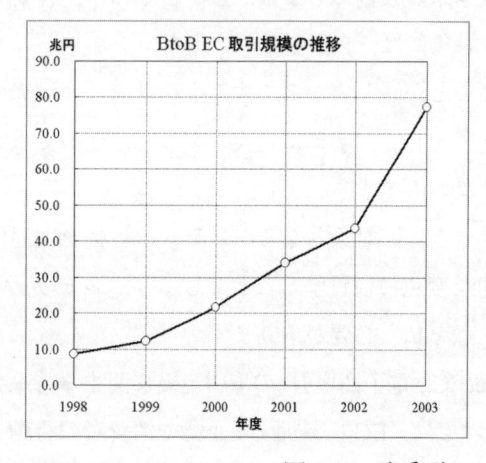

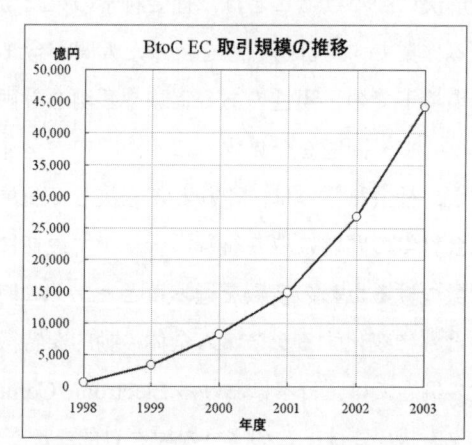

図6.12 時系列データの折れ線グラフ表示

マクロ的なデータの推移を大局的につかむだけでしたら，このようなグラフを見るだけでも十分と言えます．少なくとも次のことが読み取れます．BtoB, BtoC とも，過去6年間に渡って，

1) 単調増加：取引規模は，毎年増え続けている
2) 増加率の高まり：直線的増加というより，増加率が年々高くなる傾向がある

と言えます．上の図を散布図と読み替えて傾向線を入れるとすれば，直線を用いるより，下に凸な曲線で近似するのが良さそうです．傾向線を関数の形で表すことができれば，後で予測などに利用できて便利です．いずれにしても，傾向線を定めるために，最小二乗法を用います．

第6章 統計データの読み方　　　215

(1) 直線傾向線：線形単回帰モデル

時系列データの時間番号 t を説明変数，時系列データ y_t を被説明変数とする線形単回帰モデル．

データ行列

時間番号 t	時系列データ Y
1	y_1
2	y_2
⋮	⋮
n	y_n

直線傾向線：
$$f(t) = a_0 + a_1 t \quad (6.40)$$

※ a_0, a_1 の推定には，A.2.2(1) の線形単回帰と同じ最小二乗法を適用します．

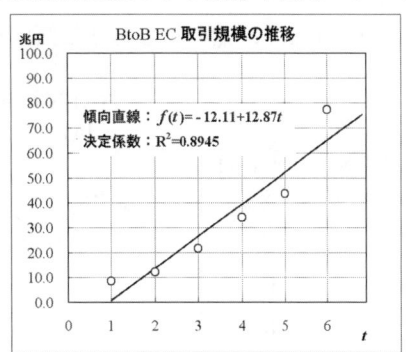

図 6.13　時系列単回帰モデルによる直線傾向線

この例では，決定係数は 0.8945 とかなり高い値を示しました．6年間の増加傾向については，良く説明していると言えましょう．しかし，年々増加率が高まっている傾向については，直線ではうまく表現し切れません．そこで，次に，曲線による傾向線の表し方を見てみましょう．

(2) 曲線傾向線 I：多項式傾向線

時間番号 t とその 2 乗 t^2 を説明変数，時系列データ y_t を被説明変数とする回帰モデル．

データ行列

時間番号 t	2次の項 t^2	時系列データ Y
1	1^2	y_1
2	2^2	y_2
⋮	⋮	⋮
n	n^2	y_n

2次多項式傾向線：
$$f(t) = a_0 + a_1 t + a_2 t^2 \quad (6.41)$$

※ 非線形の式ですが，a_0, a_1, a_2 の推定は，A.2.2(2) 線形重回帰と同様に最小二乗法を適用します．

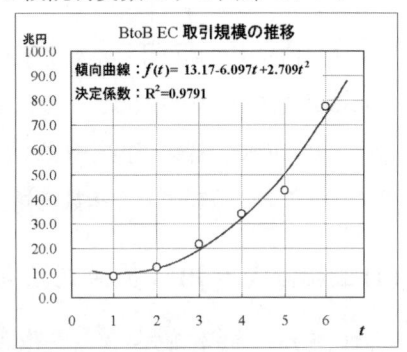

図 6.14　重回帰モデルと同様にして求める多項式傾向線

モデル式としては 2 次の項を含むので非線形ですが，t と t^2 を 2 つの説明変数とみなせば，線形の式になります．結局，係数 a_0, a_1, a_2 の推定には，(6.36) のような正規方程式を解くことになりますので，実際の計算は，線形重回帰の場合と同じです．

当然ながら，例では，決定係数 0.9791 と (1) 直線傾向線より高い値を示しました．増加率が高まる傾向もよく表しているようです．一般に，$m > 1$ 次の多項式傾向線 $f(t) = a_0 + a_1 t + a_2 t^2 + \cdots + a_m t^m$ も，同様に求めることができます．ただし，前節でも指摘したように，多項式の次数を多くして，過去の実現値をなぞるような曲線を描いても，あまり意味がありません．時系列回帰モデルの場合でも，係数の数はなるべく少ない方が望ましいということです．

例のように，単調増加 (減少) で増加率も単調増加 (減少) のケースでは，指数関数や累乗関数を用いることで，係数の数を増やすことなく，適切な曲線傾向線が得られる場合があります．

(3) 曲線傾向線 II：指数式傾向線

時間番号 t を説明変数とし，時系列データ y_t を自然対数変換して被説明変数とする線形単回帰モデルです．元の Y に対する傾向線は，指数式により表されます．

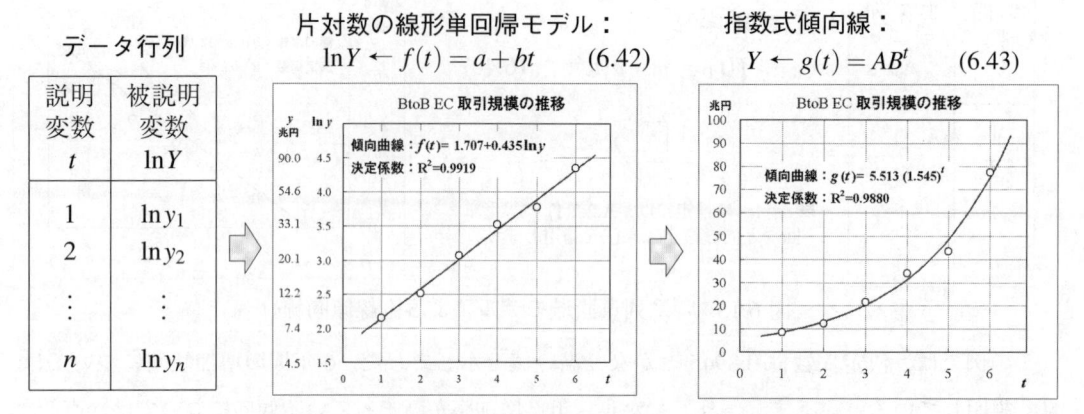

片対数の線形単回帰モデル：
$$\ln Y \leftarrow f(t) = a + bt \quad (6.42)$$

指数式傾向線：
$$Y \leftarrow g(t) = AB^t \quad (6.43)$$

図 6.15　片対数線形単回帰モデルによる傾向曲線

(6.42) 式は，変数 Y の自然対数変換 $\ln Y$ を $f(t) = a + bt$ で説明する対数線形回帰モデルを表しています．$\ln Y = a + bt$ の関係は，$Y = e^{a+bt} = e^a e^{bt} = e^a (e^b)^t$ を表します．ここで，定数として $A = e^a$，$B = e^b$ とおけば，(6.43) 式の関係 $Y = AB^t$ を表すモデルであることがわかります．

もちろん，対数線形回帰を経ずに，元の時系列データに対して，(6.43) 式の係数を直接推定する非線形回帰も可能です．それぞれの手順では，誤差の捉え方が異なるため，最小二乗法で推定される係数値や決定係数は，一般には完全に一致しません．しかし，通常は問題になる程の違いは出ませんので，意味が捉えやすく計算も簡便な，対数線形回帰を経由して求めるのが普通です．例では，このように求めた指数式傾向線は，2 係数ながら 0.9880 の決定係数を得ました．

(4) 曲線傾向線 III：累乗式傾向線

時間番号 t，時系列データ y_t とも自然対数変換して，それぞれ説明変数，被説明変数とする線形モデルです．元の Y に対する傾向線は t の累乗関数となります．

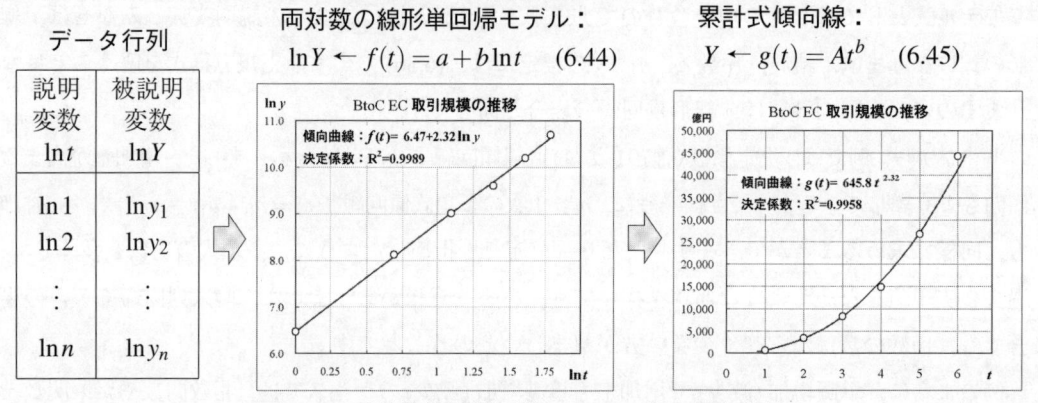

両対数の線形単回帰モデル：
$$\ln Y \leftarrow f(t) = a + b\ln t \quad (6.44)$$

累計式傾向線：
$$Y \leftarrow g(t) = At^b \quad (6.45)$$

図 6.16　両対数線形単回帰モデルによる傾向曲線

第 6 章 統計データの読み方

$\ln Y$ を $f(t) = a + b \ln t$ で説明するモデルです．つまり，Y を $e^{a+b\ln t} = e^a e^{b\ln t}$ で説明することになります．ここで，$e^{b\ln t} = t^b$ ですから，定数として $A = e^a$ とおけば，傾向曲線は (6.45) の累乗式 $Y = At^b$ であることがわかります．例題の BtoC EC については，傾向曲線の決定係数は 0.9958 で，ここまで紹介したモデルのなかでは，最も良く傾向を説明しています．

(5) その他の曲線傾向線：修正指数式，成長曲線など

時間経過 ($t \to$ 大) につれて，時系列データ y_t がある値 K に収束するように見える場合には，次のようなモデル式がよく用いられます．

- 修正指数式：$f(t) = K - ab^t \quad (0 < b < 1) \quad (6.46)$

- 逆数式：$f(t) = K - \dfrac{a}{t} \quad (0 < a) \quad (6.47)$

- 成長曲線：$f(t) = \dfrac{K}{1 + ae^{-bt}} \quad (0 < a, b) \quad (6.48)$

※ 逆数式と成長曲線は，(3)(4) のモデルと同様，線形の式に変換でき，係数の推定は線形単回帰の問題に帰着します．しかし修正指数式では，最小 2 乗法以外による推定が必要です．

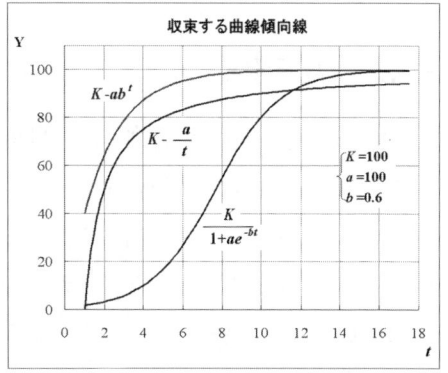

図 6.17 その他の傾向曲線の例

前節で紹介した回帰分析は，変数間の相関関係に基づいて，1 つの被説明変数を説明するモデルでした．原因としての説明変数，結果としての被説明変数を選ぶことができれば，因果関係を表現するモデルと捉えることができます．本節で紹介した単純な時系列回帰モデルは，説明変数として時刻を用いる単回帰です．

自然科学の分野では，時間 t の関数によって表現される現象は珍しくありません．例えば，ガリレオが行ったような物体の落下実験で得られた時系列データを，(2) で紹介した多項式回帰の方法で処理すれば，

$$\text{物体の落下の法則：落下距離 } y = at^2 \ (a \text{ 定数}) \quad (6.49)$$

が得られるはずです．この簡潔な時間関数は，実験によって完全な再現性が保証され，よって，この現象の完全な予測を可能にします．

しかし，社会科学で扱う現象は，はるかに複雑で，時間関数による再現性のある表現が得られるとは考えにくい対象です．例題で見たように，これまでの EC の規模拡大は，簡潔な時間関数で表現されたように見えます．しかし，それは，あくまで過去の実績に対する変動傾向を表す傾向線に過ぎません．

そもそも，力学の法則を表す時間関数は，実験による測定誤差以外のバラツキを想定しない，本質的に決定論的な表現であるのに対し，EC 拡大の傾向線は，上下にバラツキがあることを想定した確率論的な表現です．また，確率過程としても，定常であるかどうかは，実験・観測を繰り返して得られるデータを調べない限り，確認できません．

本節では，ある変数のこれまでの傾向変動の様子を時間関数表現するための手段として，時系列回帰の方法を紹介しました．この方法自体は，自然科学でも実験データを整理するために用いられます．しかし，社会現象に関する時系列データの傾向線は，その現象の背後にある因果構造まで含めて表現している訳ではありません．それは，例題のように 0.99 を超える高い決定係数値だったとしても同じです．くれぐれも誤解のないように．

さて，この意味で再現性の保証はまったくないのですが，我々の時系列回帰による傾向線どおりにことが進むとすれば，2004 年度の BtoB EC は 116 兆円，BtoC EC は 5.9 兆円規模と予測することになります．

A.3.2 指数平滑法

定期発注法による在庫管理では，対象となる品物について，あらかじめ決めた一定期間ごとに，適切な発注量を決定して発注をします．発注量の決定は，その品物が次に納入されるまでにどれ位消費されるかという，次期需要量の予測に基づきます．このような予測に際して，何か特別な情報に基づくはっきりとした根拠がないときには，簡便な予測手法として，**指数平滑法**がよく用いられます．次の例題を見てみましょう．

例題 6.3：指数平滑法による需要の予測

A 工場では，原材料 B の在庫は，定期発注法によって管理しています．過去 6 回の発注に際して，納入されるまでの需要量の実績，および第 1 回目に関する予測値は，右表のとおりでした．

原材料 B の需要量予測には，平滑化定数 $\alpha = 0.7$ とする 1 次の指数平滑法を用いてきたとして，第 2 回目から第 6 回目までの需要量の予測値 $\tilde{D}_2, \cdots, \tilde{D}_6$ を示してください．

需要量の実績値と予測値

回 k	実績値 (Kg) D_k	予測値 (Kg) $\tilde{D}_k$
1	185	$\tilde{D}_1 = 200$
2	223	$\tilde{D}_2$
3	202	$\tilde{D}_3$
4	165	$\tilde{D}_4$
5	205	$\tilde{D}_5$
6	215	$\tilde{D}_6$

例題のような需要予測には，前節で述べた最小二乗法や，過去何回かの実績値平均をとる**移動平均法**などもよく用いられます．これらの方法が過去の一定期間の実績値時系列データを必要とするのに対し，1 次の指数平滑法は今期の予測値と実績値だけから，次期の予測値を求めます．

◇ 1 次の指数平滑法

第 k 期の実績値を D_k，(第 $k-1$ 期に判断した) 第 k 期の予測値を $\tilde{D}_k$ で表すとき，第 $k+1$ 期の予測値を

$$\tilde{D}_{k+1} = \alpha D_k + (1-\alpha)\tilde{D}_k \tag{6.50}$$

により定めます．ただし，α は**平滑化定数**と呼ばれる $0 \leq \alpha \leq 1$ の定数です．

第6章 統計データの読み方

平滑化定数 $\alpha = 1$ は，今期の実績値を次期の予測値とすること，$\alpha = 0$ は，ある一定の予測値を継続することを意味します．$0 < \alpha < 1$ の場合は，今期に関する実績値と予測値の間を $1-\alpha : \alpha$ の比に内分する値を次期の予測値とします．2つのデータがあれば予測できる簡便さが，この方法の特徴と言えましょう．

ただし，$0 < \alpha < 1$ の範囲で，平滑化定数 α を一定に保ったまま，長期に渡ってこの方法による予測を続けたとすれば，

$$\begin{aligned}
\tilde{D}_{k+1} &= \alpha D_k + (1-\alpha)\tilde{D}_k \\
&= \alpha D_k + (1-\alpha)\alpha D_{k-1} + (1-\alpha)^2 \tilde{D}_{k-1} \\
&= \alpha D_k + (1-\alpha)\alpha D_{k-1} + (1-\alpha)^2 \alpha D_{k-2} + (1-\alpha)^3 \tilde{D}_{k-2} \\
&= \alpha D_k + (1-\alpha)\alpha D_{k-1} + (1-\alpha)^2 \alpha D_{k-2} + (1-\alpha)^3 \alpha D_{k-3} + \cdots
\end{aligned} \quad (6.51)$$

であり，右辺の係数 $\alpha, (1-\alpha)\alpha, (1-\alpha)^2\alpha, (1-\alpha)^3\alpha, \cdots$ は，初項 α，公比 $(1-\alpha)$ の等比数列です．現実にはあり得ませんが，無限にこの予測を繰り返してきたとすれば，公比 $(1-\alpha) < 1$ より，係数の総和は無限等比級数として収束し，

$$\alpha + (1-\alpha)\alpha + (1-\alpha)^2\alpha + (1-\alpha)^3\alpha + \cdots = \frac{\alpha}{1-(1-\alpha)} = \frac{\alpha}{\alpha} = 1 \quad (6.52)$$

となります．一見，2つのデータだけで予測しているようですが，実際には，過去のすべての実績値データの重み付け平均値になっています．重みの総和は1で，直近のデータには大きな重みが，遠い過去のデータほど小さな重みがかけられる仕組みです．指数平滑法は，時系列回帰や移動平均と同様，時系列データの過去の変動を手掛かりにする以外に根拠がなく，したがって高い予測精度は期待できません．逆に言えば，はっきりした予測の根拠が得られないときには，なるべく簡便な方法を使いましょう，ということです．

さて，例題6.3の時系列データについて，(6.18)式を適用すれば，

$$\begin{aligned}
\tilde{D}_2 &= \alpha D_1 + (1-\alpha)\tilde{D}_1 \\
&= 0.7 \times 185 + 0.3 \times 200 = 189.5
\end{aligned}$$

となり，以下同様に計算して，

$$\tilde{D}_3 = 213.0, \ \tilde{D}_4 = 205.3,$$
$$\tilde{D}_5 = 177.1, \ \tilde{D}_6 = 196.6$$

を得ます．右のようにスムージングした折れ線グラフで表示すると，実績値と予測値の関係が見やすくなります．

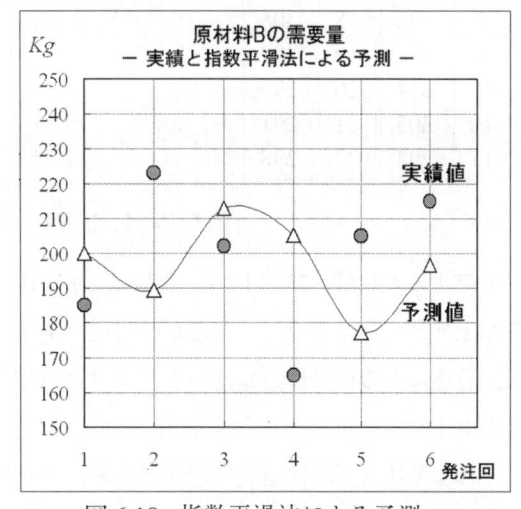

図6.18 指数平滑法による予測

実績値が変化する間を縫うように，予測値が決まっていく様子がわかります．内分点をたどって行きますので，実績値の変化より緩やかに，かつ少し遅れながらついて行きます．

A.3.3 自己回帰モデル

時系列データの変化の特徴を理解するためには，そのようにデータが現れた原因は何か，別の変数がおよぼす影響や背後に存在する因果構造に基づいて説明すべきと考える立場があります．一方で，対象となるデータ以外のことには目を向けず，時系列データとしての内部の特性を詳しく調べることで，変化の特徴を捉えようとする考え方があります．後者の，データの性質はデータだけから読み取れという考えに立つのが，**自己回帰モデル**(AR：Auto-Regressive) です．

自己回帰モデル AR は，時系列データ Y の現在の値 y_t を，自らの過去の値 $y_{t-1}, y_{t-2}, \cdots$ で説明するモデルです．p 次の AR モデルは，次のように表すことができます．

$$y_t \leftarrow f(y_{t-1}, y_{t-2}, \cdots, y_{t-p}) = a_0 + a_1 y_{t-1} + a_2 y_{t-2} + \cdots + a_p y_{t-p} \tag{6.53}$$

6.1.A で紹介した線形重回帰モデルの考え方を，時系列データに適用したモデルで，元々は，音声認識や制御信号処理といった，時系列信号の解析に使われる回帰分析手法です．経済分野では，様々な経済指標に関する時系列データの解析に適用されています．

例えば，株価終値の日別推移を表す時系列データに，1 次の自己回帰モデルを適用してみると，次のようになります．

A 社株価終値

t	y_t	t	y_t
1	326	12	306
2	332	13	301
3	323	14	308
4	320	15	310
5	320	16	315
6	312	17	309
7	326	18	306
8	318	19	299
9	314	20	296
10	305	21	291
11	293	22	298

$$y_t \leftarrow f(t) = a + b y_{t-1} \tag{6.54}$$

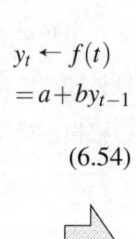

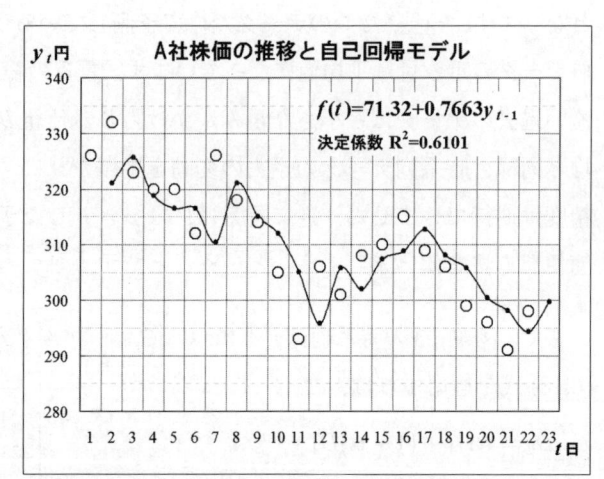

図 6.19　1 次の自己回帰モデルによる予測

モデルによれば，23 日目の予測値は，$f(23) = 71.32 + 0.7663 \times 298 = 299.7$ 円で，22 日目より少し上昇という予測です．ただし，自己回帰モデルによる予測も，前に説明した傾向線予測と同様，背後にある因果構造に基づく裏づけは一切ありません．したがって，この予測が当たる保証はありません．

どんな手法も所詮は道具に過ぎません．本節では，時系列データのこれまでの現れ方を整理して捉えるための道具を紹介してきました．これらは，未来に関する予測にも使われますが，意外とその根拠は希薄なものです．手法の使い手は，その用途と限界を知ること，手法に過大な期待をして，振り回されることがあってはいけない，ということを注意しておきます．

第6章　統計データの読み方

Part C　Excelによる解法

前節で紹介した記述統計は，実際には，コンピュータで処理するのが普通です．この **Part C** では，例題6.1を題材として，Excelのワークシート上でのデータ処理について解説します．**Part A** で学んだ知識に基づいて，実践的データ処理をExcelの実習形式で学んで行きましょう．

C.1　統計データの一次的処理　― データ整理と基本的統計量の計算 ―

最初に，データの一次的処理について説明します．集めてきた生のデータを，処理しやすい形式に整理してから，個々のデータの特徴を大づかみに把握します．これは，分析目的の如何にかかわらず，まずは行っておくべき基礎的な処理と言えます．

C.1.1　ワークシートへのデータ入力と Excel 統計関数の利用

Excel上でのデータ一次処理は，データをワークシートに行列形式に整理してから，Excelに用意された統計関数や分析ツールと呼ばれる機能を利用して基本統計量の計算します．また，データ分布の状態を知るために，グラフ機能を用いてヒストグラムを描きます．

Step1. データ行列の入力：

集めてきた生のデータを，ワークシート上にデータ行列として入力します．これがすべての分析の出発点です．後で資料として使うことも想定して，見やすい表形式に整えておきましょう．

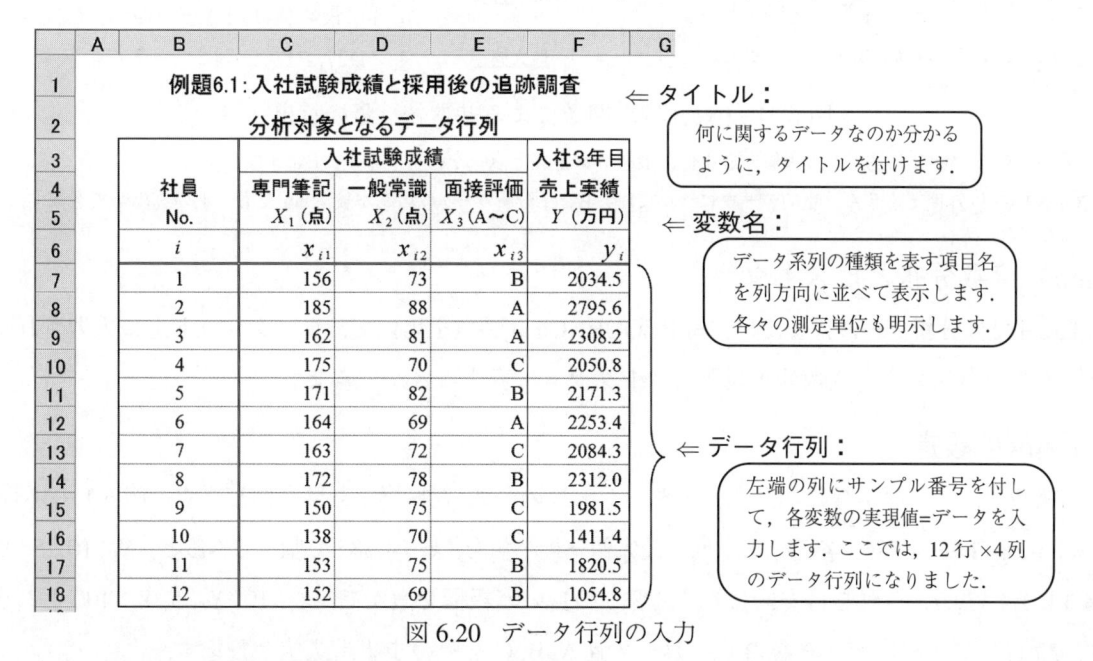

社員 No. i	専門筆記 X_1(点) x_{i1}	一般常識 X_2(点) x_{i2}	面接評価 X_3(A〜C) x_{i3}	入社3年目 売上実績 Y(万円) y_i
1	156	73	B	2034.5
2	185	88	A	2795.6
3	162	81	A	2308.2
4	175	70	C	2050.8
5	171	82	B	2171.3
6	164	69	A	2253.4
7	163	72	C	2084.3
8	172	78	B	2312.0
9	150	75	C	1981.5
10	138	70	C	1411.4
11	153	75	B	1820.5
12	152	69	B	1054.8

例題6.1：入社試験成績と採用後の追跡調査
分析対象となるデータ行列

⇐ タイトル：何に関するデータなのか分かるように，タイトルを付けます．

⇐ 変数名：データ系列の種類を表す項目名を列方向に並べて表示します．各々の測定単位も明示します．

⇐ データ行列：左端の列にサンプル番号を付して，各変数の実現値=データを入力します．ここでは，12行×4列のデータ行列になりました．

図6.20　データ行列の入力

Step2. 基本統計量の算出：

Excelの統計関数を用いて，前節で解説した1変数に関する基本統計量を計算します．

各変数に関する基本統計量

	変数	X_1	X_2	X_3	Y
22	サンプル数	12	12	12	12
23	最大値	185	88	A	2795.6
24	最小値	138	69	C	1054.8
25	平均値	161.8	75.2	—	2023.2
26	中央値	162.5	74.0	B	2067.6
27	最頻値	—	—	B	—
28	第1四分位数	152.75	70.00	C	1941.25
29	第3四分位数	171.25	78.75	—	2267.10
30	全変動	1820.3	397.7	—	2195704.5
31	分散	151.7	33.1	—	182975.4
32	標準偏差	12.3	5.8	—	427.8
33	不偏分散	165.5	36.2	—	199609.5
34	不偏標準偏差	12.9	6.0	—	446.8
35	歪度	−0.0015	0.9371	—	−0.7606
36	尖度	−0.0360	0.1826	—	1.4798

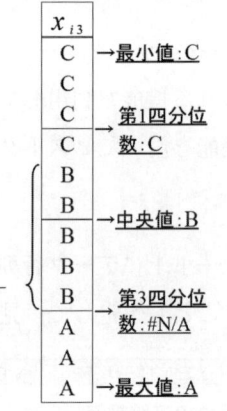

I) $X_1, X2, Y$ に関する計算

1) C22:C36 に関数入力

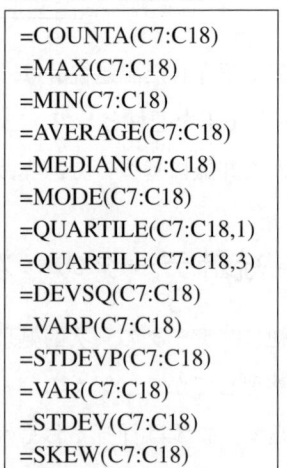

=COUNTA(C7:C18)
=MAX(C7:C18)
=MIN(C7:C18)
=AVERAGE(C7:C18)
=MEDIAN(C7:C18)
=MODE(C7:C18)
=QUARTILE(C7:C18,1)
=QUARTILE(C7:C18,3)
=DEVSQ(C7:C18)
=VARP(C7:C18)
=STDEVP(C7:C18)
=VAR(C7:C18)
=STDEV(C7:C18)
=SKEW(C7:C18)
=KURT(C7:C18)

2) 複写元として C22:C36 を選択
   → [編集] → [コピー]

3) 複写先として D22 と F22 を選択
   (CTRL+D22 と F22 をクリック)
   → [編集] → [形式を選択して貼り付け] → [数式] → [OK]

4) 最頻値の計算では，C27,F27 でエラー値 #N/A をとる．X_1, X_2, Y に最頻値は適さないので，C27, D27, F27 セルに '−' を記入

II) X_3 に関する計算

1) 複写元として E6:E18 を範囲選択
   →[編集]→[コピー]
2) 空き範囲を選択 →[編集]→[貼り付け]
3) [データ]→[並べ替え]→[降順]→[OK]
4) 右の結果を対応するセル範囲 E23:E24 および E26:E28 に記入
5) 順序尺度データに適さない E25 セルと，E29:E36 のセル範囲に '−' を記入

x_{i3} 列:
C →最小値：C
C
C
C →第1四分位数：C
B
B →中央値：B
B
B →第3四分位数：#N/A
A
A
A →最大値：A

最頻値：B ←

図 6.21 Excel 統計関数による基本統計量の算出

※ 順序尺度データ X_3 に関して最大値，最小値，最頻値は定義上意味を持ちますが，Excel 関数ではサンプル数を求める COUNTA() 以外使えません．量的データについては，Excel 分析ツールの [基本統計量] でも，上の算出ができます．

Step3. 度数分布とヒストグラム：

Excel では分析ツール，または，=FREQUENCY() 関数を用いて，ワークシート上に入力されたデータの分布状態を，度数分布表とヒストグラムに表すことができます．

(1) 階級の設定

階級数は，サンプル数に応じて，スタージェスの公式 (6.11 式) を目安にします．例 6.1 の場合，$k = 1 + \log_2 12 = 4.585$．各データ系列の最大値−最小値を，$k = 4.585$ で割ってみると，X_1: 10.25, X_2: 4.14, Y: 379.7．これを目安にして，区切りの良い**階級幅**を選んで，X_1: 10, X_2: 5, Y: 400 とします．X_3 は，順序尺度データなので，データ値 A, B, C をそのまま階級値とします．

それぞれの変数の実現値に対して，**最初の階級**は「最小値より小さい」を表し，**最後の階級**は「最大値より大きい」を表す度数 0 の階級を加えておきます．この例では，それぞれ最初の階級を，

第6章 統計データの読み方

X_1: 130以下, X_2: 65以下, X_3: C未満, Y: 1000以下 として度数分布表の枠を作成します.

	G	H	I	J	K	L	M	N	O	P	Q	R	S
2		\multicolumn{12}{c}{各データ系列の度数分布表}											
3		\multicolumn{3}{c}{X_1}	\multicolumn{3}{c}{X_2}	\multicolumn{3}{c}{X_3}	\multicolumn{3}{c}{Y}	
4		専門筆記(点)			一般常識(点)			面接評価(A～C)			売上実績(万円)		
5		階級		度数	階級		度数	階級		度数	階級		度数
6		区切	表記		区切	表記		区切	表記		区切	表記	
7		130	130以下		65	65以下			C未満		1000	1000以下	
8		140	～140		70	～70		C	C		1400	～1400	
9		150	～150		75	～75		B	B		1800	～1800	
10		160	～160		80	～80		A	A		2200	～2200	
11		170	～170		85	～85			A超		2600	～2600	
12		180	～180		90	～90			計		3000	～3000	
13		190	～190			90超						3000超	
14			190超			計						計	
15			計										

階級の区切は度数の計算に使います. 階級の表記は, グラフ作成の際に項目軸ラベルとして使います.

順序尺度や名義尺度の場合, 階級最小区分は, データ値そのもの

カウント漏れチェックのため, 度数の合計を求めておきましょう.

図 6.22 度数分布表の作成

(2) 各階級の度数を算定

図 6.22 では空欄の各階級の度数を求めます. ここでは, J7:J14 を計算する手順について, A)[分析ツール] を使う方法と, B) 関数を使う方法の2つを見ておきましょう.

A) [分析ツール] の [ヒストグラム] による手順

1) [ツール]→[分析ツール]→[ヒストグラム] で, 右のダイアログボックスが現れるので,

- 入力範囲：C7:C18 を範囲選択
  → ボックスに \$C\$7:\$C\$18 と表示
- データ区間：H7:H13 を範囲選択
  → ボックスに \$H\$7:\$H\$13 と表示
- 出力先：空いているセル範囲 B43 選択
  → ボックスに \$B\$43 と表示 → [OK]

2) 指定したセルに右のように出力されるので, 「頻度」を用意した表の範囲に複写します.

- 複写元：C44:C51 を選択 →[編集]→[コピー]
- 複写先：J7 セルを選択 → [編集] → [形式を選択して貼り付け]→[値] にチェック →[OK]

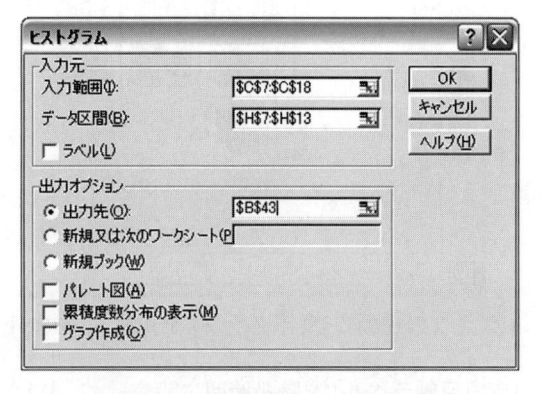

	A	B	C
42			
43		データ区間	頻度
44		130	0
45		140	1
46		150	1
47		160	3
48		170	3
49		180	3
50		190	1
51		次の級	0

図 6.23 階級度数の計算

※ ツール・サブメニューに [分析ツール] が表示されない場合は, 有効なアドインとして設定されていません. 有効にするために, [ツール]→[アドイン] で, [分析ツール] にチェックを入れておきましょう.

B) FREQUENCY 関数を配列数式として使う方法

1) J7:J14 を範囲選択して → =FREQUENCY(とキー入力
2) データ範囲として，C7:C18 をクリック＆ドラッグ → カンマ , をキー入力
3) 階級範囲として，H7:HC13 をクリック＆ドラッグ → 右カッコ) をキー入力
4) Ctrl+Shift キーを押しながら，Enter キーを押下

以上で，図 6.22 の J7:J14 の範囲に，配列数式 { =FREQUENCY(C7:C18,H7:H13) } が入力され，階級度数が計算されます．関数を使いますので，元のデータや階級の設定が修正されれば，それに応じて自動的に再計算されます．これは，分析ツールにはない利点です．

(3) ヒストグラムの描画

柱状図は棒の間隔が 0 の棒グラフと捉えて，Excel のグラフ機能により描きます．先にデータ範囲 J7:J14 を選択し，標準ツールバーの [グラフウィザード] をクリックして作業に入ります．

I) [グラフウィザード] ダイアログボックスで基本的な設定をします．

1) グラフの種類

- グラフの種類：[縦棒グラフ] を選択 → [次へ]

2) [元のデータ] ダイアログボックス

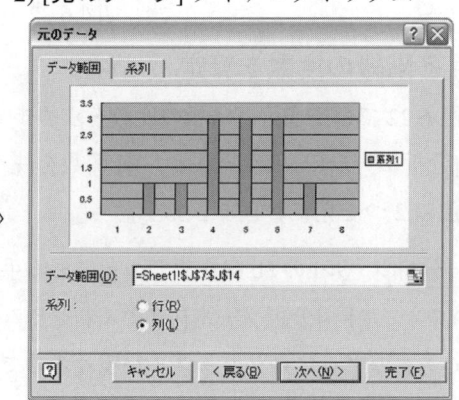

- データ範囲：階級度数の J7:J14 選択を確認 → [系列] タブをクリック

3) [項目軸ラベル] を階級範囲に設定

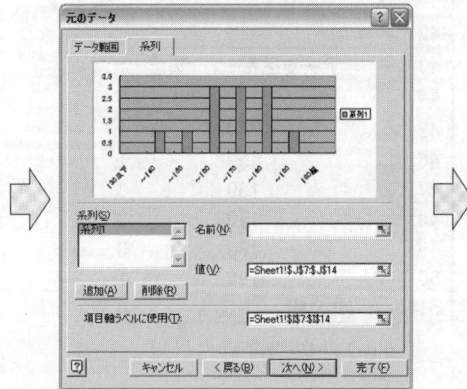

- 項目軸ラベル：I7:I14 を選択 → [次へ]

4) [グラフ・オプション] の [タイトルとラベル]

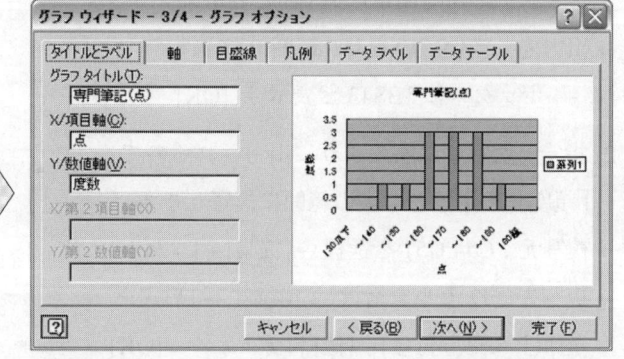

- グラフタイトル:「専門筆記 (点)」 ● X 項目軸:「点」
- Y 数値軸:「度数」として，→ [次へ] → [完了]

第6章 統計データの読み方

II) 縦棒グラフを柱状図にしてから，表示を整えて仕上

5) とりあえず縦棒グラフが完成

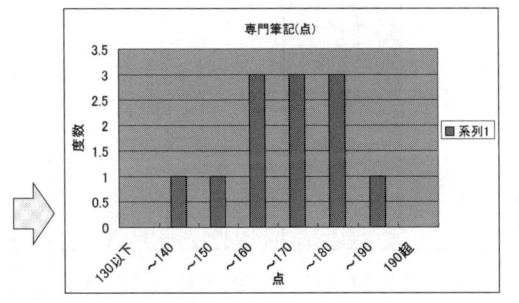

縦棒の間隔を詰めて柱状図にします．
→ 縦棒のどれかをダブルクリック
→ [データ系列の書式設定] ダイアログボックスの [オプション] タブをクリックします．

6) [データ系列の書式設定] の [オプション]

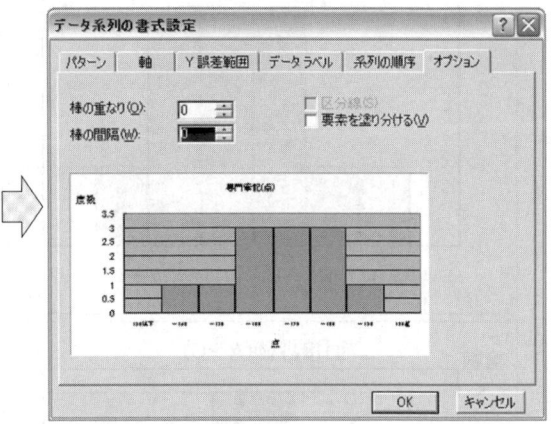

● [棒の間隔] を 0 にして →[OK]

7) 表示を整えて完成

グラフエリア，プロットエリア内の様々な表示を整えて，右のようなヒストグラムを完成させます．

グラフ内の各部位をダブルクリックすると，対応するダイアログボックスが現れて，表示を整えることができます．例えば，数値軸部分は，[軸の書式設定] で，目盛の最大・最小・間隔，表示フォントなどが設定できます．

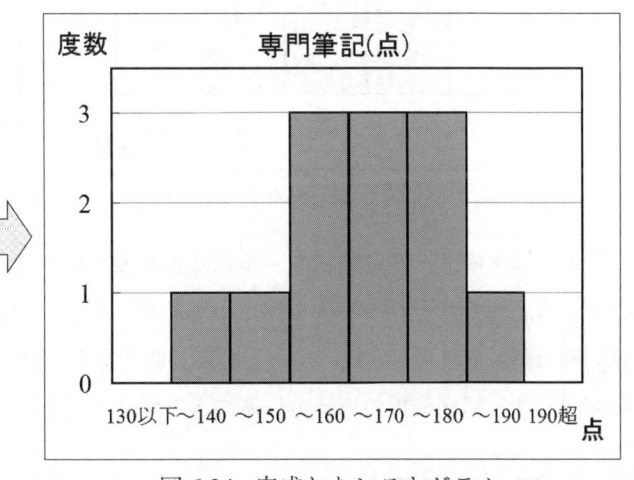

図 6.24 完成したヒストグラム

III) グラフの複写によって他のデータ系列のヒストグラムを作成

1つのヒストグラムが完成したら，他のデータ系列に関するヒストグラムを描きます．次の手順で，効率よく，しかも最初のグラフの書式設定を活かして作成します．

● 完成したヒストグラムを複写元としてクリック →[編集]→[コピー]→[貼り付け]→
● コピーしたグラフを右ボタンクリック →[元のデータ]→ 2) の設定をし直す

以上で，図 6.25 のように，4つのデータ系列に対するヒストグラムが描け，分布形状の比較ができるようになります．例えば，一般常識試験の結果は左に偏った分布をなしている，売上高は中央値に近いところに集中している等々，各データの分布の大凡の様子と特徴を把握しておきます．図の基本統計量値の算出とともに，ヒストグラムによる分布形状の把握は，次の段階の分析に踏み込む前に，まず行うべき1次処理と言えましょう．

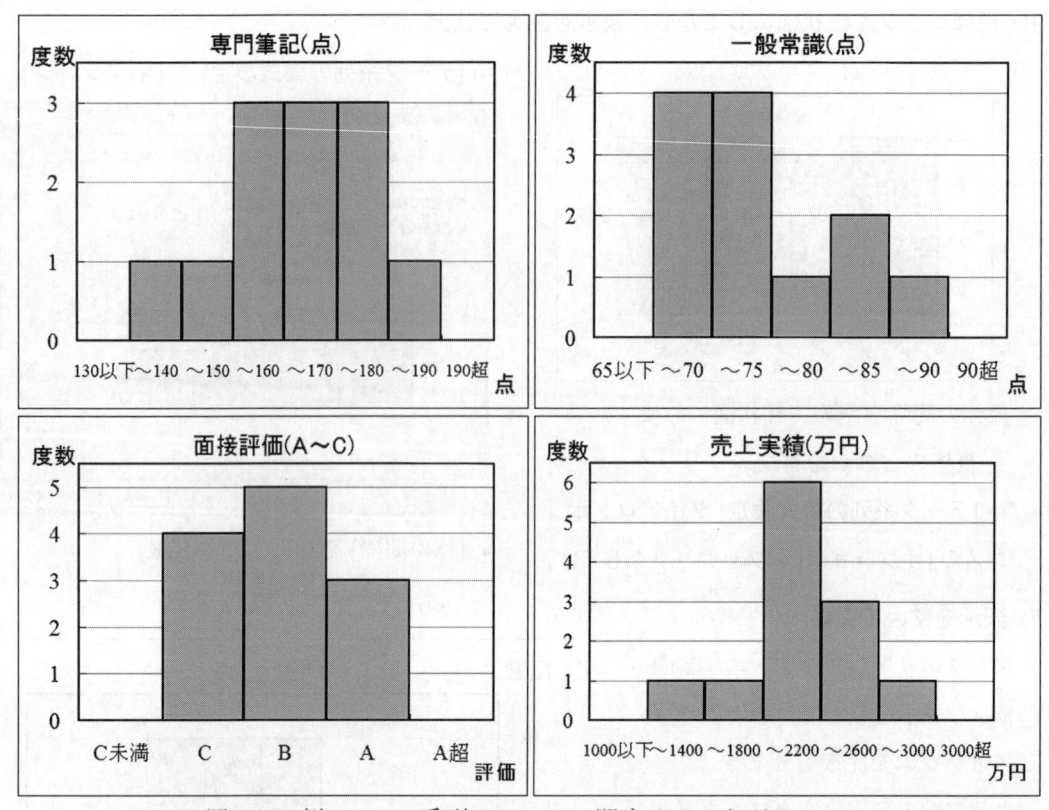

図 6.25 例 6.1 の 4 系列のデータに関するヒストグラム

以上，個々のデータ系列に関する記述統計処理について見てきました．これにより，収集されたデータ系列それぞれの特徴を捉えましたが，データ全体を総合的に捉えるには，異なるデータ系列間の関係を整理して捉えておく必要があります．そのためのデータ処理は，A.2 で学んだ 2 変数間の相関・回帰分析の考え方に基づきます．

C.2 相関と単回帰分析 — 変数間の関係の表現 —

ここでは，例題 6.1 のデータに関する相関および，単回帰分析について，Excel の関数および分析ツールを用いる処理手順を見て行くことにします．

C.2.1 Excel による相関分析

Step1. データ行列の入力と基本統計量：

図 6.26 のように，C.1 のデータ入力と基本統計量の計算をしておきます．C.1 の図 6.20 に示したデータ行列から，順序尺度水準以下のデータ (例では，面接評価) は除いてあります．また，図 6.21 の基本統計量については，ここでの分析に直接関係するもののみを示しておきます．

Step2. 変数間の相関関係 ··· 共分散行列・相関行列：

Excel の統計関数を用いて，前節で解説した 2 変数間の相関を表す基本統計量を計算します．

第6章 統計データの読み方

	A	B	C	D	E
1		入社試験追跡調査：相関・回帰分析			
2		分析対象となるデータ行列			
3			入社試験成績		入社3年目
4		社員	専門筆記	一般常識	売上実績
5		No.	X_1(点)	X_2(点)	Y(万円)
6		i	x_{i1}	x_{i2}	y_i
7		1	156	73	2034.5
8		2	185	88	2795.6
18		12	152	69	1054.8
19					
20		基本統計量			
21		変数	X_1	X_2	Y
22		サンプル数	12	12	12
23		平均値	161.8	75.17	2023
24		分散	151.7	33.14	182975
25		標準偏差	12.32	5.757	427.8
26		全変動	1820	397.7	2195704
27					
28		分散共分散行列			
29			X_1	X_2	Y
30		X_1	151.7	42.04	4124
31		X_2	42.04	33.14	1733
32		Y	4124	1733	182975
33					
34		相関行列			
35			X_1	X_2	Y
36		X_1	1.0000	0.5930	0.7828
37		X_2	0.5930	1.0000	0.7039
38		Y	0.7828	0.7039	1.0000

Excel 処理手順

(1) 分析対象となるデータ行列：
    間隔尺度水準以上を分析の対象として，
    データ行列を作成します．

(2) 基本統計量：
    図 6.21 と同様の手順で，サンプル数，平均値，
    分散，標準偏差を求めておきます．

(3) 分散・共分散行列：
    3-1) 結果を行列形式で示すために，分散・共分散
         行列の枠部分とタイトルを入力．
    3-2) 次のように関数式を入力
         C29 セル： =COVAR($C$7:$C$18,C7:C18)
         C30 セル： =COVAR($D$7:$D$18,C7:C18)
         C31 セル： =COVAR($E$7:$E$18,C7:C18)
    3-3) 記入した関数式を複写
    ● 複写元：C29:C31 を範囲選択 → [編集]→ [コピー]
    ● 複写先：D29:F29 を範囲選択 → [編集]→ [形式を
         選択して貼り付け]→ [数式] にチェック → [OK]

(4) 相関行列：
    4-1) 行列形式の枠部分と，タイトルを入力．
    4-2) 次のように関数式を入力
         C35 セル： =CORREL($C$7:$C$18,C7:C18)
         C36 セル： =CORREL($D$7:$D$18,C7:C18)
         C37 セル： =CORREL($E$7:$E$18,C7:C18)
    4-3) 記入した関数式を複写
    ● 複写元：C29:C31 を範囲選択 → [編集]→ [コピー]
    ● 複写先：D29:F29 を範囲選択 → [編集]→ [形式を
         選択して貼り付け]→ [数式] にチェック → [OK]

図 6.26 Excel 統計関数による共分散・相関行列の算出

※ 上の，3-2), 4-2) の Excel 関数式は，相対参照と絶対参照を含む，混合セル参照になっていることに注意してください．
※ Excel 上では，分析ツールの [共分散] および [相関] を使って，共分散・相関行列を求めることもできます．
   各ツールのダイアログボックスで，入力範囲を C7:E18，出力先を空きセル範囲に指定して，次の結果を得ます．

分散共分散行列				相関行列			
	列1	列2	列3		列1	列2	列3
列1	151.7			列1	1		
列2	42.04	33.14		列2	0.5930	1	
列3	4124.2	1733.2	182975.4	列3	0.7828	0.7039	1

C.2.2 Excel による単回帰分析

Step1. 単回帰モデル

ここでは，2 つの変数 X, Y を選んで，Y を被説明変数，X を説明変数とする単回帰モデルを作成します．前節で説明したように，回帰直線の式の係数 (偏回帰係数) は，最小二乗法の原理にしたがって求められます．これを Excel で計算処理するには，次の方法が利用できます．

- 単回帰の公式による方法… Excel 統計関数の利用

  ワークシート上で統計関数を用いて計算する方法です．必要な基本統計量を求めて，単回帰の公式 (6.27) にしたがって表計算します．回帰分析法を基本統計量と関連付けながら理解するのに役立ちます．回帰分析は初めてという人は，まずこれを試しましょう．

- 分析ツール [回帰分析] の利用… アドインの利用

  Excel 分析ツールに用意されている [回帰分析] を用いる方法です．偏回帰係数以外に，関連する各種統計量が出力されるので，本格的な回帰分析に用いることもできます．

(1) 単回帰の公式による表計算の手順

	A	B	C	D	E	F	G	H	I
1		入社試験追跡調査：相関・回帰分析							
2		分析対象となるデータ行列					単回帰モデルによる予測値		
3			入社試験成績		入社3年目		被説明変数	Y	
4		社員	専門筆記	一般常識	売上実績		説明変数	X_1	X_2
5		No.	X_1 (点)	X_2 (点)	Y (万円)		係数 a_0	-2374.6	-1908.1
6		i	x_{i1}	x_{i2}	y_i		係数 a_1	27.189	52.302
7		1	156	73	2034.5		1	1866.9	1909.9
8				88	2795.6		2	2655.3	2694.4
17		11	153	75	1820.5				
18		12	152	69	1054.8		12	1758.1	1700.7
19									
20			基本統計量				重決定係数	0.6128	0.4954
21		変数	X_1	X_2	Y		重相関係数	0.7828	0.7039
22		サンプル数	12	12	12		f の標準誤差	291.6	332.9
23		平均値	161.8	75.17	2023		a_0 の標準誤差	1109	1258
24		分散	151.7	33.14	182975		a_1 の標準誤差	6.834	16.69
25		標準偏差	12.32	5.757	427.8		a_0 の t 値	2.142	1.516
26		全変動	1820	397.7	2195704		a_1 の t 値	3.978	3.133

1) 偏回帰係数の算出：

1-1) G3:I18 のように表の枠を作成します．

1-2) ＜被説明変数 Y ← 説明変数 X_1 ＞単回帰モデルの偏回帰係数を計算．公式に基づき，次の順に式を記入．
- H6 セル： =COVAR(C7:C18,$E7:$E18)/C24
- H5 セル： =$E23-H6*C23

1-3) ＜$Y ← X_2$＞単回帰モデルの偏回帰係数を計算
- 複写元：H5:H6 を範囲選択 → [編集] → [コピー]
- 複写先：I5 を範囲選択 → [編集] → [形式を選択して貼り付け] → [数式] にチェック → [OK]

2) モデルによる予測値の算出：

2-1) ＜$Y ← X_1$＞モデルで第 1 サンプルの予測値を計算
- H7 セル： =H$5+H$6*C7 を記入．

2-2) ＜$Y ← X_2$＞モデルを含め全サンプルの予測値計算
- 複写元：H7 を選択 → [編集] → [コピー]
- 複写先：H7:I18 を範囲選択 → [編集] → [形式を選択して貼り付け] → [数式] にチェック → [OK]

3) 単回帰に関連する各種統計量を算出：

3-1) G20:I26 のように表の枠を作成します．

3-2) ＜$Y ← X_1$＞単回帰モデルに関して，図に示す各種統計量を計算すうため，各セルに次の関数式を記入．
- H20 セル: =RSQ($E7:$E18,H7:H18)
- H21 セル: =PEARSON($E7:$E18,H7:H18)
- H22 セル: =STEYX($E7:$E18,C7:C18)
- H23 セル: =H22*SQRT((C24+C23^2)/C26)
- H24 セル: =H22/SQRT(C26)
- H25 セル: =ABS(H5)/H23
- H26 セル: =ABS(H6)/H24

※これらの数式との対応は，後で説明します．

3-3) ＜$Y ← X_2$＞単回帰モデルに関する統計量を計算
- 複写元：H20:H26 を範囲選択 → [編集] → [コピー]
- 複写先：I20 を範囲選択 → [編集] → [形式を選択して貼り付け] → [数式] にチェック → [OK]

図 6.27 Excel 単回帰公式による予測値の表計算

単回帰の公式 (6.27) と，各種統計量に関する Excel 関数を利用しています．前節までに紹介していない関数も使っています．まず，=STEYX() は，回帰直線の標準誤差を算出します．標準誤

第6章 統計データの読み方

差とは，予測値の誤差の程度を測る統計量です．=RSQ()，=PEARSON() は，それぞれ次に述べる決定係数と重相関係数を求める関数です．

なお，偏回帰係数 a_0, a_1 の値だけを求めるのであれば，=LINEST() 関数による配列数式を用いることもできます．上の手順 1-2) で H5:H6 セルに縦に算出した値は，代わりに H28:I28 など横に 2 つ並んだ空きセルをマウスで範囲選択して，=LINEST(E7:E18,C7:C18,TRUE) と入力し，Ctrl+Shift+Enter キーを同時に押下して求めることができます．

(2) 分析ツールの [回帰分析] を用いる方法

Excel には，統計や技術計算に基づく分析を簡便に行うための機能が，**分析ツール**と呼ばれるアドインとして組み込まれています．分析ツールには，ここで紹介する [回帰分析] のほか，前節で説明した基本統計量，分散共分散分析，相関分析，さらには，t 検定，F 検定など統計的検定を行うのに便利な機能も含まれています．

図 6.20 のデータ行列で，被説明変数として売上実績 Y を，専門筆記の成績 X_1 を説明変数として表す単回帰モデルは，**回帰分析ツール**を使って，次のように計算処理できます．

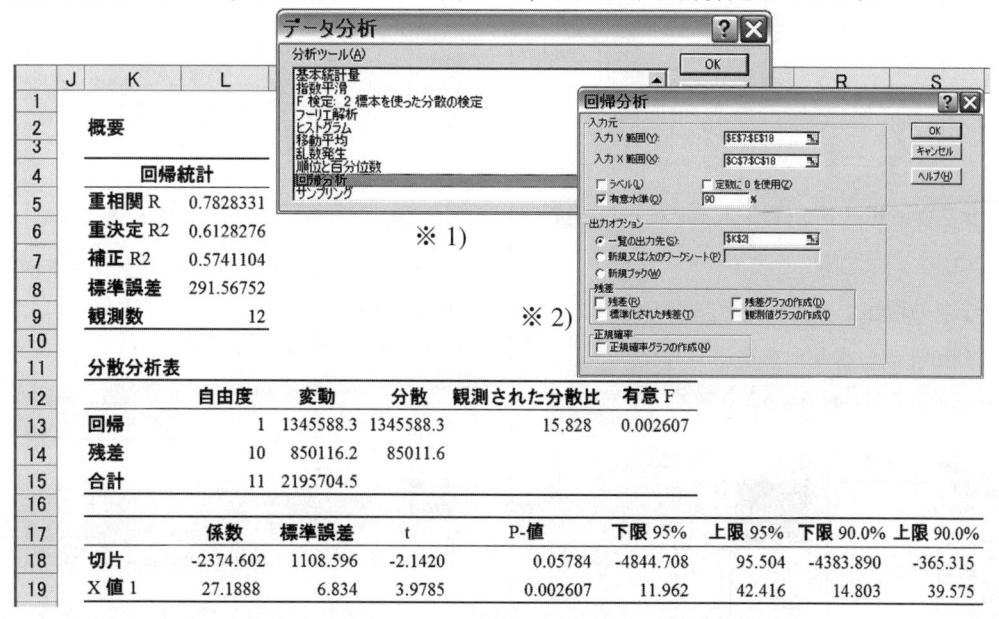

	J	K	L
2		概要	
4		回帰統計	
5		重相関 R	0.7828331
6		重決定 R2	0.6128276
7		補正 R2	0.5741104
8		標準誤差	291.56752
9		観測数	12
11		分散分析表	

		自由度	変動	分散	観測された分散比	有意 F
13	回帰	1	1345588.3	1345588.3	15.828	0.002607
14	残差	10	850116.2	85011.6		
15	合計	11	2195704.5			

		係数	標準誤差	t	P-値	下限 95%	上限 95%	下限 90.0%	上限 90.0%
18	切片	-2374.602	1108.596	-2.1420	0.05784	-4844.708	95.504	-4383.890	-365.315
19	X 値 1	27.1888	6.834	3.9785	0.002607	11.962	42.416	14.803	39.575

1) 回帰分析ツールを呼出す：
   [メニュー] →[分析ツール] を選択
   → データ分析ダイアログボックスが表示される
   → [回帰分析] を選択 →[OK]
   → 回帰分析ダイアログボックスが表示 → 次へ

2) データ範囲と出力先の指定：
   ● 入力 Y 範囲：E7:E18 ● 入力 X 範囲：C7:C18 を指定
   → [有意水準] にチェックして，例えば 90 ％ を指定
   → 出力先：K2 を指定 → [OK]
   → 結果が K2:S19 に出力される

図 6.28 Excel 分析ツール [回帰分析] による計算

図 6.30 に出力された結果は，図 6.27 のように Excel 関数を用いた表計算によっても算出できます．両者を見比べて，対応関係を確認してみてください．回帰直線の式を特定する偏回帰係数 a_0, a_1 は，L18, L19 セルにそれぞれ出力されています．その他は，モデルの適合度や説明力を判断するために必要な統計量で，Step3 で分析結果を評価する際に使います．

Step2. 散布図と単回帰直線：

次に，Excel のグラフ機能を用いて，散布図とモデルによる回帰直線を描いてみましょう．

まずデータの範囲を指定してから，**グラフウィザード**を呼び出します．

(1) **データ範囲**：次の3つの範囲を選択する
- C7:C18 選択：C7 から C18 までドラッグ → クリックを解除して，
- E7:E18 選択：CTRL キー押したまま，E7 から E18 までドラッグ → クリック解除
- H7:H18 選択：CTRL キー押したまま，H7 から H18 までドラッグ → クリック解除

	A	B	C	D	E	F	G	H	I
1	入社試験追跡調査：相関・回帰分析								
2	分析対象となるデータ行列						単回帰モデルによる予測値		
3		入社試験成績			入社3年目		被説明変数	Y	
4	社員	専門筆記	一般常識		売上実績		説明変数	X_1	X_2
5	No.	X_1(点)	X_2(点)		Y(万円)		係数 a_0	-2374.6	-1908.1
6	i	x_{i1}	x_{i2}		y_i		係数 a_1	27.189	52.302
7	1	156	73		2034.5		1	1866.9	1909.9
8	2	185	88		2795.6		2	2655.3	2694.4
9	3	162	81		2308.2		3	2030.0	2328.3
10	4	175	70		2050.8		4	2383.4	1753.0
11	5	171	82		2171.3		5	2274.7	2380.6
12	6	164	69		2253.4		6	2084.4	1700.7
13	7	163	72		2084.3		7	2057.2	1857.6
14	8	172	78		2312.0		8	2301.9	2171.4
15	9	150	75		1981.5		9	1703.7	2014.5
16	10	138	70		1411.4		10	1377.5	1753.0
17	11	153	75		1820.5		11	1785.3	2014.5
18	12	152	69		1054.8		12	1758.1	1700.7

(2) **グラフウィザード**：標準ツールバーの [📊] をクリックして呼出します．

a) **グラフの種類**：標準の散布図を選択 → [形式] は一番左上を選び → [次へ]

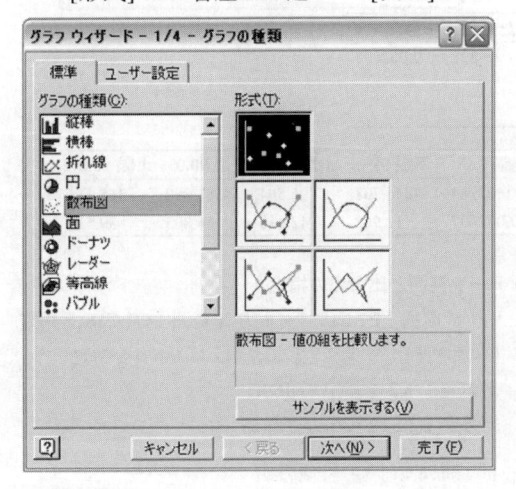

b) **グラフの元データ**：(1) でデータ範囲の選択はしてあるので → [次へ]

c) **グラフオプション**：次の各項目を指定
- グラフタイトル ● X/数値軸 ● Y/数値軸の表記を指定して → [次へ]

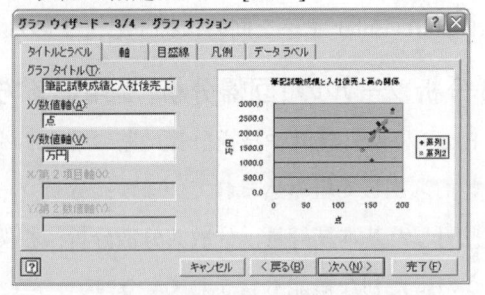

- **目盛り線**：必要な軸を選び → [次へ]

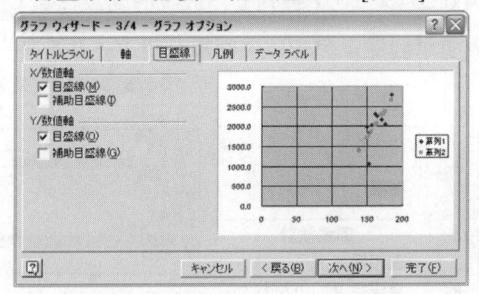

d) **グラフの作成場所**：同じワークシート内に作成するには，[オブジェクト] をチェック → シート名を確認 → [完了]

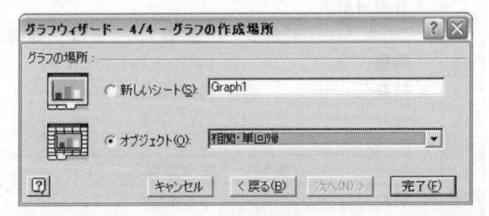

(3) **グラフの整形**：表示を整えるため，グラフ各部分をダブルクリックして，適宜修正する．
- 数値軸の書式設定：数値軸部分を選び
  - X/数値軸：最小 130 から最大 190
  - Y/数値軸：最小 900 から最大 3000
- データ系列の書式：系列のマーカーを選び
  - 系列1：[マーカー] 指定 → [スタイル]。 → [前景] 黒 → [背景] 白
  - 系列2：[線] 指定 → [マーカー] なし

図 6.29 Excel 散布図と単回帰直線のグラフ作成手順

第6章 統計データの読み方　　　　　　　　　　　　　　　　　　　　　　　　　　　231

　以上の手順により，ワークシート上にグラフを描きます．グラフエリア内に回帰直線の式を添えると，右の図が得られます．図を見る限り，12番目のサンプルに関するプロットが回帰直線から下に離れているほかは，このモデルは，現象を概ね良く説明しているようです．

　しかし，これで満足して回帰分析を終わらせてはいけません．何事も「仕上げ」が肝心です．最後に，モデルの妥当性に関して統計的な検証をしておくことが，回帰分析の「仕上げ」にあたります．

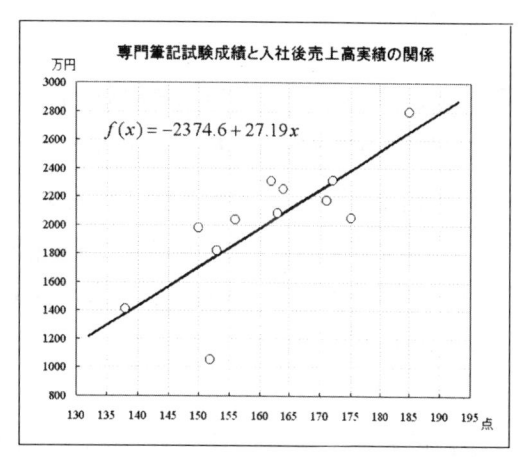

図6.30　散布図と単回帰直線のグラフ

Step3. モデル妥当性の検証：決定係数と偏回帰係数の検定

　モデルの適合度は，まず，決定係数と重相関係数で見ます．図6.28に示された回帰分析ツールによる計算結果では，

　　●重相関係数 $R = 0.782833$，　　●重決定係数 $R^2 = 0.612828$

となっています．この値が1に近ければ近いほど，散布図にプロットされた (x,y) データが，回帰直線の近くにあること，つまりモデルが，現実のデータを良く説明していることを意味します．

　しかし，決定係数の値を見るだけでは，モデル適合性の判断としては不充分です．一般に，サンプル数が少ない場合は，R^2 は1に近い値をとる傾向があり，それだけではモデルが妥当とは判断できません．逆に，サンプル数が多ければ，R^2 が0.3程度でも，意味のあるモデルという場合もあります．そこで，サンプル数を考慮に入れた偏回帰係数の統計的検定という手続きが必要になります．

　図6.30に示された分析ツールの出力結果を見ると，

　　●切片：　　　t値=-2.1420　　　P-値:0.05784
　　●X値1：　　t値= 3.9785　　　P-値:0.002607

となっています．これは，

(1) 回帰直線の y 切片にあたる偏回帰係数 a_0 については，(6.30)式の t_0 =-2.1420であって，
　$a_0 = 0$ とする仮説が，1-P値=1-0.05784=94.216%の確率で棄却される．
(2) 回帰直線の傾きにあたる偏回帰係数 a_1 については，$t_0 = 3.97850$ であって，
　$a_1 = 0$ とする仮説が，1-P値=1-0.02607=99.7393%の確率で棄却される．

という，t検定の結果を表しています．

　この例については，偏回帰係数 a_0, a_1 がそれぞれモデルに不要とする仮説は，いずれも高い確率で否定され，この回帰モデル式は意味をもつことが検証されました．

演習問題

問1 例題 6.1 のデータに関する重回帰分析

データ行列 (図 6.20) について，分析ツール [回帰分析] により，次の重回帰分析を行いなさい．

1) 専門筆記試験 X_1 と一般常識試験 X_2 を説明変数，入社後売上高 Y を被説明変数とする線形重回帰モデル：$Y \leftarrow f(X) = a_0 + a_1 X_1 + a_2 X_2$ の偏回帰係数を求めなさい．また，決定係数，重相関係数を求めなさい．
2) 偏回帰係数 a_0, a_1, a_2 の各々について，帰無仮説：$a_j = 0$ に対する t 検定を行って，モデルの妥当性について調べなさい．
3) x 座標に予測値 $f(x)$，y 座標に実績値 y をプロットして，右のような散布図を描きなさい．

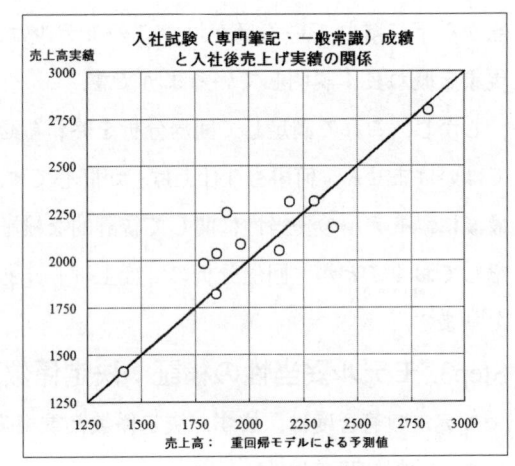

図 6.31　重回帰分析の散布図

問2 中古マンション価格に関する重回帰分析

右は，東京都内のある私鉄駅周辺 16 件の中古マンションに関するデータです．

1) 駅からの徒歩時間 X_1，床面積 X_2，バルコニー面積 X_3，築年数 X_4 を説明変数，販売価格 Y を被説明変数とする線形重回帰モデル
$$Y \leftarrow f(X) = a_0 + a_1 X_1 + \cdots + a_4 X_4$$
の偏回帰係数を求めなさい．また，決定係数，重相関係数を求めなさい．
2) 偏回帰係数の有意性に関する t 検定を行い，モデルの妥当性について調べなさい．また，偏回帰係数の P 値が 0.1 以上の変数があれば，それを除去したモデルに改めなさい．
3) x 座標に予測値 $f(x)$，y 座標に実績値 y をプロットして，散布図を描きなさい．

表 6.9　私鉄 T 駅周辺の中古マンション情報

No.	X_1 駅歩 (分)	X_2 床面積 (m^2)	X_3 バルコニー (m^2)	X_4 築年 (年)	Y 価格 (万円)
1	7	65.11	20	16.0	1500
2	8	51.19	8.27	8.0	1280
3	12	48.85	6	32.4	920
4	15	79.13	19.66	33.9	1580
5	15	81.87	19.25	34.2	1850
6	15	70.92	13.78	21.0	1580
7	7	46.27	6	13.0	1050
8	15	96.39	15.65	28.0	2480
9	12	46.27	6	21.0	690
10	8	85.95	14.29	27.0	2680
11	8	55.65	7.21	29.0	1780
12	7	64.4	5.15	18.0	1850
13	18	171.64	22.49	13.0	4300
14	3	66.17	15.96	19.3	1830
15	21	108.3	11.64	19.0	2500
16	15	96.39	15.65	10.0	2800

参考文献

1. 竹内啓 編集，「統計学辞典」，東洋経済新報社，1989
2. 池田央 編，「統計ガイドブック」，新曜社，1989
3. 岸根卓郎 著，「入門より応用への統計入門」，養賢堂，1972

第7章
シミュレーションによる現象の表現

　シミュレーション (simulation) は，元々は「模擬実験」とか「模擬演習」とも呼ばれ，現実を仮想した状況下で行われる模擬的な実験・観測手法のことです．調べたい現実の対象に対し，それと類似した挙動をとる仮想現実 (virtual reality) をモデルとして表現します．これをシミュレーション・モデルと呼び，この上で繰り返し行われる仮想的な実験や観測を通して，現実の現象の特徴や問題点を探る手法を，一般にシミュレーションと呼びます．

　コンピュータ・ゲームの普及にともなって，日常語としても使われるようになった「シミュレーション」ですが，上の趣旨からは，必ずしもコンピュータを使うものに限定される訳ではありません．実際，机上で乱数表を使いながら行うハンド・シミュレーションというものもあります．野球選手が次打席の準備としてマスコットバットを振っているのも，小学校の運動会の予行演習も，社内の防災訓練なども，広い意味ではシミュレーションです．

　一方，仮想的な現実をコンピュータ上に実現して行う実験のことを，「コンピュータ・シミュレーション」と呼びます．コンピュータが進化し，多様なシミュレーション技法に対応できる機能を備えるようになった今日では，この範囲に限定して「シミュレーション」を捉える方が，むしろ一般的になってきました．

　さて，シミュレーションは，どういう場面で使われるのでしょう．一般的には，現実の現象に対し直接的な実験や観測を行うと，とても危険であったり，あるいは費用がかかり過ぎる場合などに用いられると言われています．シミュレーションと一口に言っても，方法論的としては実に多種多様です．経理課の担当者は，Excel のワークシート上に翌月の予測データを入れなおして，再計算することをシミュレーションと称するかもしれません．個人でも，マイホーム建築の資金計画では，この手のシミュレーションを徹底的にやるはずです．より専門的な技法として，社会経済系では，計量経済学や**システム・ダイナミックス**と呼ばれるシミュレーション技法が定量的予測の拠り所になるようです．工場計画を担当する生産管理技術者には，スケジューリング技法や，後述する**離散事象系シミュレーション**があります．また，構造物の設計をするエンジニアには，**有限要素法**や**境界要素法**と呼ばれる手法が，流体力学や電子回路の研究者には，後で述べるモンテカルロ法を基盤とする高度に専門的なシミュレーションの方法論があるようです．

　これらは，それぞれの領域において，「対象とするシステムについてのモデルによる実験」という意味で，確かにシミュレーション (模擬実験のための技法) に違いありません．しかし，このよう

に，質的にも量的にも，また信頼性の点でもレベルの異なる多様な技法群を一括して捉えるのは，明らかに無理がありそうです．むしろ，対象とする分野に応じて，異なるシミュレーション技法が存在すると捉える方が自然でしょう．

本章の構成と読み方は次に示す通りです．

Part A 動的なシステムの行動を論理的に捉えるミュレーション技法の基本について，**A.1** と **A.2** に分けて説明します．

A.1 では，大量の乱数を発生させることで，現象の表現を試みるモンテカルロ・シミュレーションについて学びます．その考え方は，コンピュータ上に仮想的な現実を作り出すために基礎的なもので，多様なシミュレーション技法のなかに取り入れられています．まずは，Excel VBA を用いる簡単な例題を通して，最も基礎的なモンテカルロ法による表現方法を見てみましょう．次に，もう少し複雑な現象へ適用するための準備として，論理的な状態遷移システムのモデルについて理解を深めます．これにも，VBA によるシミュレータの例題を用意します．

A.2 では，数あるシミュレーション技法のなかでも，経営の現場で活用可能性が広いと考えられる離散事象系シミュレーションについて学びます．このシミュレーションは，系の行動を，実時間上で発生する出来事(事象)の連鎖として捉えます．つまり，事象の発生が次の事象の発生を導き，また状態を遷移させる，事象駆動系と呼ばれるタイプのモデルです．まずは，このモデルによる状態遷移システム表現の実際について理解を深めます．題材としては，第 4 章で扱った在庫管理の問題，第 5 章で扱った待ち行列の現象を取りあげます．また，シミュレータ開発には，乱数による事象発生時刻の計算が必要になりますので，そのための方法についても解説します．

Part C Part A で学んだことに基づいて，発注点方式の在庫管理に関する離散事象系シミュレーションを実現します．シミュレータの開発には，専用言語または汎用のコンピュータ言語を用いるのが普通ですが，ここでは，多くの人が利用できる環境として，Excel VBA のプログラミング機能を用いることにします．

また，**演習問題**には，**Part C** で解説した在庫シミュレータに関する問題の他に，紙面の都合で割愛した待ち行列現象に関するシミュレータの作成の問題置いてあります．待ち行列現象は，離散系シミュレーションの最も典型的な対象ですので，本章の学習の成果を確認するために，トライしてみて下さい．

Part A 問題の捉え方と定式化

以下では，経営科学分野において適用範囲の広い，**離散事象系シミュレーション**を中心に解説します．第4章で扱った在庫や，第5章の待ち行列の現象は，時間経過にともなう離散的な状態量の変化，という観点から捉えることができます．この種の現象は，離散事象系シミュレーションによって，極めて現実に近い形で，論理的にまた確率論的に表現することが可能で，また，シミュレータを用いた実験によって，その現象の特徴を詳細に調べることができます．

ただし，この技法，初めての人には論理的に少し難しく感じられることでしょう．まずは，種々のシミュレーション技法の共通の基礎となっている考え方，「多くの乱数を発生させて現象を表現する」**モンテカルロ法**について理解するところから始めることにします．

A.1 モンテカルロ・シミュレーション

繰り返しサイコロを振ると，1から6いずれかの目が何の規則性もなく，それこそ，出たら目に出てきます．このような，「でたらめな数」の列のことを乱数列と言います．この乱数列を利用する考え方は，シミュレーション技法の多くに取り入れられています．コンピュータ上に仮想的な現象を作り出すために，多数の乱数を発生させ，その数列を利用するのです．その最も基本になるのが，モンテカルロ・シミュレーションです．コンピュータの父とも呼ばれるJohn von Neumann氏らが，第二次大戦中に考案した手法で，ギャンブルで有名なモナコの首都モンテカルロに因んで命名されたと言われています．もちろん，「でたらめな数」を使っていても，確率論に裏付けられた方法なので，決して「でたらめな方法」ではありません．

A.1.1 VBAによるモンテカルロ・シミュレーション

「乱数列」の意味をもう少し厳密に定義しておきます．サイコロを例にとって，出目の数列が典型的な乱数列だと言いました．この数列は，1～6の整数が，それぞれ同等の割合で出現し(等確率性)，しかも，以前どのような目が出たかとは無関係に次の目が出ます(統計的独立性)．このような，等確率性と独立性を持つ「でたらめな数」の列のことを，一般に乱数列 (random number sequence) といいます．　乱数列を作るためには，乱数を繰り返し発生させる必要があります．サイコロによる他，素朴な方法としては，コインを投げて表なら1，裏なら0として，0,1の乱数列が作れます．正20面体のサイコロを使って1から20までの整数の乱数列を発生できます．このような，ある範囲の整数の値が同じ確率で出現するものを，整数の**一様乱数**と呼びます．乱数には，整数値をとるもののほかに，実数値をとるものもあります．また，値の出現確率に，何らかの確率分布を仮定することで，様々な種類の乱数を得ることができます．サイコロなど上で挙げた例は，どれも値の出現確率が同等とみなしましたが，これらは，「一様分布」を仮定した乱数ということになります．

コンピュータを使えば，様々な種類の乱数を効率的に発生させることができます．例えば，0 以上 1 以下の実数の区間 $[0,1] = \{r|0 \leq r \leq 1\}$ に一様の確率で乱数列を発生させることができます．これを，0-1 一様乱数と呼ぶことにします．まずは，感じを掴んでいただくために，0-1 一様乱数を使う簡単なモンテカルロ・シミュレーションを見てみましょう．

例題 7.1 コイン投げ

コインを投げて表か裏かを確認する，という 1 回の試行をコイン・トスと呼ぶことにします．このコイン・トスを n 回行って「表」の出た回数を数える，という試行を考えてみましょう．この試行には，各回とも表か裏か 2 つのうち 1 つが必ず一定の確率で決まり (2 値性)，各回の試行の結果が他の回の結果に影響を与えない (独立性)，という性質があります．このような性質を持った試行を**ベルヌイ試行**(Bernoulli Trial) といいます．

コイン投げの実験を Excel 上で行うには，VBA(Visual Basic for Applications) によるプログラム =VBA マクロを用いる方法があります (VBA の使い方については，第 8 章で解説しています)．VBA マクロでは，0-1 一様乱数を関数 RND() で表します．これを繰り返し呼び出して，乱数を発生させます．RND() > 0.5 となる確率は 0.5 ですが，このとき，コイン・トスで「表」が出た，とみなすことにします．乱数系列を作る前には，必ず乱数ジェネレータを初期化するために，Randomize ステートメントを実行します．繰り返し処理は，For 文による構文 For i=1 to n … Next i を使います．以上によって，図 7.2 右上に示した Sub coin() は作成してあります．

例題 7.2 円周率の推定

コイン投げとほとんど同じ考え方で，円周率 π を推定する問題を考えます．

計算には，図 7.2 右下に示す Sub pi() マクロを使います．まず，右図のような原点中心，半径 1 の 1/4 円を想定します．0-1 一様乱数の組 (r,s) を枠内に指定した回数発生させて，

- $r^2 + s^2 \leq 1$ なら，1/4 円の内側
- $r^2 + s^2 > 1$ なら，1/4 円の外側

に落ちたとみなして，その回数をカウントします．π の点推定値は，円内に落ちた回数の比率の 4 倍となります．

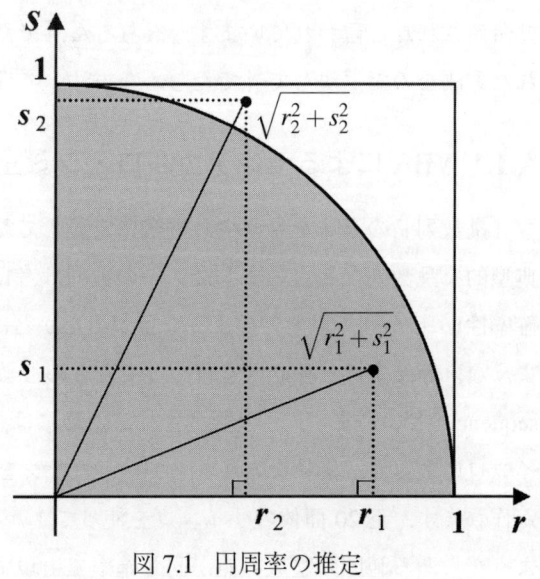

図 7.1 円周率の推定

※ そもそも，モンテカルロ法は，解析的に解けない問題，例えば，不定積分関数 $\int f(x)dx$ の形が解析的に求められない関数 $f(x)$ の定積分値 $\int_a^b f(x)dx$ を，例題のような繰り返し実験によって，近似的に求める方法として考案されたものです．これは，数学で解けない問題を，コンピュータを使って別の角度から解析する画期的な方法論の提案であり，シミュレーションの考え方自体にも大きな影響を与えました．

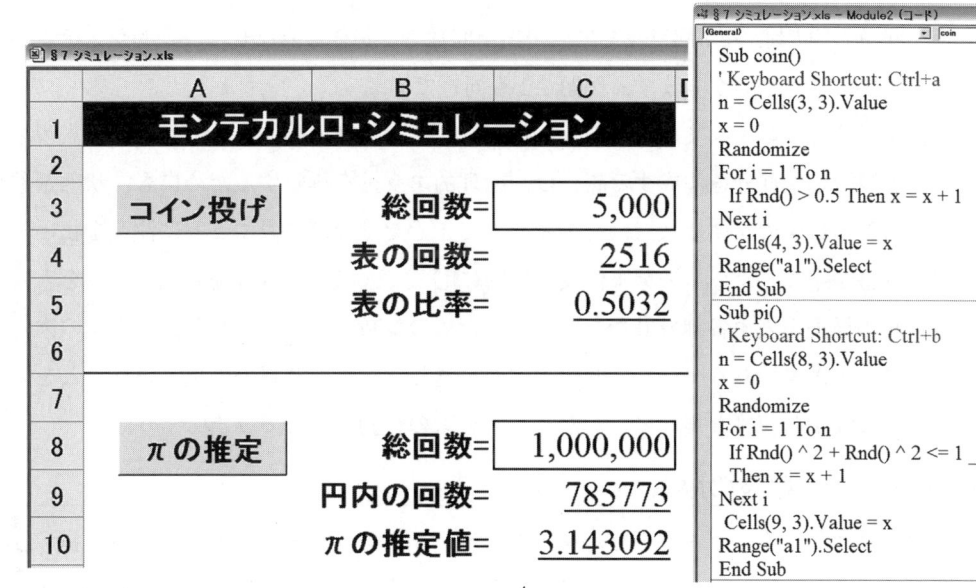

第 7 章　シミュレーションによる現象の表現　　237

	A	B	C
1	モンテカルロ・シミュレーション		
2			
3	コイン投げ	総回数=	5,000
4		表の回数=	2516
5		表の比率=	0.5032
6			
7			
8	πの推定	総回数=	1,000,000
9		円内の回数=	785773
10		πの推定値=	3.143092

```
Sub coin()
' Keyboard Shortcut: Ctrl+a
n = Cells(3, 3).Value
x = 0
Randomize
For i = 1 To n
  If Rnd() > 0.5 Then x = x + 1
Next i
 Cells(4, 3).Value = x
Range("a1").Select
End Sub

Sub pi()
' Keyboard Shortcut: Ctrl+b
n = Cells(8, 3).Value
x = 0
Randomize
For i = 1 To n
  If Rnd() ^ 2 + Rnd() ^ 2 <= 1 _
  Then x = x + 1
Next i
 Cells(9, 3).Value = x
Range("a1").Select
End Sub
```

コイン投げ：

i) シート上に次の準備をします．
　(1) A1:C1 にタイトル，B3:B5 に，条件設定や結果を出力するセル位置を示す説明を記入
　(2) C5 セルに，比率を表す数式 =C4/C3 を入力
　(3) C3 セルに，コインを投げる回数を入力
　(4) ＜フォーム＞のダイアログボックスからボタンフォームを選び図のように配置して，次の VBA マクロの起動に使います．

ii) VBA マクロ Sub coin() による計算処理
　(1) C3 セルの値：コイン投げ回数を変数 n に代入
　(2)「表」の回数を変数 x にカウントすることにして，その初期値を 0 にします．
　(3) 以下を n 回繰り返します．
　　・0-1 一様乱数 r を 1 つ発生させて，
　　→ $0.5 \leq r$ ならば「表」とみなし，x を 1 増やす
　(4) C4 セルに，「表」の回数 x の値を代入します．

円周率の推定：

i) シート上の準備
　(1) B8:B9 には，条件設定や出力結果のセル位置を示すため，図のように説明を記入
　(2) C10 セルに，比率を表す数式 =C9/C8 を入力
　(3) C8 セルに，点を打つ回数を入力
　(4) ＜フォーム＞のダイアログボックスからボタンフォームを選び図のように配置して，次の VBA マクロの起動に使います．

ii) VBA マクロ Sub pi() による計算処理
　(1) C8 セルの値：点を打つ回数を変数 n に代入
　(2) 1/4 円の内側に落ちる回数を変数 x にカウントするとして，その初期値を 0 にします．
　(3) 以下を n 回繰り返します．
　　・0-1 一様乱数 r, s を 2 つ発生させて，
　　→ $r^2 + s^2 \leq 1$ なら円内側とみなし，x を 1 増やす
　(4) C9 セルに，円の内側の回数 x の値を代入します．

図 7.2　VBA によるモンテカルロ・シミュレーション

A.1.2　状態遷移の表現をともなうモンテカルロ・シミュレーション

　乱数を発生させて現象を表現するというモンテカルロ法の定式化は，上記 2 つの簡単な例題を通して，よく理解されたと思います．さらに，これを**動的システムの状態表現**として理解することができれば，シミュレーション・モデルの意味が，より明確になるはずです．

　動的なシステムとは，時間経過のなかで行動が表現されるシステムのことです．それを表現する決め手になる手段が**状態表現**です．まず，システムの**状態**を表す変数を選び，その状態の時間的な移り変わり，つまり**状態遷移**の規則を表現する方法です．この規則によって現れされたモデルを**状態遷移システム**のモデルと言います．例えば，例題 7.1 のシミュレーションでは，コイン

投げの繰り返し回数 i を時刻，第 i 回目までに表が出た回数 x を状態とみなせば，動的システムの状態表現となっていることがわかります．例題 7.2 も同様です．

　このように，モンテカルロ・シミュレーションは，必ず，ある種の動的システムの状態表現を与えます．状態表現の基本部分を作成する際には，論理的エラーを排除するためにも，状態遷移の規則表現に本質的な最少の状態変数だけを選んで，できるだけ簡潔に表すことに注意を払います．状態表現の骨格が完成したら，モデル作成の目的に応じて，システム行動の途中経過を表す変数や，また変化の様子を表す各種統計量を取り出すための変数を組み込むなど，モデルの肉付けは自由にできます．次に，あるゲームに関する例題を通じて，状態遷移の表現ということを意識して，これまでより少し複雑な規則にしたがうシステムの行動を表してみましょう．

例題 7.3：硬式テニス競技の勝敗

　硬式テニスは，コート上でボールを打ち合って (ラリーして) 勝敗を競うゲームです．試合中のラリーには，打つ順番，打つときの位置，相手打球を打ち返すまでのボールのバウンド回数，ボールを入れる場所に決まりがあり，これを 1 つでも外してしまうとエラーとして失点，その時点で相手側に 1 ポイントが与えられます．

　このポイントを積み上げてゲームが，ゲームを積み上げてセットがとれます．先に決められたセット数をとった方が勝ち (マッチをとる) という仕組みです．

- ゲーム：双方 0 ポイントから始め，先に，相手に 2 ポイント以上の差をつけて，4 ポイント以上とった方が，その 1 ゲームをとります．
- セット：双方 0 ゲームから始めて，先に，相手に 2 ゲーム以上の差をつけて，6 ゲーム以上とった方が，その 1 セットをとります．※1)
- マッチ：1 セット戦では 1 セットを，3 セット戦では 2 セットを，5 セット戦では 3 セットを，それぞれ，先にとった方がその時点で勝者となります．

　ここで，各ポイントは，ある一定の確率で一様ランダムにプレーヤー A, B が奪い合うものと仮定します．※2) この条件下で，繰り返し試合をするとして，両者の勝敗がどのようになるかを，モンテカルロ・シミュレーションの方法によって表してみましょう．

※1) 最近では，6 ゲームオールになったとき，2 ポイント以上差をつけて 7 ポイント以上を先に取った方にセットを与える，タイブレーク方式を採用するのが主流ですが，上に示したのが本来のルールです．
※2) この仮定をおくことにより，単純なモデルになります．ただし，それまでの試合経過やポイントの優劣が，プレーヤーに及ぼす心理的な影響などは，完全に無視していることになります．

(1) ワークシートの設計

　Excel VBA によるシミュレータでは，通常，入出力インターフェースにワークシートを用います．まず，例題に要求される設定条件の入力と，実験結果の統計量出力が見やすくなるよう注意して，ワークシートを設計します．入力と出力を決めることで，変換処理の概ねの流れについても，イメージしやすくなります．

第7章　シミュレーションによる現象の表現

操作手順の設計

1) シミュレーション条件として，乱数発生繰り返し回数 (つまり，ポイント総数) と，プレーヤー A のポイント取得率をそれぞれ E3，E5 セルに設定して，

2) [Play 開始] のボタンフォームをクリックしたら実験を開始，

3) 実験結果は，1, 3, 5 セットマッチ各々の種類別に，C9:E12 の範囲に出力されるようにします．

図 7.3　テニス勝敗シミュレータのワークシート設計

(2) 状態変数の導入

テニスの例に限らず，最終的に勝敗を決めるタイプのゲームであるならば，必ず，ルールのなかにゲームの状態表現の仕方が表されているはずです．勝ち状態 (Winning State) と，それに至る状態遷移規則が定められていなければ，ゲームとして成り立たないからです．ゲームのシミュレーター作成は，その規則をコンピュータ・プログラムの形に表現しなおす作業と言えます．

テニスの 3 セットマッチで A, B が対戦する場合，途中のスコアを＜ 1st:6-2, 2nd:2-4 (30-15) ＞などと表します．最後の 30-15 は，今やっているゲーム内で獲得したポイントが 2 対 1 であることを表します (ゲーム内の 0,1,2,3 ポイント目を，それぞれ 0,15,30,40 と数えるのが慣わしです)．これは，第 1 セットはゲーム数 6 対 2 で A が取り，第 2 セットはゲーム数 2 対 4 で B がリード，第 2 セットの第 7 ゲームは，ポイント 2 対 1 で A がリードしていることを表します．

これと同等の表現をプログラム上で行うために，次のような状態変数を導入します．
まず，プレーヤー A, B を値 i=0, 1 で表すことにして，今プレー中の

- ゲーム内のポイント (得点)：$WinP(i) = 0, 1, 2, 3, \cdots$
- セット内のゲーム数：$Games(i) = 0, 1, 2, 3, 4, 5, 6, \cdots$

さらに，1, 3, 5 セット・マッチ (戦) の種類を数値 j=0, 1, 2 で区分して，

- マッチ内のセット数：$Sets(j,i) = 0, 1, 2, 3$
- 今までの総勝ち数：$Maches(j,i) = 0, 1, 2, 3, \cdots$

また，シミュレーションの繰り返し回数，つまりは乱数発生回数を

- これまでの総ポイント数：$Points(i) = 0, 1, 2, 3, \cdots$

によって表すことにします．

(3) 状態遷移の表現

ルールに定められた状態遷移の規則を，プログラムによって表します．以下に，VBA ソースコードと，その論理の流れを表すフローチャートを示しておきます．

◇ Sub プロシージャ Tennis() のソースコード

```
Sub Tennis()
Dim Pr As Double
Dim i, j, win, los As Integer
Dim WinP(1), Games(1), Sets(2, 1) As Integer
Dim n, LastP, Points(1), matches(2, 1) As Long
  LastP=Cells(3, 5).Value
  Pr=Cells(5, 5).Value
  For i=0 To 1
    WinP(i)=0: Games(i)=0: Points(i)=0
    For j=0 To 2
      matches(j, i)=0: Sets(j, i)=0
    Next j
  Next i
  n=0
  Randomize
  Do While (n < LastP)
    n=n+1
    If Rnd() < Pr Then win=0 Else win=1
    los=1-win
    Points(win)=Points(win)+1
    WinP(win)=WinP(win)+1
    If WinP(win)>= 4 And WinP(win)>=WinP(los)+2 Then
      Games(win)=Games(win)+1
      WinP(0)=0: WinP(1)=0
      If Games(win)>=6 And Games(win)>=Games(los)+2 Then
        Games(0)=0: Games(1)=0
        For j=0 To 2
          Sets(j, win) =Sets(j, win)+1
          If Sets(j, win)=j+1 Then
            matches(j, win)=matches(j, win)+1
            Sets(j, 0)=0: Sets(j, 1)=0
          End If
        Next j
      End If
    End If
  Loop
  For j = 0 To 2
    Cells(9+j, 3).Value=matches(j, 0): Cells(9+j, 4).Value=matches(j, 1)
    Cells(9+j, 5).Value=matches(j, 0) / (matches(j, 0)+matches(j, 1))
  Next j
  Cells(12, 3).Value=Points(0): Cells(12, 4).Value=Points(1)
  Cells(12, 5).Value=Points(0) / (Points(0)+Points(1))
End Sub
```

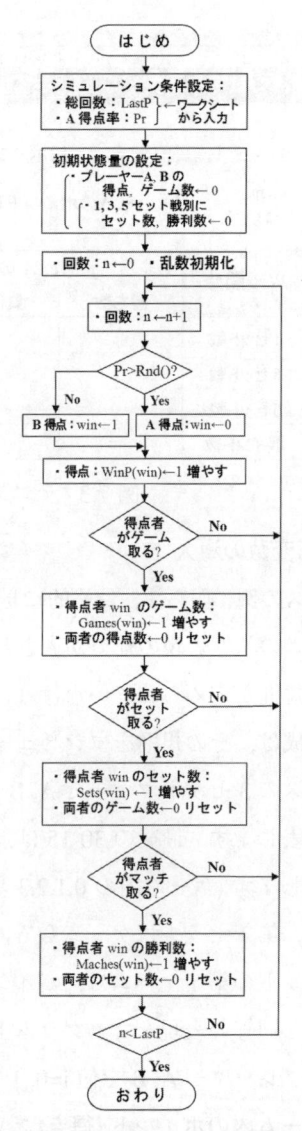

図 7.4 シミュレータのフロー

(4) シミュレーションの実行

1) シミュレーション条件を入力します.

右の例では,得点率を 55 対 45 として,現実には,とてもできない 1000 万ポイント分のゲームをしてみました.

2) 上記 VBA を起動するための [Play 開始] ボタン・フォームをクリックして実行.

実験結果を見ると,ポイント取得率のわずかな差が,勝敗に大きな差となって現れる様子が,よくわかります.

Play 開始	player A の B に対する		
	勝ち数	負け数	勝率
1セット戦	131,113	28,430	82.18%
3セット戦	63,754	5,837	91.61%
5セット戦	42,826	1,878	95.80%
ポイント数	5,501,637	4,498,363	55.02%

総ポイント数= 10,000,000
A のポイント取得率= 55.00%

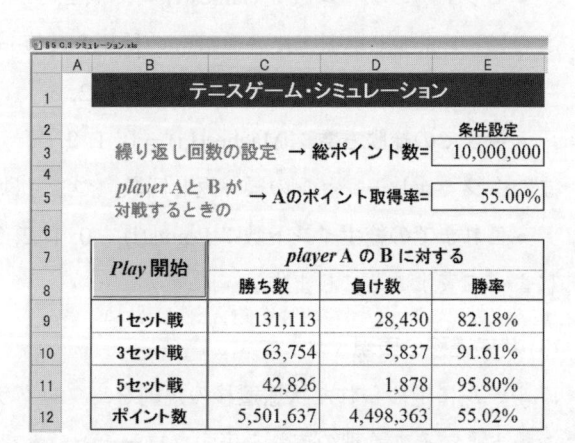

図 7.5 シミュレーション実行結果

A.2 離散事象系シミュレーション

離散事象系とは，対象とするシステムの状態変化が，実数時間軸の上で離散的(飛び飛び)に発生する出来事(事象)の連鎖によって引き起こされる，動的なシステムモデルのことです．典型的には，第5章で紹介した待ち行列現象のモデルは，離散事象系として捉えることができます．このモデル化の考え方を基礎とするコンピュータシミュレーションのことを，**離散系シミュレーション**，ないしは**離散事象系シミュレーション**(Discrete Event System Simulation) と呼びます．

離散事象系シミュレーションは，様々な待ち行列現象，具体的には，電車の改札口，銀行や病院の待合室，工場内の生産在庫，商品の流通過程における在庫システム，その他様々な物流システムの動態を記述するのに非常に優れた技法です．この技法を使うために，1960年代からGPSS，SIMSCRIPT，SIMULAなど，待ち行列を典型的な対象とする，システム記述言語が開発されてきました．しかし，離散事象系シミュレーションを行うには，必ずしもこれら専用言語を用いる必要はありません．C言語やPASCAL，BASICなど汎用の言語で，離散系シミュレーションプログラムを作成することも可能です．この場合には，動的システムの状態遷移規則をプログラムに直接組み込んで行く必要がありますので，その分手間はがかかりますが，統計量の取り出しや実験結果の表現の仕方など，目的に応じた柔軟な記述ができるという利点があります．ここでは，Excel VBAを用いた離散事象系シミュレーションの作成方法について解説します．

A.2.1 離散事象シミュレーションにおける状態遷移規則の表現方法

モンテカルロ・シミュレーションは，乱数発生の繰り返し回数を時間とみなせば，ある種の動的システムの状態表現を与えると説明しました．離散事象系シミュレーションの対象も動的システムであるという点は変わりません．また，モデルは状態表現，つまり何らかの状態変数を捉えて状態遷移の規則を表され，乱数を発生させることで状態が遷移するように作られることも同じです．両者の違いは，まず時間概念の捉え方にあります．離散事象系シミュレーションが捉える時間は，一般には，乱数の発生回数ではなく，実数直線上に表される実時間です．

離散事象系の特色は，系の上で繰り返し起こり，かつ状態変化の原因となりうるような出来事を「事象」として認識する点にあります．状態遷移は「事象」の発生を原因として起こります．

時刻 t で事象 e が発生すると，その時点のシステムの状態，つまり状態変数 s の値によって，

1) システムの状態は，$s' = \varphi(s,e)$ に遷移し，(s,e) の値によっては，事象の生成規則にしたがって，ある事象 e' が，
2) 時刻 $t' = t + \eta(r)$ に発生することが決まります．

ここで，1) の $\varphi(s,e)$ は状態遷移の規則を表しています．また，2) の $\eta(r)$ は乱数 r 発生によって求められる事象発生時間間隔の計算式を表します．

表 7.1 事象表

No.	発生時刻	事象の種類
1	5.25 分	事象 2
2	3.53 分	事象 3
⋮	⋮	⋮
Fin	4.87 分	事象 1

事象の作成および発生は，表7.1のような**事象表**と呼ばれるタイム・テーブルによって管理されます．**事象の発生**とは，プログラム処理上，ここに登録されているなかで，最も早い時刻に発生する事象(最早事象)e を選び，e が発生することによる状態遷移の処理，および事象表のアップデート処理，つまり，発生させた事象 e の登録データを抹消し，必要ならば次に述べる事象の作成を行うことです．**事象の作成**とは，発生する事象の種類 e' と発生時刻 t'，その他，必要ならば事象発生の各種条件などを決定し，事象表に追加登録することです．

モンテカルロ・シミュレーションも，一組の乱数発生という単一の事象，その回数を時刻とみなせば，上の原理で動くモデルと言えます．ただし 2) は，回数 $t' = t + 1$ の形になります．一般の離散事象系では，状態を決めたら，状態変化を引き起こす出来事を事象と捉えます．また，事象の種類はいくつあってもかまいません．例を通じて，離散系シミュレーションによる状態表現の実際を見てみましょう．まずは，第 5 章で解説した待ち行列現象をとりあげます．

例 1) 待ち行列 M/M/c モデル
- **条件パラメータ：** シミュレーション時間，サーバー数，平均到着率，平均サービス率 など
- **状態変数：**
    S1) 実質待ち行列長さ：$que = 0, 1, 2, 3, \cdots$
    S2) サーバー ($k = 1, 2, \cdots, c$) 稼動状況：$Server(k) = 0$ 空き／1 稼動 とし，
- **事象の種類：**
    E1) 客の到着事象：系外から，サービスを受ける客が到着する
    E2) サービス終了事象：No. k サーバーでサービスが終了し，客が系外へ退去

の 2 種類の事象を認識することで，次のように行動の規則を定めます．
- **状態遷移の規則：**
    T1) 到着事象発生 → 次の到着事象作成
    ⇒ 空きサーバー $\begin{cases} \text{有り：No.}k \to Server(k) = 1：稼動 \& (\text{No.}k で) サービス終了事象作成 \\ \text{無し} \to que を 1 増やす \end{cases}$

    T2) (No.k サーバーで) サービス終了事象発生
    ⇒ 実質待ち行列 $\begin{cases} que > 0 \to que を 1 減らす \& (\text{No.}k で) サービス終了事象作成 \\ que = 0 \to Server(k) = 0：\text{No.}k サーバーを空きに \end{cases}$

※この規則には，状態変数の変化だけでなく，将来発生する「事象の作成」が含まれていることに注意してください．

- **事象表：** 次のようなタイム・テーブルを用いて事象を作成および発生させます．

Fin=登録データ数

No.	発生時刻	事象の種類	条件 1
1	5.25 分	サービス終了	サーバー 3
2	3.53 分	客の到着	—
⋮	⋮	⋮	⋮
Fin	8.46 分	サービス終了	サーバー 2

⇒ **事象発生：** 最早事象の選択
　　→ 状態遷移の処理
　　→ 事象表から抹消
⇐ **事象作成：** 事象の発生時刻を計算
　　→ 事象表に追加登録

図 7.6　待ち行列シミュレーション事象表の例

第7章　シミュレーションによる現象の表現

このように，事象の発生にともなって，状態変数の値が変化するだけでなく，事象表の内容も変化して行きます．この意味で，離散事象系モデルは，状態変数だけでなく事象表も含めて状態と捉える状態遷移システムと言えます．

M/M/c の例でもわかるように，同じ対象を見ていても，数式モデルとシミュレーションでは，現象を捉える角度が少し異なります．待ち行列理論の数式モデルは，主として，長い時間経過の後に達する系の平衡状態の特徴を捉えます．一方，シミュレーションでは，時間経過のなかで系がどのような行動をするのか，つまり，状態遷移や入出力に関する時間経過にともなう振る舞いを見て，系の特徴を捉えようとします．

この視点の趣旨が良くわかる例として，第4章で解説した在庫管理の問題を採り上げてみます．以下では，発注点方式を用いた在庫管理の状態表現を試みます．

例2) 発注点方式の在庫管理モデル

　条件パラメータ： シミュレーション時間，発注量，平均消費率，平均調達期間 など
- 状態変数：

　S1) 在庫量： $Stock = 0, 1, 2, 3, \cdots$ を状態量と捉えます．

　その他，系の行動を捉える各種統計量として，

　S2) 発注回数： $HacchuKaisu = 0, 1, 2, 3, \cdots$，　消費数： $ShouhiSu = 0, 1, 2, 3, \cdots$
　　　入庫回数： $NyukoKaisu = 0, 1, 2, 3, \cdots$，　在庫切れ回数： $SLoss = 0, 1, 2, 3, \cdots$

　なども，補助的な状態量として捉えます．

- 事象の種類：

　E1) 消費事象： 在庫から1単位分を取り出して消費する

　E2) 発注・入庫事象： 定められた発注量が発注され，調達期間を経て，入庫される

　の2種類の事象を認識することで，次のように行動の規則を表します．

- 状態遷移の規則：

　T1) 消費事象発生 ⇒ 次の消費事象作成
　　　⇒　If (在庫量 $Stock > 0$)　$then$　在庫量を1減らす ($Stock \leftarrow Stock - 1$)
　　　　　　　　　　　　　　　　　　　$else$　在庫切れ回数を1増やす ($SLoss \leftarrow SLoss + 1$)
　　　⇒　If (在庫量 = 発注点)　$then$　発注・入庫事象を作成

　T2) 発注・在庫事象発生 ⇒ 入庫：在庫量を発注量分だけ増やす

- 事象表：右のような事象表を用意します．

複数種の商品の在庫を同時に扱うモデルに発展させる場合は，状態変数を配列で表すとともに，事象も商品種に対応させるため，事象表を1列増やして，商品種をパラメータとして登録できるようにしておきます．

Fin=登録データ数

No.	発生時刻	事象の種類
1	25.3分	発注・入庫
︙	︙	︙
Fin	3.2分	消費

図7.7　在庫シミュレーションと事象表の例

A.2.2 乱数による事象発生時刻の計算：逆関数法

離散事象系は，ある事象 A の発生が別の事象 B を引き起こすという原理で動く，事象駆動システムです．事象 A の発生時点 t で，事象 B の発生時刻 t' を事象表に登録することになります．ここで，t からの時間間隔 s が計算できれば，$t' = t + s$ を得ることができます．

時間間隔 s が，ある分布関数 F の確率分布に従うことが分かっているとします．このとき，次の逆関数法の原理により，一様乱数を用いて，この分布に従う乱数 s を得ることができます．

逆関数法の原理：分布関数 F の確率分布に従う乱数を作成

> F は分布関数，あるいは分布関数の定義域を実数のある区間に制限した関数で，逆関数 F^{-1} をもつとします．このとき，$[0,1]$ の一様分布に従う確率変数 U を用いて，$S = F^{-1}(U)$ とおけば，
> $$P(S \leq t) = P(F^{-1}(U) \leq t) = P(U \leq F(t)) = F(t) \tag{7.1}$$
> が成り立ちます．よって，S は，分布関数 F の確率分布に従う確率変数となります．

この原理により，逆関数をもつ分布関数 F で表される確率分布については，$[0,1]$ の一様乱数 u を発生させて，$s = F^{-1}(u)$ なる変換をほどこすことで，その確率分布の乱数を作ることができます．以下，待ち行列 M/M/c のシミュレーションで用いる，指数分布乱数の例で見てみましょう．

◇ 指数分布に従う乱数の作成

第 5 章で見たように，平均値 λ の指数分布の分布関数は，$F(t) = 1 - e^{-\lambda t}$ $(x \geq 0)$ と表されます．よって，$e^{-\lambda t} = 1 - F(t)$ ゆえ，両辺とも自然対数をとると，

$t = -\ln(1 - F(t))/\lambda$ となります．

以上より，F の逆関数は，
$$F^{-1}(x) = -\ln(1-x)/\lambda \tag{7.2}$$
となることがわかります．

逆関数法により，x に一様乱数を入れて，目的の乱数作ります．
r を $[0,1]$ の一様乱数とすれば，$u = 1 - r$ も同様の一様乱数ですから，
$$s = F^{-1}(u) = -\ln(r)/\lambda \tag{7.3}$$
によって，平均値 λ の指数分布をなす乱数 s を作ることができます．

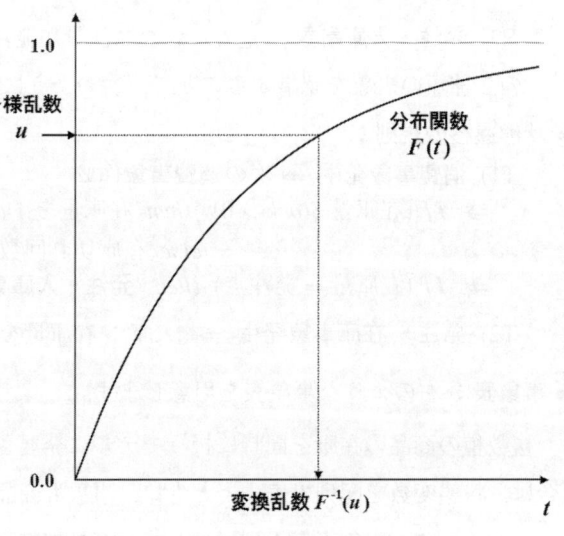

図 7.8 在指数分布乱数の作成

以上で，離散事象系シミュレーションモデル作成の準備はすべて整いました．**Part C** の **C.3** では，例 2 の状態表現にしたがう在庫管理シミュレータを，Excel VBA を用いて実現してみます．

Part C EXCELによる解法

C.1 VBAによる在庫問題の離散系シミュレーション

ここでは，第4章で解説した在庫問題のうち，発注点方式の在庫管理を例にとって，離散系シミュレーションによる表現を試みます．言語は，Excel VBA を用います．

◇ ワークシートの設計

まず，シミュレーション条件の設定など入力する項目と，実験結果に関する出力項目を想定して，次のようにワークシートを設計します．ワークシート左上部のセル範囲に各種パラメータを

図7.9 VBAによる離散系シミュレーション入出力画面

入力，シミュレーション実行の条件を設定します．発注点方式を想定していますので，まずは，1回当りの発注量と発注点を決めます．1単位を消費する時間間隔については，何らかの確率分布を仮定します．コンボ・ボックスフォームで，指数分布と正規分布(および一定間隔)を選べるようにしました．分布の種類が決まったら，平均値や標準偏差など，分布の母数を設定します．調達期間については，正規分布を仮定できるようにします．こちらについても，平均値と標準偏差を設定します．最後にシミュレーション時間を決めて，設定完了です．

条件設定範囲のすぐ下に用意した，[実験 Start] ボタン・フォームをクリックして，シミュレーションを開始できるようにします．操作上の簡便さを考慮して，前回の実験結果や条件設定をクリアするためのボタン・フォームも用意しておきます．なお，シミュレーションの進捗を表すタイマーを，スクロールバー・フォームによって表現します．また，これら下には，実行の結果得られる各種統計量の実験値を出力するためのセル範囲を用意します．設定された条件から直ちにわかる理論値，すなわち長い時間経過の後，系が平衡状態に達したときの統計量については，事前に Excel の表計算で求めて，実験値と並べて表示しておきます．

ワークシートの右側には，実験によって観測されるシステムの状態遷移の履歴，つまり，消費・発注・入庫といった事象の発生状況と，在庫量の時間的な推移を表に記録して行きます．また，在庫量の推移をグラフ表示するためのボタン・フォームを用意しておきます．

◇ プログラミングの論理と VBA ソースコード

プログラム全体の論理の流れと，そこで用いる主な変数を以下に示します．

使用する主な変数

条件パラメータ変数
- Integer 型の変数
  DistMode：消費時間間隔の分布タイプ
- Double 型
  EndTime：終了時刻
  SpanAv：消費時間間隔の平均
  SpanStd：消費時間間隔の標準偏差
  HacchuRyou：一回当り発注量
  HacchuTen：発注点在庫量
  ChotatuAv：調達期間の平均
  ChotatuStd：調達期間の標準偏差

状態変数
- Double 型
  Zaiko：在庫量
  SLoss：在庫切れ回数

補助的な状態変数
- Byte 型
  EventNum：事象番号
- Double 型
  NowTime：現在時刻
  PreTime：前回事象発生時刻
  span：事象発生時間間隔
  ChotatuKikan：調達期間
  ZaikoMax：在庫量最大値
  ZaikoMin：在庫量最小値
  accum：在庫量*時間の累計
  ChotatuKikanSum：調達期間の合計
  LossTime：在庫切れ期間の累計
- Integer 型
  FinalRow：事象表への登録数
  OutRow：ワークシートへの出力行

統計量集計用変数
- Long 型
  ShouhiSu：消費数累計
  HacchuKaisu：発注回数
  NyukoKaisu：入庫回数

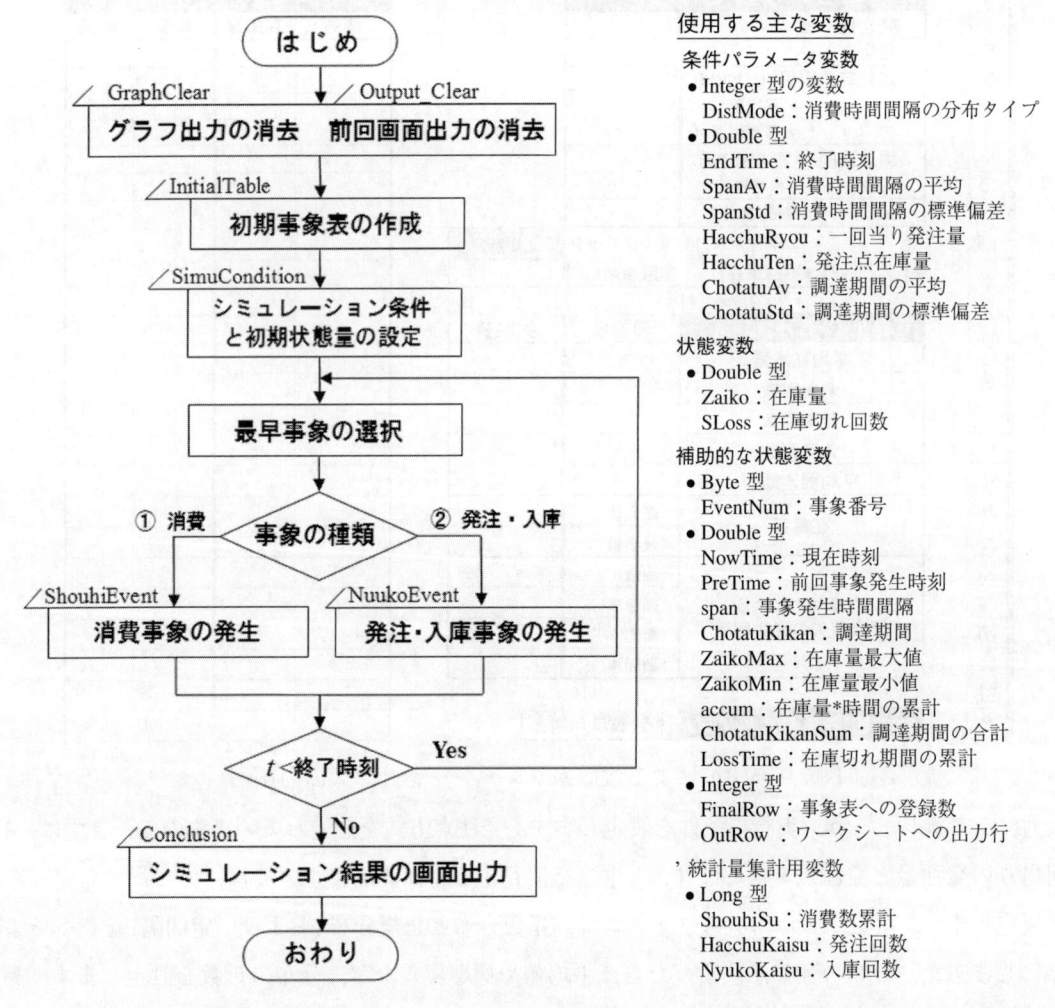

図 7.10 メインルーチン：Sub プロシージャ ZaikoSimulation()

消費事象と発注・入庫事象の発生は，それぞれ次の Sub プロシージャによって処理します．

第7章 シミュレーションによる現象の表現

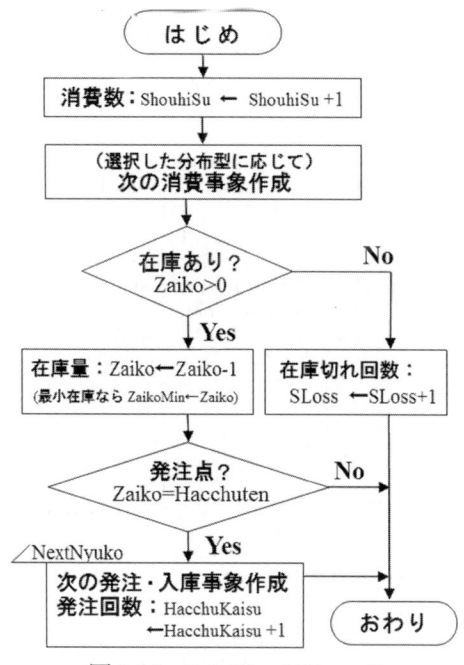

図 7.11　Sub ShouhiEvent()

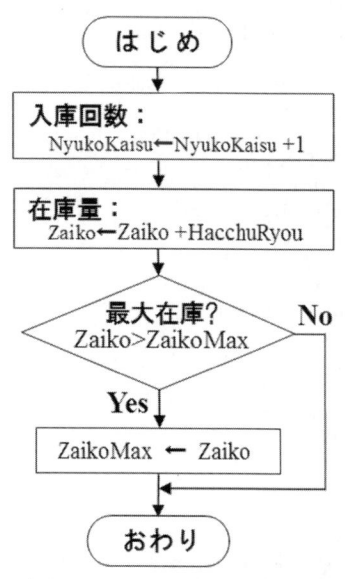

図 7.12　Sub NyukoEvent()

その他の処理を加えて実現した，在庫シミュレータの VBA ソース・コードを以下に示します．

VBA ソース・コード	解説
Option Explicit	定数と変数：explicit に宣言
' 事象表の型	ユーザ定義型：事象表の行
Public Type TableType	→ TableType 型
Time As Double	1) Time: 事象発生時刻
Event As Integer	2) Event: 事象の種類
End Type	
' 状態変数	システムの状態を表す変数
Public Table(5) As TableType	→ 事象表：最大行数は 5 行
Public Zaiko, SLoss As Double	→ 在庫量，在庫切れ回数
' 補助的な状態変数	システムの状態を補助的に表す変数
Public EventNum As Byte	→ 今発生した事象の種類を表す
Public NowTime, PreTime, span, ChotatuKikan As Double	→ 現在時刻，前回事象発生時刻，その間隔，調達期間
Public ZaikoMax, ZaikoMin, accum As Double	→ 最大在庫量，最小在庫量，在庫*時間の累計量
Public ChotatuKikanSum, LossTime As Double	→ 調達期間の合計，在庫切れ時間の累計量
Public FinalRow, OutRow As Integer	→ 事象表の意味ある記録がある最終行，出力行
' 条件変数	シミュレーション条件に関する変数
Public DistMode As Integer	→ 消費時間間隔の分布の種類
Public EndTime, SpanAv, SpanStd As Double	→ 終了時刻，消費時間間隔の平均と標準偏差
Public HacchuRyou, HacchuTen	→ 1 回当たり発注量，発注点
Public ChotatuAv, ChotatuStd As Double	→ 調達期間の平均と標準偏差
' 統計量集計用変数	統計量を集計するための変数
Public ShouhiSu, HacchuKaisu, NyukoKaisu As Long	→ 消費数合計，発注回数，入庫回数
' 初期状態とシミュレーション条件の設定	初期状態とシミュレーション条件の設定
Private Sub SimuCondition()	SimuCondition()
HacchuRyou = Cells(4, 3).Value	1 回当たり発注量 = C4 セル
HacchuTen = Cells(5, 3).Value	発注点：HacchuTen = C5 セル
SLoss = 0	在庫切れによる機会損失：SLoss = 0
DistMode = Cells(6, 3).Value	消費時間間隔の分布：DistMode = C6 セル
SpanAv = Cells(7, 3).Value	消費時間間隔の平均：SpanAv = C7 セル

```vba
      Select Case DistMode
        Case 1: Cells(8, 3).Value = SpanAv
        Case 2: SpanStd = Cells(8, 3).Value
        Case 3: Cells(8, 3).Value = 0
      End Select
      ChotatuAv = Cells(9, 3).Value
      ChotatuStd = Cells(10, 3).Value
      EndTime = Cells(11, 3).Value
      NowTime = 0
      PreTime = 0
      Zaiko = HacchuRyou
      ZaikoMax = Zaiko
      ZaikoMin = Zaiko
      accum = 0
      ChotatuKikanSum = 0
      ShouhiSu = 0
      HacchuKaisu = 0
      NyukoKaisu = 0
      LossTime = 0
      OutRow = 4
End Sub

' グラフの表示
Sub Graph()
    Application.ScreenUpdating = False
    ActiveWorkbook.Names.Add Name:="DataArea", _
      RefersToR1C1:=Range(Cells(5, 6), Cells(OutRow, 7))
    ActiveSheet.ChartObjects("グラフ 1").Activate
    ActiveChart.SetSourceData Source:= _
      Sheets("Sheet1").Range("DataArea"), PlotBy _
      :=xlColumns
    With ActiveChart.Axes(xlCategory)
       .MinimumScale = 0
       .MaximumScale = EndTime
    End With
    ActiveWindow.Visible = False
    ActiveSheet.ChartObjects("グラフ 1").Visible = True
End Sub

' グラフのクリア
Sub GraphClear()
    ActiveSheet.ChartObjects("グラフ 1").Visible = False
End Sub

' シミュレーション条件のクリア
Sub ClearCondition()
Application.ScreenUpdating = False
    Range("C4:C11").Select
    Selection.ClearContents
End Sub

' シミュレーション結果の表示クリア
Sub ClearOutput()
Application.ScreenUpdating = False
    Range("D16:D26").Select
    Selection.ClearContents
    Range(Cells(5, 6), Cells(OutRow, 9)).Select
    Selection.ClearContents
    GraphClear
End Sub

' 初期の事象表の作成
Private Sub InitialTable()
    Table(1).Time = 0
    Table(1).Event = 1
    FinalRow = 1
End Sub
```

Case 選択：分布の種類：DistMode により
 1. 指数分布: C8 セル = SpanAv
 2. 正規分布: SpanStd = C8 セル
 3. 一定: C8 セル = 0

調達期間の平均：ChotatuAv = C9 セル
調達期間の標準偏差：ChotatuStd = C10 セル
終了時刻：EndTime = C11
現在時刻：NowTime = 0
前回事象発生時刻：PreTime = 0
在庫量：Zaiko = HacchuRyou
在庫量最大値：ZaikoMax = Zaiko
在庫量最小値：ZaikoMin = Zaiko
在庫量*時間の累計量：accum = 0
調達期間の合計：ChotatuKikanSum = 0
消費数の合計：ShouhiSu = 0
発注回数：HacchuKaisu = 0
入庫回数：NyukoKaisu = 0
在庫切れ期間の累計：LossTime = 0
経過を出力するワークシート行：OutRow = 4

在庫推移グラフの表示
 Graph()
   この手続き処理中は画面表示をアップデートしない
   時刻ごとの在庫量が出力されたセル範囲に
    "DataArea"という名前を付ける
   在庫の時間推移グラフとして事前に作成してある
    チャートオブジェクト"グラフ 1"を
    Active な状態にする
   Active な Chart の元のデータ範囲を
    "DataArea"とする
   グラフの x 軸の目盛りを
    最小値 = 0
    最大値 = EndTime とする
   グラフの Window 表示はしない
   "グラフ 1"を表示する

グラフのクリア
GraphClear()
  "グラフ 1"を非表示にする

シミュレーション条件のクリア
ClearCondition()
  この手続き処理中は画面表示をアップデートしない
  条件の書かれた C4:C11 範囲を選択
  選択範囲の内容をクリア

シミュレーション結果の表示クリア
ClearOutput()
  この手続き処理中は画面表示をアップデートしない
  セル範囲 D16:D26 を選択
    選択範囲の内容をクリア
  セル範囲 F5:I 列 OutRow 行までを選択
    選択範囲の内容をクリア
  GraphClear を実行

初期の事象表の作成
InitialTable()
  事象表の 1 行 1 列目：Table(1).Time = 0
  事象表の 1 行 2 列目：Table(1).Event = 1 … 消費事象
  登録数：FinalRow = 1

第7章　シミュレーションによる現象の表現

```
' 最早事象を選び、これをテーブルから抹消
Private Sub EarliestEvent()
Dim i, Erow As Integer
  PreTime = NowTime
  NowTime = EndTime + 1
  For i = 1 To FinalRow
    If Table(i).Time < NowTime Then
      NowTime = Table(i).Time
      Erow = i
    End If
  Next i
  EventNum = Table(Erow).Event
  Table(Erow) = Table(FinalRow)
  FinalRow = FinalRow - 1
  Cells(14, 3).Value = NowTime
End Sub

' 在庫×時間 の集計
Private Sub accumlate()
Dim accspan As Double
  accspan = NowTime - PreTime
  accum = accum + accspan * Zaiko
End Sub

' 次の入庫事象を，事象表に追加
Private Sub NextNyuko()
  FinalRow = FinalRow + 1
  Table(FinalRow).Event = 2
  ChotatuKikan = ChotatuAv + ChotatuStd * Cells(13, 4).Value
  If ChotatuKikan < 0 Then ChotatuKikan = 0
  Table(FinalRow).Time = NowTime + ChotatuKikan
  HacchuKaisu = HacchuKaisu + 1
  ChotatuKikanSum = ChotatuKikanSum + ChotatuKikan
End Sub

' 消費事象によって起こる状態量変化
Private Sub ShouhiEvent()
  ShouhiSu = ShouhiSu + 1
  FinalRow = FinalRow + 1
  Table(FinalRow).Event = 1
  Select Case DistMode
    Case 1: span = -Log(Rnd()) * SpanAv
    Case 2: span = SpanAv + SpanStd * Cells(13, 4).Value
    Case 3: span = SpanAv
  End Select
  If span < 0 Then span = 0
  Table(FinalRow).Time = NowTime + span
  OutRow = OutRow + 1
  Cells(OutRow, 6).Value = NowTime
  If Zaiko > 0 Then
    Zaiko = Zaiko - 1
    Cells(OutRow, 8).Value = "↓"
    Cells(OutRow, 9).Value = -1
  Else
    SLoss = SLoss + 1
    LossTime = LossTime + NowTime - PreTime
    Cells(OutRow, 8).Value = "▼"
    Cells(OutRow, 9).Value = 0
  End If
  Cells(OutRow, 7).Value = Zaiko
  If Zaiko < ZaikoMin Then ZaikoMin = Zaiko
  If Zaiko = HacchuTen Then
    NextNyuko
    Cells(OutRow, 8).Value = "↓→発注"
  End If
End Sub
```

最早事象の探索
EarliestEvent()

　変数 i, Erow を Integer 型として宣言
　前回時刻：PreTime = NowTime
　現在時刻：NowTime = 終了時刻 + 1
　for ループ：i を 1 から FinalRow まで 1 ずつ増やして
　　If：事象表の第 i 登録行の時刻が
　　Table(i).Time < NowTime ならば
　　　現在時刻 = Table(i).Time
　　　最早事象行：Erow = i
　　If 末尾
　for ループ末尾
　事象番号：EventNum = Table(Erow).Event
　最早事象行：Table(Erow) =末尾行 Table(FinalRow)
　事象表末尾行：FinalRow を 1 減らす
　C14 セル = 現在時刻：NowTime

在庫×時間の累計計算
accumlate()

　変数 accspan を Double 型として宣言
　accspan = 現在時刻：NowTime - 前回時刻：PreTime
　accum に accspan * Zaiko を累計

入庫事象の作成
NextNyuko()

　事象表末尾行：FinalRow を 1 増やす
　末尾行の事象種を 2 … 発注・入庫事象
　調達期間：ChotatuKikan=平均値+標準偏差*正規乱数
　If 調達期間 < 0 ならば 0 とする
　末尾行の時刻 = 現在時刻 + 調達期間
　発注回数：HacchuKaisu を 1 増やす
　調達期間の合計：ChotatuKikanSum に調達期間を累計

消費事象の発生
ShouhiEvent()

　消費数：ShouhiSu を 1 増やす
　末尾行を 1 増やす
　末尾行の事象種を 1 … 消費事象
　Case 選択：消費時間間隔の確率分布により
　　1. 指数分布：span = -Log(Rnd()) * SpanAv
　　2. 正規分布：span = SpanAv + SpanStd * D13
　　3. 一定　：span = SpanAv

　If：span < 0 ならば span = 0
　末尾行の時刻：Table(FinalRow).Time = NowTime + span
　出力行：OutRow を 1 増やす
　F 列 OutRow 行セル = NowTime
　If：Zaiko > 0 ならば
　　在庫量：Zaiko を 1 減らす
　　H 列 OutRow 行セル = "↓"
　　I 列 OutRow 行セル = -1
　さもなくば
　　機会損失回数：SLoss を 1 増やす
　　在庫切れ期間を (NowTime - PreTime) 増やす
　　H 列 OutRow 行 = "▼"
　　I 列 OutRow 行 = 0
　If 末尾
　G 列 OutR 行セル = Zaiko
　If：在庫量 < 最小在庫量ならば最小在庫量 = Zaiko
　If：在庫量 = 発注点 ならば
　　発注・入庫事象作成：NextNyuko
　　H 列 OutRow 行セル = "↓→発注"
　If 末尾

' 発注・入庫事象によって起こる状態量変化
Private Sub NyukoEvent()
　　NyukoKaisu = NyukoKaisu + 1
　　Zaiko = Zaiko + HacchuRyou
　　OutRow = OutRow + 1
　　Cells(OutRow, 6).Value = NowTime
　　Cells(OutRow, 7).Value = Zaiko
　　Cells(OutRow, 8).Value = "←入庫"
　　Cells(OutRow, 9).Value = HacchuRyou
　　If Zaiko > ZaikoMax Then ZaikoMax = Zaiko
End Sub

' シミュレーション最終結果の出力
Private Sub Conclusion()
　　Dim x, accspan As Double
　　Dim k As Byte
　　accspan = NowTime
　　Cells(17, 4).Value = ShouhiSu
　　Cells(18, 4).Value = HacchuKaisu
　　Cells(19, 4).Value = NyukoKaisu
　　Cells(20, 4).Value = ChotatuKikanSum / HacchuKaisu
　　Cells(21, 4).Value = ZaikoMax
　　Cells(22, 4).Value = ZaikoMin
　　Cells(23, 4).Value = SLoss
　　Cells(24, 4).Value = SLoss / ShouhiSu
　　Cells(25, 4).Value = LossTime
　　Cells(26, 4).Value = LossTime / NowTime
　　Cells(16, 4).Value = accum / accspan
End Sub

' メインルーチン
Sub ZaikoSimulation()
　　Application.ScreenUpdating = True
　　GraphClear
　　InitialTable
　　SimuCondition
　　Randomize
　　Do While (NowTime <= EndTime)
　　　　EarliestEvent
　　　　accumlate
　　　　Select Case EventNum
　　　　　　Case 1: ShouhiEvent
　　　　　　Case 2: NyukoEvent
　　　　End Select
　　Loop
　　Conclusion
End Sub

発注・入庫事象の発生
NyukoEvent()
　入庫回数：NyukoKaisu を 1 増やす
　在庫：Zaiko を発注量：HacchuRyou 増やす
　出力行：OutRow を 1 増やす
　F 列 OutRow 行セル = NowTime
　G 列 OutRow 行セル = Zaiko
　H 列 OutRow 行セル = "←入庫"
　I 列 OutRow 行セル= HacchuRyou
　If：Zaiko > ZaikoMax ならば ZaikoMax = Zaiko

シミュレーション最終結果の出力
Conclusion()
　変数 x, accspan を Double 型として宣言
　変数 k を Byte 型として宣言
　accspan = NowTime
　D17 = 消費数累計：ShouhiSu
　D18 = 発注回数：HacchuKaisu
　D19 = 入庫回数：NyukoKaisu
　D20 = 調達期間累計 / 発注回数
　D21 = 最大在庫量
　D22 = 最小在庫量
　D23 = 在庫切れによる機会損失発生回数
　D24 = 在庫切れによる機会損失発生率
　D25 = 在庫切れによる機会損失発生時間
　D26 = 機会損失発生時間率
　D16 = 平均在庫量

メインルーチン
ZaikoSimulation()
　　この手続き処理中に画面表示をアップデートする
　グラフクリア：GraphClear
　初期の事象表作成：InitialTable
　シミュレーション条件設定：SimuCondition
　乱数初期化：Randomize
　Do ループ：NowTime <= EndTime である限り
　　最早事象の探索：EarliestEvent
　　累計計算実行：accumlate
　　Case 選択：事象の種類：EventNum により
　　　1. 消費事象作成：ShouhiEvent
　　　2. 発注・入庫事象作成：NyukoEvent

ループ末尾
最終結果の出力：Conclusion

◇ シミュレーションの実行と結果の確認

　「シミュレーション条件の設定」範囲に必要なデータを入力してから，「実験 Start」ボタンをクリックしてシミュレーションを実行します．実行中は，「結果　：事象発生と在庫量推移」の範囲に，状態の推移が発生時刻とともに記録されていきます．条件として設定した「シミュレーション時間 R(分)」が経過すると，シミュレーションを終了します．

　シミュレーションが終了したら，実行結果に関連する各種統計量と，事象発生の経過を示すすべてのデータが，ワークシート上に出力されます．

第7章　シミュレーションによる現象の表現

	A	B	C	D
1	離散系シミュレーション：発注点方式による在庫管理			
2				
3		シミュレーション条件の設定		
4		発注量/1回		200
5		発注点		15
6		消費時間間隔 t(分)の分布		指数分布
7		⇒ 平均値 μ		50.0
8		⇒ 分散 = μ		50.0
9		調達期間 ⇒ 平均値 T(分)		750.0
10		（正規分布）⇒ 標準偏差		120.0
11		シミュレーション時間 R(分)		100,000
12		※ 条件を入力して↓クリック		正規乱数
13	条件Clear	結果Clear	実験Start	1.77018
14		Timer ◀		▶
15		結果Ⅰ：各種統計量	理論値	実験値
16		平均在庫量	100.0	101.34
17		消費回数	2000.0	2026
18		発注回数	10.00	10
19		入庫回数	9.93	10
20		平均調達期間	750.0	730.50
21	在庫量	:最大値		208
22		:最小値		0
23	在庫切れによる機会損失の発生回数	:回数		16
24		:回数率(%)		0.79%
25		:期間(分)		579.37
26		:期間率(%)		0.58%

	F	G	H	I
	消費(↓) →発注 ←入庫 在庫切(▼)			
	結果Ⅱ：事象発生と在庫量推移			
	時刻	在庫量	事象	増減
	0.00	199	↓	-1
	140.30	198	↓	-1
	178.37	197	↓	-1
	295.56	196	↓	-1
	303.66	195	↓	-1

※ 消費，発注，入庫，在庫切れは以下のように出力されます．

	F	G	H	I
	38520.91	16	↓	-1
	38698.85	15	↓→発注	-1
	38770.45	14	↓	-1
	38780.64	13	↓	-1
	38826.60	12	↓	-1
	38832.09	11	↓	-1
	38946.01	10	↓	-1
	39074.42	9	↓	-1
	39132.91	8	↓	-1
	39188.74	7	↓	-1
	39217.79	6	↓	-1
	39235.47	5	↓	-1
	39253.67	4	↓	-1
	39275.91	3	↓	-1
	39313.91	2	↓	-1
	39333.14	1	↓	-1
	39338.46	0	↓	-1
	39346.07	0	▼	0
	39373.92	0	▼	0
	39428.16	0	▼	0
	39495.75	0	▼	0
	39532.22	200	←入庫	200
	39662.40	199	↓	-1

図7.13　在庫シミュレーションの実行結果

「グラフ表示」ボタンをクリックすると，在庫量の推移を表す折れ線グラフが現れます．

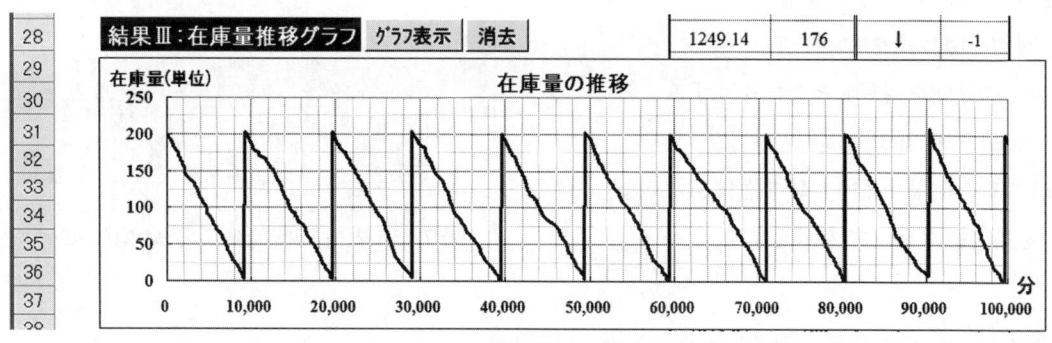

図7.14　シミュレーション実行結果：在庫の推移を表すグラフ

工場の生産システムや，製品の物流過程だけでなく，経営の現場には，離散系シミュレーションによって表現できる様々な現象が存在しています．問題の対象が，離散系シミュレーションモデルによって表され，実験によってその動的な性質を明らかにすることができるとすれば，経営管理の役に立たないはずはありません．この意味で，この技法は，少なくとも統計的手法などと

同じくらいに，経営の現場で活用されてしかるべきと思われます．しかし実際には，その利用頻度はさほど高くないというのが実情でしょう．決して高度な数学など使っている訳ではないのですが，論理的に少し難しいと感じられるせいかもしれません．

離散系シミュレーションを「芋づる式モデル」と呼んだ人がいます．事象が事象を駆動する仕組みが，芋づる式と映ったようです．考えてみれば，実に単純で素直な論理です．だからこそ，論理的に動作する対象の行動を自然な形で表現できるのだと思います．この技法の存在を知り，少しでも興味をもって下さる方が現れれば，本章を書いた意義があると考えています．

演習問題

問1 在庫シミュレーションの説明

本節で示した VBA による在庫シミュレーションについて，以下の点を説明しなさい．

1) Sub プロシージャ EarliestEvent() の処理手順を，フローチャートで示しなさい．
2) Sub プロシージャ NextNyuko() による，状態量と事象表の推移規則について解説しなさい．

問2 Excel 表計算機能による M/M/1 モデル

VBA マクロ機能を用いずに，Excel の表計算機能のみを用いて M/M/1 モデルを実現しなさい．ただし，以下の条件を守って下さい．

1) 右図に示すような入力の設定と出力が得られるようにワークシートを設計して，
2) 9 行目と 10 行目の網掛け部分のセル範囲に適切な関数式を書いて，
3) この範囲を複写元として複写することで，シミュレーションを実行します．
4) 実行の結果，系内人数の推移がどうなったかを折れ線グラフで表示します．

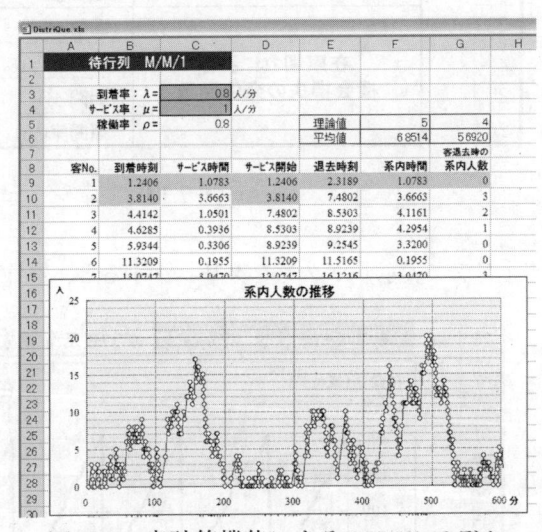

図 7.15 表計算機能による M/M/1 モデル

問3 M/M/c の離散系シミュレーション

第 5 章で解説した待ち行列現象 M/M/c を，Excel VBA による離散系シミュレーションで表現しなさい．ただし，次の条件を満たすようにします．

1) 次図のようにワークシートを設計します．必要な条件を設定をして，「実験開始」ボタン・フォームをクリックして実行できるようにします．

2) 実行結果については，図に示すような各種統計量とともに，待ち行列長さ，およびサーバーの稼動状況については，すべて出力すること．

	A	B	C	D	E	F	G	H	I	J	K
1		M/M/c 離散系シミュレーション									
2							●:稼動 -:空き				
3		シミュレーション条件の設定					結果Ⅱ：サーバー稼動状況				
4		サーバー数 c	4			時刻	待ち	1	2	3	4
5		到着率 λ(人/分)	2.4000			0	0	-	-	-	-
6		サービス率 μ(人/分)	0.8000			500	0	●	●	●	-
7		終了時刻 T	11000.0			1000	4	●	●	●	●
8		サンプリング間隔 S	500.0			1500	0	●	●	●	●
9		集計開始時刻 R	1000.0			2000	2	●	●	●	●
10			※ 条件を入力して↓クリック			2500	0	●	●	●	●
11		条件Clear 結果Clear	実験開始			3000	0	●	●	●	●
12						3500	0	●	●	●	●
13		結果Ⅰ：各種統計量	期待値	実験値		4000	0	●	-	●	●
14		サーバー稼働率 ρ	0.7500	0.7500		4500	0	●	-	●	●
15		系内人数 L	4.5283	4.4990		5000	5	●	●	●	●
16		実質待ち行列長 L_q	1.5283	1.4991		5500	0	●	-	●	●
17		系内滞在時間 W	1.8868	1.9035		6000	0	-	●	●	●
18		実質待ち時間 W_q	0.6368	0.6476		6500	1	●	●	●	●
19		到着客数 N	26400.0	26318		7000	0	-	●	●	●
20		最大実質待ち行列		25		7500	0	●	●	●	●
21		最大実質待ち時間		8.566		8000	2	●	●	●	●
22		最大滞在時間		15.283		8500	8	●	●	●	●
23		サーバー稼働率		0.750		9000	0	●	●	-	●
24		サーバー 1		0.842		9500	0	●	-	-	●
25		サーバー 2		0.789		10000	0	●	●	●	-
26		サーバー 3		0.724		10500	0	●	●	●	●
27		サーバー 4		0.644		11000	2	●	●	●	●

図 7.16　Excel VBA による M/M/c 離散系シミュレーション

参考文献

1. 森雅夫, 森戸晋, 鈴木久敏, 山本芳嗣著,「オペレーションズリサーチ II」, 朝倉書店, 1989

2. 大成幹彦 著,「シミュレーション工学」, オーム社, 1993

3. 木嶋恭一, 出口弘 編, 高津信三, 高井徹雄他著,「システム知の探求 1」, 日科技連, 1997

4. 依田浩 著,「技術者の OR 入門」, 朝倉書店, 1967

第8章
Excelの基礎

この章は，経営科学の理論を実践するために必要なコンピュータ・リテラシーを身に付けていただくことを狙いとしています．他章で解説した経営科学の理論と手法を現実の問題に適用する際には，データを表形式に整理して，解析的な計算や統計的な処理を施したり，また処理した結果をグラフに表現するなどは，自在にできるようになっておく必要があります．

こうした処理をパーソナル・コンピュータ上で，簡便に行なうための素養として，最もポピュラーな表計算ソフト，Excelの基本的な使用方法を学ぶことにします．

8.1 Excelの起動と終了

8.1.1 起動方法

1) 画面左下の[スタート]をクリック → [すべてのプログラム]をポイント

※ ポイント：マウスポインタの先を合わせてとめる操作．この場合は[すべてのプログラム]に合わせてとめる

2) 表示されるプログラム一覧から[Microsoft Excel]をクリック

※ デスクトップ上にExcel起動用のアイコンが表示されている場合は，それをダブルクリックして起動します．また，Windows上のタスクバー上にアイコンが置いてあれば，ワンクリックで起動します(クイック起動)．

8.1.2 終了方法

1) 画面右上隅(タイトルバーの右端)にある
   [閉じる]ボタンをクリック，または，
2) メニューバーの[ファイル]をクリック
   →[終了]をクリック

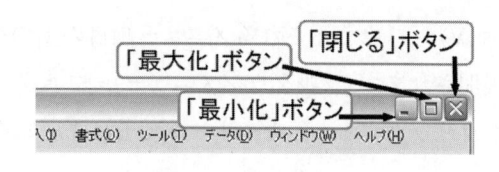

図 8.1 閉じるボタン

※ 図の[最大化]ボタンは，Excelのウィンドウを全画面表示にします．[最小化]ボタンは，作業中のファイルであることを示すExcelアイコンをWindowsのタスクバー上に残して，Excelのウィンドウを非表示にします．

練習1　Excelを起動して終了する操作を繰り返してみましょう．また，[閉じる]ボタンをポイントして，しばらくすると(1秒後くらい)ボタンの名前が表示されることを確認しなさい．

練習2　タイトルバーの[閉じる]ボタンをクリックする以外のExcelの終了方法を探しなさい．

※ ヒント：メニューバーの[ファイル]をクリックしてみましょう．また，Excelのウィンドウの一番上の枠の部分つまりタイトルバーの左端にあるExcelのマークをクリックしてみましょう．

8.2 Excelの画面に関する用語を覚えましょう

Excelを起動して画面を見ながら確認してください．上から，[タイトルバー]，[メニューバー]，[ツールバー] が表示されているはずです．

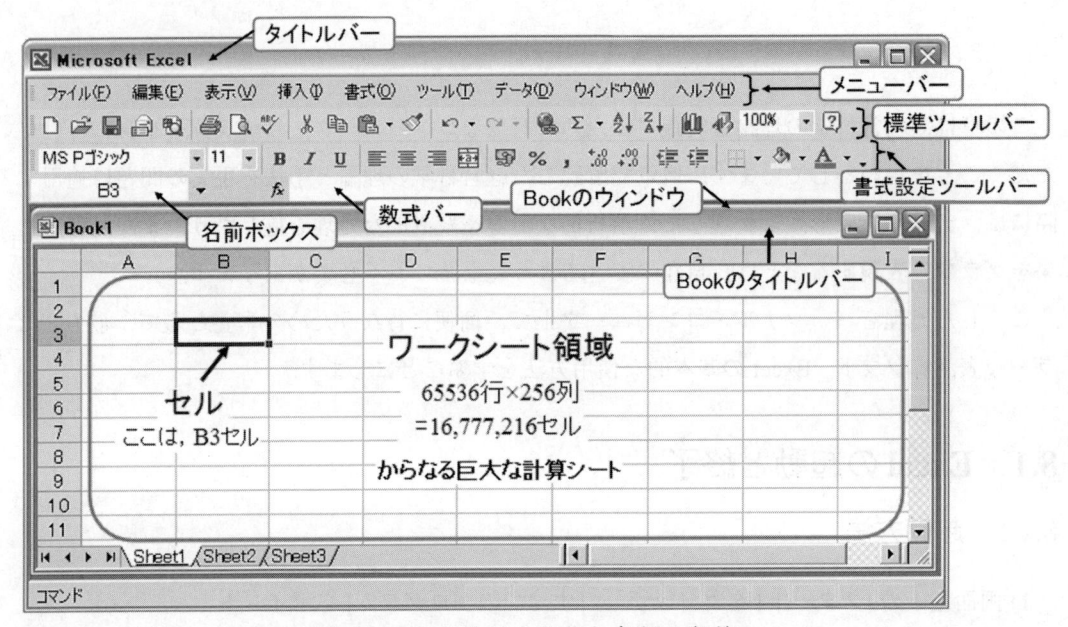

図 8.2　Excel ウィンドウと各部の名前

● タイトルバー：

Excel ウィンドウの第 1 行目．ウィンドウが最大化されていないときは，ここをクリックしたままドラッグするとウィンドウが移動します．Book のウィンドウでも同様．

● メニューバー：

Excel のマークと最も基本的な操作メニューが表示されている 1 行．[ファイル(F) 編集(E) 表示(V) …] と表示されるメニュー項目の 1 つをクリックすると，次の段階のメニューが縦方向に展開されます (プルダウンメニュー)．プルダウン表示を解除するには，メニュー領域以外の場所をクリックするか，キーボードで Esc キーを押す．

● ツールバー：

ツールバーには，ワンクリックで機能する様々なボタンが並んでいます．各ボタンをポイントするとボタンの名前が表示されます．

ツールバーに表示しきれずに一部のボタンが隠れていることもあります．[ツールバーオプション] ボタンをクリックすると，隠れていたボタンは，右図のようにプルダウン表示されます．

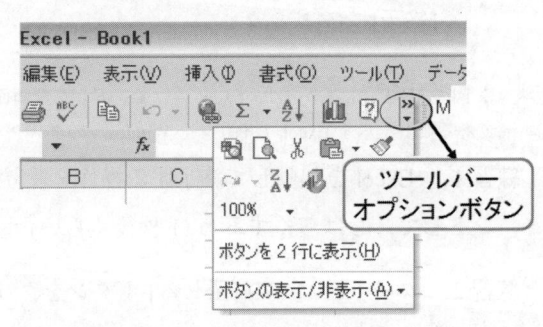

図 8.3　[ツールバーオプション] ボタン

8.2.1 ツールバーが画面上に見えなくなったときや，移動させたいとき

ツールバーにはいろいろな種類がありますが，起動時に表示されるのは，通常は，[標準] ツールバーと [書式設定] ツールバーです．この 2 つのツールバーに配置されているボタンは使用頻度の高いものですから，含まれているボタンの機能を学ぶことから始めるとよいでしょう．

また，操作になれないうちは，意図しないクリックやドラッグによってツールバーの表示が崩れることがよくあります．ツールバーが画面上から消えたと思われるときは，メニューバーの [表示] をクリックし，プルダウンメニューの [ツールバー] をポイントしてみましょう．チェックマークのついているものが現在画面に表示されているツールバーです．クリックしてチェックマークをつけたり消したりすることで，ツールバーの表示と非表示を切り替えられます．また，ツールバーが移動して使いづらくなったときは，ツールバー左端の灰色の縦棒か，ワークシート領域上のツールバーなら，上部 (タイトルバーに相当) をつかまえてドラッグします．

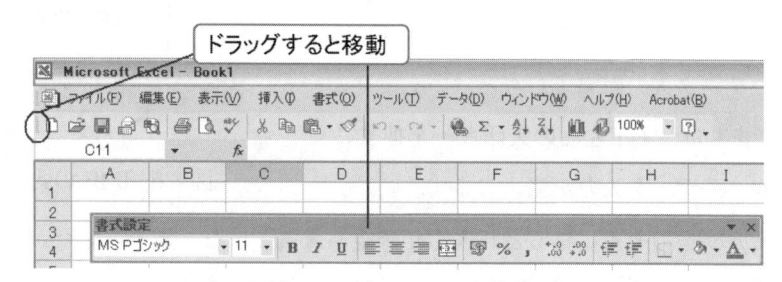

図 8.4 ツールバーの移動

8.2.2 列と行の概念

ワークシート領域は表やグラフを作成する領域です．**列**と**行**で構成され，列にはアルファベット，行には数字で番号がつけられています．ワークシート領域のひとつひとつの枠は**セル**と呼ばれています．ワークシートの左上隅のセルは A 列 1 行目に位置するので，「A1」セルと呼ばれます．列番号と行番号を組み合わせた「A1」のようなセルの表し方を「**セル参照**」と呼びます．

Excel の多くの操作は，セルをクリックして選択することから始まります．選択され，枠が太くなったセルを **アクティブセル** といいます．ツールバーの下の行にある **名前ボックス** には，現在のアクティブセルのセル参照が表示されます．また，矩形のセル範囲をドラッグして，選択することができます．範囲は，矩形の左上のセルと右下のセルをコロンでつなげて，例えば，「E2：G5」というように表されます．

図 8.5 セルの名前とアクティブセルと範囲選択

練習 3 E2:G5 を範囲選択したあと，[書式設定] ツールバーの [塗りつぶしの色ボタン] を使って色をつけてみましょう．

8.3 データの入力

Windows では，デスクトップに [言語バー] が用意されていて，日本語入力システム (IME) の入力モードも，ここで設定できます．Excel でも，データ入力の前には，入力するデータの種類に応じたモード設定が必要になります．

数値や数式は，[直接入力] か [半角英数] モードで入力しましょう．漢字やひらがなの文字データは，通常は [ひらがな] モードで入力します．アルファベットとカタカナは，全角と半角の両方があります．ただし，ネットワーク環境下で扱うデータとしては，[半角カタカナ] は使用しない方が無難です．

8.3.1 入力モードの変更方法

1) キーボードの [半角／全角] キーを押す，または，

2) 言語バーの [入力モード] ボタンをクリックします．

入力されたデータがアクティブセルに表示されているだけでは，まだデータ入力が完了したとはいえません．

Enter キー，または，上下左右の矢印キーを押すことで，そのセルへのデータ入力が完了します．

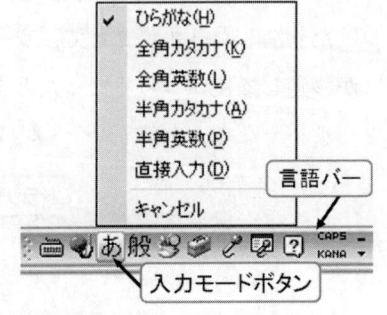

図 8.6 IME の入力モード切替

アクティブセルが他のセルに移ると，入力が確定したことになります．したがって，データ入力作業の基本は，＜セル選択 → データ入力 → 確定＞を繰り返すことと言えます．

練習 4　セルの選択とデータ入力

A1 に「肉まん」，B3 に「あんまん」，C5 に「デラックス肉まん」，E2 に「PIZZA まん」，F4 に「メキシコ風」と入力しなさい．

※ 連続したセル範囲に，決まった数のデータを入力するときは，先にセル範囲を選択してから，キーボード入力します方法があります．範囲をはみ出して入力するミスを避けることができます．

練習 5　キーボードによるセル選択とデータ入力

G1:G5 を範囲選択してから，上から順に，「肉まん」，「あんまん」，「デラックス肉まん」，「PIZZA まん」，「メキシコ風」と入力しなさい．

8.3.2 データの消去

セルに入力されたデータを消去するには，

1) 消去したいデータのあるセル，またはセル範囲を選択してアクティブにしてから，

2) Delete キーを押すか，または，メニューバーから，[編集] →[クリア]→[すべて] を選択

※ メニューバーから [編集] →[クリア] を使えば，[書式のみ] や [値のみ] のクリアなど，消去条件の指定もできます．

練習 6　(1) C5 のデータを消去しなさい　　(2) G2 から G5 の範囲のデータを消去しなさい

8.3.3 データの編集

既に入力したデータを書き換えるときは，次のいずれかの方法で行います．
- 編集したいセルをダブルクリック → カーソルをセル内に表示させて編集
- 編集したいセルをポイント → F2 キーを押す → セル内か，数式バーで編集します
- 編集したいセルをポイント → 数式バーで編集します

※ 極力，直す文字だけを入力しましょう．元の文字列で活かせる部分は残し，そうでない部分は追加・上書きします．

練習 7 A1 の「肉まん」を「プレーン肉まん」に，B3 の「あんまん」を「あんまん中華風」
F4 の「メキシコ風」を「タコスまん」に修正しなさい．

8.3.4 連続データの入力

例えば，連続したセル範囲に，1 から 500 までの連続した数を入力するとします．これを，キーボードから 1 つ 1 つ入力するのは作業量が多いうえに，入力ミスも発生しやすくなります．このようなときは，オートフィル機能を使いましょう．

A1:A5 の範囲に，1 から 5 まで入力する例で説明します．
1) A1 セルに，1 を入力します．
2) セルの右下隅にあるフィルハンドルをポイントします．
マウスポインタの形状が ＋ になります．その状態で，
Ctrl キーを押すと，マウスポインタは ＋ になります．
3) A5 セルまで下へドラッグして，入力が完了します．

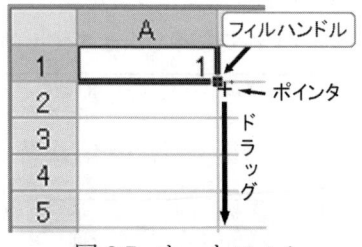

図 8.7 オートフィル

ここで，最後のセルの右下隅に [オートフィルオプション] ボタンが表示されます．クリックすると，[セルのコピー]，[連続データ]，[書式のみコピー]，[書式なしコピー] の 4 つのオプションが選べること，また，上の操作例では [連続データ] のオプションが選ばれていたことがわかります．

オートフィルでは，Ctrl キーを押さずにフィルハンドルをドラッグするだけでも，データの種類によっては，自動
図 8.8 オートフィルオプション

的に [連続データ] になる場合があります．隣同士の 2 つのセルに数値が入力されている場合，その 2 つのセルからオートフィルすると，等差数列をなす連続データになります．また，1 つのセルからでも，曜日や月など日付の単位に関する文字列が入力されている場合も，連続データになります．次の練習問題を通じて，オートフィルの癖をつかんでおきましょう．

練習 8 空白のワークシートに，それぞれ 2 つのデータを入力してから，オートフィルしなさい．
1) C2 に 100，D2 に 90 を入力 → C2:D2 を範囲選択 → フィルハンドルを M2 セルまでドラッグ
2) A2:A3 に"1950 年","1960 年"と入力し範囲選択 → フィルハンドルを A8 セルまでドラッグ

練習 9　練習 8 に続けて，次のように日付け・曜日のデータをオートフィルで入力しなさい．
1) B1 セルに"1 月"と入力，オートフィルで横に，"2 月"，"3 月"，…，"12 月"まで入力し，
2) B2 セルに"日"と入力，オートフィルで縦に，"月"，"火"，…，"土"まで入力しなさい．

8.4　データの複写と移動

データの複写や移動は，表計算ソフトの最も基本的な機能で，複写については，既にフィルハンドルによる操作方法を見てきました．ここでは，(1) メニューバーや [標準] ツールバーの編集機能を用いる方法と，移動については簡便な (2) マウス操作による方法を見ます．

◇ **編集機能による複写と移動**

複写 (移動) には，[コピー](切り取り) と [貼り付け] 機能を使います．各機能は，
　(1) [メニュー] バーの [編集] メニューから選ぶ，　　(2) [標準] ツールバーのボタンを使う
　(3) 複写 (移動) 元のセルを範囲選択して，右クリックで現れるショートカットメニューから選ぶ
　(4) Ctrl キーを押しながら行うキーボード操作，ショートカットキーを使う
のいずれでも呼び出せます．効率良い操作のために，適宜使い分けします．

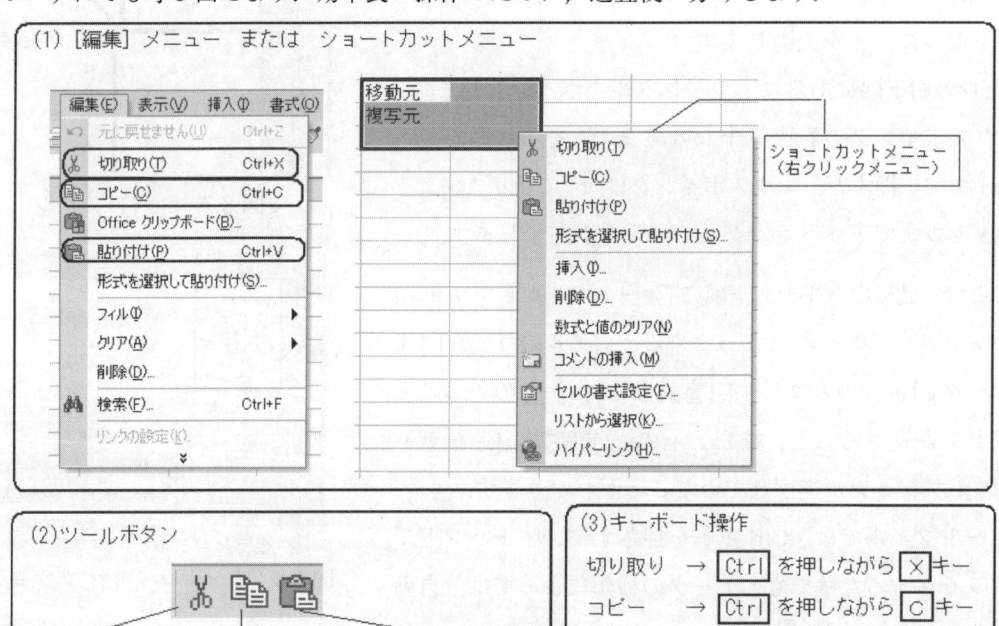

図 8.9　コピー・切り取り・貼り付け機能の実行方法

(1)〜(4) のどれを使う場合も，操作の手順は同じ，次のとおりです．
1) 複写 (移動) 元になるデータの入力されたセル範囲を選択します
2) 選択範囲を維持したまま，上記いずれかの方法で [コピー](移動は [切り取り]) を実行
3) 複写先 (移動先) で [貼り付け] を実行
　● **複写：**[コピー]→[貼り付け]　　　● **移動：**[切り取り]→[貼り付け] と覚えましょう．

第 8 章　Excel の基礎　　　　　　　　　　　　　　　　　　　　　　　261

◇ マウス操作による移動と複写

移動に関しては，マウスを使う操作も覚えておくと便利です．

1) 移動 (複写) する元になるデータのセル範囲を選択

2) 選択したセル範囲のボーダー部分をポイントして，

マウスポインタの形状が，右のような四方向矢印になったとき，

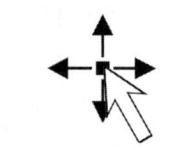

図 8.10　四方向矢印

- 移動：移動先へドラッグ　　　● 複写：Ctrl キーを押しながらドラッグします

練習 10　練習 9 に続けて，(1) A2：A8 を A11 へ複写，(2) C2：M2 を B10 に移動しなさい．

8.4.1　セル範囲や行，列の削除について

ここで説明する削除は，8.3.2 で述べたデータの消去と似ていますが，意味はまったく違います．データの消去では，セルないしはセル範囲の内容だけが消去され，周囲のデータは移動しません．一方，削除では，選択した範囲のセル自体を消滅させるので，空白になった領域を埋めるため，隣接領域をシフトさせる必要があります．セル，または，セル範囲を削除するには，

1) 削除したいセル，またはセル範囲を選択してアクティブにしてから，

2) メニューバーから [編集] →[削除] を選択します (または，右クリックメニューから [削除])．

3) [左方向にシフト], [上方向にシフト], [行全体], [列全体] のいずれかを選択します．

隣接領域のシフトは，例えば [左方向 (上方向) にシフト] なら，右 (下) の領域が移動してきます．また，列全体，または行全体を削除するには，

1) 削除したい行を行番号領域 (列を列番号領域) でクリックまたはドラッグして選択して，

2) メニューバーから [編集] →[削除] を選択 (または，右クリックメニューから [削除])

練習 11　練習 10 の結果のワークシートで，

(1) セル A2：A8 を [左方向にシフト] で削除しなさい．　　(2) 第 10 行を削除しなさい．

8.4.2　行や列の挿入について

行 (列) の挿入は，行 (列) の削除と逆の操作です．

1) 挿入したい行 (列) を行 (列) 番号領域から選択

2) メニューバーから [編集] →[挿入] を選択

(または，右クリックメニューから「挿入」を選択)

1) で複数の行 (列) を選択すると，選択した数と同じ行 (列) 数分，選択範囲の上 (左) に挿入されます．

図 8.11　行番号領域と列番号領域

練習 12　練習 11 の結果のワークシートで，次の行と列を挿入する操作をしなさい．

(1) 行番号領域で 10 から 15 行目までドラッグ → 右クリックメニューから [挿入] を選択．

(2) 行番号領域で列番号 B を選択 → メニューバーから [編集] → [挿入] を選択．

8.5 表の作成

ワークシート上に，データ表を作成する手順について整理しておきます．以下では，

(1) 文字の入力
(2) 数値の入力
(3) 計算式の入力
(4) 表示に関する指定

の順に沿って，右の表を作成してみます．

	A	B	C
1	関東地方の人口（2000年）		
2			
3		男性	女性
4	茨城	1,488	1,497
5	栃木	996	1,009
6	群馬	999	1,026
7	埼玉	3,500	3,438
8	千葉	2,977	2,949
9	東京	6,029	6,036
10	神奈川	4,309	4,181
11	合計		

図 8.12 関東地方の人口

8.5.1 文字の入力

日本語で文字を入力するときは，IME の設定を [ひらがな] モードにしておきます．

1) A1 をアクティブにして，関東地方の人口 (2000 年) と入力し，Enter キーで確定
2) A4 をアクティブにして，茨城 と入力し，Enter キーで確定．再度 Enter キーで下のセルがアクティブになるので，以下同様に，「群馬」，「栃木」…「神奈川」，「合計」までを入力
3) B3 をアクティブにして，男性 と入力し，Enter キーで確定．ここで，右矢印キーか Tab キーを押すと右のセルがアクティブになるので，C3 に「女性」を入力．

8.5.2 数値の入力

数値を入力するときは，通常，IME の設定を「直接入力」モードにしておきます．数値を入力すると，セルには値が半角数字で表示されます．※注) ある決まったセル範囲にデータ入力するときには，先に範囲指定しておくと，範囲外にはみだして入力するなどのミスを防ぐことができます．

1) B4:C10 を範囲選択
2) 1488 と入力して Enter キー，996 と入力して Enter キー … 以下，B 列が終わったら，同様に，C 列に入力していきます．なお，桁区切りのカンマ ，入力は必要はありません．

※注) 仮に，「ひらがな」モードで，全角の数字「１２３」をセルに入力しても，自動的に半角数字 123 に変換されます．セルに全角の数字文字として入力するときは，文字列の接頭辞である引用符 ' を付けて，'１２３ と入力します．

8.5.3 計算式の入力

B11:C11 に男性・女性人口の合計を求めるには，いくつかの方法があります．どれも，結果としては，B11:C11 に合計を求める計算式が入力されます．以下，操作の容易な順に説明します．

◇ 合計の求め方 (1)：オート SUM ボタン

1) B11：C11 をドラッグして範囲選択　→　2) [オート SUM] ボタン Σ ▾ をクリック

※ [オート SUM] ボタンには，アクティブセルのすぐ上 (左) に縦 (横) に連続して入力された数値列の合計を求める機能があります．Σ の右の ▼ をクリックすると，同じ方法で，[平均] や [データの個数] なども求めることができます．

第8章　Excel の基礎　　　　　　　　　　　　　　　　　　　　　　　　　　　　263

◇ 合計の求め方 (2)：関数をキーボードから入力

- セルに関数や数式を入力するときは，冒頭に必ず式の接頭辞，半角イコール = をつける
- 関数は， =関数名 (引数) の書式で入力．合計を求める関数の名前は SUM
- SUM 関数の引数は，合計するデータのセル範囲を指定．書式は， =SUM(セル範囲)

セル範囲の指定は，マウスのドラッグでも，キーボードからの入力でもできます．例の場合は，

1) 計算式を入力する B11 セルをクリックしてアクティブにして，半角で =SUM(まで入力
2) マウスで，セル範囲 B4：B10 をドラッグするか，キーボードから B4：B10 と入力して，右閉じカッコ) を入力し，Enter キーを押下．数式バーには =SUM(B4:B10) と表示されます．

　※ セルには計算結果の値が表示され，計算式は，そのセルをアクティブにしたとき数式バーに表示されます．

3) 女性の合計は，次に述べる方法で，B11 セルの計算式を C11 へ複写します．

8.5.4 数式の複写

Excel のような表計算ソフトにおける「表計算」の最大の特徴は，「数式の複写」によって計算を行うことと言えます．表形式に入力されたデータに関する計算処理の基本は，右図のように

1) データ範囲の 1 つの列 (行) 範囲に関する計算式を，データ範囲外の 1 つのセルに入力して，
2) このセルを複写元として，横 (縦) 方向のセル範囲に複写することで，データ範囲の他の列 (行) 範囲に関する計算を行います．

ここで，数式を複写する操作は，8.4 で説明したセルの複写の操作に外なりません．右図のように，

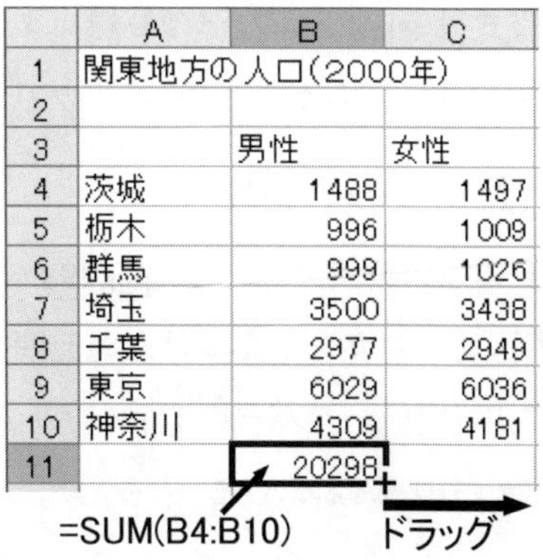

図 8.13　数式の複写

フィルハンドルをドラッグする方法でも，メニューバーから編集機能を使う方法でも構いません．ただし，複写された式にセル参照が含まれる場合，複写先の式のセル参照は，複写する位置に相対的に変化します．上の例では，1 つ右に複写することにより，列番号が 1 つ増えて，

- 複写元の式：=SUM(B4:B10)　→　・複写先の式：=SUM(C4:C10)

となります．同様に，縦方向に位置を変えて複写すれば，その分だけ行番号が増えます．複写によってセル参照を変化させる働きを **相対セル参照** と言います．表計算ソフトは，この働きによって，分かりやすく効率よい計算方式を実現しているのです．

◇ 合計の求め方 (3)：演算式の入力

　一般的な数式を入力する方法です．式を表現する自由度が高く，関数として用意されていない演算や，少し複雑な計算式を使うときには必要です．ここで，使用する演算子は右のとおりです．

表 8.1　演算子

加算：	+
減算：	-
乗算：	*
除算：	/
累乗：	^

　この例の合計の計算には，SUM 関数を使えばよいので，敢えて演算式

を使う必要はありませんが，練習のために操作手順を示しておきます．

1) 計算式を入力する B11 セルをクリックして，アクティブにします

2) 式の接頭辞として，半角イコール = を入力 → B4 をクリックしてプラス + を入力
   → … 以下同様に … →B9 をクリックしてプラス + を入力 → B10 をクリックして Enter

※ ここで，数式バーの表示が，=B4+B5+B6+B7+B8+B9+B10 となっていれば正解．なお，セル参照の部分はキーボードから直接入力してもよい．その際，列番号を表すアルファベットは，大文字でも小文字でもよい．

3) B11 セルの式を C11 セルに複写して，女性の合計も求めます．

※ 操作が少し複雑．入力ミスしたら，[元に戻す] ボタン クリック，ミスする前の段階に戻ってやりなおします．

8.5.5　表示に関する指定

表の各セルにデータが入力されたら，表示を整えましょう．

◇ **罫線**：表らしく，格子の枠線を入れます．

1) 罫線を引きたいセル範囲 A3：C11 を選択

2) [書式設定] ツールバーの罫線ボタン右の▼をクリック，
   [格子](3 行目右から 2 つ目) をクリックします．

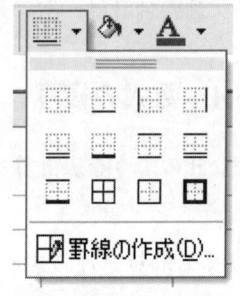

図 8.14　罫線ボタン

◇ **桁区切りのカンマ**

桁数の多い数値データは，20,298 のように，3 桁ごとにカンマ区切ると見やすくなります．

1) 桁区切りのカンマをつけたい範囲 (B4：C11) を範囲選択

2) 書式設定ツールバーの [桁区切りスタイル] ボタン , をクリック

※ ボタンが見当たらないときは，書式設定ツールバー右端の [ツールバーオプション] をクリックします．

◇ **列幅の調整**

データが列幅に合わないとき，以下の手順で調整します．

1) 列番号表示領域で，各列の仕切りの縦線をポイント

2) マウスポインタの形状が図のように変化したら，
   左右に適宜ドラッグ，または，ダブルクリックすると
   入力されたデータの幅に応じて自動的に調整されます．

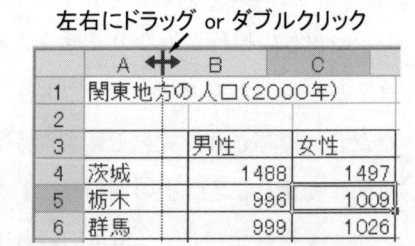

図 8.15　列幅の調整

◇ **セル内の配置**：[書式設定] ツールバーで，[右揃え], [左揃え], [中央揃え] が選べます．

ここでは，「男性」，「女性」，「茨城」～「神奈川」の各文字列をセルの中央に配置しましょう．

1) 中央揃えしたいセル範囲をアクティブにして

2) 書式設定ツールバーの [中央揃え] ボタン をクリックします

※ Ctrl キーを押しながらドラッグすることで，離れた範囲を同時に選択することができます．この例では，B3:C3 をドラッグして範囲選択 → Ctrl キーを押しながら A4:A10 をドラッグして範囲選択 → [中央揃え] ボタンをクリックという手順が使えます．[中央揃え] ボタンクリックが 1 回で済むので，少しですが効率的です．

8.5.6 絶対セル参照と相対セル参照について

絶対セル参照と相対セル参照は，Excel で計算式を複写するときに，必ず知っておくべき重要な概念です．ここでは，各県の男性・女性人口が，それぞれ関東地方の男性・女性人口の何％を占めるかを表す「男性人口割合」と「女性人口割合」を計算することを例とって説明します．まず，表の B 列と C 列の間に，新しい列を挿入 (列番号 C を右クリック→[挿入]) してから，

	A	B	C	D	E
1	関東地方の人口（2000年）				
2					
3		男性	男性人口割合	女性	女性人口割合
4	茨城	1,488	7.3%	1,497	7.4%
5	栃木	996	4.9%	1,009	5.0%
6	群馬	999	4.9%	1,026	5.1%
7	埼玉	3,500	17.2%	3,438	17.1%
8	千葉	2,977	14.7%	2,949	14.6%
9	東京	6,029	29.7%	6,036	30.0%
10	神奈川	4,309	21.2%	4,181	20.8%
11	合計	20,298		20,136	

図 8.16 相対セル参照と絶対セル参照を用いた表計算

→ C3 に 男性人口割合，E3 に 女性人口割合 と入力 → 列幅を調整して，
1) 男性人口の各県の割合を，B11 セルに計算された男性人口の合計で割ることで求めます．
　　→ C4 をポイント → 計算式 =B4/B11 を入力します．
2) 分母 B11 の行番号を絶対セル参照にします．数式バーで C4 セルを編集できる状態にして，
　　→ カーソルを式中の B11 に触れて，F4 キーを 2 回押し → C4 セルを B4/B$11 とします．

※ F4 キーを 1 回だけ押して B4/$B$11 としても間違いではないが，後で複写するのが行方向の C5:C10 なので，B11 の列番号を固定する必要はありません．また，C4 を E4:E10 に複写することまで考えるなら固定してはいけません．

3) [書式設定] ツールバーの [パーセントスタイル] ボタン ％ ，[小数点表示桁上げ] ボタン を使って，小数点第 1 位までのパーセント表示にします．

4) C4 を複写元として，C5:C10 の範囲に複写します．

・上の手順で 2) を省略しても，C4 セルは正しく計算されます．しかし，その場合，C4 の式を C5:C10 の範囲に複写すると，右表「誤」の欄のようになります．

正しく計算されるためには，割られる側だけが複写の方向 (この場合，行方向) に相対的に変化し，割る側は常に B11 セルを参照しなければなりません．

表 8.2　式の内容

セル	誤	正
C4	=B4/B11	=B4/B$11
C5	=B5/B12	=B5/B$11
C6	=B6/B13	=B6/B$11
C7	=B7/B14	=B7/B$11
C8	=B8/B15	=B8/B$11
C9	=B9/B16	=B9/B$11
C10	=B10/B17	=B10/B$11

Excel では，特に指定しない場合，あるセルに書かれたセル参照を含む式を，別のセルに複写すると，複写元と複写先セルの相対位置に応じて，式に含まれる列番号や行番号が自動的に変更されるようになっています．上の例では，C4 に書かれた =B4/B11 という式が，1 行下の C5 に複写されると，=B5/B12 となります．これを，**相対セル参照**(相対参照) といいます．相対セル参照は，表計算を効率よく行うための基本的な機能といえます．

しかし表計算では，上の例のように，複写の方向に応じてセル参照を変化させたくないケースもあります．式に含まれる列番号や行番号の前に $ を付すと，その参照部分は，複写しても変化

しません．このようにセル参照を固定することを，**絶対セル参照**(絶対参照)，行か列のどちらか一方だけ固定することを**混合セル参照**といいます．

　この例の場合，割られる側は相対参照に，割る側 B11 セルは行番号固定の混合セル参照にすることで，正しい計算が出来ます．絶対セル参照の指定は，数式の入力中セルを指定した直後に F4 キーを押すか(表 8.3 参照)，キーボードから直接 $ を打ち込んでセル参照を入力します．

表 8.3　相対セル参照と絶対セル参照の操作

区分	相対セル参照	絶対セル参照	混合セル参照	
セル番号表示	B11	$B$11	B$11	$B11
入力時操作	なし	F4 キー 1 回	F4 キー 2 回	F4 キー 3 回
意味	行・列とも相対変化	行・列とも固定	行のみ固定	列のみ固定

8.5.7　セルを結合して中央揃え

　A1 に入力された「関東地方の人口(2000 年)」を，A1:E1 の中央に配置してみましょう．
　1) A1:E1 を範囲選択 → 2) [セルを結合して中央揃え] ボタン をクリック
選択された範囲中のセルのしきりを無視して，選択範囲全体の中央に文字列が表示されます．

8.5.8　印刷プレビュー

　作成したデータ表を印刷する前に，資料としてのできばえや，用紙の上のレイアウトや余白が適切かなどを画面上で確認するために，印刷プレビュー機能を使います．
　1) 標準ツールバーの [印刷プレビュー] ボタン をクリック

※ 印刷プレビュー画面から元の画面に戻るには，[閉じる] と表示されているボタンをクリックするか，Esc キーを押す．
※ プレビュー画面から戻ったときに表示されるワークシート上の点線は，用紙の境界を表します．

8.6　ファイルの保存と印刷

　でき上がった表は，ローカルディスクやネットワーク上の領域，あるいは，FD 他のリムーバブルな媒体にファイルとして保存します．正しく保存できたことを確認してから，印刷しましょう．

◇ 保存先について

　1) ローカルディスク：C ドライブであることが多く，PC 本体の中に組み込まれています．
　2) フロッピーディスク：A ドライブ (3.5FD)．小容量ながら，持ち運び容易な媒体です．
　3) リムーバブルディスク：CD-R, CD-RW, DVD, MO, メモリースティックなど，数 10MB から数 GB にもおよぶ大容量で，かつ持ち運びできる様々な媒体が用意されています．
　4) ネットワーク上の領域：インターネットや LAN に接続された保存領域．ネットワークに接続されたコンピュータから自由に使えるので，FD, CD などを持ち歩かなくてすみます．

8.6.1 ファイルの保存

最初は，ファイルに名前を付けて保存します．

1) メニューバー [ファイル] から
   → [名前を付けて保存] を選択
2) [名前を付けて保存] ダイアログボックスで，
   (1) 保存先のフォルダを選択 → (2) ファイル名を入力 → (3)[保存] ボタンをクリック

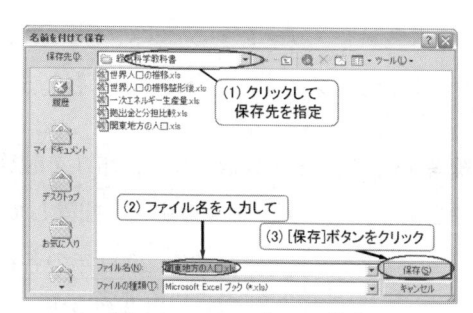

図 8.17　ファイルの保存

※ ファイル名はなるべく簡潔に，かつ，作成したファイルの内容がわかりやすいものにしましょう．また，ネットワーク上の領域に保存する場合は，半角英数のみのファイル名を使う方が安全です．

8.6.2　保存したファイルを開く

保存してあるファイルを再び画面に表示させるには，メニューバーの [ファイル] から [開く] を選択するか，標準ツールバーの [開く] ボタン をクリックします．

◇ 印刷の方法

メニューバー [ファイル] から [印刷] を選択
→ 印刷ダイアログボックスが表示されるので → [プロパティ] を選択
→ 接続されているプリンタのドライバ上で，用紙サイズ，印字品質・方法など選択 → [OK]
→ 印刷ダイアログボックスに戻り，[印刷範囲]，[印刷部数] など設定 → [OK]

※ この手順を踏んだ後，設定を変えずに再度印刷する場合は，ツールバーの [印刷] ボタン をクリックします．

◇ ファイルと Book と Sheet について

Excel では，Book という概念がありますが，ここでは，"Book ＝ ファイル" と捉えておきましょう．[空白の Book] を開くと，3 枚の Sheet から構成されていることがわかります．最初は，1 枚目の [Sheet1] が表示されていますが，画面下方の [Sheet2]，[Sheet3] タブをクリックすると，2 枚目，3 枚目のワークシートが表示されます．Sheet は増やすことも減らすことも，また Sheet の名前を変更することも自由にできます．[Sheet1] タブを右クリックすると，Sheet1 に対する各種操作を選択することができます．

8.6.3　上書き保存と，名前を付けて保存について

一度ファイル名を付けて保存したファイルは，次のどちらの操作でも上書き保存ができます．
1) メニューバー [ファイル] → [上書き保存] ／ 2) 標準ツールバー [上書き保存] をクリック

※ どのファイルも 1 回目に保存するときは，必ずファイル名を付けなくてはなりません．したがって，一回目の保存で上の操作をしても，[名前を付けて保存] のダイアログボックスが現れます．

ファイル編集中に上書き保存すると，画面上の変化はありませんが，ファイルが最新の状態に書き換わります．Excel での作業中は，停電などの不慮の作業中断に備えて，こまめに [上書き保

存] ボタンをクリックするとよいでしょう．別のファイルとして保存したいときは [名前を付けて保存] で別のファイル名を付けて保存します．

練習 13　次の表を作成して，[合計] を計算，適当な罫線を引き，桁区切りのカンマをつけ，列幅を調整，文字列をセルの中央に配置して，名前を付けて保存，印刷しなさい．

表 8.4　2000 年の各地域の農作物の生産　　単位：千 t

	小麦	米	とうもろこし	大豆	いも類
アジア	246180	545477	146663	23582	294620
アフリカ	14023	17190	44581	893	158890
ヨーロッパ	184801	3103	62609	2022	140823
北アメリカ	90620	11125	281955	78274	33010
南アメリカ	20783	20534	54433	57119	48248
オセアニア	19910	1423	550	104	3574
合計					

※ Food and Agriculture Organization, FAO Yearbook: Production Vol. 54, 2000 より

練習 14　練習 13 で作成した表の各農産物の列の右に 1 列ずつ挿入して，それぞれの農産物の地域別生産割合を計算し，小数点第 1 位までのパーセント表示にしなさい．

練習 15　次の表を作成し，「世界全体」の合計を計算し，罫線を引いて，桁区切りのカンマをつけ，列幅を調整しなさい．また，タイトル「世界人口の推移 (単位：100 万人)」は，表の上中央にセルを結合して配置．各文字列をセルの中央に配置して，保存，印刷しなさい．

世界人口の推移（単位:100万人）							
	アジア	北アメリカ	南アメリカ	ヨーロッパ	アフリカ	オセアニア	世界全体
1950年	1399	226	113	548	221	13	
1960年	1700	274	148	605	277	16	
1970年	2142	324	192	657	356	19	
1980年	2631	374	242	693	467	23	
1990年	3164	428	295	722	619	26	
2000年	3683	483	346	729	784	30	

図 8.18　世界人口の推移

練習 16　下表のデータを用いて，図のような計算表を作成し，網掛け部分の計算をしなさい．なお，面積割合と人口割合 (%) と人口密度は，小数点第 1 位までの概数で表示すること．

表 8.5　各地域の面積と人口

	面積 (百万 Km²)	人口 (百万人)
アジア	31.8	3721
アフリカ	30.3	813
ヨーロッパ	23.0	726
アメリカ	42.0	844
オセアニア	8.5	31

※ United Nations, Demographic Yearbook 1999, United Nations, Population and Vital Statistics Report 2002 より

A	B	C	D	E	F	G
1		各地域の面積と人口(2001年)				
2	地域	面積 (百万Km²)	面積割合 (%)	人口 (百万人)	人口割合 (%)	人口密度 (人/Km²)
3						
4	アジア	31.8		3721		
5	アフリカ	30.3		813		
6	ヨーロッパ	23.0		726		
7	アメリカ	42.0		844		
8	オセアニア	8.5		31		
9	合計					

図 8.19　計算表の作成

8.7 少し複雑な数式の表計算

次は，わが国の GDP (単位百万ドル) と CO2 排出量 (炭素換算百万トン) のデータです．

表 8.6 わが国の GDP と電力需要 CO2 排出量

年	GDP	CO2 排出量
1980	1,072,746	251
1985	1,365,799	247
1990	3,052,059	290
1995	5,291,746	313
2000	4,765,291	328

※ GDP については世界国勢図会 P124 より，CO2 排出量は ECCJ 省エネルギーセンター http://www.eccj.or.jp/result/00/04.html より抜粋

2 つの変量の増減の傾向が似ている場合 (相関が高い場合)，両者の関係を単純な式で表せることがあります．この例では，GDP を X，CO2 排出量を Y として，近似式 $Y_i = a_0 + a_1 X_i$ で表すことを考えます．第 6 章で解説した単回帰分析の方法によれば，係数 a_0 と a_1 は，次の (6.27) 式

単回帰の公式：$a_1 = \dfrac{S_{xy}}{V_x}$, $a_0 = \bar{y} - \bar{x}a_1$ により求めることができました．

ここで，● X の分散：$V_x = \dfrac{1}{n}\sum_{i=1}^{n}(x_i - \bar{x})^2 = \dfrac{1}{n}\sum_{i=1}^{n}x_i^2 - \bar{x}^2$

● X と Y の共分散：$S_{xy} = \dfrac{1}{n}\sum_{i=1}^{n}(x_i - \bar{x})(y_i - \bar{y}) = \dfrac{1}{n}\sum_{i=1}^{n}x_i y_i - \bar{x}\bar{y}$ でしたね．

第 6 章で解説したように，これら基本統計量は Excel の統計関数を用いて直ちに計算できますし，また分析ツール [回帰分析] を使えば，もっと簡単に処理できますが，次の問題では，少し複雑な計算式を使いこなす練習ということで，上の式をそのまま使った表計算による処理をしてみましょう．

練習 17 表 8.6 のデータを用いて，右の計算表を作成し，$X_i \times Y_i$ と X_i^2 の欄，および縦の合計と平均値を求めなさい．さらに，その結果を用いて，a_0 と a_1 を求めなさい．

また，$a_0 = 229.2$, $a_1 = 0.00001820$ となることを確認しなさい．

表 8.7 単回帰分析の計算表

n	X_i	Y_i	$X_i \times Y_i$	X_i^2
1	1,072,746	251		
⋮	⋮	⋮		
5	4,765,291	328		
合計				
平均値				

練習 18 練習 17 の結果を使って右の表を作成しなさい．また，モデル式 $a_0 + a_1 X$ による CO2 排出量の予測値を計算しなさい．また，予測値は実際の CO2 排出量値に近いか確認しなさい．

年	GDP	CO2排出量	Y予測値
	X	Y	$a_0 + a_1 X$
1980	1,072,746	251	
1985	1,365,799	247	
1990	3,052,059	290	
1995	5,291,746	313	
2000	4,765,291	328	

図 8.20 CO2 排出量と計算結果の比較

練習 19 練習 17 で作成した表に Y_i^2 の欄を付け加えて，次の式で表現される GDP と CO2 排出量の相関係数を求めなさい．ただし，相関係数は，$r_{xy} = \dfrac{S_{xy}}{S_x S_y}$ で，$S_x = \sqrt{V_x}$, $S_y = \sqrt{V_y}$ です．

8.8 グラフの作成

グラフを作成するときには，どのようなことを説明するためのグラフなのかをよく考え，グラフの種類を適切に決定しましょう．量の比較は棒グラフ，構成比率や割合を示すには円グラフ，時間の経過にしたがって変化するデータを扱うときには折れ線グラフ，前節で見た2変量間の関係を表すときには散布図を使用するのが普通です．どのグラフでも，最初の手順は，

1) ワークシートにデータ表を作成し，グラフで表現したいデータ範囲を選択して，

2) 標準ツールバー [グラフウィザード] ボタン をクリックします．

あとは，グラフウィザードのダイアログボックスと対話形式で，グラフを作成していきます．

◇ 「関東地方の人口」の表を棒グラフにしてみましょう

8.5 で作成した関東地方の人口のデータ表を使って，右のようなグラフを作成しましょう．

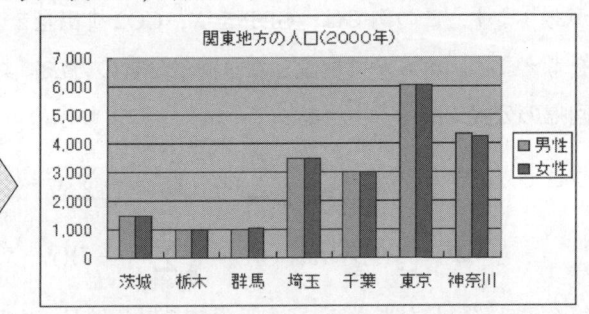

図 8.21 関東地方の人口に関する棒グラフ

まず，データ範囲 A3:C10 をドラッグで選択，[グラフウィザード] をクリックして，

1) 縦棒グラフを選択：[グラフウィザード 1/4-グラフの種類] → [グラフの種類] → [縦棒] [形式] → 上段左端を確認して → [次へ] ボタンをクリック

2) データ範囲の指定：[グラフウィザード 2/4-グラフの元データ] → [データ範囲] → A3：C10 となっていることを確認，[系列] → 列 ([データ範囲] の下に表示される"系列"のこと) であることを確認 → [次へ]

3) 様々なオプション指定：[グラフウィザード 3/4-グラフオプション] → [タイトルとラベル] タブ → [グラフタイトル] に，関東地方の人口 (2000 年) と入力 →[次へ]

4) グラフの作成場所の指定：[グラフウィザード 4/4-グラフの作成場所] → グラフ専用の Sheet を新たに作成するか，表と同じ Sheet 上か選択します．同じ Sheet 上に作成する場合は， → [オブジェクト] にシート名が選択されているのを確認 → [完了] クリック．

◇ グラフの移動と削除

- 移動：1) グラフエリアの四隅に近いところをつかまえて →2) 移動したいところまでドラッグ
- 削除：1) グラフを選択状態 (グラフエリアの枠線上にハンドルが表示されている状態) にして， → 2) Delete キーを押すか，標準ツールバーの [切り取り] ボタン をクリックします．

第 8 章　Excel の基礎

◇ グラフのサイズ変更

1) グラフエリアのどこかをクリック，アクティブな状態にして，
2) 次図のハンドル ■ のどれかを望む方向へドラッグして，サイズを調整します．

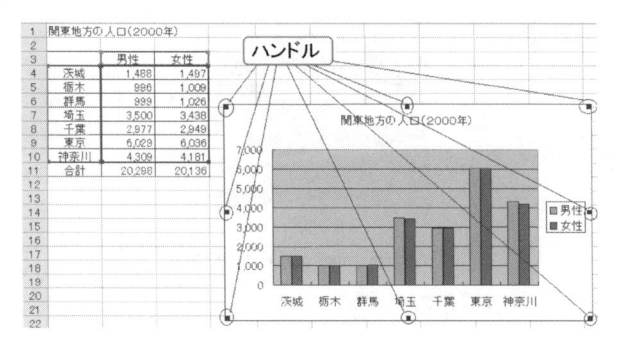

※ グラフの移動やサイズ変更をする際，画面が狭いと感じるときは，標準ツールバーの [ズーム] ボタンで 100 % より小さく縮小表示にすると，操作しやすくなることがあります．

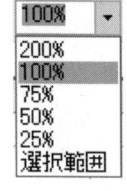

図 8.22　グラフの選択状態とハンドル

◇ 軸目盛の変更

1) y 軸上の任意の数値を右クリック
　→ [軸の書式設定] ダイアログボックス選択
2) [目盛] タブから y/数値軸目盛の
　→ [最大値] を 8000 に書き換え
　→ [目盛間隔] を 2000 に書き換えて → [OK]

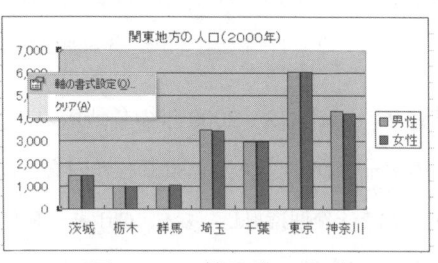

図 8.23　y 軸目盛の変更

◇ 軸ラベルの配置の変更

1) x 軸上の任意の文字列を右クリック
　→ [軸の書式設定] ダイアログボックス選択
2) [フォント] や [配置] タブで設定を変更

練習 20　その他，プロットエリアの [パターン] は塗りつぶしなしとし，右図のように変更しなさい．

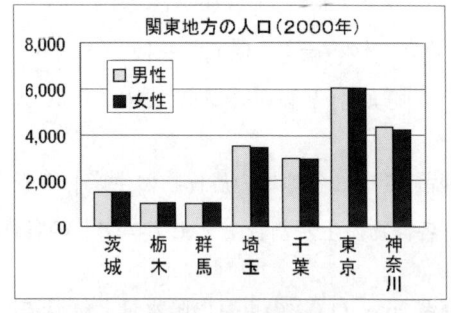

図 8.24　変更した「関東地方の人口」

◇ グラフの種類の変更

1) グラフエリアで右クリック
　→[グラフの種類] ダイアログボックス選択
2) 変更するグラフ種類を選択して → [OK]

練習 21　練習 13 で作成した世界の農産物の表から，[100 % 積み上げ横棒] グラフを作成しなさい．

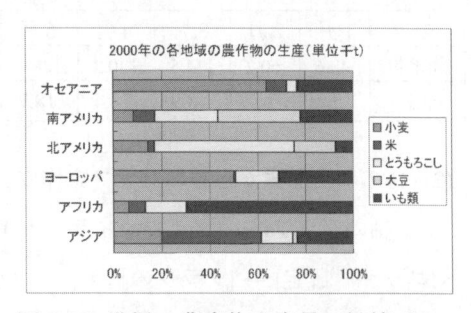

図 8.25: 世界の農産物生産量の横棒グラフ

練習 22　各地域における穀類 (小麦，米，とうもろこし，大豆，いも類) の生産量に関して，以下を説明したいとき，それぞれ，「グラフA」と「グラフB」のどちらが適当か判断しなさい．

1) いも類の生産割合が最も高いのはアフリカである

2) 南アメリカとアフリカは，各穀類の生産の合計が同じぐらいである

3) オセアニアでは，各穀類の生産のうち，60％以上を小麦が占める

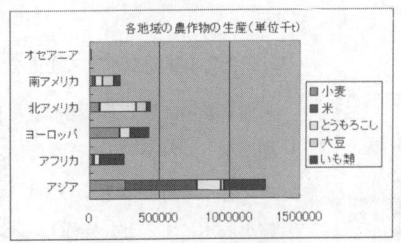

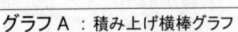

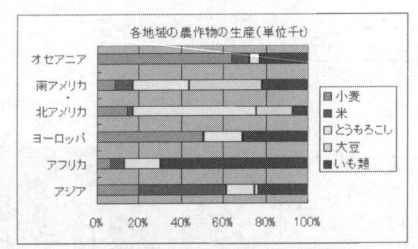

図 8.26　グラフの種類の比較

練習 23　練習 15「世界人口の推移」表から，地域別人口推移を折れ線グラフで示しなさい．

※ [グラフウィザード 2/4] の [データ範囲] で，[系列] の "行" と "列" を切り替えます．

練習 24　練習 13「2000 年の各地域の農作物の生産」の合計のデータから，次の手順で右の円グラフを作成しましょう．

1) A2:F2 を範囲選択したあと，Ctrl キーを押しながら A9:F9 をドラッグして，グラフウィザードボタンをクリック

2) [グラフウィザード 3/4] の [凡例] タブで [凡例を表示する] のチェックマークをはずし → [データラベル]→[ラベルの内容] → [分類名] と [パーセンテージ] にチェックマークを入れる

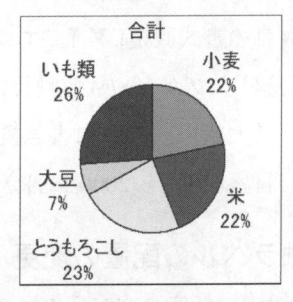

図 8.27　世界の農作物の生産割合

練習 25　「各地域の農作物の生産」の表から，「アジア」の各作物の生産割合，「アフリカ」の各作物の生産割合，「オセアニア」の各作物生産割合をそれぞれ円グラフにしなさい．

練習 26　(1) 次の東京の降水量と気温に関するデータ表をワークシート上に作成しなさい．

表 8.8　東京の降水量と気温の月別平均

	1月	2月	3月	4月	5月	6月	7月	8月	9月	10月	11月	12月
降水量	48.6	60.2	114.5	130.3	128.0	164.9	161.5	155.1	208.5	163.1	92.5	39.6
気温	5.8	6.1	8.9	14.4	18.7	21.8	25.4	27.1	23.5	18.2	13.0	8.4

(2) (1) のデータ表から右のグラフを作成しなさい．
縦 2 軸のグラフは，[グラフウィザード 1/4] で，[ユーザー設定]→[グラフの種類]→[2 軸上の折れ線と縦棒] グラフを選んで作成します．

その他，グラフエリア内の様々な表示を，グラフウィザードで細かく指定しなさい．

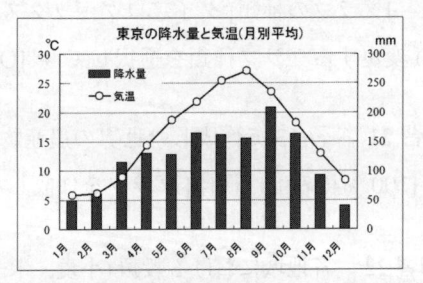

図 8.28　東京の降水量と気温の月別平年値

第8章　Excelの基礎

練習27　表8.6のわが国のGDPとCO2排出量のデータから右のような散布図を作成しなさい．

GDPが大きくなると，CO2排出量も大きくなるという関係があるか確認しなさい．

2変数間の関係を直線の式で表す単回帰については，8.7でも触れました．詳しくは，第6章で解説しています．Excelでは，散布図グラフ作成中に簡便に回帰式を求めることもできます．

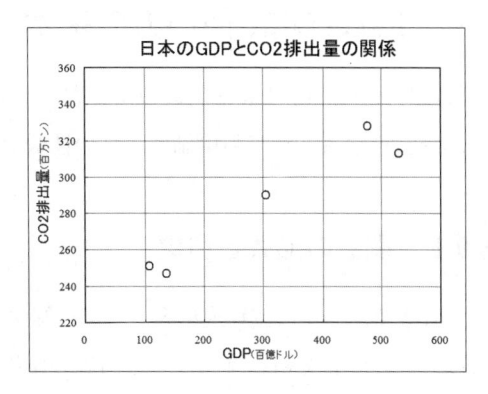

図8.29　わが国のGDPとCO_2の排出量

◇ グラフ上で回帰分析をしてみよう

練習27で作成した散布図をクリックしてアクティブな状態にします．このとき，メニューバーに[グラフ]メニューが現れます．ここから，

→ メニューバーの[グラフ]をクリック
→ [近似曲線の追加]を選択 → [種類]タブ
→ [線形近似]が選択されているのを確認
→ [オプション]タブで[グラフに数式を表示する]にチェックマークをつけて → [OK]

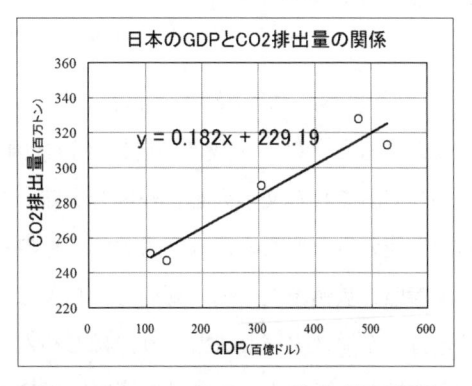

図8.30　GDPとCO 2排出量の関係

◇ グラフの印刷

印刷するときには，Sheet全体を印刷するのか，グラフだけを印刷するのかを意識しましょう．グラフが選択されている状態で印刷操作を行なうと，グラフだけが印刷されます．

Sheet全体を印刷するとき(表もグラフも両方を印刷するとき)は，グラフ領域以外のセルをアクティブにしてから印刷操作を行いましょう．印刷の前には，必ず[印刷プレビュー]操作を行い，グラフが用紙からはみ出ていないか，全体のレイアウトが適切かを確認しましょう．

練習28

(1) 練習26で作成したグラフのみを，A4サイズの用紙横向きに印刷しなさい．
(2) 練習27で用いたデータ表と作成したグラフを，A4サイズ縦の用紙に適切にレイアウトして印刷しなさい．

8.9 Excel 関数 使い方の基本

ここでは，まず，Excel 関数の使い方の基本を，簡単な関数を例にとりながら説明します．次いで，経営科学系として利用価値が高い関数を選んで，その適用方法を学んで行くことにします．

8.9.1 関数の形式と引数

これまで，セルに演算式を入力して複写する，といった表計算の方法をみてきました．Excel 関数は，この計算を積み重ねたのと同等の結果を，より簡便に計算できるよう用意されているものです．既に，8.5.3 の「合計の求め方」では，対象セルを 1 つ 1 つ加算するという演算式の代わりに SUM という関数を使いました．SUM 関数と同様に，Excel の関数は「関数名」と「引数 (ひきすう)」で構成されており，引数は，カンマで区切って表現されます．すべての関数は，

$$=\text{関数名 (引数 1, 引数 2, }\cdots\text{, 引数 } n)$$

という形式をもっています．引数を区切るカンマを「引数分離記号」と呼びます．関数式をセルに入力するときは，関数名の前に式の接頭辞 = を付けます．また，引数にダブルクォーテション " " で囲まれた文字列を含む場合を除いて，すべて半角英数文字で入力します．

関数を使いこなすためには，関数名とその意味，引数の指定方法を知る必要があります．引数は，セル参照，数値，文字列，配列等，様々な方法で指定されますが，まずはセル参照と数値による指定方法をマスターしましょう．はじめから，数多くの関数名や引数の指定方法をすべて記憶する必要はありません．まずは，使用頻度の高い基本的な関数から，しっかりマスターしましょう．未知の関数については，ヘルプ機能を活用して，使い方を開拓して行くという方法もあります．

8.9.2 引数を伴わない関数の使用例

引数の数は，関数により，また使用目的により様々で，引数を伴なわずに使う関数もあります．

練習 29 任意のセルに =TODAY() と入力し Enter を押しなさい．(カッコ内には何も入れない)

上で練習した関数は「日付関数」の TODAY です．セルには計算結果として，今日の日付が表示されます (コンピュータのタイマーに設定された日付を返します．) 入力した関数そのものは，数式バーに表示されます．この数式バー上では，数式の修正もできます．ダブルクリックするか，そのセルをアクティブにして F2 キーを押してから修正できます．

練習 30 数式バーをクリックするか，セルをダブルクリックするか，F2 キーを使って，TODAY を NOW に修正して，TODAY 関数と NOW 関数の違いを試してみましょう．

練習 31 練習 30 で関数を入力したセルを右クリックして [セルの書式設定] を選択，[表示形式] の [分類] で [日付] を選び，[種類] の欄でいろいろな日付けの表現を試しなさい．

8.9.3 引数を伴う関数の使用例

次に引数を伴う関数の使い方の練習をしてみましょう．

練習 32　任意のセルをアクティブにして，=SUM(1,10,100) と入力して Enter を押しなさい．

練習 33　A1 から A10 に 1 から 10 までの数字を 1 つずつ入力して A11 に =SUM(A1:A10) と入力して Enter を押しなさい．

上の練習 33 で，引数をマウス操作で指定することもできます．

- =SUM(まで入力 → A1 から A10 までドラッグ (数式バーに =SUM(A1:A10 と表示) → 右閉じカッコ) を入力 → Enter を入力

この操作は，連続した範囲を引数として指定するのに，間違いにくく，しかも効率的な方法です．必ずマスターしておきましょう．

関数を使って計算するには，関数名を間違いなく入力する必要があります．基本的な関数名の入力を効率よく，かつ正確に行なうため，右の [オート SUM] プルダウンメニューが用意されています．使い方は，

1) 答えを表示させたいセルをアクティブにする

2) [オート SUM] ボタン右の ▼ をクリック → 関数を選択

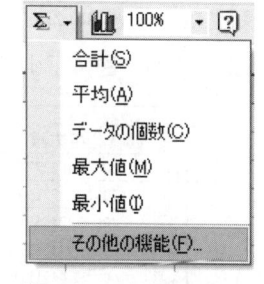

図 8.31　オート SUM

※ オート SUM のプルダウンメニューから，合計 (SUM)，平均 (AVERAGE)，データの個数 (COUNT)，最大値 (MAX)，最小値 (MIN) の 5 つの基本的な関数が選択できます．上記以外の関数を使用する場合は，[その他の機能] を選択して [関数名] の欄で関数名を探すことができます．

3) 引数の範囲を指定する

引数の範囲が，[関数の引数] ダイアログボックスの下になって隠れてしまうときは，ダイアログボックスのタイトルバーをドラッグして移動させるか，当該の引数のボックスのみ小さく表示させるボタン (右図) をクリックしましょう．

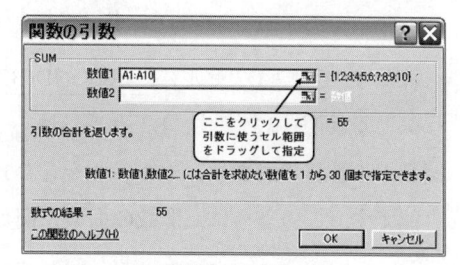

図 8.32　[関数の引数] ボックス

練習 34　上で述べた関数の使い方に慣れるために，平方根を求める関数 SQRT と式の複写機能を使って，右図のように，いろいろな数の平方根を求めてみましょう．

※ ポイント：A2 セルに入力されている数の平方根は =SQRT(A2) で求めます．式の複写には，簡便なフィルハンドルドラッグを使いましょう．

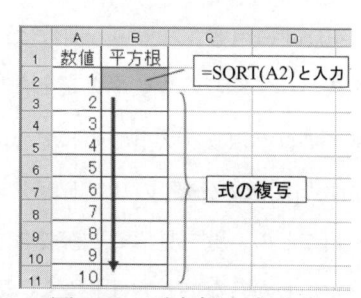

図 8.33　平方根を求める

8.9.4 概数を求める関数

8.5.4 では，実数値の表示について触れました．[小数点表示桁上げ・桁下げ] ボタンは，小数点以下表示桁数を四捨五入によって揃える機能を持っています．しかし，これは画面表示上のことで，セルのデータに関して，実際の四捨五入の計算処理をする訳ではありません．四捨五入や，切上げ，切捨てといった，概数の計算処理には，それぞれ次のような関数が用意されています．

概数を求める関数
- 小数部切り捨て：INT()
- 四捨五入：ROUND(,)
- 切上げ：ROUNDUP(,)
- 切捨て：ROUNDDOWN(,)

ROUND**関数の2番目の引数
- 桁数：丸めた結果の小数点以下桁数
  ・小数第2位までに丸める → 2
  ・整数部だけに丸める → 0
  ・10の位以上に丸める → -1

※ いずれも1番目の引数は [対象となる実数値] で，定数，セル参照，またはセル参照を含む式を入れることができます．

練習35 練習34の平方根の計算シートで，A2:A11 の数値を初項10，公比2の等比数列に変更してから，図に示す概数の計算をしなさい．

図 8.34 概数を求める関数の使い方

練習35 では，D2 セルに =ROUND(B2,1) と入力しました．1番目の引数 [対象となる実数値] は，セル参照 B2 です．B2 セルには，=SQRT(A2) が入力されています．ところで，ROUND 関数の1番目の引数は，セル参照を含む式でもよいので，=ROUND(SQRT(A2),1) という書式も可能です．このように，関数の引数に関数を使う手法をネストといいます．

練習36 練習35で，C2:F2 に入力した式をネストを使った表現に直して，計算しなさい．

Excel に用意されている関数は，300以上もあります．数式バーすぐ左の *fx* ボタンをクリック，[関数の挿入] ダイアログボックス上ですべての関数を探すことができます．[関数の分類] のリストボタンをクリックすれば，分類ごとの一覧を見ることができます．使いたい関数の分類がわからないときは [すべて表示] を選択します．

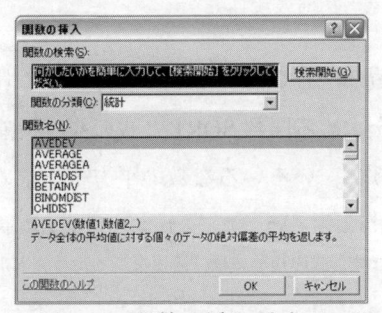

図 8.35 関数の挿入ダイアログ

第8章　Excelの基礎

以下に，[関数の挿入] ダイアログボックスにおけるExcel関数の分類を示します．

表8.9　Excel関数の分類

分類	機能の説明	主な関数	数
最近使用した関数	使用したことのある関数が示されます	-	-
すべて表示	すべての関数を見たいときに選択	-	-
財務	金利や返済額などの財務計算	DB, FV, PMT など	53
日付／時刻	日付や時刻の計算	DATE, NOW, TODAY など	20
数学／三角	四則演算等の組み合わせや三角関数	SUM, EXP, LN など	58
統計	平均，分散など統計量の計算に使う	AVERAGE, VARP, MAX など	80
検索／行列	データの抽出など	VLOOKUP, INDEX など	18
データベース	データベースを扱う計算	DCOUNT, DSUM など	12
文字列操作	文字列の処理	LEFT, RIGHT など	34
論理	IF関数関係	IF, AND, OR, NOT など	6
情報	セルの情報を引き出す	ISNUMBER, CELL など	18
ユーザー定義	ユーザーが定義する	-	-
エンジニアリング	科学技術計算	BESSELJ, BIN2HEX など	40

Excel関数のリファレンスは本書の趣旨ではありませんが，経営科学を学習するうえで不可欠と考えられる関数については，適用例を見て行くことにします．代表的な関数の使い方を知ることで，応用力を養うことが大切です．まずは，統計関数からはじめることにします．

8.9.5　統計関数の使い方

基本的な統計量に関しては，第6章で詳しく解説しましたので参照してください．ここでは，その最も基礎的な部分についてのみ確認しておきます．

表8.10　統計量を求める関数

統計量	関数名
平均値	AVERAGE
不偏分散	VAR
標本分散	VARP
不偏標準偏差	STDEV
標本標準偏差	STDEVP

平均値は，データ全体の中心的位置を示し，分散や標準偏差は，データのちらばりの程度を表す統計量です．分散は，各データと平均値との差の平方和の平均として求められ，標準偏差は分散の平方根です．不偏分散は，データを母集団の標本であるとみなしたときの，標本分散は，データを母集団全体とみなしたときの分散です．不偏，標本標準偏差は，それぞれの平方根です．

練習37　右の表を作成して，網掛け部分の各種統計量を計算しなさい．

※ヒント：偏差値の式は，

$$\frac{個人得点 - 平均点}{標本標準偏差} \times 10 + 50$$

です．式を書くとき，セル参照の種類 (相対, 絶対, 混合) に注意しましょう．

	国語	算数	理科	社会	合計	合計の偏差値
生徒A	80	100	90	78	348	
生徒B	65	100	80	65	310	
生徒C	36	75	65	35	211	
生徒D	100	85	70	85	340	
生徒E	52	50	30	46	178	
生徒F	98	5	60	72	235	
生徒G	52	10	30	85	177	
生徒H	30	55	40	60	185	
生徒I	45	70	50	50	215	
生徒J	78	85	90	66	319	
平均						
不偏分散						
標本分散						
不偏標準偏差						
標本標準偏差						

図8.36　統計関数の使い方

8.9.6 論理関数の使い方

前項の国語の点数について，60点以上なら「合格」，60点未満なら「不合格」と表示させる表をIF関数を用いて作成してみましょう．IF関数の形式は，次のとおりです．

- IF関数： =IF(論理式，論理式が真の場合の出力指定，偽の場合の出力指定)

引数2，3で，セルに文字列を表示させるには，文字列をダブルクォーテーションで囲みます．また，論理式を書く際，「以上」や「以下」のように不等号とイコールを組み合わせる必要があるときは，不等号のあとにイコールを入れます．

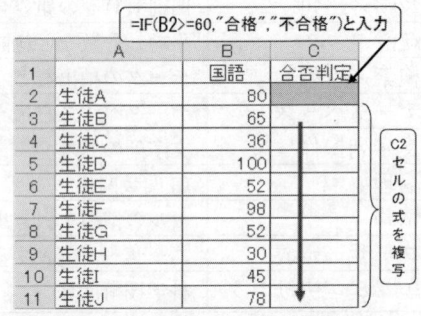

この例で，合否判定のルールは，

- 論理式：生徒の国語の点数 >= 60

  → 真のとき："合格"

  → 偽のとき："不合格"　ですから，

複写元になる最初の生徒Aの合否判定の式は，

=IF(B2>=60,"合格","不合格") です．

引数を伴う関数には，[関数の引数]ダイアログボックスが用意されています．引数を間違いなく指定するだけでなく，関数の正しい利用方法も確認しながら入力できるので，大変便利です．この例の場合，IF関数の[関数の引数]ダイアログボックスでの操作は，右のようになります．

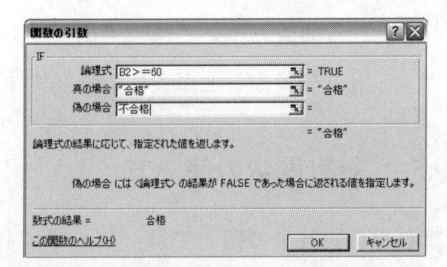

図 8.37　IF関数による論理計算

図 8.38　IF関数の引数ダイアログボックス

次に，国語の点数について，右表のように細かく成績判定を行なうことを考えてみましょう．この手続きは，右のフローチャートで表現できます．この論理計算は，IF関数の引数にIF関数を順次指定して行くことで表します．

表 8.11　成績判定基準

国語の点数	評価
90点以上	S
80点以上 90点未満	A
70点以上 80点未満	B
60点以上 70点未満	C
60点未満	D

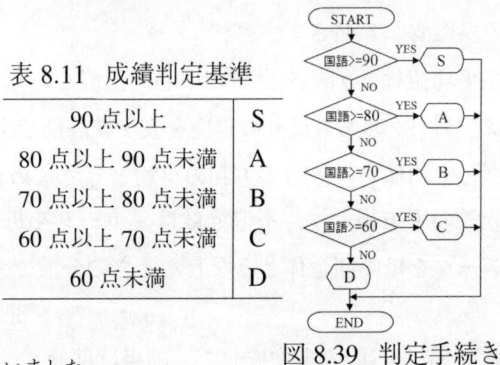

図 8.39　判定手続き

※このように，関数の引数に関数を指定することをネストといいました．
ネストを含む関数の入力は，[関数の引数]ダイアログボックスを使っても，入力ミスしやすいので注意しましょう．

練習38　表8.11の判定基準を，IF関数のネストで表現して，右図の網掛け部分の計算をして，国語の成績評価の判定表を完成させなさい．

※D2セルには，=IF(B2>=90,"S",IF(B2>=80,"A", …))))
を入力します．…のところは，自分で考えてみてください．

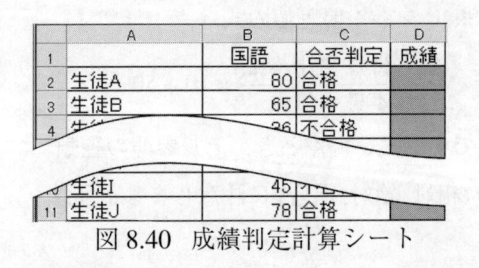

図 8.40　成績判定計算シート

第 8 章　Excel の基礎

練習 39　下表のように取引金額ごとに手数料が定められているとします.

取引金額	手数料
50 万未満	7 %
50 万以上 100 万未満	5 %
100 万以上	3 %

取引金額 (単位:万円)	手数料 (単位:円)	取引金額−手数料 (単位:円)
15		
29		
30		
49		
50		
99		
100		

図 8.41　手数料の計算

このとき, 右図のような, 取引金額から手数料を求める計算表を完成させなさい.

※ 図の網掛け部分に計算式を入力してから, 複写します. 手数料の計算式には, IF 関数のネストを使います.

8.9.7　財務関数の使い方

金利や返済額などの財務計算のためにも, 様々な関数が用意されています. ここでは, ローンの返済額を計算する PMT 関数について見ておきましょう. 形式は, 次のとおりです.

- PMT 関数：　=PMT(利率, 期間, 現在価値, 将来価値, 支払期日)

練習 40　年利 5 % 相当の月利がかかるローンで 50 万円を借りた. 1 年で返済する場合の毎月の返済額がいくらになるか計算してみましょう.
この例で, PMT 関数を利用する際の注意点は,
 1) 年利を 12 で割って月利とします
 2) 期間は 1 年, 毎月返済なので回数は 12 回
 3) 将来価値と支払い期日は指定しない
です. PMT[関数の引数ダイアログボックス] での入力は, 右のようになります.

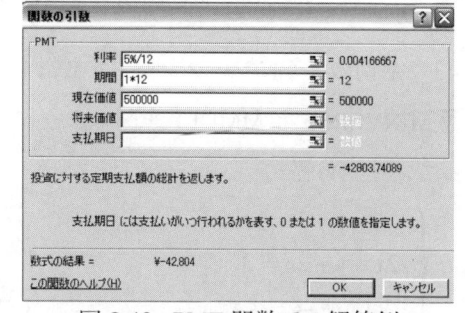

図 8.42　PMT 関数での解答例

または, 任意のセルに, =PMT(5% /12, 1*12, 500000) と入力します. 月々の返済額は 4 万 2 千 804 円であることを確認しましょう (返済額は負の数値として表示されます).

練習 41　年利率 (%), 借入れ金額 (万円), 返済期間 (月) を入力すれば, 毎月の返済額を PMT 関数によって計算するワークシートを作りなさい.

8.9.8　配列数式として使う関数

Excel の配列数式とは, 行列形式つまり矩形の範囲のデータを使って計算する数式です. 1 つの行, 1 つの列も配列です. 配列数式を扱うときは次の 2 点に注意します.
 1) 計算結果も配列になるときは, その範囲指定をしてから, 配列数式を入力します.
 2) 配列数式の入力確定は, Enter だけでなく, Ctrl+Shift+Enter3 つのキーを同時に押す.
　行列の演算に関する数学的知識については, 第 5 章の Part.B で詳しく解説しました. Excel ワー

クシート上でも基本的な行列演算を行えるよう，配列数式として用いる関数が用意されています．MMULTは，行列積を計算する関数です．基本形は，

- **MMULT関数**： =MMULT(配列1, 配列2)

Ctrl+Shift+Enterを同時に押して入力を確定すると，数式バーの上には，{= MMULT(配列1, 配列2)}と表示されます．中カッコで囲まれていることが，配列数式としての入力であることを示しています．次の問題を通じて，配列数式の使い方を覚えましょう．

練習42 右図の手順でMMULT関数を用いて，行列積

$$\begin{pmatrix} 1 & 2 \\ 2 & 1 \end{pmatrix} \begin{pmatrix} 3 & 1 & 2 \\ 1 & 2 & 3 \end{pmatrix}$$

の計算をしなさい．

図8.43 行列積の計算

MINVERSEは，正方行列の逆行列を計算する関数です．基本形は，

- **MINVERSE関数**： =MINVERSE(配列1, 配列2)

逆行列と行列積を組み合わせて使うことで，連立1次方程式を解くことができます．

練習43 右図のようにワークシートを設計し，関数MINVERSEとMMULTを図のように使って，連立方程式

$$\begin{cases} x+y+z=2 \\ 2x+y+2z=3 \\ x+y+2z=1 \end{cases}$$

を解きなさい．

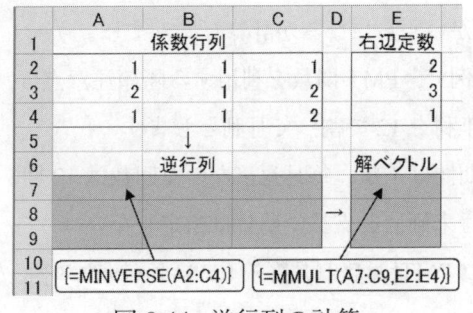

図8.44 逆行列の計算

※配列数式として関数のネストを使えば，=MMULT(MINVERSE(A2:C4),E2:E4) でも解を求めることができます．

8.10 データベース関数

関係データベースとは，データを一定の項目ごとに整理して，蓄積したものです．Excelでは，ワークシート上に入力された右のような表をそのままデータベースとみなすことができます．このとき，「表」全体が"データベース"，「行」は，"レコード"，「列」は，"フィールド"，列の項目名は，"フィールド名"と呼ばれます．

図8.45 データベース用語と表の対応

データベース関数は，データベースを扱うための関数で，Excelでは12種類用意されています．

表 8.12　データベース関数一覧

DAVERAGE	条件を満たすレコードの平均値を返します
DCOUNT	数値が入力されているセルの個数を返します
DCOUNTA	空白でないセルの個数を返します
DGET	データベースから 1 つの値を抽出します
DMAX	条件を満たすレコードの最大値を返します
DMIN	条件を満たすレコードの最小値を返します
DPRODUCT	条件を満たすレコードの積を返します
DSTDEV	条件を満たすレコードの不偏標準偏差を返します
DSTDEVP	条件を満たすレコードの標本標準偏差を返します
DSUM	条件を満たすレコードの合計を返します
DVAR	条件を満たすレコードの不偏分散を返します
DVARP	条件を満たすレコードの標本分散を返します

主な統計関数名の頭に"D"が付いて，データベース関数名になっていますね．基本形は，

- データベース関数：　=関数名 (引数 1, 引数 2, 引数 3)　です．

引数 1：データベースのセル範囲

フィールド名のある行を含めて，データベース全体をドラッグして選択します．他に，データベースの入力されている範囲に名前を定義して指定する方法もあります．

引数 2：フィールド名

フィールド名をダブルクォーテーションで囲んで示す．または，フィールド名のあるセルをクリックしてセル参照を指定するか，リスト中の左から何番目の列かを数字で指定します．

引数 3：検索条件

事前にデータベースの入力された範囲の外に，検索条件を表現する領域を確保します．

引数の指定は，その条件範囲をドラッグするか，範囲名を定義してから指定します．

DSUM 関数は，検索条件を満たすデータの合計値を計算します．基本形は，

- DSUM 関数：　=DSUM(データベースのセル範囲, フィールド名, 検索条件)　です．

練習 44　右図のデータベースには，データの入力された領域の外に，

(1) 11 行目に 1 行目のフィールド名を複写して，検索条件を書き込む領域を設定します．

(2) F11 に「売上げ合計」と書いて，結果を出力するセルを F12 とします．

以上の準備をして，DSUM 関数により，F12 に商品 A の売上金額の合計を求めなさい．

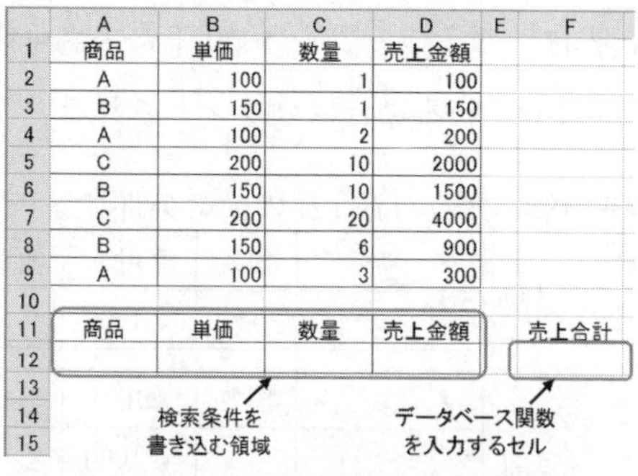

	A	B	C	D	E	F
1	商品	単価	数量	売上金額		
2	A	100	1	100		
3	B	150	1	150		
4	A	100	2	200		
5	C	200	10	2000		
6	B	150	10	1500		
7	C	200	20	4000		
8	B	150	6	900		
9	A	100	3	300		
10						
11	商品	単価	数量	売上金額		売上合計
12						
13						
14						
15						

図 8.46　DSUM 関数の使い方

※ 1) A12 に A と入力 (条件の設定) → 2) F12 セルに，DSUM(まで入力して → 3) 引数 1：データベースの範囲 A1:D9 をドラッグして指定 → 4) 引数 2：フィールドは左から「4」番目 (フィールド名指定なら "売上金額"，セル参照なら D1) → 5) 引数 3：検索条件は，A11:D12 をドラッグして指定 → 6) F12 は =DSUM(A1:D9,4,A11:D12) となり，答えは 600.

練習 45 (1) A12 に B や C と入力したとき，F12 に表示される解を確認しなさい．

(2) DAVERAGE 関数を使って，商品 A，B，C それぞれの売上平均を求めなさい．

練習 46 以下の表を作成してから，DSUM 関数を使って，

(1) 日本のメーカーのバスの生産台数を求めなさい．

(2) 日本のメーカーの乗用車，軽商用車，重トラック，バスの生産台数合計を求めなさい．

	A	B	C	D	E	F	G
1	世界の自動車メーカーの生産台数(2002年)						単位:千台
2	メーカー名	国名	乗用車	軽商用車	重トラック	バス	合計
3	ゼネラルモータース	アメリカ	4,901	3,391	34		
4	フォード	アメリカ	3,607	3,070	53		
5	トヨタ	日本	5,555	398	669	5	
6	フォルクスワーゲン	ドイツ	4,829	164	19	5	
7	ダイムラークライスラー	ドイツ・アメリカ	1,999	2,210	210	37	
8	PSA	フランス	2,894	368			
9	ホンダ	日本	2,931	58			
10	日産	日本	2,165	398	161		
11	現代自動車	韓国	2,185	108	156	193	
12	ルノー	フランス	2,050	279			
13	フィアット	イタリア	1,710	356	105	19	
14	三菱自動車	日本	1,406	215	197	2	
15	スズキ	日本	1,346	358			
16	BMW	ドイツ	1,090				
17	マツダ	日本	864	61	120		
18	Avtovaz	ロシア	703				
19							
20	メーカー名	国名	乗用車	軽自動車	重トラック	バス	合計
21							

図 8.47 世界の自動車メーカーの生産台数

上の世界の自動車メーカーの生産台数のリストで，バスを 100 千台以上生産しているメーカーの生産台数合計を求めてみましょう．

1) 検索条件領域のバスの欄に >= 100 と入力 (他の項目に入力されているデータは削除)

2) データベース領域外の空いているセルに，DSUM 関数を入力

バスを 100 千台以上生産しているメーカーの"数"を求めるには DCOUNT 関数を使用します．上記の式の DSUM を DCOUNT に書き換えてみましょう．

※ DCOUNT 関数では引数 2(フィールド名) を省略することができます．引数を区切るカンマは省略できません．したがって，この問題では =DCOUNT(データベースのセル範囲,, 検索条件) でもよい．

練習 47 重トラックを 1000 千台未満生産しているメーカーの数を求め，重トラックの欄が空欄になっている場合はカウントされないことを確認しなさい．

練習 48 次の (1)，(2) の検索条件でメーカー数を求めた結果の違いについて考察しなさい．

(1)

メーカー名	国名	乗用車	軽商用車	重トラック	バス	合計
		< 1000		>= 100		

(2)

メーカー名	国名	乗用車	軽商用車	重トラック	バス	合計
		< 1000				
				>= 100		

練習 49 (1) 乗用車も軽商用車も 2000 千台以上生産したメーカーの「合計」の平均を求めなさい．

(2) 乗用車か軽商用車を 2000 千台以上生産したメーカーの「合計」の平均を求めなさい．

8.11 データベース機能

データベース機能を使って分析するとき，元のデータの保護は重要です．[Sheet1]に，図8.48のデータが入力されたBookを開きます．[Sheet1]のデータを保護したうえで，データベースの操作練習を行うために，[Sheet2], [Sheet3]を[Sheet1]と同じ内容にしておきます．ひとつの方法は，ワークシートの複写機能を使う次の手順です．

1) [Sheet1]の行・列番号領域の左上隅のコーナーをクリック，シート全体を複写元として選択
   → メニューバーの[編集] → [コピー]
2) [Sheet2]タブをクリック → メニューバー[編集] → [貼り付け]，同様に，[Sheet3]にも複写

もうひとつは，ワークシートを追加して複写する方法で，次の手順になります．

1) Ctrlキーを押しながら[Sheet1]タブを隣のタブまで右へドラッグすると，同じ内容の[Sheet1(2)]が追加されます．同様の操作で，[Sheet1(3)]のシートを追加複写します．
2) [Sheet2]を右クリック → [削除]，同様に[Sheet3]も削除

どちらの手順も，同内容のシートが3枚となります．各シートの名前を次のように設定します．

3) 各シートのタブを右クリック → [名前の変更]を選択 → それぞれ，[元データ], [並べ替え], [オートフィルタ]に書き換え →

8.11.1 データの並べ替え

[並べ替え]と名付けたシートを選択して，データ全体の並べ替え操作を練習します．まずは，いつでも元の状態に戻せるよう，A列の左に「コード」欄を作っておきましょう．

1) 列番号領域で「A」列を右クリック → [挿入]を選択
2) A2セルに，文字列として コード を入力
3) A3から縦に， 1, 2, 3, …, 16 を入力．8.3.4で学んだオートフィル機能を使いましょう．

最も簡便な並べ替えの操作には，[標準]ツールバーの[昇順で並べ替え]ボタン と，[降順で並べ替え]ボタン を使用します．[昇順]は小さい方から大きい方へ，[降順]は大きい方から小さい方へ並べ替えを意味します．

＜「乗用車」の生産台数の大きい順＞に並べ替える場合は，次のようにします．

1) データベースの「乗用車」フィールドの範囲D2:D18のどこかをクリックして，
2) [降順で並べ替え]ボタン をクリック

並べ替えを元に戻すとき，直後なら[元に戻す]ボタンをクリックするか，「コード」フィールドのA2:A18のどれか1つのセルをアクティブにして[昇順で並べ替え]ボタンをクリックします．

練習50 (1) バスの生産台数の多い順に並べ替えなさい．

(2) 「国名」の昇順に並べ替えなさい．また，降順に並べ替えなさい．

※ 文字列データの「国名」をキーにして並べ替えると，同じ国名のデータが続く，国別分類表が得られます．

次に，＜国名別で，同じ国名では乗用車生産台数の多い順＞に並べ替えるとしましょう．このような場合には，次図の[並べ替え]ダイアログボックス上で，複数のキーを指定します．手順は，

1) データベース内(データ表)のどこかをクリック
2) メニューバーの[データ] → [並べ替え] を選択
 → [並べ替え] ダイアログボックスが表示されるので，
3) [最優先されるキー] リストから「国名」を選択
 → [昇順] を選択
4) [2番目に優先されるキー] のリストから「乗用車」を選択 → [降順] を選択 → [OK]

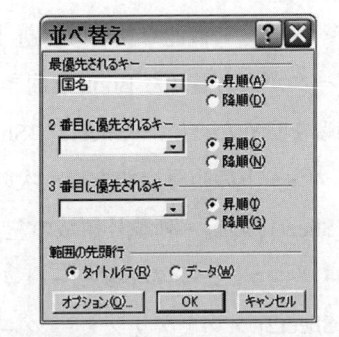

図 8.48: 並べ替えダイアログボックス

練習 51 国名の降順で分類して，同じ国名では合計生産台数の昇順で並ぶように並べ替えなさい．

8.11.2 オートフィルタによるデータの抽出

[オートフィルタ]と名付けたシートを使って，フィルタ機能(抽出)の練習をしてみましょう．
1) リスト内のどこかをクリックして，メニューバー [データ] → [フィルタ] → [オートフィルタ]
2) 各フィールド名のセルにプルダウンボタンが表示されます
3) 抽出のキーとなる項目のプルダウンボタンをクリックして該当する言葉を選択したり，(オプション...) から [オートフィルタオプション] ダイアログボックスで抽出条件を指定します

※フィールド名の各セルに，プルダウンボタンが表示される状態を解除するには，メニューバーの[データ]から，[フィルタ]を選択，再度[オートフィルタ]をクリックして，チェックをはずします．

練習 52 アメリカのデータを抽出して確認したあと，全データが表示される状態に戻しなさい．

次に，＜乗用車の生産台数が，2000千台以上3000千台未満＞のデータを抽出してみます．
1) 乗用車のプルダウンボタンをクリックして [オプション] を選択
2) 表示される [オートフィルタオプション] ウィンドウの左上のテキストボックスに 2000，
 右上のテキストボックスのプルダウンボタンをクリック → [以上] を選択
3) 条件の結合子に，[AND] が選択されているのを確認
4) 左下のテキストボックスに 3000 を入力 → 右下のテキストボックスのプルダウンボタン
 をクリック → [より小さい] を選択 → [OK]

◇ ワイルドカード指定について

[オートフィルタオプション] ダイアログで説明されていた，? と * は，ワイルドカード指定と呼ばれます．? で任意の1文字，* で文字数に関係なく任意の文字列を指定できます．

例えば，＜メーカー名が3文字＞のデータを抽出する場合，メーカー名のプルダウンボタンをクリック → [オートフィルタオプション] ダイアログボックスで，左上のテキストボックスに ???

第 8 章　Excel の基礎　　　　　　　　　　　　　　　　　　　　　　　　　　　　　　285

と入力し，右上のテキストボックスを [と等しい] → [OK] で，7つのメーカーが抽出されます．

＜メーカー名が「フ」で始まる＞データを抽出するには，[オートフィルタオプション] ダイアログで，左上のテキストボックスに フ* と入力 → 右上のテキストボックスを [と等しい] → [OK]，または，左上のテキストボックスに フ と入力 → 右上のテキストボックスを [で始まる] → [OK]．

練習 53 (1) 全データから国名が 2 文字のデータを抽出しなさい．

(2) 全データから国名に「イ」の字が含まれるデータを抽出しなさい．

8.11.3　ピボットテーブルによるクロス集計

下図のようなデータのクロス集計には，[ピボットテーブル/ピボットウィザード] を使います．

図 8.49　各国の発電状況の表とクロス集計表 (ピボットテーブル)

操作手順は，まずデータ表領域内のどこかのセルをクリックしてから，

1) メニューバーの [データ] → [ピボットテーブルとピボットグラフレポート] を選択
2) 表示される [ピボットテーブル/ピボットウィザード-1/3] ダイアログボックスで，
  ・分析するデータのある場所 → [Excel のリスト/データベース]
  ・作成するレポートの種類 → [ピボットテーブル] が選択されていることを確認 → [次へ]
3) 同 [ウィザード-2/3] では，データ範囲を確認して → [次へ]
4) 同 [ウィザード-3/3] では，[ピボットテーブルレポートの作成先] → [既存のワークシート] → 作成先のワークシート上の位置 (ここでは，E2 セル) を指定して → [完了]

以上で，右図のような [ピボットテーブルのフィールドリスト] ダイアログボックスが現れるので，

5) 「国名」を行のフィールド，「種類」を列のフィールド，「発電量」をデータアイテムの領域に，それぞれドラッグ＆ドロップしてピボットテーブルを完成させます．
6) ピボットテーブルの任意のセルをアクティブにして，[グラフウィザード] ボタン をクリックすると，クロス集計結果が棒グラフで表示されます．

図 8.50　フィールドリスト

練習 54　図 8.50 のようにデータを入力，クロス集計表を完成させて，棒グラフで表示しなさい．

8.12 Excel VBA マクロの使い方

　Excel の VBA マクロは，ワークシート上の操作や処理命令を含むプログラミング機能です．これまで学んできた Excel 上の操作はすべて，「VBA マクロ」の命令を使って表すことができます．VBA マクロは，それらの命令をどのような手順で実行するかを記述した命令書=プログラムです．どんなに複雑な連続操作でも，マクロとして記述し登録しておくことで，簡単に実行することができます．マクロには，同じ操作の繰り返しをなくしたり，複雑な操作を簡単な操作に置き換えたり，入力ミスや操作ミスを防ぐといった効果が期待できます．Excel のマクロは，VBA(Visual Basic for Application) の名が示すとおり，ベースには Visual Basic という本格的な言語開発環境が備わっています．したがって，Excel 上の操作だけでは難しい，複雑な判断や多数回の繰り返しを伴う高度なデータ処理も，マクロを作成することによって実現可能です．

　マクロを作成する方法は 2 つあります．1 つは，「マクロの記録」と呼ばれる簡便な方法です．ワークシート上で，[記録開始] から [記録終了] の指示を出すまでの間に，実際に Excel の操作を行い，その操作内容をマクロとして記録・登録します．この方法を使えば，Excel の操作に慣れてさえいれば，誰でもマクロを作ることができます．もう 1 つは，VBA プロジェクト開発環境のエディタ上で，文法にしたがって VBA プログラム (プロシージャ) を記述し，マクロとして登録する方法です．自力でプログラムを記述しますので，Visual Basic 言語の文法と基本的命令に関する知識が必要ですが，前述の「操作の記録」方式より，高度な処理もできるようになります．

　「自力で記述」というと，いかにも難しそうですね．確かに，ワークシート操作に関わる VB for Excel 固有の命令は，意味は分かりやすくても，表現形式は複雑なものが多く含まれています．これらをすべて頭に入れたうえで，間違いなく記述するのは，プログラミングになれた人にとっても事実上不可能でしょう．そこで，操作に関わる命令を記述するときは，「操作の記録」方式によって別にテスト的プロシージャを生成して，必要な命令箇所を作成中のプロシージャにコピー＆ペーストします．この「操作の記録」併用型「自力で記述」方式が，表現の自由度が高く作業性も良いので，最も現実的な方法と言えましょう．

8.12.1　マクロを学ぶ準備

　Excel のマクロには，コンピュータウィルスが含まれる危険性があり，通常はマクロが使えない設定になっています．

　VBA マクロを学ぶにあたり，次の手順にしたがって，セキュリティレベルを「高」から「中」に変更しておきましょう．なお，変更したレベルは，次回起動時にも維持されます．

1) メニューバー [ツール] → [マクロ]→ [セキュリティ] 選択
2) [セキュリティ] ボックスで [中] を選択 → [OK]

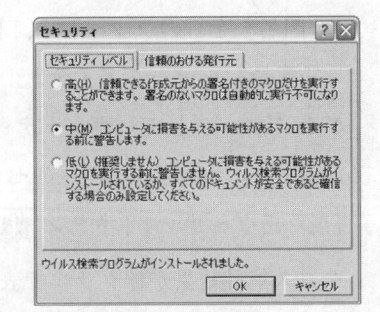

図 8.51　起動時の確認ウィンドウ

また，マクロを登録したBookを開く際，マクロを有効にするか無効にするかを問うダイアログボックスが表示されます．少なくとも，マクロを使う間は，[マクロを有効にする] を選びましょう．

以上で，マクロを学ぶ準備が整いました．

図 8.52 起動時の確認ウィンドウ

8.12.2 操作の記録によるマクロ作成

次の処理をするマクロを，操作の記録によって作成し，「曜日」という名前で登録しましょう．

例題1 「曜日」マクロ：
　　A1セルに「日曜日」を入力し，A7セルまで順次，1週間分の曜日をオートフィルします．

操作の記録方式は，右図の手順に従います．記録 [開始]〜[終了] の間に，実際に行った操作が記録されるだけ，という実に簡単な仕組みです．

ただし，操作を間違えると，それも記録されてしまいます．事前に操作の練習をしてから [開始] しましょう．また，[終了] を忘れてしまうと，もっと困ったことになります．[開始] 後のすべての操作が記録され続け，長大で，おそらくは，ほとんど無意味なマクロが生成されることになります．以上，十分注意した上で，例題に取りかかりしょう．

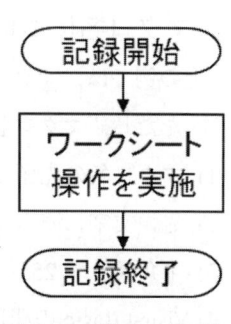

図 8.53 操作の記録

「曜日」マクロの作成

1) **記録開始前：** メニューバー [ツール] → [マクロ] → [新しいマクロの作成]
　　・マクロ名 → 表示されている"Macro*"を消して，曜日 と入力
　　・ショートカットキー → Ctrl+aで動作するように，<u>a</u> と入力
　　・マクロの保存先 → [作業中のブック] のまま → [OK]

これで，画面上に [記録終了] ツールバーが表示され，ステータスバーには [マクロの記録中] と表示されます．次に，記録する実際の操作を開始します．

2) **操作の記録：** A1をアクティブにする (すでにA1がアクティブでも改めてA1をクリック)
→ <u>日曜日</u> と入力 → オートフィル：A1のフィルハンドルをA7までドラッグ → A8をクリック

3) **記録終了：** [記録終了] ボタンをクリック．

以上で，「曜日」マクロが完成しました．作業中のBookを上書き保存しておけば，マクロも同時に登録されます．なお，操作記録途中の画面は，次図のようになっていたはずです．

※ 3) で，画面上に [記録終了] ツールバーが見当たらないときは，] ツールバー非表示の設定になっています．
　メニューバー [表示] → [ツールバー] → [ユーザー設定] → [記録終了] にチェックを入れて，表示の設定になります．

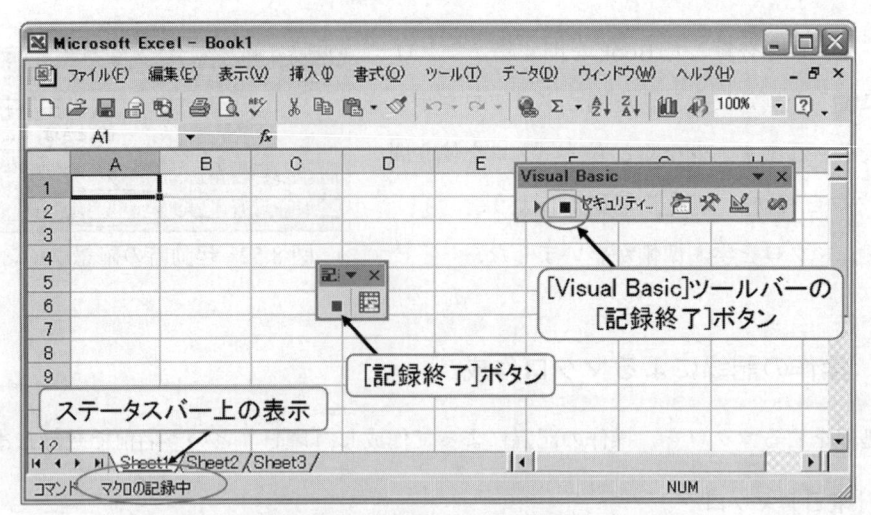

図 8.54　操作記録中の画面：[記録終了] ツールバー

◇ マクロ名について

　上の例では，マクロ名を「曜日」としましたが，内容がわかりやすいものにすると良いでしょう．ただし，マクロ名の設定には，いくつかのルールがありますので，注意しておきましょう．

1) マクロ名の先頭は，必ず文字でなければなりません．数字や記号は先頭には置けません．
2) 先頭文字に限らず，スペース，ピリオド，感嘆符，@,&,$,# などの記号は使えません．
3) 半角換算で 255 文字までの長さにおさめます．全角 1 字は半角 2 文字分として数えます．
4) Visual Basic の関数名やコマンドなど，予約語は使えません．
5) アルファベットの大文字と小文字は区別されません．

練習 55　「曜日」マクロを作成し，ショートカットキーで動作を確認しなさい．

8.12.3　マクロの実行

　マクロを実行する操作は，ショートカットキー以外にも何通りかあります．作成した「曜日」マクロを例に説明します．なお，実行結果を正しく確認するために，実行前には，前回の表示結果を消去しておきましょう．

I) メニューバーからの操作：

1) メニューバーの [ツール] → [マクロ] → [マクロ]
2) マクロ名が「曜日」になっているのを確認して → [実行] ボタンをクリック

II) [Visual Basic] ツールバーの [マクロの実行] ボタン：

1) [マクロの実行] → [マクロ] ダイアログボックス表示
2) そのリストボックスで,「曜日」マクロを選択して，
　 → [実行] ボタンをクリック

図 8.55　[Visual Basic] ツールバー

[Visual Basic] ツールバーは，メニューバーから，[表示] → [ツールバー] → [Visual Basic] の操作で常駐させることができます．マクロ記録中は，図 8.54 のように，左から 2 番目が [記録終了] ボタン ■ になりますが，通常は，図 8.55 のように [マクロの実行] ボタン ● が表示されます．

[マクロの実行] ● クリックで，右図の [マクロ] ダイアログボックスが表示されます．ここから，マクロの実行ができるほか，[編集] ボタンでマクロの編集画面を呼び出すこともできます．マクロ活用中何かと便利な [Visual Basic] ツールバーは，いつも表示させておきましょう．

最後に，次のようなボタンフォームを使う，スマートな方法を紹介しておきます．

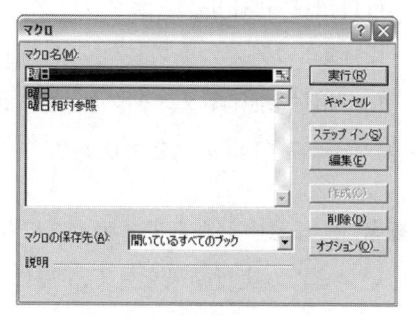

図 8.56 [マクロ] ダイアログボックス

III) ボタンフォームを使う実行方法：

1) メニューバーの [表示] → [ツールバー] → [フォーム] で，
2) 右図のような [フォーム] ツールバーが現れるので，
   → [ボタン] フォームを選んで，ワークシートの適当な位置に配置
3) [マクロの登録] ダイアログボックスが現れるので，
   → リストボックスから，「曜日」マクロを選択して，対応づける
   → ボタンの表示「ボタン**」を「曜日」に直しておく

以上の操作をしておけば，[曜日] ボタンをクリックするだけで，いつでも「曜日」マクロを実行できるようになります．

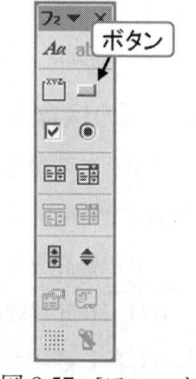

図 8.57 [フォーム]ツールバー

8.12.4 相対参照について

ここで次の例題を考えてみましょう．

例題 2 「相対参照曜日」マクロ：
　アクティブセルに「日曜日」を入力し，その下に順次，1 週間分の曜日をオートフィルします．

前に作成した「曜日」マクロは，常に A1 セルを先頭に，A1:A7 の範囲に 1 週間分の曜日を表示します．これに対し，例題 2 は，任意に選んだアクティブなセルの位置を基準に表示します．このようなマクロを作成するには「相対参照」機能を使う必要があります．

相対参照とは，現在のアクティブセルからの相対的な位置関係で他のセルの位置を指定する方法です．一方，「曜日」マクロのようにアクティブセルに関係なく，いつも決められたセルを対象とする方法を「絶対参照」といいます．

マクロ記録中に相対参照を使いたいときは，その操作の直前に [記録終了] ツールバーの [相対参照] ボタン をクリックします．相対参照モードは次に [相対参照] ボタンをクリックするまで続きます．相対参照を使う操作の記録は，次のようになります．

1) 任意のセルをアクティブにします
2) [記録開始] ボタンクリック → マクロ名は「曜日相対参照」，ショートカットキーは，Ctrl+b
3) 操作の記録：
 (1) [相対参照] ボタンをクリック
 (2) 現在のアクティブセルに 日曜日 と入力 → 下に，1週間分オートフィル
 (3) [相対参照] ボタンをクリック (相対参照モードの解除のため)
4) [記録終了] ボタンをクリック

練習 56 任意のセルをアクティブにしてから，「曜日相対参照」マクロを実行してなさい．また，実行結果を見て，「曜日」マクロとの違いを確認しなさい．

◇ マクロの削除
1) メニューバーの [ツール]→[マクロ]→[マクロ]
2) マクロの一覧から削除したいマクロを選択して，右側の削除ボタンをクリック

◇ マクロの保存先について
これまでマクロの保存先は [作業中のブック] としていました．この設定では，作成したマクロは他の Book で使用することができません．どの Book でも共通に使用できるマクロにしたいときは，マクロの保存先を [個人用マクロブック] とします．ただし，個人用マクロブックに保存されたマクロは Excel 起動時に必ずメモリに読み込まれてしまいます．個人用マクロブックへのマクロの保存は特に理由がないときは行なわない方がよいでしょう．

次に，マクロが Excel 内部でどのように記述されているかをみてみましょう．ここから，VBA の世界に入っていきます．Excel VBA は，Windows 上のプログラム言語 Visual Basic を，Excel 上で使用できるよう機能を付け加えた言語環境です．

8.12.5 VBA の編集

まず，今まで作成してきた 2 つのマクロが，Visual Basic for Excel という言語によって，どのように記述されているかを見てみましょう．

◇ マクロの記述を見る手順
1) [Visual Basic] ツールバーの [Visual Basic Editor] ボタンをクリック
 または，メニューバー [ツール]→[マクロ]→[Visual Basic Editor]
2) これで通常は，次図に示すように [コード] ウィンドウ，[プロジェクトエクスプローラ]，[プロパティ] ウィンドウと呼ばれる 3 つの窓が開きます．
 ※ [コード] ウィンドウが，開かないときは，[プロジェクトエクスプローラ] のツリーで [標準モジュール] の下にある [Module1] をダブルクリック．[Module1] が表示されていないときは，[標準モジュール] をダブルクリックします．
3) [コード] ウィンドウが，Visual Basic Editor 本体です (以下，VB Editor と表記)．ここには，現

第 8 章　Excel の基礎　　291

在メモリーにロードされて，いつでも実行可能な VBA マクロプログラムのソースコードが表示されます．テキストエディタになっているので，ソースコードを直接編集することが可能です．

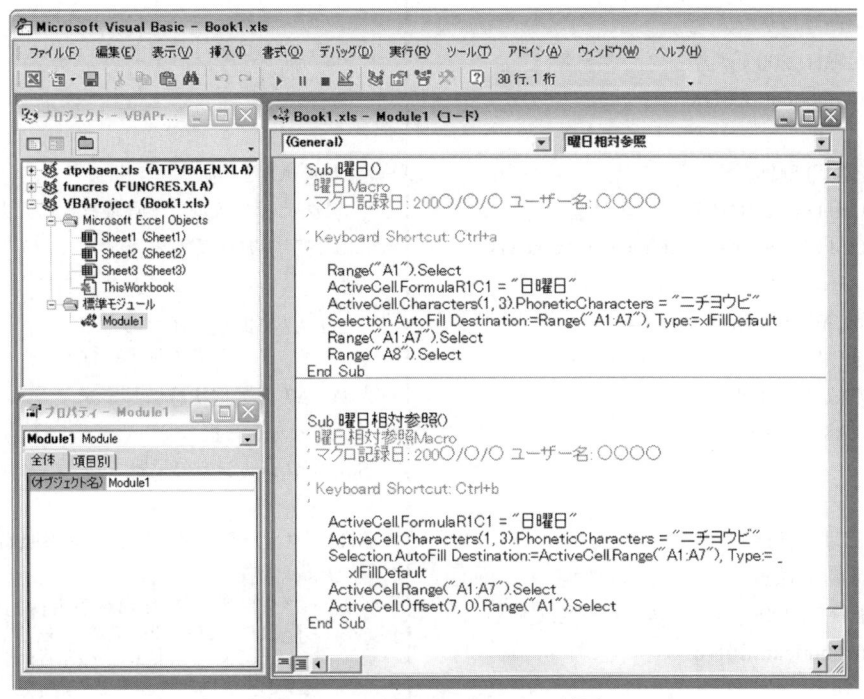

図 8.58　Visual Basic Editor 画面

練習 57 [Module 1] の内容が表示されている [コード] ウィンドウで，Sub 曜日 () から End Sub までが 1 つのマクロに対応しているのを確認しよう．次の Sub 曜日相対参照 () から End Sub までの記述も確認し，2 つのマクロのどこがどのように違うかも確認してなさい．

　Sub…End Sub の間を「Sub プロシージャ」といいます．プロシージャ(手続き) とは，実行時に 1 つの単位として処理されるコードの集まりのことで，Sub 曜日 () の例では，Excel 上での"操作" が，VBA で定められた文法にしたがって表現したものと捉えてください．なお，プロシージャには，「Sub プロシージャ」の他に「Function プロシージャ」と，本書では触れませんが「Property プロシージャ」があります．

　「曜日」マクロと「曜日相対参照」マクロを続けて作成したときは，どちらも [Module1] に登録されますが，「曜日」マクロを記録したあと一度 Book を閉じて，再度同じ Book を開いてから，「曜日相対参照」マクロを記録すると，2 つ目のマクロは [Module2] になります．同じモジュール内に連続で記録されても，別々のモジュールとして記録されても，「曜日」が 1 つのプロシージャ，「曜日相対参照」も 1 つのプロシージャです．「プロシージャ」は，個々の「マクロ」に対応するものと捉えておきましょう．

　以下に，操作の記録によって作成した，「曜日」および「曜日相対参照」Sub プロシージャのソースとその処理内容を解説しておきます．さらに詳しく知りたいときは，知りたい単語をクリックして，キーボードの F1 キーを押すとヘルプ機能が起動して説明が表示されます．

VBA ソースコード	処理内容の解説

Sub 曜日 ()
' 曜日 Macro
' マクロ記録日: 200 ○/○/○ ユーザー名: ○○
' Keyboard Shortcut: Ctrl+a
'
   Range("A1").Select
   ActiveCell.FormulaR1C1 = "日曜日"
   ActiveCell.Characters(1, 3).PhoneticCharacters _
     = "ニチヨウビ"
   Selection.AutoFill Destination:= _
     Range("A1:A7"),Type:=xlFillDefault
   Range("A1:A7").Select
   Range("A8").Select
End Sub
	Sub プロシージャ名：曜日 ()
	コメント行
	  ・マクロ名「曜日」
	  ・記録日とユーザー名
	  ・ショートカットキー：Ctrl+a
	
	セル A1 を選択
	アクティブセルに「日曜日」と入力
	3 文字の振り仮名を
	    「ニチヨウビ」とします
	A1:A7 に既定タイプの
	    オートフィルを実行
	A1:A7 を選択状態にします
	A8 セルを選択
	Sub プロシージャの末尾

Sub 曜日相対参照 ()
' 曜日相対参照 Macro
' マクロ記録日: 200 ○/○/○ ユーザー名: ○○
' Keyboard Shortcut: Ctrl+b
'
   ActiveCell.FormulaR1C1 = "日曜日"
   ActiveCell.Characters(1, 3).PhoneticCharacters _
     = "ニチヨウビ"
   Selection.AutoFill Destination:=ActiveCell. _
     Range("A1:A7"),Type:=xlFillDefault
   ActiveCell.Range("A1:A7").Select
   ActiveCell.Offset(7, 0).Range("A1").Select
End Sub
	Sub プロシージャ名：曜日相対参照 ()
	コメント行
	  ・マクロ名：「曜日相対参照」
	  ・記録日とユーザー名のメモ
	  ・ショートカットキー：Ctrl+b
	
	アクティブセルに「日曜日」と入力
	3 文字の振り仮名を
	    「ニチヨウビ」とします
	アクティブセルを A1 に相対参照した"A1:A7"
	    に既定タイプのオートフィル実行
	相対参照した"A1:A7"を選択状態
	アクティブセルから 7 つ下のセルを選択
	Sub プロシージャの末尾

　上の例は，操作を記録することで作成したマクロを VB Editor の画面で確認したものですが，判断や繰り返しを伴うような，少し込み入った処理をマクロで表現しようとするときは，この手順だけでは不充分です．本格的に VBA マクロを活用するためには，VB Editor で，プロシージャを直接記述する手順が必要になります．以下では，新しい Book を開いて，条件分岐のプロシージャを作成する練習をしてみましょう．

◇ 直接記述によるプログラム作成

例題 3　「合否判定」マクロ：　[Sheet1] の A1 セルに任意の数字を入力させ，その値によって，
　　　次の 2 種類のメッセージ　・60 以上なら「合格」　・60 未満なら「不合格」　を表示します．

　直接記述によるプログラム作成は，VB Editor 上で行う作業です．ここでは，空白の Book を開いて，また白紙の VB Editor を呼び出すところから始めます．

第8章　Excelの基礎

1) [Visual Basic] ツールバー → [Visual Basic Editor] で，VB Editor を呼び出す
2) VB Editor のメニューバーから [挿入]→[標準モジュール] を選択します．または，右図の標準ツールバー [ユーザーフォームの挿入] のプルダウンボタン ▼ をクリック → [標準モジュール] 選択
3) 編集画面で，次のソースコードを入力します．

この▼をクリックして「標準モジュール」を選ぶ

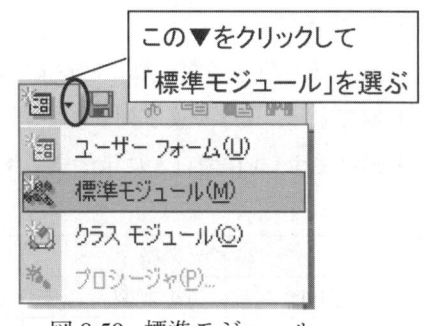

図 8.59　標準モジュール

ソースコード	処理内容の解説
Sub 合否判定 ()	Sub プロシージャ 合否判定 ()
Dim InputData As Integer	変数 InputData を Integer 型として宣言
InputData = Range("A1").Value	InputData に A1 セルの値を代入
If InputData >= 60 Then	If InputData >= 60 ならば，
MsgBox "合格"	メッセージボックスに「合格」と表示
Else	そうでなければ
MsgBox "不合格"	メッセージボックスに「不合格」と表示
End If	If 末尾
End Sub	Sub プロシージャ末尾

◇ ソースコードを入力する際の注意点

1) 引用符" "で囲まれた全角文字以外は，スペースも含め，すべて半角英数で入力すること．
2) プログラムの構造をわかりやすくするために，行のはじまりにインデントをつけるときには，半角スペースか [Tab] キーを使います．[Tab] を戻すには [Shift] + [Tab] キーを使います．ただし，インデントの有無は，プログラム動作には関係しません．空行の有無も同様です．
3) 英文字の大文字と小文字は，区別せずに入力しても構いません．予約語は，入力中に自動的に，小文字が大文字に，またその逆に変化することがあります．
4) 入力中に，次に入力すべき予約語の候補が，リスト形式に表示されることがあります．この場合，ダブルクリックして選択しても，また選択せずにキーボード入力を続けてもかまいません．

　例のソースコードの意味を理解するために，最低限必要な文法上の知識に触れておきましょう．

◇ VB の基礎的な文法 I

i) 変数と変数名

　変数とは，何らかの値を入れることのできる入れ物と捉えましょう．他のステートメントと識別するため，変数にはそれぞれ固有の名前をつけます．VB の予約語以外であれば，半角英数文字を使って，適当な名前を付けることができます．例では，InputData という名前の変数を使っています．

ii) データ型

値を入れるものが変数といいましたが，値とひとくちに言っても，整数や実数のような数値も値ですし，文字や文字列も値です．これら値の種類をタイプ分けしたものを，**データ型**(Type)と呼びます．VB では次に示すデータ型が用意されています．

表 8.13 データ型

データ型		扱える値の範囲	使用メモリ
Byte	バイト型	0〜255	1 バイト
Boolean	ブール型	真 (True) または偽 (False)	2 バイト
Integer	整数型	-32,768〜32,767	2 バイト
Long	長整数型	-2,147,483,648〜2,147,483,647	4 バイト
Single	単精度浮動小数点数型	有効桁数 7 桁，およそ $\pm 10^{\pm 38}$ オーダーの実数値	4 バイト
Double	倍精度浮動小数点数型	有効桁数 15 桁，およそ $\pm 10^{\pm 300}$ オーダーの実数値	8 バイト
Currency	通貨型	通貨	8 バイト
Date	日付型	日付と時刻	8 バイト
String	文字列型	文字列	約 63KB(固定長) 約 2GB(可変長)
Object	オブジェクト型	オブジェクト	4 バイト
Variant	バリアント型	型を指定されていない変数は，このデータ型として認識される	−

iii) **変数宣言**　形式：Dim 変数名 As データ型

プログラム中で使う変数に対して，それに入れる値のデータ型を決めておくことを**変数宣言**といいます．例では，Sub プロシージャの冒頭に，次の変数宣言をしています．

- Dim InputData As Integer

InputData という名前の変数に Integer 型を宣言して，この変数には，-32,768〜32,767 の範囲の整数値を入れることを決めています (値の範囲については，表 8.13 参照)．

iv) **代入文**　形式：変数名=値または式

変数に値を入れるための最も基本的な命令です．左辺の変数名の変数に，右辺の値，または，式の計算結果の値を代入します．例では，次の代入文が使われています．

- InputData = Range("A1").Value

A1 セルの値を変数 InputData に代入しています．

VB では，条件式として用いられる等式と同じ形式を用いますが，意味はまったく違います．代入文は，「右のものを左の変数に入れる命令」です．等式と混同しないようにしましょう．

v) **If 文**　形式：If 条件式 Then 命令 A Else 命令 B

条件式が真なるとき命令 A を実行，偽のとき命令 B を実行します．偽のとき実行すべき命令

がなければ，Else 以下は省略できます．命令 A，B の部分を複数のステートメントで表す必要があるときには，次の形式になります．

If ... Then ... Else **構文**

 If 条件式 Then
  命令 A_1：命令 A_2：…：命令 A_m
 Else
  命令 B_1：命令 B_2：…：命令 B_n
 EndIf

※ VB では，1 行に 1 つのステートメントを書くのが原則です．複数のステートメントを 1 行に書く必要があるときは，間をコロン：で区切ります．
　つまり，左の形式で，コロン：のところは，代わりに改行を入れるのと同じことです．

例では，形式 2 を用いましたが，Then 以下も Else 以下も単一の命令ですから，

- If InputData >= 60 Then MsgBox "合格" Else MsgBox "不合格"

という 1 行ステートメントの形式を使うこともできます．このときは，EndIf は不要です．

◇ コンパイルエラーについて

「合否判定」マクロのソースコードが入力できたら，実行してみましょう．

1) VB Editor を閉じるか，ツールバーの [表示 Microsoft Excel] ボタン をクリックして，ワークシート画面にもどります．
2) A1 に，適当な数字を入力して Enter キーで確定しておく．
3) マクロの実行ボタンをクリックし，「合否判定」マクロを実行します．

このとき，一度で正しく動作しないかもしれません．キーボードからの入力ミスなどがあると，コンパイルエラーの表示が出て，強制的に VB Editor の画面に戻されてしまいます．**コンパイルエラー**とは，作成したソースコードに VB の文法上のエラーがあって，コンピューターが唯一理解できる言語＝機械語に正しく翻訳 (コンパイル) できなかったことを意味します．VB Editor 上で，文法上のミスを含む行が反転表示されるので，ミスの内容をよくチェックして修正します．ツールバーの [継続] ボタンをクリックで，再度コンパイルしてから実行しましょう．

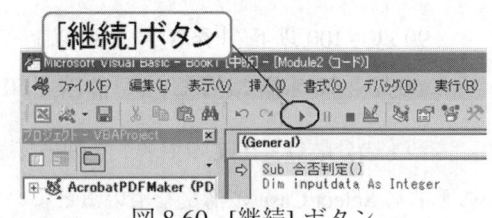

図 8.60 [継続] ボタン

練習 58

(1) 例題 3 の「合否判定」マクロを作成し，動作確認をしなさい．
(2) 「合否判定」マクロは，A1 セルの値のみを判定するが，任意に選んだアクティブセルの値について，同様の判定をするマクロに修正しなさい．
(3) ワークシート上にボタンフォームを置いて，「合否判定」と表示します．この [合否判定] ボタンクリックで，(2) のマクロを起動できるようにしなさい．

※ (2) は，ソースコードの InputData = Range("A1").Value を InputData = ActiveCell.value に書き換えます．

◇ 実行時エラーについて

コンパイルエラーについて述べたとおり，作成したマクロは，1箇所でも文法上のエラーがあると実行できません．逆に言うと，実行できるということは文法上のエラーはなくなったということです．しかし，例えば，50,000 と入力したセルをアクティブにして，練習58で修正した「合否判定」マクロを実行すると，オーバーフローエラーの表示が出て，実行停止してしまいます．

これは，Integer 型 (-32,768～32,767 の整数値) を宣言した変数 InputData に，型の範囲を超える値を代入しようとしたためです．このように，文法上のエラーはなくても，実行時に発生するエラーがありうることを知っておきましょう．実行時エラーが発生したら，右図のエラーボックスの [終了] ボタンをクリックして，停止中のマクロを終了させましょう．

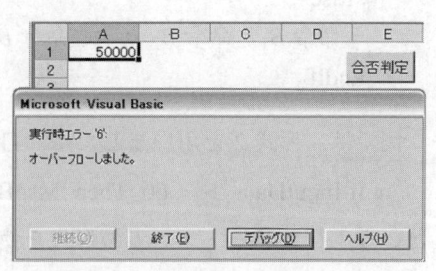

図 8.61 オーバーフローエラー

◇ VB の基礎的な文法 II

vi) 多条件分岐：Select Case 文

既に，If 文を使った2つの条件分岐については学びました．3つ以上の条件分岐も，If 文の条件文に If 文を使う，If 文のネストによって表現することは可能です．しかし，分岐の数が増えると，複雑な構文になって間違いやすいという難点があります．ここでは，次の例題を通じて，多条件分岐をシンプル表現する構文について見ておきましょう．

例題4 「成績評価」マクロ：
アクティブセルに入力された任意の数値によって，次の6種類のメッセージを表示させる Sub プロシージャを作成しなさい．

・90以上100以下：「秀/S」　・80以上90未満：「優/A」　・70以上80未満：「良/B」

・60以上70未満：「可/C」　・0以上60未満：「不可/D」　・0～100以外：「評価不能/F」

6つもの分岐は，If 文のネストを使って表すと複雑になりすぎます．このようなときには，次の形式の Select Case の構文を用いるとよいでしょう．

Select Case 構文
Select Case 変数
　Case 条件1
　　処理1
　Case 条件2
　　処理2
　　　　︙
　Case 条件n
　　処理n
End Select

※ 変数に数型の変数を選んだ場合，
Case に続く「条件」のところには，変数に関わる条件として，次の表現が可能です．
- a ： 変数がある値 a をとる
- is >a ： 変数がある値 a より大 (小は，<)
- is >=a ： 変数がある値 a 以上 (以下は，<=)
- a to b ： 変数が値 a から b の範囲にある
- Else ： 他の条件を満たさない

練習58の「合否判定」マクロをベースに，Select Case 文を用いて，次のように発展させてみます．

第 8 章　Excel の基礎

ソースコード	処理内容の解説
Sub 成績評価 ()	Sub プロシージャ 成績評価 ()
Tokuten = ActiveCell.Value	Tokuten にアクティブセルの値を代入
Select Case Tokuten	Select Case 条件分岐：Tokuten の値が,
Case 90 To 100: MsgBox "秀/S"	90 から 100 ならば，メッセージボックスに「秀/S」
Case 80 To 90: MsgBox "優/A"	80 から 90 ならば，メッセージボックスに「優/A」
Case 70 To 80: MsgBox "良/B"	70 から 80 ならば，メッセージボックスに「良/B」
Case 60 To 70: MsgBox "可/C"	60 から 70 ならば，メッセージボックスに「可/C」
Case 0 To 60: MsgBox "不可/F"	0 から 60 ならば，メッセージボックスに「不可/F」
Case Else: MsgBox "判定不能"	上記以外は，メッセージボックスに「判定不能」
End Select	Select Case 末尾
End Sub	Sub プロシージャ末尾

　Select Case 文では，数の範囲を表す条件は，Case a to b で表します．上の例で，2 番目と 3 番目の条件に，Case 80 To 90 と Case 70 To 80 がありますが，ちょうど 80 のときは，どうなるでしょう？ Select Case 文では，各 Case 条件は並列ではありません．条件を記載した順で，最初に真と判断されるものが選ばれる仕組みです．したがって，アクティブセルの値がちょうど 80 のときは，メッセージボックスに「優/A」と表示されます．

　敢えて，変数 Tokuten に型を指定しないのは (Variant 型)，ひとつは，平均点など実数値も評価するためです．平均 89.5 点の学生に対する評価は，Tokuten を Integer 型にしておくと，四捨五入されて 90 点で「秀/S」となりますが，Variant 型では，実数値 89.5 のまま判定されて，「優/A」と評価されます．また，アクティブセルに文字列データが入力されていると，Integer 型指定の場合は実行時エラーになりますが，Variant 型ならば，最後の Case Else が活かされて，メッセージボックスに「判定不能」と表示されます．

　プログラミングでは，一般に，論理上のエラーを避ける意味で，変数は型宣言をして変数型を指定して使う方が良いとされています．実際，型指定をしなければ，変数を使えないようにしている言語系も多く存在しています．しかし，ワークシートと連動して動作する Excel VBA マクロでは，上の例のように，Variant 型が使えて便利なことも多々あるでしょう．型を指定すべきかどうかは，変数をどのように使うかをよく考えて，判断しましょう．

練習 59

(1) 例題 4 の「成績評価」マクロを作成し，動作確認をしなさい．

(2) 「成績評価」マクロでは，変数 Tokuten へのデータは，アクティブセルから入力しているが，これを InputBox 関数を用いてインプットボックスからの入力に変更し，動作確認をしなさい．

(3) 冒頭に，変数 Tokuten を Integer 型と指定する型宣言を加えて，動作確認をしなさい．

※ (2) は，ソースコードの Tokuten = ActiveCell.Value を Tokuten = InputBox("得点を入力", "得点") に変更します．

vii) セルへのデータ入力と出力

Excel VBA マクロでは，データの入力や出力に，主にワークシートのセルを使います．つまり，VBA の入出力インターフェースの主役は，ワークシートということです．必然的に，セルから変数へ入力，また，変数の値をセルへ出力する命令が，どのプロシージャでも必ずと言って良いほど使われることになります．

代入文によるセルから変数へのデータ入力の形式として，

- データ入力： 変数= Range("セル参照").Value

があります．.Value は，セルに入力されたデータの値という，プロパティを表します．既に例題 3 では，InputData = Range("A1").Value を使いました．これで，変数 InputData に A1 セルの値を代入する，という命令になります．同様に，セルへのデータ出力は，

- データ出力： Range("セル参照").Value= 値や式

とします．例えば，Range("A1").Value=100 は，A1 セルに値 100 を出力します．代入文ですから，右辺は値だけでなく，定数や変数あるいは関数を使った任意の式を入れることができます．このように画面への出力に，代入文を使うところが Windows 上のプログラミングのひとつの特徴と言えるかもしれません (MS-DOS 上の言語では，Print とか Write といった命令で表していました).

セルを移動しながらデータの入出力を繰り返すような処理では，上のようなセル参照を使った形式では表現しにくいので，次の Cells プロパティを使います．

- Cells によるデータ入力： 変数= Cells(i, j).Value

これで，第 i 行第 j 列目のセルのデータ値を左辺の変数に代入します．同様に，データ出力は，

- Cells によるデータ出力： Cells(i, j).Value= 値や式

とします．例えば，Cells(2,3).Value=100 は，C2 セルに値 100 を出力します．行番号 i と列番号 j は，ワークシートの最大範囲 $1 \leq i \leq 65{,}526$, $1 \leq j \leq 256$ の整数値で指定できます．この範囲の値をとるのであれば，変数や式を使って指定することもできます．

viii) 配列変数と，配列の宣言： Dim 変数名 (要素数) As データ型

同じデータ型を持つ要素の集合を入れることのできる変数を配列といいます．配列としての変数を使うには，次のような形式で (固定長の) 配列の宣言をしておく必要があります．

- 配列の宣言： Dim 変数名 (要素数) As データ型 Option Base n

各要素には，順番にインデックス番号が付けられ，変数名 (番号) の形式で識別されます．最後の Option Base ステートメントは省略できますが，そのときは，インデックス番号の最小値は 0 です．Option Base 1 を設定すると，最小値は 1 になります．

第 8 章　Excel の基礎　　　　　　　　　　　　　　　　　　　　　　　　　　　　299

　例えば，Dim Data(100) As Integer と宣言すると，変数 Data は，0 番から 100 番までの 101 個の要素を持つ整数型 (Integer) の配列となります．Dim Data(100) As Integer Option Base 1 では，1 番から始まる 100 の要素となります．ここで，インデックス番号 5 の要素に値 123 を代入するには，Data(5)=123 とします．

　要素数をカンマで区切って指定することで，2 次元以上の配列を指定することもできます．例えば，Dim Matrix(10,10) As Integer と宣言すれば，変数 Matrix は，(0, 0) から (10, 10) までの 11 行× 11 列=121 個の要素をもつ，2 次元配列となります．ここで，インデックス番号 (2, 3) の要素に値 123 を代入するには，Matrix(2, 3)=123 とします．なお，既に学んだ Cells プロパティの取り扱いが，2 次元配列のそれと同様であることも覚えておきましょう．配列変数の概念は，次に学ぶ繰り返し処理の構文と組み合わせて使うことで，応用の幅を大きく広げることになります．

ix) 繰り返し処理 I：For ... Next 構文

　同様な処理を繰り返すことを，「繰り返し処理」といいます．人間だったら，うんざりしてしまうような，あるいは事実上不可能な多数回の繰り返しも，コンピュータなら，正確に，しかも超高速に平然とやってくれます．繰り返し処理の命令を使えることは，我々がコンピュータを利用する最大のメリットと言えるかも知れません．

　繰り返し処理にも大きく 2 通りのタイプがあります．1 つは，事前に決めた回数だけ繰り返すもので，もう 1 つは，繰り返しの継続条件 (終了条件) を設定しておいて，繰り返しを続ける (終える) かどうかは，条件の真偽を見て決めるタイプのものです．事前に決めた回数だけ行う繰り返し処理は，次の形式の For ... Next 構文を使います．

For ... Next 構文	※ カウンター変数に変数型を指定する必要があるときは，
For カウンター変数=初期値 to 終了値 　　処理 1 　　　⋮ 　　処理 n Next カウンター変数	1 つ 2 つと数えられる整数型，Integer や Long を指定します．ただし，型の範囲を超える回数，例えば，Integer 型ならば 32767 回を超えて繰り返すと，オーバーフローエラーとなります．型指定をしなければ Variant 型で，事実上，無制限です．

　For ... Next 間の処理を 1 回行うつど，カウンター変数が初期値から終了値まで，1 ずつ増えていきます．For i=1 to 10 とすると，i を 1 ずつ増やしながら 10 回繰り返します．2 ずつ増やすには，For i=1 to 10 Step2 とすれば，i を 1, 3, 5, 7, 9 として，5 回繰り返します．3 ずつ減らすには，For i=10 to 1 Step-3 として，i を 10, 7, 4, 1 として，4 回繰り返すことになります．

　初期値と終了値は，数値だけでなく変数や式を使って値を指定することも可能です．例えば，事前に繰り返しの回数を変数 n に計算しておいて，For i=1 to n と指定することができます．ただし，初期値や終了値に変数を使う場合，For ... Next 間の処理のなかで変数の値を変化させたとしても，事前に決まっていた値が使われ，繰り返しの回数に影響はありません (カウンター変数は，処理中に変化させると，影響を受けます)．

例題5 「合否判定記入」マクロ：

練習38でExcelのIF関数を用いて行ったのと同様な，次の処理を，For文による繰り返し処理で表しなさい．右図のように，点数データの右となりのセルに，

・60以上なら「合」　　・60未満なら「否」

と，合否判定の結果を表示するマクロを作成します．

セルのデータを参照して，別のセルへデータを出力する繰り返し処理ですが，CellsプロパティをいてIF文とFor ... Next構文を使うことで，次のように簡潔に表現することができます．

	A	B	C
1	生徒	国語	判定
2	A	80	合
3	B	65	合
4	C	36	否
5	D	100	合
6	E	52	否
7	F	98	合
8	G	52	否
9	H	30	否
10	I	45	否
11	J	78	合

図8.62　IF文とFor...Next文

ソースコード	処理内容の解説
Sub 合否判定記入 () 　For i = 2 To 11 　　If Cells(i, 2) >= 60 Then Cells(i, 3) = "合" _ 　　Else Cells(i, 3) = "否" 　Next i End Sub	Sub プロシージャ 合否判定記入 () 　For i を2から11まで1ずつ増やしながら， 　　B i セルが，・60以上なら，C i セルに"合" 　　・そうでなければ，C i セルに"否"を表示 　For 末尾 Sub プロシージャ末尾

練習60　(1)「合否判定記入」マクロを作成し，ボタンフォームから起動できるようにしなさい．
(2) 例題4と同様に，「秀/S」，…，「判定不能」の6通りの成績評価を，点数のデータの右となりに表示する「成績評価記入」マクロを作成し，ボタンフォームから起動できるようにしなさい．

x) 繰り返し処理II：Do While(Until) ... Loop 構文

いつまで繰り返すのかを回数ではなく，条件で指定する次の構文が用意されています．

Do While ... Loop 構文		Do Until ... Loop 構文	
Do While 条件式 　処理1 　︙ 　処理n Loop	※ 条件式が真である限り，処理を続けます． (条件式が偽になったら，処理を終えます)	Do Until 条件式 　処理1 　︙ 　処理n Loop	※ 条件式が真になったら，処理を終えます． (条件式が偽である限り，処理を続けます)

上の2つの構文に本質的な違いはありません．ある条件Aをnot演算子で否定して，not(条件A)を条件Bとすれば，Do while 条件Aと，Do Until 条件Bは，まったく同一の繰り返し処理を表現します．問題に応じて使いやすい方を使えば良いでしょう．

練習61　データシートのA列,B列には，図8.62と同様にデータが入力され，ただし，データ件数は一定ではなく，データ末尾の1つ下は空白セルであるとします．このような件数不定のデータに対しても，練習60(1)および(2)と同等の処理を行うVBAマクロを作成しなさい．

※ 空白セルの判断には，isEmpty関数を使います．isEmpty(cells(i,j))は，第 i 行 j 列セルが空ならTrueを，何らかのデータが入力されていれば，Falseを返します．上の問題ではDo...Loopの条件部にこれを使います．

Excel は，ワークシート上の簡便な操作によって，様々なデータ処理ができるように設計されています．しかし，処理の内容やデータの規模によっては，ワークシート上の操作だけでは，著しく効率が悪くなることがあります．何ステップもの操作が必要な処理を，データだけ変えながら繰り返すような場合には，操作手順が確立した段階でマクロ化しておく．これが，マクロの第一義的な利用方法と考えます．また，Excel の機能だけでは難しいデータ処理もあります．大半の処理は Excel 上でできるのに，一部の処理だけどうしてもできない．このようなときに，VBA マクロで Excel の機能を補うことができると大変便利です．これが，マクロ利用の第二義的な趣旨と言えましょう．

VBA マクロは，それ自体，立派なソフトウエア開発環境ですから，Excel の機能を超えた処理を実現することも十分可能です．しかし，そのためには，ユーザーが，自らの目的に沿ったマクロを自在にプログラミングする能力を身につけておく必要があります．本節では，「操作の記録」から始めて，「VBA プログラミング」の入り口のところまでを説明してきました．一般には，「操作の記録」の範囲でマクロを使えれば十分と考えますが，プログラミングに興味を持たれた読者は，あと少しの文法知識と，あと一歩の経験を積むことで，VBA に限らず，ご自身のプログラマーとしての資質を判断できるはずです．この方々のために，次の練習問題を提出して，本章の Lesson を終えたいと思います．

練習 62 練習 61 と同じ条件のデータシートに関して，ワークシートに変更を加えることなく，次の仕様にて，データ処理と結果の出力を行う VBA マクロを作成しなさい．

(1) 変数： ● N：データ件数を入れる，Integer 型の変数
- Data：セルに入力された点数データを 100 件まで入力できる，Integer 型の配列
- Sum, Avg, Std, Max, Min, HensaChi： それぞれ，点数の合計，平均，標準偏差，最高点，最低点，偏差値を集計するために用意する，Double 型の変数

(2) 出力： ● D1 セルに"平均点="，E1 セルに計算した平均値を出力
- D2 セルに"標準偏差="，E2 セルに計算した標準偏差の値を出力
- D3 セルに"最高点="，E3 セルに計算した最大値を出力
- D4 セルに"最低点="，E4 セルに計算した最小値を出力
- C 列には，生徒の点数の右隣の各セルに，計算した偏差値を出力

※ 合計の計算には，Sum=0: For i=1 to N: Sum=Sum+Data(i): Next i という計算手順 (アルゴリズム) を使います．

参考文献

1. 小林 史宜 著，「やってトライ!Excel2002」，ソフトバンクパブリッシング，2002
2. ITP，「Excel VBA サンプル活用事典」，ソーテック社，2003
3. Microsoft Visula Basic ヘルプ，"Microsoft Visula Basic 6.0", Copyright(C) 1987-1999 Microsoft Corp.

索　引

あ　行

アクティブセル ……………………… 257, 258, 262
アドイン …………………………………………… 118
安全係数 …………………………………………… 134
安全在庫 …………………………………………… 128
アーラン分布 ……………………………………… 163
意思決定者 …………………………………………… 4
1次の指数平滑法 ………………………………… 218
1次の自己回帰モデル …………………………… 220
1次関数 ……………………………………………… 41
1次式 ………………………………………………… 44
一様分布 …………………………………………… 180
一様乱数 …………………………………………… 235
一般項 ……………………………………………… 48
移動平均法 ………………………………………… 218
印刷プレビュー ……………………………… 266, 273
印刷プレビューボタン …………………………… 266
引数 …………………………………………… 263, 274, 275
引数分離記号 ……………………………………… 274
上書き保存 …………………………………… 257, 287
売上高直線 ………………………………………… 19
営業量 ……………………………………………… 26
Sheet ………………………………………… 267, 270, 273
M／M／1 ……………………………………… 157, 162
M／M／c …………………………………… 154, 157, 164
MPS ……………………………………………… 106
MRP ……………………………………………… 106
LP ………………………………………………… 89
演算子 ………………………………………… 263, 300
OR …………………………………………………… 1
ORのサイクル ……………………………………… 6
オートSUMボタン ……………………………… 262, 275
オートフィル …………………………………… 259, 260, 287
オートフィルオプション ………………………… 259
オートフィルタ ……………………………… 283, 284, 285
オーバーフローエラー …………………………… 296
オブジェクト ………………………………… 272, 294
オペレーションズ・リサーチ ……………………… 2

か　行

回帰直線 …………………………………………… 207
回帰分析 …………………………………… 207, 269, 283
階級 ………………………………………………… 199, 222
階級数 ……………………………………………… 222
階級幅 ……………………………………………… 222
階乗 ………………………………………………… 167
階数（ランク） …………………………………… 113
概数 ………………………………………………… 268, 276
カウンター変数 …………………………………… 299
確率 ………………………………………………… 169
確率関数 …………………………………………… 170
確率変数 …………………………………………… 169, 170
数 ……………………………………………………… 39
過剰資源 …………………………………………… 99, 101
価値の時間換算 …………………………………… 29
活性な制約式 ……………………………………… 99
カット ……………………………………………… 77
環境変数（意思決定の） ………………………… 9, 25
干渉余裕 …………………………………………… 73
関数 ………………………………………………… 40
関数名 ……………………………………… 263, 274, 275
感度分析 …………………………………………… 98
ガントチャート …………………………………… 61
幾何分布 …………………………………………… 175
機会費用 …………………………………………… 128
期間計画 …………………………………………… 15
記述統計 …………………………………………… 193
基準生産計画 ……………………………………… 107
稀少資源 …………………………………………… 99
期待値 ……………………………………………… 171, 178
起動方法 …………………………………………… 255
基本変形 …………………………………………… 112
帰無仮説 …………………………………………… 210
客 …………………………………………………… 152
逆関数 ……………………………………………… 45
逆関数法 …………………………………………… 244
逆行列 ……………………………………………… 112, 280
級数 ………………………………………………… 51
協働 ………………………………………………… 59
行番号 ……………………………………… 257, 261, 265
共分散 ……………………………………………… 205, 269
行ベクトル，横ベクトル ………………………… 108
行列 ………………………………………………… 109
行列積 ……………………………………………… 280
極限（極限値） …………………………………… 137
曲線傾向線 ………………………………………… 215
極値（極大値，極小値） ………………………… 144

極値問題	208	混合(セル)参照	266
切り取りボタン	270	混合問題	104
記録開始	286, 287, 290	コンパイル	295
記録終了	286, 287, 288	コンパイルエラー	295, 296
記録終了ツールバー	287, 288, 289		
近似曲線の追加	283	**さ 行**	
金利計算の公式	31, 56	サーバー	152
組合せ	168	サーバー使用率	155
グラフウィザード	224	サービス時間	154
グラフウィザード(ボタン)	270, 272, 285	サービス率	155
グラフエリア	270, 271, 272	在庫シミュレーション	245
クリティカル・パス	72	在庫不足費用	129
クロス集計	285	在庫保持費用	129
経営科学	1	最終価値	30
傾向線	213	最小化	255
経済計算	29	最小化問題	92, 95
経済的発注量(Economic Order Quantity, EOQ)	130	最小値	197
		最小2乗法の原理	208, 212
係数行列	114	最早開始時刻	67
罫線ボタン	264	最早結合点時刻	67
系列	270, 272	最早終了時刻	67
桁区切りスタイルボタン	264	最大化	255, 256
結果変数(意思決定の)	25	最大化問題	92
結合点	63	最大値	197
結合点の余裕	72	最遅開始時刻	69
決定係数	210, 231	最遅結合点時刻	69
決定変数(意思決定の)	9, 25, 91	最遅終了時刻	69
現価	30	最適化	6
現価係数	31	最適解	92
現価法	36, 57	最適化問題	90
限界総費用	19	最適値	92
限界変動費	19	最頻値	198, 222
限界利益率	20, 27	財務関数	279
言語バー	258	作業	63
現在価値	30	作業の余裕	72
減債基金係数	32	差尺度	194
検索条件	281, 282	座標軸	40
ケンドールの記号	154	座標平面	40
公差	48	3次関数	42
交事象	169	散布図	205
高次導関数(2次導関数, n次導関数)	142	サンプル	194
後続作業	63	サンプルの大きさ	194
公比	48	ＣＰＭ	74
コードウィンドウ	290, 291	時系列データ	213
ゴールシーク	54, 57	時系列回帰モデル	213
誤差	208, 212	時系列分析	213
固定費	18	試行	168
固定費の変化	22, 28	自己回帰モデル	220

資材所要量計画	106	初期投資	34
事象	168	書式設定ツールバー	264
指数関数	46	所要時間	66
指数サービス	154, 157	所要時間短縮	75
指数式傾向線	216	順列	167
指数分布	178	数式の複写	263
指数平滑法	218	数式バー	259, 263, 264
指数法則	46	数直線	39
システム(待ち行列の)	154	ズームボタン	271
システム・ダイナミックス	233	数列	48
システム内客数	156	数列の極限	50
自然数	39	スタージェスの公式	199, 222
実行可能解	94	正規化(正規分布の)	182
実行可能端点	96	正規分布	180
実行可能領域	94	生産計画問題	103
実行時エラー	296, 297	生産量	17
実行不能な問題	97	整数計画問題	103
実施可能解	7	成長曲線	217
実数	39	正の相関	206
質的データ	195	製品価格	17
始点結合点	63	製品価格の変化	23, 28
四分位数	198, 222	成分，要素	108
資本回収係数	33	正方行列	111
資本利率	34	制約条件	91
シミュレーション	233	セールス・ミックス一定	28
尺度	194	セキュリティレベル	286
終価	30	絶対(セル)参照	265, 266, 289
終価係数	31	セル参照	266, 274, 276
終価法	36, 57	セルを結合して中央揃えボタン	266
重相関係数	210, 231	零行列	109
収束	50	零ベクトル	108
従属変数	40	線形近似	283
終点結合点	63	線形計画法	89
自由度	202	線形計画問題	89
自由余裕	73	線形重回帰モデル	207, 211
終了方法	255	先行作業	63
十分位数	198	潜在価格	99
需要量の予測	218	尖度	204
需要量	25	全変動	201, 222
順序尺度	194	全余裕	73
小数(有限小数，循環小数)	39	相関	269
小数点表示桁上げボタン	265, 276	相関関係	205
状態推移図	162	相関行列	206, 226
状態遷移	237, 242	相関係数	206, 269
状態変数	239	操業度	26
ショートカットキー	260, 287, 288	増減表	145
事象表	242	相対(セル)参照	265, 266, 289
正味利益	37	総費用	18

総費用直線	19
ソースコード	291, 292, 293
ソルバー	117
損益分岐点	19
損益分岐点図表	20, 53
損益分岐点の拡張モデル	26
損益分岐点の基本モデル	18
損益分岐点分析	17

た 行

多項式関数	43
多項式傾向線	215
タイトルバー	255, 256, 257
多変数関数	44
対角成分	111
対称行列	111
対数関数	47
滞在時間	157
代表的ORモデル	10
ダミー作業	63
単位行列	111
単位変動費	18
単位変動費の変化	22
単回帰	269, 273
単回帰モデル	207, 227
単回帰係数の公式	209
単体法(シンプレックス法)	96, 97
短縮経過を表すグラフ	88
値域	40
中央揃え	264
中央値	198, 222
中心極限定理	182
調整平均値	30
直線傾向線	215
追加投資	38
ツールバー	256, 257, 260
ツールバーオプション	256, 264
定期発注方式	134
定義域	40
定常確率	162
定常状態	162
定量発注方式	132
底	47
底の変換公式	48
データ	194
データの意味	193
データベース	277, 280, 281
データ型	294, 298

データ行列	193
転置行列	111
電子商取引	214
t値	210, 231
度数	199, 223
度数分布	199, 222
度数分布表	199, 223
投機的動機としての在庫	128
投資の回収期間	34
投資の期間	30
投資の採算性	34, 57
投資の収益率	34
投資の追加収益率	38
投資の報収率	34
投資の問題	105
等差数列	48
等比級数	51
等比数列	31, 48
統計関数	269, 277, 281
統計量	196
到着率	155
同時確率	172
導関数	139
特急時間	75
特急費用	75
独立案からの選択	37
独立性(確率変数の)	173
独立変数	40
閉じるボタン	255
凸多角形	96
トラヒック密度	155
トレード・オフの関係	7

な 行

内積	108
内点法	97
名前ボックス	257
名前を付けて保存	267, 268
二項分布	174
2次関数	41
2軸上の折れ線と縦棒	272
日本語入力システム(IME)	258
入力モード	258
塗りつぶしの色ボタン	257
ネスト	276, 278, 279
ネピアの数	156
年価	30
年価法	36, 57

年金現価係数 …………………………32
年金終価係数 …………………………32
年利率 …………………………………30

は 行

パーセントスタイルボタン ………265
排他的選択………………………………37
排反 ……………………………………169
パイプライン在庫 ……………………127
配列数式 ………………………279, 280
配列変数 ………………………298, 299
掃き出し法 ……………………………112
発散 ……………………………………50
発注間隔 ………………………………129
発注点 …………………………………132
発注点方式 ……………………………132
発注費用 ………………………………129
ハンドル ………………………270, 271
ＰＡＳＴＡ …………………………161
ＰＥＲＴ ………………………………61
ＰＥＲＴ図 ……………………………62
比尺度 …………………………………194
ヒストグラム …………………199, 223
左揃え …………………………………264
日付関数 ………………………………284
ピボットテーブル ……………………285
費用勾配 ………………………………75
非負条件 ………………………………91
非有界な問題 …………………………97
微分可能 ………………………………139
微分係数 ………………………………139
百分位数 ………………………………198
標準ツールバー ………………266, 267
標準モジュール ………………290, 293
標準化データ …………………………203
標準時間 ………………………………75
標準正規分布 …………………………182
標準費用 ………………………………75
標準偏差 ………………171, 201, 222, 277, 301
標本 ……………………………168, 195
標本空間 ………………………………168
標本標準偏差 …………………277, 281
標本分散 ………………201, 222, 277, 281
標本平均値 ……………………………197
開くボタン ……………………………267
ｐ値 ……………………………210, 231
フィールド ……………………280, 281, 282
フィルハンドル ………………259, 260, 263

フォーム ………………………………289
フォームツールバー …………………289
不活性な制約式 ………………………99
Book …………………………256, 267, 283
不偏推定量 ……………………197, 202
不偏標準偏差 …………………277, 281
不偏分散 ………………202, 222, 277, 281
負の相関 ………………………………206
部品構成表 ……………………………107
複数の投資案の比較 …………………35
分散 ……………171, 178, 201, 222, 269, 277
分散・共分散行列 ……………206, 226
分数関数 ………………………………43
分析ツール ……………………………269
分析ツール[ヒストグラム] …………223
分析ツール[回帰分析] ………………228
分布 ……………………………170, 171, 177
分布関数 ………………………………177
FREQUENCY関数 …………………224
Function プロシージャ ……………187
VB Editor ……………………290, 292, 293
ＶＢＡ ………………………286, 290, 291
Visual Basic …………………286, 288, 289
Visual Basic ツールバー ……288, 289, 290
プロシージャ …………………286, 291, 292
プロジェクトエクスプローラ ………290
プロジェクト完了時刻 ………………69
プロジェクト計画 ……………………15
プロットエリア ………………………271
プロパティ ……………………267, 290, 298
平均値 …………………………………197
平均値からの偏差 ……………………197
平均値の定理 …………………………143
平均費用 ………………………………17
平方根 …………………………………45
ベクトル ………………………………108
ベルヌイ試行 …………………………236
偏回帰係数 ……………………………210
偏回帰係数のｔ検定 …………………210
偏回帰係数の標準誤差 ………………210
偏差値 …………………………277, 301
偏差平方和 ……………………………201
偏微分 …………………………………208
変数 ……………………………40, 273, 293, 294
変数型 …………………………297, 299
変数宣言 ………………………………294
変数名 …………………………293, 294, 298
変動費 …………………………………18

変動費率	26
変動費率の変化	28
ポアソン分布	176
ポアソン到着	154, 156
ポイント	255, 256, 257
ボタンフォーム	289, 295, 300
補分布	163, 165
母共分散	196
母集	194
母相関係数	196
母標準偏差	196
母分散	196
母平均	196
放物線	41
What−If分析	22, 27

ま 行

マクロ	286, 287, 288
マクロ名	287, 288, 290
待ち行列モデル	151, 152
待ち行列長	157
待ち時間	152, 153
待ち室	154
マルコフ性	179
見越し在庫	127
右揃え	264
密度関数	177
無記憶性(指数分布の)	179
無限数列	48
無理数	39
名義尺度	195
目的関数	91
目的変数	9, 25
メニューバー	255, 256, 257
ミニカット	77
モデル化	4
元に戻すボタン	264, 283
問題解決	5
問題発見的アプローチ	5
モンテカルロ・シミュレーション	235

や 行

輸送問題	104
有限数列	48
有理数	39
ユーザーフォーム	293
ユーザー関数	82, 187
予約語	288, 293
余事象	169

ら 行

利益公式	17
利益直線	20
離散事象系シミュレーション	233, 241
リスト	281, 282, 284
リストボタン	276
リストボックス	288, 289
リスト形式	293
リトルの式	160
領域	115
リンドレイの式	156
リードタイム	129
量的データ	194
累乗	45
累乗式傾向線	216
レコード	280, 281
列幅	264, 265, 268
列番号	261, 263, 264
列ベクトル，縦ベクトル	108
連続関数	138
連立1次不等式	114
連立1次方程式	114
ロットサイズ在庫	127
論理関数	278

わ 行

和	51
歪度	204
ワイルドカード	284
和事象	169
割当ての問題	104

【編著者・著者紹介】

高井　徹雄（たかい　てつお）－《序章・第2章・第6章・第7章・第8章 担当》
前駒澤大学経営学部教授
東京工業大学大学院総合理工学研究科システム科学博士後期課程修了・博士（理学）

青木　武典（あおき　たけのり）－《序章・第1章・第2章 担当》
前日本大学商学部准教授
東京工業大学大学院理工学科経営工学専攻博士課程満期退学・工学修士

小沢　利久（おざわ　としひさ）－《第3章・第5章 担当》
駒澤大学経営学部教授
東京工業大学総合理工学研究科システム科学専攻修士課程修了・博士（理学）

飯田　哲夫（いいだ　てつお）－《第1章 Part B・第3章 Part B・第4章 担当》
駒澤大学経営学部教授
東京工業大学大学院理工学研究科経営工学専攻修士課程修了・博士（工学）

渋谷　綾子（しぶや　あやこ）－《第8章 担当》
山口大学経済学部教授
専修大学大学院経営学研究科博士後期課程修了・博士（経営学）

編著者との契約により検印省略

平成17年5月30日　初 版 発 行
令和4年4月30日　初版第9刷発行

基礎から学ぶ経営科学
文系の論理的な問題解決法

編著者	高井　徹雄
	青木　武典
著者	小沢　利久
	飯田　哲夫
	渋谷　綾子
発行者	大坪　克行
印刷所	美研プリンティング株式会社
製本所	牧製本印刷株式会社

発行所　東京都新宿区下落合2丁目5番13号　株式会社 税務経理協会
郵便番号 161-0033　振替 00190-2-187408　電話(03)3953-3301(編集部)
FAX(03)3565-3391　(03)3953-3325(営業部)
URL http://www.zeikei.co.jp/
乱丁・落丁の場合はお取替えいたします。

© 高井徹雄ほか 2005　　　Printed in Japan

本書の無断複製は著作権法上での例外を除き禁じられています。複製される場合は，そのつど事前に，出版者著作権管理機構（電話 03-5244-5088，FAX 03-5244-5089，e-mail : info@jcopy.or.jp）の許諾を得てください。

JCOPY ＜出版者著作権管理機構 委託出版物＞

ISBN978-4-419-04536-4　C2034